21世纪经济与管理精编教材
金融学系列

国际金融

International Finance

韩　莉◎主编

北京大学出版社
PEKING UNIVERSITY PRESS

图书在版编目(CIP)数据

国际金融/韩莉主编．—北京：北京大学出版社，2016.8
（21世纪经济与管理精编教材·金融学系列）
ISBN 978-7-301-27410-1

Ⅰ.①国… Ⅱ.①韩… Ⅲ.①国际金融—高等学校—教材 Ⅳ.①F831

中国版本图书馆CIP数据核字（2016）第192298号

书　　名	国际金融 GUOJI JINRONG
著作责任者	韩　莉　主编
责任编辑	黄炜婷　徐　冰
标准书号	ISBN 978-7-301-27410-1
出版发行	北京大学出版社
地　　址	北京市海淀区成府路205号　100871
网　　址	http://www.pup.cn
电子信箱	em@pup.cn　　QQ：552063295
新浪微博	@北京大学出版社　@北京大学出版社经管图书
电　　话	邮购部62752015　发行部62750672　编辑部62752926
印 刷 者	北京大学印刷厂
经 销 者	新华书店
	787毫米×1092毫米　16开本　19印张　451千字 2016年8月第1版　2016年8月第1次印刷
印　　数	0001—3000册
定　　价	39.00元

前　　言

进入 21 世纪以来,国际金融领域风云变幻,各种新现象、新问题层出不穷,如由美国次贷危机引发的全球金融危机、欧元区主权债务危机、新兴经济体的崛起与国际货币体系改革等。与此同时,随着中国利率市场化和汇率市场化的改革及人民币国际化进程的推进,中国金融全球化的进程在加速。一方面,国内各级政府不断优化金融环境,吸引了相当数量的法人外资金融机构进驻中国;另一方面,在企业"走出去"的大环境下,各金融机构积极开展国际业务和设立海外分支机构。

在此情形下,必然产生对国际金融人才的客观需求。中国许多的经济、金融部门需要大量具有国际视野、通晓国际金融理论、熟悉国际金融实务与规则的高素质应用型专门人才。

"国际金融"是国家教育部确定的高等院校经济类、管理类专业的核心课程和专业基础课,是一门理论性、应用性、实践性和时代性俱强的课程。为了培养合格的国际金融人才,各高校的经济管理类专业都十分重视国际金融课程的建设,而教材建设是课程建设的重要环节。本教材的编写正是基于这样的背景完成的。

本教材在体系结构和内容安排上,力求突出以下特色:(1)理论与实践紧密结合,突出应用性,在基础篇和实务篇呈现了大量的例题,并设置了较多的"边学边练"环节;(2)力求反映国际金融领域的新现象、新问题,突出中国视角,在每一章的"知识拓展"专栏或某些章节中,反映中国在汇率制度改革、国际收支、人民币国际化、人民币离岸金融市场发展、外汇储备管理、国际资本流动管理等领域的新情况与新发展;(3)每章起始设有"本章要点"与"学习目标",章末给出了"本章小结""思考题"与"参考文献",便于学生展开课外自主学习。

本教材适合高等院校经济类、管理类专业本科生使用,也可供国际金融从业人员、政府有关部门使用。任课教师可根据教学对象和授课课时,灵活选择相关章节展开教学。

本教材是北京联合大学规划教材,是北京联合大学国家级特色专业、北京市综合改革试点专业(金融学)相关教师团队协作的成果,由管理学院金融与会计系韩莉副教授担任主编,各章编写人员及分工如下:第一、二、四、五、七、九章由韩莉副教授撰写;第三章由肖文东副教授撰写;第六、八章由程翔讲师撰写;第十章由李雅宁副教授撰写;第十一章由傅巧灵副教授撰写。最后,由韩莉副教授负责全书的统稿工作。

本书在编写过程中难免有疏漏、错误之处,恳请读者提出宝贵意见,以便今后做出进一步完善。我们的邮箱:glthanli@ buu. edu. cn,电话:010 - 64900718。

编者

于 2016 年 6 月

目录 Contents

第一篇　基础篇

第二篇　理论篇

第三篇　市场与实务篇

第四篇 政策与管理篇

第一篇

基础篇

第一章

外汇与汇率基础

本章要点

外汇与汇率的基础知识是研究国际金融问题的基础。在本章,我们将介绍外汇的含义、特征和种类,阐述汇率的标价方法和种类,分析影响汇率变动的主要因素及汇率变动对经济的影响,介绍汇率制度的类型和外汇管制的相关内容,梳理人民币汇率制度改革的进程。

学习目标

- 熟悉外汇的含义和种类,汇率的含义和种类,汇率制度的种类和外汇管制的含义,人民币汇率制度改革的主要进程。
- 理解影响汇率变动的主要因素,汇率变动对经济的影响,固定汇率制度和浮动汇率制度的优劣,外汇管制的原因和手段、利与弊。
- 掌握汇率的标价方法,双向报价下解读汇率的规则,货币远期升水年率或贴水年率的计算,汇率的套算,货币升值或贬值幅度的计算。

第一节　外汇概述

世界上绝大多数国家都有自己的货币,如美国的美元、英国的英镑、中国的人民币、南非的兰特、巴西的雷亚尔、澳大利亚的澳元等。这些货币在各自的国家都可以自由流通,但在全球市场上就不是都能自由流通的。例如,美元是全球流通的,但人民币就不是,这涉及对“外汇”的准确理解。

一、外汇的含义

外汇(foreign exchange)的含义可以从动态和静态两个角度去理解。

(一) 动态的外汇概念

从动态的角度来看,外汇又称“国际汇兑”,是指将一国的货币兑换成另一国的货币,以此清偿国际间债权、债务关系的一种经济行为和经济活动。

(二) 静态的外汇概念

静态的外汇概念又可以分为“广义”的和“狭义”的。

1. 广义的静态外汇概念

广义的静态外汇是指一切以外币表示的资产。这一概念通常应用于各国的管理法规中。例如,根据我国《中华人民共和国外汇管理条例》(2008)第一章第三条的规定,外汇是指下列以外币表示的、可以用作国际清偿的支付手段和资产,主要包括:①外币现钞(包括纸币、铸币);②外币支付凭证或者支付工具(包括票据、银行存款凭证、银行卡等);③外币有价证券(包括债券、股票等);④特别提款权;⑤其他外汇资产。

2. 狭义的静态外汇概念

狭义的静态外汇是指以外币表示的、用于国际结算的支付手段。人们通常使用的外汇概念是指狭义概念。根据这一定义,外国货币就不一定是外汇。例如,人民币对美国人来讲是外国货币,但人民币还不能完全作为国际结算的支付手段,所以人民币对外国人来讲就不是外汇。根据这一定义,外币有价证券也不是外汇,因为在国际结算的支付活动中不能使用以外币表示的股票或债券。根据这一定义,特别提款权也不能算作外汇,因为它不能直接用于贸易或非贸易的支付,它只是国际货币基金组织(IMF)分配给成员国的一种使用资金的权利,在成员国发生国际收支逆差时,可用它向国际货币基金组织指定的其他成员国换取外汇,以偿付国际收支逆差或国际货币基金组织的贷款,还可与黄金、自由兑换货币一样充当国际储备。根据这一定义,以外币表示的支付凭证是外汇,因为国际结算主要是通过以这些外币表示的票据(汇票、本票、支票等)、银行存款凭证等进行。

边学边练(1-1)

外国货币是外汇吗?为什么?

二、外汇的基本特征

一般而言,外汇具备以下特征:

(1) 外汇最重要的特征是具有充分的可兑换性(convertibility)。外汇的可兑换性,是指它能够自由地兑换成其他国家的货币或购买其他信用工具以进行多边支付的性能。比如,有些国家的货币当局实行外汇管制,禁止本币在境内外自由兑换成其他国家的货币,以这种货币表示的各种支付工具也不能随时转换成以其他货币表示的支付手段,那么这种货币及其标示的支付工具在国际上就不能称作外汇。

(2) 外汇必须是以“外币”表示的金融资产。比如,美元资产对美国人来讲不是外汇资产而是本币资产,但对其他国家来讲是外汇资产。

(3) 外汇具有普遍接受性。一个国家的货币能普遍地被其他国家接受为外汇,这实际上反映了该国具有相当规模的生产能力和出口能力,或者该国丰富的自然资源正是其他国家所缺乏的,所以其货币的物质偿付可以得到充分保证;反之,若一国的经济规模小而且是低效率的,自然资源是匮乏的,其出口产品在国际上又缺乏竞争力,那么该国货币被其他国家接受为外汇的可能性就会很小。

三、外汇的种类

根据不同的标准,外汇可以分为不同的种类。

(一) 根据能否自由兑换进行划分

根据能否自由兑换,外汇可以分为自由外汇与记账外汇。

自由外汇是指不须经过货币发行国的批准,就可以随时自由兑换成其他国家或地区的货币,用以向对方或第三国办理支付的外国货币及其支付手段。

记账外汇,又称双边外汇、协定外汇或清算外汇,是指必须经过货币发行国的批准,否则不能自由兑换成其他国家的货币或对第三国进行支付的外汇。

(二) 根据外汇的来源或用途进行划分

根据外汇的来源或用途,外汇可以分为贸易外汇和非贸易外汇。

贸易外汇是指通过商品出口贸易而取得的外汇,以及用于购买进口商品的外汇。

非贸易外汇包括服务、旅游、侨汇、捐赠与援助外汇,以及属于资本流动性质的外汇。

(三) 根据外汇买卖的交割期限进行划分

根据外汇买卖的交割期限,外汇可以分为即期外汇和远期外汇。所谓交割(delivery or settlement)是指外汇买卖成交后,双方进行货币的实际收付。

即期外汇是指外汇买卖成交后,在两个营业日内办理交割的外汇。

远期外汇是指外汇买卖成交后,约定在将来的某一时间办理交割的外汇。

知识拓展

表 1-1 经济生活中常见的外汇

国家或地区	货币	货币符号	ISO 代码
美国	美元	$	USD
欧元区	欧元	€	EUR
英国	英镑	£	GBP
日本	日元	¥	JPY
加拿大	加元	Can $	CAD
澳大利亚	澳元	A $	AUD
新加坡	新加坡元	S $	SGD
韩国	韩元	₩	KRW

（续表）

国家或地区	货币	货币符号	ISO 代码
中国香港	港币	HK $	HKD
巴西	雷亚尔	R $	BRL
南非	兰特	R	ZAR

资料来源：易汇网，http://www.ieforex.com/jczs/20150603/553495.html。

第二节　汇率概述

在国际经济活动（如国际贸易与结算、国际资本流动等）中，都要通过本国货币与外国货币的兑换（即买卖）来完成，由此产生了“汇率”这一概念。

一、汇率的含义

汇率（foreign exchange rate）又称汇价、外汇行市、外汇牌价，是指两国货币的比率或比价，表明一种货币的价格是通过另一种货币来表示出来的。

【例 1－1】 USD 1 = RMB 6.2340，该汇率中美元的价格是通过人民币来表现出来的，可以称作“美元的人民币价格”；EUR 1 = USD 1.0813，该汇率中欧元的价格是通过美元来表现出来的，可以称作“欧元的美元价格”。

二、汇率的标价方法

（一）直接标价法

直接标价法（direct quotation）是指以一定单位（1、100、10 000个单位等）外币为标准，折合为若干单位本币的方法。

【例 1－2】 某日，中国外汇市场上美元与人民币的汇价为 USD 1 = RMB 6.2027。在该汇价中，站在中国的立场来看，美元是外币、人民币是本币，它表明 1 单位外币（美元）折合 6.2027本币（人民币）。

在直接标价法中，汇率上升，则表示外币升值、本币贬值；汇率下降，则表示外币贬值、本币升值。如例 1－2 中的 6.2027 下降为 6.1577，则表明美元贬值、人民币升值。

除了英国、美国及欧元区外，其他国家都采用直接标价法。

（二）间接标价法

间接标价法（indirect quotation）是指以一定单位（1、100、10 000个单位等）本币为标准，折合为若干单位外币的方法。

【例 1－3】 某日，纽约外汇市场上美元与加元的汇价为 USD 1 = CAD 1.3546。在该汇价中，站在美国的立场来看，美元是本币、加元是外币，它表明 1 单位本币（美元）折合1.3546外币（加元）。

在间接标价法中，汇率上升，则表示本币升值、外币贬值；汇率下降，则表示本币贬值、外币升值。如例 1－3 中的1.3546上升为1.3596，则表明美元升值、加元贬值。

英国、美国及欧元区采用间接标价法。但需注意的是，欧元对其他所有货币都采用间接标价法；英镑对欧元采用直接标价法，对其他国家或地区的货币采用间接标价法；美元对英镑、欧元仍然采用直接标价法，对其他国家或地区的货币采用间接标价法。

（三）美元标价法与非美元标价法

随着外汇市场的迅速发展，一笔外汇交易（如美国某银行和中国香港某银行进行一笔外汇交易，而买卖的货币分别是欧元和日元）所涉及的两种货币可能没有一种属于本币，这时就很难确切地用直接标价法或间接标价法的概念对报价进行规范。实际上，随着外汇交易的全球化，国际外汇市场已经形成了一定的惯例，即采用美元标价法与非美元标价法进行报价。

在美元标价法下，美元是单位货币，其他货币是标价货币。在非美元标价法下，非美元货币是单位货币，美元是标价货币。在国际外汇市场上，除欧元、英镑、澳元、新西兰元、南非兰特等几种货币采用非美元标价法以外，其余大多数货币均采用美元标价法。

三、汇率的种类

根据不同的标准，汇率可以分为不同的种类。

（一）从银行买卖外汇的角度划分

从银行买卖外汇的角度，汇率可以分为买入价、卖出价、中间价和现钞价。

在外汇市场上，银行通常同时报出买入价和卖出价，这称作双向报价（two-way price）。买入价（buying rate 或 bid rate）又称买入汇率，是指报价方银行从同业或客户那里买入外汇时所使用的汇率。卖出价（selling rate 或 offer rate）又称卖出汇率，是指报价方银行向同业或客户那里卖出外汇时所使用的汇率。所谓“买入”或“卖出”都是站在报价方银行的角度来理解的。

在直接标价法下，前面较小的数字是外汇的买入价，后面较大的数字是外汇的卖出价。

【例 1-4】 中国银行报出美元对人民币的汇率 USD 1 = RMB 6.2030—6.2050。站在中国的角度，美元是外汇，所以 6.2030 是中国银行买入 1 单位美元（外汇）需要向客户支付的人民币数额，6.2050 是中国银行卖出 1 单位美元（外汇）需要向客户收取的人民币数额。

在间接标价法下，后面较大的数字是外汇的买入价，前面较小的数字是外汇的卖出价。

【例 1-5】 纽约银行报出美元对澳元的汇率 USD 1 = AUD 1.0662—1.0682。站在美国的角度，澳元是外汇，1.0662 是纽约银行买入 1 单位美元需要向客户支付的澳元数额，即澳元（外汇）的卖出价；而 1.0682 是纽约银行卖出 1 单位美元需要向客户收取的澳元数额，即澳元（外汇）的买入价。

在实际的外汇交易中，有时是不能明确某汇率是直接标价法还是间接标价法的，此时我们可以利用下面这个非常简单的规则解读汇率。无论在何种标价法下，报价中前面较小的数字表示报价方买入 1 单位“单位货币”（又称基准货币）需要向客户付出多少“标价货币”；报价中后面较大的数字表示报价方卖出 1 单位“单位货币”需要向客户收取多少“标价货币”。

【例 1-6】 新加坡外汇市场上报出英镑对美元的汇率 GBP 1 = USD 1.3040—1.3050，1.3040 是报价方买入 1 英镑（单位货币）需付出的美元（标价货币）数额；1.3050 是报价方卖出 1 英镑（单位货币）需收取的美元（标价货币）数额。

注意，GBP 1 = USD 1.3040—1.3050 的国际惯例表示为 GBP/USD = 1.3040/1.3050。斜线左边的货币是单位货币，斜线右边的货币是标价货币。

【例 1－7】 EUR/USD = 0.8800/0.8810，0.8800 表示报价方买入 1 欧元（单位货币）需付出的美元（标价货币）数额，0.8810 表示报价方卖出 1 欧元（单位货币）需收取的美元（标价货币）数额。

需注意，汇率报价一般用 5 位有效数字表示，由大数（big number）和小数（small number）组成，前 3 位数是大数，最后 2 位数是小数。在实际的交易中，因为大数相对稳定，所以通常只报出小数部分，熟悉外汇行情的人都可以听懂。只有在需要证实交易时，或者在汇率剧烈变动时才会报出大数。如例 1－6 中的汇率 GBP/USD = 1.3040/1.3050，1.30 是大数，40 和 50 都是小数，一般会这样报价：GBP/USD = 40/50；例 1－7 中的 EUR/USD = 0.8800/0.8810，0.88 是大数，00 和 10 都是小数，一般会这样报价：EUR/USD = 00/10。

边学边练（1－2）

1. 2010 年 8 月 4 日 10:00，汇丰银行报出美元和人民币的汇价：USD/RMB = 6.6730/6.6750。你准备去美国留学，假如你想买进 10 000 美元，需要准备多少人民币？

2. 请在伦敦《金融时报》网站（http://www.ft.com/home/asiaMarkets-Markets data-currency）上查阅最新的汇率信息。

中间汇率（middle rate）是买入价与卖出价的算术平均数。它一般出现在各国公布的官方汇率、新闻报道或汇率走势的研究中。

现钞价（bank notes rate）是指买卖外币现钞时所使用的汇率。银行买入现钞和买入现汇所承担的成本是不同的。银行买入现钞后要承担保管费用，除少量用于满足外国人回国或本国人出国的兑换需求以外，余下部分只有运送到发行国或存入发行国银行及有关外国银行以后才能使用或获取利息，所以银行买入现钞后还要承担运费、保险费等，还会损失利息收入。为了弥补这些成本，银行的现钞买入价要低于现汇买入价；但是，银行的现钞卖出价与现汇卖出价一般相同。

边学边练（1－3）

请在中国银行网站查询现汇买入价、现汇卖出价、现钞买入价、现钞卖出价，并比较它们的大小。

（二）按外汇买卖成交后交割期限的长短不同划分

按外汇买卖成交后交割期限的长短不同，汇率可以分为即期汇率和远期汇率。

即期汇率（spot rate）又称现汇汇率，是指外汇买卖双方成交后，在当天或两个营业日之内办理交割所使用的汇率。

远期汇率（forward rate）又称期汇汇率，是指外汇买卖双方成交后，约定在将来的某一时间办理交割所使用的汇率。

远期汇率与即期汇率的差额称为远期差价(forward margin)。当远期汇率大于即期汇率时,表明单位货币升水(at premium);当远期汇率小于即期汇率时,表明单位货币贴水(at discount);当远期汇率等于即期汇率时,称作平价(at par)。

远期差价还可以相对数的形式表现出来,这就是"远期升水年率或贴水年率"。计算公式为:

$$\Delta = \frac{F-S}{S} \times \frac{12}{n} \times 100\% \qquad (1-1)$$

式中,F 表示远期汇率,S 表示即期汇率,n 表示远期月数。

利用公式(1-1)计算升水年率或贴水年率时应注意区分"目标货币"和"参照货币"。目标货币是指要计算升水或贴水程度的那种货币,而参照货币是指用于表达目标货币价值的货币。计算时,要把所有的汇率报价按每单位目标货币相当于多少单位参照货币的形式表示出来。

【例 1-8】 假定瑞士法郎与美元的即期汇率为 USD 1 = SF 1.5035,30 天远期汇率为 USD 1 = SF 1.4975,则美元的贴水年率为:

$$\Delta_{USD} = \frac{1.4975-1.5035}{1.5035} \times \frac{12}{1} \times 100\% \approx -4.79\%$$

此时,美元是目标货币,瑞士法郎是参照货币,汇率都表示成 1 单位美元相当于若干单位瑞士法郎。

如果要计算瑞士法郎的升(贴)水年率,则瑞士法郎是目标货币,美元是参照货币,汇率都表示成 1 单位瑞士法郎相当于若干单位美元,然后再代入公式中计算,得:

$$\Delta_{SF} = \frac{\frac{1}{1.4975}-\frac{1}{1.5035}}{\frac{1}{1.5035}} \times \frac{12}{1} \times 100\% \approx 4.81\%$$

注意,一种货币的升水年率并不是另一种货币的贴水年率,两者并不是对称的。

边学边练(1-4)

1. 在中国银行网站查询远期汇率。
2. 假定美元与加元的即期汇率为 USD 1 = CAD 1.3035,30 天远期汇率为 USD 1 = CAD 1.3065,请计算:(1)CAD 的开水或贴水年率;(2)USD 的升水或贴水年率。

(三) 按确定汇率的不同方法划分

按确定汇率的方法,汇率可以分为基础汇率和交叉汇率。

基础汇率(basic rate),是指一国货币与其关键货币(key currency)之间的汇率。所谓关键货币,是指在本国国际贸易或国际收支中使用最多、在本国的外汇储备中占比最大、汇率行情最为稳定、可自由兑换的货币。目前,各国一般都把美元作为关键货币,因此本币与美元之间的汇率被视为基础汇率。

交叉汇率(cross rate)又称套算汇率,是指两国货币间的汇率是通过各自与第三国货币的汇率间接计算出来的。

【例 1-9】 某日,中国银行公布美元对人民币的汇率为 USD 1 = RMB 6.3025,伦敦外汇市场上报出英镑对美元的汇率为 GBP 1 = USD 1.5362,则 GBP 与 RMB 的汇率可根据以上两个汇率套算得出:

$$GBP\ 1 = RMB(6.3025 \times 1.5362) = RMB\ 9.6819$$

在双向报价的情况下,有以下两种汇率套算方法:

(1) 交叉相除法。这种方法适用于单位货币相同的汇率的套算。

【例 1-10】 某日,A 银行的汇率报价如下:USD 1 = SF 1.5110/40,USD 1 = BF 4.9920/50。在这两个汇率报价中,单位货币都是美元,可以运用交叉相除法套算出瑞士法郎 SF 和比利时法郎 BF 的汇率,得:

$$BF\ 1 = SF\left(\frac{1.5110}{4.9950} \Big/ \frac{1.5140}{4.9920}\right) = SF\ 0.3025/0.3033$$

为什么是交叉相除呢? 分析如下:

假设 B 客户来到 A 银行,想卖出比利时法郎、买入瑞士法郎。在上述报价下,他只能先卖出比利时法郎、买入美元,再卖出美元、买入瑞士法郎。假设 B 客户手里有 1 比利时法郎:

客户卖出 1 比利时法郎,可以买入 1/4.9950 美元(注意:这里客户买入的是单位货币——美元,相当于 A 银行卖出美元,所以汇率用的是 4.9950);再卖出 1/4.9950 美元,可以买入 1.5110/4.9950 瑞士法郎(注意:这里客户卖出的是单位货币——美元,相当于 A 银行买入美元,所以汇率用的是 1.5110)。

综上所述,客户卖出 1 比利时法郎,可以买入 1.5110/4.9950 瑞士法郎。而这一价格站在报价方 A 银行的角度来看,正好是比利时法郎的买入价。

同理分析可得: 比利时法郎的卖出价是 1.5140/4.9920。

(2) 同边相乘法。这种方法适用于单位货币不相同的汇率的套算。

【例 1-11】 某日,C 银行的汇率报价如下:USD 1 = CNY 8.2700 - 10,GBP 1 = USD 1.7800 - 10。在这两个汇率报价中,单位货币不相同,可以运用同边相乘法套算出英镑和人民币的汇率,得:

$$GBP\ 1 = CNY(8.2700 \times 1.7800/8.2710 \times 1.7810) = CNY\ 14.7206/14.7307$$

为什么是同边相乘呢? 分析如下:

假设 D 客户来到 C 银行,想卖出英镑、买入人民币。在上述报价下,他只能先卖出英镑、买入美元,再卖出美元、买入人民币。假设 D 客户手里有 1 英镑:

客户卖出 1 英镑,可以买入 1.7800 美元(注意:这里客户卖出的是单位货币——英镑,相当于 C 银行买入英镑,所以汇率用的是 1.7800);再卖出 1.7800 美元,可以买入 8.2700 × 1.7800 元人民币(注意:这里客户卖出的是单位货币——美元,相当于 C 银行买入美元,所以汇率用的是 8.2700)。

综上所述,客户卖出 1 英镑,可以买入 8.2700 × 1.7800 元人民币。而这一价格站在报价方 C 银行的角度来看,正好是英镑的买入价。

同理分析可得:英镑的卖出价是 8.2710 × 1.7810。

边学边练(1－5)

1. 花旗银行的外汇报价是：

USD = SF 2.5110 – 2.5140

USD = JPY 245 – 246

则该银行 SF 和 JPY 的报价如何？该银行的客户，一家日本公司，希望卖出瑞士法郎、买入日元，则银行对该客户的报价是多少？

2. 根据下面的银行报价回答问题：

1 美元 = 145.30/40 日元

1 英镑 = 1.8485/95 美元

某公司要以日元买进英镑，汇率是多少？

（四）按汇率是否经过通货膨胀调整划分

按是否经过通货膨胀调整，汇率可以分为名义汇率和实际汇率。

名义汇率（nominal exchange rate），是指官方公布的或市场通行的没有剔除通货膨胀因素的汇率。

实际汇率（real exchange rate），是指对名义汇率进行价格调整后得到的汇率。其计算公式为：

$$e = E \times \frac{P^*}{P} \tag{1-2}$$

其中，e 表示实际汇率（直接标价法），E 表示名义汇率（直接标价法），P^* 表示外国的物价指数，P 表示本国的物价指数。

【例 1－12】 假定 2010 年美元与人民币的名义汇率没有变化，但两国的物价指数发生了变化，如下所示：

时期	名义汇率	中国物价指数	美国物价指数
2010 年 1 月	USD 1 = RMB 6.6720	100	100
2010 年 12 月	USD 1 = RMB 6.6720	110	100

则 2010 年 1 月，美元与人民币的实际汇率为：$6.6720 \times \frac{100}{100} = 6.6720$

此时，名义汇率与实际汇率是相等的。

但在 2010 年 12 月，美元与人民币的实际汇率为：$6.6720 \times \frac{100}{110} = 6.0655$

实际汇率可以反映一个国家国际竞争力（针对价格竞争）的变化。在直接标价法下，实际汇率上升，表示本国的国际竞争力提高；反之，实际汇率下降，表示本国的国际竞争力下降。例 1－12 中，由于单位货币是美元，因此实际汇率下降是指美元的实际汇率变小。在名义汇率不变的情况下，说明美国的物价指数小于中国的物价指数，进而表明美国的商品更具有价格优势，从而美国的国际竞争力变强，中国的国际竞争力变弱。

（五）按汇率是相对某种货币还是相对一篮子货币划分

按汇率是相对某种货币还是一篮子货币，可以分为双边汇率和有效汇率。

双边汇率（bilateral exchange rate），是指某两种货币的汇率。但如果我们想知道某种货币的整体价值是上升还是下降，必须引入有效汇率的概念。

有效汇率（effective exchange rate），是指一种货币相对于其他多种货币双边汇率的加权平均汇率，反映了一种货币价值的总体变化趋势。有效汇率是以有效汇率指数的形式出现的，加权的权重是以一国的贸易伙伴国与该国的贸易值占该国总贸易额的比重来确定的，其计算公式为：

$$\text{A 币有效汇率指数} = \sum_{i=1}^{n} \text{A 国货币对第 } i \text{ 国货币的双边汇率指数} \times \frac{\text{A 国同第 } i \text{ 国的贸易值}}{\text{A 国对外总贸易值}} \qquad (1-3)$$

【例 1－13】 假设美国只有两个贸易伙伴国：加拿大和日本。它们与美国的贸易额及双边汇率的情况如下所示：

国家	2008 年	2009 年	对美国的出口（百万美元）	对美国的进口（百万美元）
加拿大	\$1 = C\$1.03	\$1 = C\$0.99	275	150
日本	\$1 = JPY 80	\$1 = JPY 85	235	175

首先，可以得到加拿大、日本对美国的总贸易额为：

$$(275 + 150) + (235 + 175) = 835\text{（百万美元）}$$

其次，确定权重。加元的权重为：425m /835m = 50.90%，日元的权重为：410m /835m = 49.10%。

再次，计算出双边汇率的汇率指数。以 2008 年为基期，相对于加元，2009 年美元的价值是 2008 年美元价值 96.12%（0.99/1.03）；相对于日元，2009 年美元的价值是 2008 年美元价值的 106.25%（85/80）。

最后，计算出美元的名义有效汇率。

$$EER_{2009} = (0.509 \times 0.9612 + 0.491 \times 1.0625) \times 100\% = 101.09\%$$

这说明，相对于 2008 年，2009 年美元的总体价值是上升的，即有效汇率指数上升代表该国货币综合升值，指数下降代表该国货币综合贬值。

如果将价格变动因素考虑在内，以便更好地反映一国竞争力的变化，就必须编制实际有效汇率指数。

知识拓展

2005 年汇率制度改革以来人民币名义有效汇率的变化

根据国际清算银行（BIS）网站的统计数据，人民币名义有效汇率指数自 2005 年 7 月至 2015 年 12 月整体而言是不断上升的。具体而言，主要历经了三个阶段：

阶段一，2005 年 7 月至 2009 年 3 月，人民币有效汇率总体上呈现稳定上升的态势，从 2005 年 7 月的 87.95 逐步上升到 2009 年 3 月的相对高点 108.07，总升值幅度达到 22.88%。

其中，在2008年下半年，受国际金融危机爆发的影响，人民币有效汇率出现小幅下挫，但在2009年年初继续上扬。

阶段二，2009年4月至2011年7月，人民币有效汇率处于在稳定区间内波动的状态。该阶段初期，国际金融危机的负面影响逐渐传导到我国，国际经济形势不景气和国内经济下行压力凸显，导致人民币有效汇率出现下降，并在97—106附近较长时间地上下波动。

阶段三，2011年8月至2015年，人民币有效汇率指数呈现上扬的态势，由2011年8月的98.78开始，上升到2015年年末的125.89，区间升值幅度为27.44%。

资料来源：作者根据国际清算银行网站(http://www.bis.org/statistics/eer/index.htm? m=6%7C187)的数据撰写。

（六）按外汇交易的结算方式划分

按外汇交易的结算方式，汇率可以分为电汇汇率、信汇汇率、票汇汇率。

电汇汇率(telegraphic transfer rate)，是指银行在卖出外汇后，立即以电报委托其海外分支机构或代理机构付款给收款人时所使用的汇率。在国际贸易中，进出口商为了避免汇率波动可能带来的风险，往往使用电汇汇率；银行同业之间的大额外汇交易通常也使用电汇汇率。电汇汇率一般高于其他汇率，因为电汇方式付款快，银行很难占用客户的资金头寸，而且国际电报费用较高。电汇汇率是外汇市场上的基本汇率，就是即期汇率。

信汇汇率(mail transfer rate)，是指银行在卖出外汇后，以信函方式委托其海外分支机构或代理机构付款给收款人时所使用的汇率。由于以信函方式收付外汇的时间比电汇慢，银行可以利用客户的在途汇款资金进行短期周转，因此信汇汇率一般比电汇汇率低。

票汇汇率(draft transfer rate)，是指银行在卖出外汇后，开立一张由其国外分支机构或代理机构付款的汇票交给收款人，由其自带或寄往国外取款时所采用的汇率。票汇汇率可以分为即期票汇和远期票汇两种。即期票汇是现汇汇票，是见票即付的；远期票汇是期汇汇票，即在约定的到期日付款的汇票。由于以票汇方式收付外汇的时间也比电汇慢，因此票汇汇率一般也比电汇汇率低。

（七）按交易对象划分

按交易对象，汇率可以分为同业汇率和商人汇率。

同业汇率(inter-bank rate)，是指银行与银行之间买卖外汇时采用的汇率。同业汇率以市场的银行电汇汇率为基础，买卖之间的差价很小。

商人汇率(merchant rate)，是指银行与客户之间买卖外汇时采用的汇率。一般而言，商人汇率的买卖差价要大于同业汇率的买卖差价。

（八）按外汇管理的宽严程度划分

按外汇管理的宽严程度，汇率可以分为官方汇率和市场汇率。

官方汇率(official exchange rate)又称法定汇率，是指由国家货币当局（如中央银行、国家外汇管理机构或国家财政部）所规定或公布的汇率。

市场汇率(market exchange rate)，是指由外汇市场供求关系状况决定的汇率。

（九）按外汇资金的性质和用途划分

按外汇资金的性质和用途，汇率可以分为贸易汇率和金融汇率。

贸易汇率(commercial rate),是指用于进出口贸易及其从属费用方面的支付结算所使用的汇率。制定这种汇率的目的在于,促进本国出口贸易的发展和改善国际收支状况。

金融汇率(financial rate),是指用于国际资本移动、提供劳务服务等非贸易进出口收支方面的汇率。

(十) 按政府允许使用的汇率种类的多少划分

按政府允许使用的汇率种类的多少,汇率可以分为单一汇率和复汇率。

单一汇率(single rate),是指一国只规定一种本币与外币的兑换比率,各种外汇收支都按照这个统一的汇率结算。

复汇率(multiple rate)又称多重汇率,是指一国对本币与外币的兑换,根据不同性质的外汇收支,同时规定两种或两种以上的不同汇率。前面提到的贸易汇率与金融汇率就是一种复汇率。

第三节 影响汇率变动的主要因素

一、汇率变动的衡量

汇率变动,是指货币对外价值的上下波动,包括货币贬值和货币升值。在固定汇率制度下,称为法定升值(revaluation)和法定贬值(devaluation);在浮动汇率制度下,称为升值(appreciation)或贬值(depreciation)。货币升值或贬值的幅度可以用以下公式计算:

$$\Delta = \frac{N - O}{O} \times 100\% \tag{1-4}$$

式中,Δ 表示货币的升值或贬值幅度(正的为升值幅度,负的为贬值幅度),N 表示新汇率,O 表示旧汇率。注意:利用公式(1-4)计算某货币的升值或贬值幅度时应区分“目标货币”和“参照货币”。目标货币是指要计算升值或贬值幅度的那种货币,而参照货币是指用于表达目标货币价值的货币。计算时,要把所有的汇率报价按每单位目标货币相当于多少单位参照货币的形式表示出来。

【例1-14】 2005年7月20日人民币与美元的汇率为:USD 1 = RMB 8.2765;2015年6月8日人民币与美元的汇率为:USD 1 = RMB 6.1205。则人民币在这段时间的升值幅度为:

$$\Delta_{RMB} = \frac{\frac{1}{6.1205} - \frac{1}{8.2765}}{\frac{1}{8.2765}} \times 100\% = \frac{8.2765 - 6.1205}{6.1205} \approx 35\%$$

边学边练(1-6)

假设一年前美元USD和墨西哥比索MXN的汇率为USD 1 = MXN 100,现在两者的汇率为USD 1 = MXN 200,请计算:(1)USD的升值或贬值幅度;(2)MXN的升值或贬值幅度。

二、影响汇率变动的主要因素

影响汇率变动的因素很多,这其中既有经济因素,也有政治因素、心理因素及其他因素。各种因素的相互关系是错综复杂的,有时以这些因素为主,有时以另一些因素为主,有时是多种因素同时起作用,有时某些因素的作用会相互抵消,等等。从根本上来说,影响汇率变动的主要因素是一些基本的经济因素,它们都是通过影响外汇的供求关系而导致汇率变动的。

(一)国际收支状况

一国的国际收支状况影响一国汇率的长期走势。若一国的国际收支出现持续顺差,则该国的外汇收入会增加,外汇支付会减少,外汇市场上对外国货币的供给增加、需求减少,对本国货币的需求增加。于是,在浮动汇率制度下,会导致外币贬值、本币升值;而在固定汇率制度下,本币则面临法定升值的压力。

反之,若一国的国际收支出现持续逆差,则该国的外汇收入会减少,外汇支付会增加,外汇市场上对外国货币的供给减少、需求增加,对本国货币的需求下降。于是,在浮动汇率制度下,会导致外币升值、本币贬值;而在固定汇率制度下,本币则面临法定贬值的压力。

(二)通货膨胀率差异

一般认为,当一国的通货膨胀率超过另一国的通货膨胀率时,该国货币会贬值。原因主要有:第一,当一国出现高通货膨胀时,国内物价水平普遍上涨,这将导致该国出口商品的价格竞争力下降,进口商品的价格竞争力相对提高,从而使出口减少、进口增加,影响贸易项目收支,则该国货币贬值;第二,当一国出现高通货膨胀时,该国的实际利率水平下降,在没有资本管制的情况下,会导致资本外流,影响资本与金融项目收支,使该国货币贬值;第三,当一国出现高通胀时,人们容易形成该国货币未来要贬值的预期,这会加速货币替换,促使人们将本币兑换为外币,使预期的贬值变为现实的贬值。

反之,当一国的通货膨胀率低于另一国的通货膨胀率时,该国货币会升值。

(三)经济增长率

一国的经济增长率对汇率的影响是多方面的。

从短期来看,当一国的经济增长率较高时,意味着该国收入水平较高,由收入引致的进口较多,不利于本国的贸易收支,则本币可能贬值。

从长期来看,一方面,一国的经济增长率较高意味着该国的劳动生产率较高,产品成本下降,本国出口商品的价格竞争力提高,有利于增加出口、抑制进口,支持本币升值;另一方面,一国的经济增长率较高也意味着该国的投资利润率较高,吸引资金流入,改善资本与金融项目收支,支持本币升值。

由此可见,一国的高经济增长在短期内由于进口需求放大,易导致贸易收支逆差,不利于本币汇率;但在长期中却是支持本币升值的最重要的物质基础。

(四)利率差异

利率一般影响汇率的短期走势,可以通过多条途径发挥作用。

第一,利率影响汇率变动,可以通过影响资本流动而发挥作用。利率高的国家会吸引资本流入,在外汇市场上人们会卖外币(外币供给增加)、买本币(本币需求增加),从而引起外币贬值、本币升值；反之，利率低的国家会引起资本流出，在外汇市场上人们会卖本币（本币供给增加）、买外币（外币需求增加），从而引起外币升值、本币贬值。

第二，在考察利率对汇率的影响时，要注意利率变动对国内经济及国内物价水平的影响。当一国提高利率时，该国经济紧缩、投资机会变少，易引起资本流出，从而导致本币贬值；但是，当一国提高利率使本国经济收缩时，本国的物价水平会趋于下降，这有利于出口、不利于进口，支持本币升值。反之，当一国降低利率时，该国经济扩张、投资机会变多，易引起资本流入，从而导致本币升值；但是，当一国降低利率使本国经济扩张时，本国的物价水平会趋于上升，这不利于出口、有利于进口，促使本币贬值。

第三，利率对汇率的另一个重要影响是导致远期汇率的变化。外汇市场上远期汇率升水、贴水的主要原因在于货币之间的利率差异，利率高的国家的货币远期会贴水，利率低的国家的货币远期会升水。利率与远期汇率之间的这种关系可以用利率平价理论说明，这将在第四章中进行详细的介绍。

（五）政府政策

政府机构是外汇市场的交易主体之一，政府实施的各类政策会直接或间接地影响汇率。

外汇干预政策指一国政府或货币当局利用外汇平准基金进入外汇市场进行外汇买卖，以调节外汇供求，从而使汇率朝着有利于本国经济发展的方向变动。这些外汇干预政策虽然不能从根本上改变汇率，但在短期内确实可以影响汇率。但是，政府或货币当局出售外汇的能力取决于其持有的外汇储备规模，其购买外汇的行为受到外汇储备机会成本的影响。

政府的财政政策和货币政策也会对汇率产生间接影响。短期来看，扩张性的财政政策会刺激增长，引起进口增加，本币可能贬值；扩张性的货币政策会通过高通货膨胀率和利率下降，引起贸易逆差和资本流出，这会使本币贬值。相反，紧缩性的财政政策会抑制增长，从而抑制进口，本币可能升值；紧缩性的货币政策会通过抑制通货膨胀和利率上升，引起贸易顺差和资本流入，这会使本币升值。长期来看，无论是扩张性的还是紧缩性的财政和货币政策，若这些政策最终使本国的经济实力增强，则支持本币升值；反之，若政策没有效果，则本币可能贬值。

政府的贸易政策对汇率也有影响。例如，出口退税会刺激出口，非关税壁垒、进口配额、进口许可证等又会限制进口等。

（六）市场心理预期

人们的预期对汇率的变动起着相当大的作用，汇率预期具有自我实现的功能。例如，如果一国出现了巨额的国际收支顺差，人们预期该国货币会升值，于是在外汇市场上，人们就会大量买入该国货币，最终导致该国货币真正升值，即从预期的升值成为现实的升值。其他变量的预期也会产生类似的作用。

（七）政治事件

汇率变化对政治事件非常敏感，重大的国内外政治事件会直接或间接地影响汇率，如大选、战争、政变、边界冲突等。例如，美国在 1991 年进行攻打伊拉克的“沙漠风暴”行动时，美元汇率就经历了一轮大幅度的波动。2001 年发生在美国的“9·11”恐怖袭击事件，以及美国对阿富汗采取的军事行动，也同样打击了美国的消费和商业信心，使美元有贬值的压力。

知识拓展

人民币“内贬外升”反映两种“不对称”

首先，人民币“内贬外升”的结构反映了经济金融汇率决定力的不对称。汇率决定因素是多样化和复杂的，经济基本面对比、增长预期差异、购买力平价、利率平价和资产组合选择等诸多层面，都在不同时序阶段给不同货币带来了程度不同的影响。而相比汇率，通货膨胀的决定力结构稍显简单，正如弗里德曼所言，“通货膨胀无论何时都是一种货币现象”。来自流动性过剩和信贷增长过快的压力带来了中国通货膨胀抬头的货币现象，这种货币因素通过“购买力平价”给人民币汇率形成了贬值压力。但复杂的人民币汇率不仅是“货币现象”，更是“经济现象”，在欧美经济增长受制于次债风波而中国经济2007年前三个季度依旧增长11.5%的经济基本面对比下，在国际投资资本和投机资本不断抛售美元资产的市场潮流中，在中国利率走向与欧美日发生方向错位的国际政策搭配下，人民币升值和美元走弱共同构成了国际货币体系结构变化的主旋律。在世界经济周期变化凸现“中国价值”的当下，人民币汇率决定中的经济要素重于货币要素。

其次，人民币“内贬外升”的结构反映了全球过剩流动性流入中国对内、对外影响的不对称。受次债“危机救助”流动性注入、美联储大幅降息、全球金融创新杠杆效应加大、新兴投资势力崛起和国际套利活动趋热等多重因素的影响，近来全球流动性过剩进一步加剧。在美元资产减持的国际背景下，过剩流动性愈发青睐中国的增长红利、房市火爆、股市繁荣和汇率回报，并通过多种途径“直线”或“曲线”靠近世界经济活力中心。全球过剩流动性流入中国的对外影响是，增强了国际市场上人民币的市场需求，并提高了人民币进一步升值的市场预期，两种力量引致了人民币的加速升值。与此同时，全球过剩流动性流入中国的对内影响却是推高资产市场价格、加重冲销压力、恶化内部流动性泛滥，进而带来了中国通货膨胀抬头的内部失衡结果。

资料来源：程实，“人民币内贬外升反映两种不对称”，《新京报》，2007年10月31日。

第四节　汇率变动对经济的影响

汇率受多种因素的影响；但反过来，汇率的变动也会对一国的经济与政策甚至整个世界经济产生重大的影响。汇率变动对一国经济各方面的作用和影响是不同的，其中最主要的是对贸易收支、资本流动、国内价格水平、外汇储备、国内产业结构和资源配置、国民收入和就业、微观经济活动等方面的影响。

一、汇率变动对贸易收支的影响

一般来说，本币贬值有利于本国的出口，不利于本国的进口，从而改善本国的贸易收支；本币升值，情形则相反。下面以本币贬值为例进行说明。

本币贬值后，对出口会产生两种结果：

(1) 当一国出口商品的本币价格不变时,出口商品以外币标价时价格会降低,从而使该国出口商品在国际市场上的价格竞争力增强,国外进口商的需求量增加,这有利于扩大出口。

【例 1-15】 国内某服装生产商的服装出口到美国,若服装的人民币标价为 800 元,当人民币与美元的汇率为 USD 1 = RMB 8 时,该服装以美元表示的价格为 100 美元;当人民币贬值到 USD 1 = RMB 9 时,若服装的人民币标价不变,则该服装以美元表示的价格约为 88.89 美元。价格降低了,美国进口商的需求量增加。

(2) 当一国出口商品的外币价格不变时,国内出口商以本币标价的出口收入增加,出口商的意愿供给增加,出口数量增加。

【例 1-16】 承例 1-15,若服装的美元价格始终为 100 美元,但汇率为 USD 1 = RMB 8 时,服装出口商卖出 1 件服装的收入为 800 元人民币;而当人民币贬值到 USD 1 = RMB 9 时,服装出口商卖出 1 件服装的收入为 900 元人民币。这会刺激国内服装出口商的国外供给。

本币贬值后,对进口也会产生两种结果:

(1) 当进口商品的外币价格不变时,它以本币标价时价格会提高,使本国进口商的需求量减少,这不利于进口。

【例 1-17】 我国某企业从美国进口一台大型计算机,计算机的美元标价为 40 万美元。当人民币与美元的汇率为 USD 1 = RMB 8 时,进口这台计算机的人民币成本为 320 万元;而当人民币贬值到 USD 1 = RMB 9 时,这台计算机的人民币成本就增加到 360 万元,这不利于我国企业的进口。

(2) 若要求进口商品的本币价格保持不变,则国外出口商必须压低商品的外币价格,而这会使出口商的意愿供给减少(即不愿意提供进口商品),于是本国的进口减少。

【例 1-18】 承例 1-17,假设不论汇率如何变动,这台计算机的人民币标价都保持在 320 万元。当汇率为 USD 1 = RMB 8 时,美国计算机出口商卖出 1 台计算机的收入为 40 万美元;而当人民币贬值到 USD 1 = RMB 9 时,美国出口商卖出 1 台计算机的收入下降为 35.6 万美元,这会刺激美国计算机出口商减少对我国的出口,不利于我国的进口。

但是需要注意的是,本币贬值起到扩大出口、限制进口的作用不是在任何条件下都能实现的。西方国际收支理论中的弹性论对这一问题进行了深入分析。弹性论中的“马歇尔-勒纳条件”表明:在进出口商品的供给弹性趋于无穷大的前提条件下,只有当一国的进出口需求弹性之和大于 1 时,本币贬值才能改善其贸易收支状况。另外,在现实中,本币贬值导致贸易差额的最终改善存在滞后性,即 J 曲线效应。①

除此之外还需注意,在发生通货膨胀的国家中,若货币当局企图通过促使本币对外贬值达到扩大出口、改善贸易差额的目的,必须做到本币对外贬值的幅度要大于本币对内贬值的幅度。如前所述,本币对外贬值幅度是通过新旧汇率的比较计算出来的,而本币对内贬值幅度需要用一定时期内的物价指数计算,其公式为:本币对内贬值幅度 = 1 - 货币购买力 = 1 - 100/物价指数。这表明,物价指数越高,货币购买力越低,货币对内贬值幅度越大。

---

① 这部分内容详见第五章第一节“弹性分析论”。

【例 1－19】 假设人民币对美元的汇率为 USD 1 = RMB 8。若我国的出口商品价格为 8 元，则以外币表示的价格为 1 美元。当人民币对美元的汇率贬值为 USD 1 = RMB 10 时，若出口商品的本币价格还是 8 元，则以外币表示的价格变为 0.8 美元。出口商品的外币价格降低，这有利于出口。但是若我国出现严重的通货膨胀，假设通货膨胀率为 30%，则出口商品的价格就是 10.4 元，此时即使人民币对外贬值为 USD 1 = RMB 10，以外币表示的价格反而超过了 1 美元，这不利于出口。在这个例子中，人民币对外贬值的幅度为：

$$\Delta_{\mathrm{RMB}} = \frac{\frac{1}{10} - \frac{1}{8}}{\frac{1}{8}} \times 100\% = \frac{8 - 10}{10} \times 100\% = -20\%$$

而人民币对内贬值的幅度为：

$$\Delta_{\mathrm{RMB}} = 1 - \frac{100}{130} \approx 23\%$$

显然，人民币对内贬值的幅度大于人民币对外贬值的幅度，说明人民币对外并没有实际贬值。

二、汇率变动对资本流动的影响

汇率变动不仅受国际资本流动的影响，也是影响资本流动的直接因素，其作用主要表现在以下两方面：

（1）汇率的预期变动会对资本流动产生影响。当外汇市场上出现本国货币贬值的预期时，人们会抛售本币、抢购外币，造成资本流出；当外汇市场上出现本国货币升值的预期时，人们会买进本币、卖出外币，造成资本流入。

（2）汇率的真实变动会对资本流动产生影响。当外汇市场上本币对外真正贬值后，且人们预期本币将不再贬值，则 1 单位外币可折合更多的本币，会促使外国资本，尤其是长期资本流入增加；而当外汇市场上本币对外真正升值后，且人们预期本币将不再升值，则 1 单位外币可折合较少的本币，会引起外国资本流入减少。这与汇率的预期变动对资本流动产生的影响正好相反。

汇率变动对于资本流动既有流向上的影响，也有流量上的影响。流量上的影响程度取决于资本流动对汇率变动的敏感性，这其中最主要的因素是一国政府的资本管制。资本管制严的国家，汇率变动对资本流动的影响较小；资本管制松的国家，汇率变动对资本流动的影响较大。

三、汇率变动对国内价格水平的影响

一般来说，当本币贬值后，会促使国内价格水平上升。这其中的原因主要有以下几方面：

（1）成本推动国内价格水平上升。首先，当本币贬值后，进口原材料和进口半（制）成品的价格都会增加，直接引起以此为中间投入品的商品生产成本的增加；其次，当本币贬值后，进口消费品的价格提高，这可能会引起本国工资水平的提高，间接引起商品生产成本的增加。

（2）需求拉动国内价格水平上升。首先，当本币贬值后，出口商品以外币表示的价格下降,国外需求会增加;此时,若出口商的商品供给量在短期内不能相应地增加,则可能减少国内供给以满足增加的国外需求,于是该商品在国内出现供不应求的状况,从而使该商品的国内价格上涨;其次,当本币贬值后,由于进口消费品价格上涨,引起人们对进口替代品需求的增加,从而使国内进口替代品的价格上涨。

现实中,一国发生通货膨胀会导致本币对外贬值,而本币贬值又会促使国内物价水平上涨。若政府不能有效地加以控制,则会陷入“贬值—通货膨胀—贬值……”的恶性循环中。

相反,当本币升值后,会促使国内价格水平下降,从而成为抵御国内通货膨胀的一个工具。

知识拓展

中国:用人民币升值抗击通货膨胀

除了外国压力,中国让人民币升值最具说服力的理由之一是,它将有助于抗击国内通货膨胀。

对物价水平上升和资产泡沫的担忧,促使中国于2010年10月近三年来首度升息。在经济增长强劲反弹后采取的这一举措,是中国迈出的一小步,目的是逐步撤出金融危机期间向经济中注入的大规模刺激。

Brown Brothers Harriman 的 Win Thin 认为,中国中央银行综合运用了加息、提高存款准备金率和货币升值等手段,帮助抗击物价上涨的压力。

中国加息后,市场下调了对人民币升值的预期,12个月无本金交割远期汇率显示,人民币对美元将升值3.3%,低于上周的4%。

资料来源:罗伯特·库克森、彼得·加海姆著,李裕译,“中国:用人民币升值抗击通胀?”,FT中文网(http://www.ftchinese.com/story/001035200),2010-10-26。

四、汇率变动对外汇储备的影响

外汇储备是一国国际储备的主要构成部分。在第二次世界大战后的布雷顿森林体系下,美元是各国外汇储备的主要币种;20世纪70年代以后,各国外汇储备逐步走向多元化,主要由美元、英镑、日元、德国马克等货币组成;21世纪以来,由于欧元的诞生,欧元取代德国马克成为各国储备货币的主要币种之一。

无论储备货币是单一化还是多元化,其汇率的变动都会影响一国的外汇储备,这种影响主要表现为以下两方面:

(1) 数量影响。当一国货币的汇率变动后,会影响该国的进出口贸易和资本流动的增减,从而影响到该国的外汇储备数量。

(2) 价值影响。当一国货币的汇率变动后,会影响该国外汇储备的价值。据有关专家估计,在我国的外汇储备中,美元资产约占65%,欧元资产约占25%,英镑、日元及其他币种资产约占10%。根据国家外汇管理局的统计数据,截至2015年3月,我国外汇储备规模突破了3.73万亿美元。假定其中美元资产占65%,那么一旦美元对人民币贬值10%,我国外汇储备价值将缩水约2 425亿美元。

国际储备货币多元化加之汇率变动的复杂性，使国际储备管理的难度加大，因而各国货币当局必须随时注意外汇市场行情的变化，相应地进行储备货币的调整，以避免汇率变动给外汇储备造成损失。

五、汇率变动对国内产业结构和资源配置的影响

一国的产业结构可以从多种角度进行划分，与汇率变动密切相关的划分方法是把产业结构分为贸易品部门和非贸易品部门两大部门。

本币贬值后，出口扩大，贸易品部门的利润率可能会高于非贸易品部门，由此引起资源从非贸易品部门向贸易品部门转移。贸易品部门在整个经济体系中的比重增大，提高了本国的对外开放程度。本币升值的情况与此相反。

在发展中国家，本币贬值往往有助于资源配置效率的提高。这是因为：一方面，本币贬值有利于进口替代行业效率的提高；另一方面，本币贬值可促使发展中国家的主要出口部门——农业部门获得正常发展。

六、汇率变动对国民收入和就业的影响

本币贬值后，一国的贸易收支往往得到改善。若此时一国资源仍有闲置，则贸易收支的改善会通过“乘数效应”扩大总需求，从而增加国民收入和实现充分就业；但若该国已处于充分就业状态，则本币贬值只会使国内物价上升，而不会扩大产量和提高国民收入。

七、汇率变动对微观经济活动的影响

在固定汇率制度下，汇率相对稳定，对微观经济活动的影响不明显。但是在浮动汇率制度下，汇率时时处于波动之中，这就使进出口贸易和国际借贷活动随时面临汇率变动带来的风险。因此，对汇率的预测及风险防范已成为外贸企业和国际投资者等微观经济主体不可忽视的内容。例如，对进出口商来讲，若出口商品的计价货币贬值，则意味着实际收入的减少；若进口商品的计价货币升值，则意味着支付成本的上升。因此，对出口商来说，力争使用硬货币，即汇率有上涨趋势的货币；对进口商来说，力争使用软货币，即汇率有下跌趋势的货币。

第五节　汇率制度与外汇管制

一、固定汇率制度和浮动汇率制度

汇率制度（foreign exchange system 或 foreign exchange regime）又称汇率安排，是指一国货币当局对本国汇率变动的基本方式所做的一系列安排或规定。具体而言，汇率制度的内容至少包括以下方面：（1）汇率决定的基础；（2）汇率的波动幅度；（3）汇率的调节方式。汇率制度最主要的两大类型是固定汇率制度和浮动汇率制度。

（一）固定汇率制度

固定汇率制度（fixed exchange rate system），是指两国货币的汇率基本固定，汇率的波动幅度控制在较小的范围之内。从历史上看，19 世纪下半时至 1914 年的国际金币本位制度下的汇率制度，以及 1944—1973 年布雷顿森林体系下的汇率制度都属于固定汇率制度。

1. 金币本位制下的固定汇率制度

金本位制度是以黄金为本位币的货币制度，包括金币本位制、金块本位制和金汇兑本位制，其中金币本位制是典型的金本位制度，后两种是削弱了的、变形的金本位制度。第一次世界大战前，各国盛行典型的金币本位制。

在金币本位制下，各国规定了每 1 单位金铸币所包含的黄金重量与成色，用黄金重量乘以成色就可以得到含金量（gold content），两国货币的含金量之比称作“铸币平价”（mint par），这成为决定两种货币汇率的基础。

受外汇市场上供求关系的影响，现实汇率以铸币平价为中心上下波动，其波动幅度自发地受到黄金输送点的限制，上限是黄金输出点，下限是黄金输入点。①

铸币平价一旦确定，一般就不会变动，因此各国货币之间的汇率能够保持真正的稳定，金币本位制是典型的固定汇率制。

2. 布雷顿森林体系下的固定汇率制度

布雷顿森林体系下的固定汇率制度安排如下：（1）美元与黄金挂钩，美国公布 1 美元的含金量为0. 888671克，美元与黄金的兑换比例为 1 盎司黄金 =35 美元。（2）其他货币按各自的含金量与美元挂钩，确定其与美元的中心汇率。（3）所有这些货币的中心汇率经国际货币基金组织认可后作为“汇兑平价”保持固定不变；现实汇率随外汇供求发生波动时，波幅不超过 ±1%；一旦超过该界限，该货币国的中央银行必须进行干预。（4）当成员国发生国际收支基本不平衡时，经国际货币基金组织 75% 投票权同意可以改变汇兑平价。因此，这种固定汇率制度是一种“可调整的钉住汇率制”。

两种固定汇率制度的比较如表 1 -2 所示。

表 1 -2　两种固定汇率制度的比较

金币本位制下的固定汇率制度	布雷顿森林体系下的固定汇率制度
固定汇率制是自发形成的	固定汇率制是人为建立的
汇率基础：铸币平价	汇率基础：中心汇率（汇兑平价）
由于制度设计，现实汇率的波动“自动”不超过黄金输送点	现实汇率的波动被“人为”限制在 ±1% 的幅度内
铸币平价保持相对稳定	一国发生国际收支基本不平衡时，汇兑平价经国际货币基金组织的同意可以变动

资料来源：作者整理。

① 这部分内容的详细分析见第三章第二节。

（二）浮动汇率制度

浮动汇率制度（floating exchange rate system），是指对本币与外币的汇率不加以规定，也不限制汇率波动的界限，汇率完全或主要由外汇市场的供求关系决定的一种汇率制度。从历史上看，1973 年布雷顿森林体系崩溃后，西方主要国家普遍采用了浮动汇率制度。

按照政府是否干预，浮动汇率制度可以分为自由浮动（free floating）和管理浮动（managed floating）。自由浮动，又称清洁浮动（clean floating），是指货币当局对外汇市场不进行任何干预，汇率变动完全由市场的供求关系决定。管理浮动，又称“肮脏浮动”（dirty floating），是指货币当局对外汇市场进行干预，以使市场汇率朝着有利于自己的方向变动。目前，各主要发达国家实行的基本上是管理浮动，绝对的自由浮动在现实中是不存在的。

按照汇率浮动的方式，浮动汇率制可以分为单独浮动（independent floating）和联合浮动（joint floating）。单独浮动，又称独立浮动，是指本国货币不与任何外国货币发生固定联系，其汇率根据外汇市场的供求状况单独浮动，如美元、日元、英镑、加拿大元、澳大利亚元等。联合浮动，是指某集团对成员国内部货币实行固定汇率，对非成员国货币实行浮动汇率。历史上，“欧洲货币体系”就曾采用联合浮动。

（三）固定汇率制度与浮动汇率制度的比较

固定汇率制度和浮动汇率制度孰优孰劣，是西方理论界长期争论的一个问题。客观地讲，它们各自都有优缺点，下面从不同的角度对其进行比较。

1. 对国际贸易和投资的影响

在固定汇率制度下，由于汇率稳定，有利于国际贸易和国际投资活动的开展，从事国际经济交易的微观经济主体（进出口企业或国际投资者等）几乎不用考虑汇率波动的风险，便于进行成本和利润核算，降低投资风险。

在浮动汇率制度下，由于汇率频繁地波动，增加了微观经济主体的汇率风险，使人们不愿意签订长期的贸易契约和进行长期投资。

2. 是否能发挥对国际收支的调节作用

在固定汇率制度下，当一国发生国际收支失衡时，由于汇率波动幅度被限制在狭小的范围内，因此汇率不能发挥对国际收支的自动调节作用。国际收支的失衡，可能会迫使政府采取财政政策与货币政策来调节，从而影响国内经济的平衡，产生失业或通货膨胀。

在浮动汇率制度下，当一国发生国际收支失衡时，由于汇率可以根据市场供求状况上下浮动，因此能发挥对国际收支的自动调节作用。例如，本国出现国际收支逆差时，本币贬值，而贬值会刺激出口、抑制进口，从而改善国际收支逆差状况；反之亦然。

3. 对通货膨胀国际间传导的影响

在固定汇率制度下，当国外发生通货膨胀时，可以通过以下途径传导到国内：

（1）根据一价定律，当汇率保持固定不变时，国外物价水平的上升直接引起国内物价水平的上升。例如，我国从美国进口汽车，汽车的美元价格为 2 万美元。若美元对人民币的汇率为 USD 1 = RMB 6.5，则进口汽车的人民币价格为 13 万元；若美国发生通货膨胀，汽车的价格为 3 万美元，而美元对人民币的汇率保持不变，则进口汽车的人民币价格直接上升为 19.5 万元。

（2）国外物价上涨，则国内物价相对便宜，导致该国出口增加、进口减少，本币有升值压力。为了化解升值压力，该国货币当局必须在外汇市场上买入外汇、卖出本币，结果国内货币供应量上升，物价随之上涨。

在浮动汇率制度下，一般认为，国外的通货膨胀将通过本国货币升值得以抵消，不会带来国内通货膨胀。但是主张实行固定汇率制度的学者也指出，浮动汇率制度下同样存在通货膨胀的传导问题，并且具有不对称性。当本币贬值时，进口成本上升，物价上升；当本币升值时，进口成本因“价格刚性”而不容易下降或下降不足。扩大到两个国家的相互关系来看，一国货币的升值便是另一国货币的贬值，在工资和物价呈现“刚性”的情形下，货币贬值国家物价的上升幅度要超过货币升值国家物价的下降幅度，结果导致世界物价水平的上升，这被称为“棘轮效应”。

4. 对货币政策独立性的影响

货币政策的独立性有对内独立与对外独立之分。对内独立，是指中央银行为实现通货膨胀目标而调控货币供给量的决定独立于本国的政府机构，不受其干预；对外独立，则是指一国中央银行有能力根据本国意愿制定相应的货币政策，而不受他国经济状况的影响。显然，这里所指的是对外独立。

在固定汇率制度下，一国容易丧失货币政策的独立性。如前所述，固定汇率制度下国外的通货膨胀很容易传导到国内。也就是说，固定汇率制度使各国总是保持相近的通货膨胀率，这使得各国政府只能采取相似的货币政策，从而丧失货币政策的独立性。

在浮动汇率制度下，一国能独立行使货币政策，而不用依附于他国。倾向于低通货膨胀率的国家可采取较紧的宏观经济政策，从而引起本国货币升值；追求扩张性宏观经济政策的国家将遭受较高的通货膨胀率和货币贬值。

5. 对货币政策有效性的影响

货币政策的有效性，是指货币政策能否立足于特定的经济金融环境，运用特定的政策工具与政策手段，通过不同的传导机制，影响现实经济金融运行，顺利实现其预定的调控目标。

在固定汇率制度下，货币政策的有效性会降低。一国的货币政策要面临两个目标：一是维持汇率的稳定，二是调节内部经济的均衡。而同时实现这两个目标经常是不可能的。例如，当一国经济停滞不前时，货币当局决定采取扩张性的货币政策予以调节；但是该政策扩张了总需求，容易带来国际收支赤字问题，使该国货币面临贬值的压力。为了化解本币贬值的压力、维持固定汇率，该国货币当局不得不在外汇市场上抛售外币、回购本币，结果使最初的扩张性货币政策半途而废。

而在浮动汇率制度下，由于一国的货币政策不用依附于汇率稳定的目标，因此货币政策可专注于国内经济目标的实现，从而保证了货币政策的有效性。

6. 对外汇投机的影响

固定汇率制度的支持者认为，固定汇率制下的投机行为一般具有稳定性，因为政府的介入使市场交易者的心理存在“名义驻锚”(nominal anchor)，投机者们预期汇率向固定水平调整，从而在现实汇率水平与固定平价存在差异时通过缩小这一差异而获利。

但是固定汇率制度的反对者认为，固定汇率制下会出现破坏性的“单向投机”(one way speculation)活动。

【例 1-20】 假定英镑与美元的汇率为固定汇率，汇率平价为 1 英镑 = 2 美元，波动幅度为平价 ±1%（$1.98—$2.02）；又假定英国的国际收支逆差已经使汇率降到了 1 英镑 = 1.98 美元，投机者认为英镑大幅度贬值已不可避免，于是纷纷买入美元、卖出英镑。投机者的这一行为是逼迫英国政府改变原来的汇率平价。假如在这场博弈中，投机者的力量超过了英国政府维系固定汇率的力量，则英国政府被迫调整汇率平价，如从原来的 1 英镑 = 2 美元调整为 1 英镑 = 1.8 美元，波动幅度同前，则投机者可获利(1.98 - 1.8)/ 1.98 = 9.09%；若投机者在这场博弈中失败了，则其损失却是有限的，因为政府的政策措施最多使汇率上升到原来汇率波动的上限（即 1 英镑 = 2.02 美元），此时投机者的损失为(2.02 - 1.98)/1.98 = 2.02%。显然，当汇率平价的调整幅度(10%)大于汇率的波动幅度(1%)时，投机者面临的风险和收益就不对称了。因此，当一国的国际收支逆差达到一定程度时，投机者认为该国货币发生贬值是不可避免的，他们就会沿一个方向进行投机，对逆差国的外汇储备造成极大的压力；该国的外汇储备耗竭之时，也是该国固定汇率制度的终结之日。

从这个意义上来说，固定汇率制度搭配资本高度流动的国家或地区更易遭受国际游资的攻击，从而发生货币危机甚至金融危机，如 1994 年的墨西哥金融危机、1997 年的亚洲金融危机等。

浮动汇率制度的反对者认为，浮动汇率制度下经常出现非稳定性投机，这是因为汇率频繁、剧烈地波动，为投机者谋取暴利提供了条件。由于“羊群效应”，交易者往往在价格上涨时争相买进，在价格下跌时争相卖出，结果是扩大而非缩小了汇率的波动幅度。

但是，浮动汇率制度的支持者认为，浮动汇率制下的投机是一种稳定性投机，因为在这一制度下，政府并不承诺维持某一汇率水平，于是投机者不容易找到汇率明显高估或低估的机会。他们只有在汇率低于均衡水平时买入或者汇率高于均衡水平时卖出，才能持续获利，而这一投机策略有助于“熨平”汇率的波动。

7. 对国际合作和政策协调的影响

固定汇率制度有利于国际合作和各国政策的协调。例如，在布雷顿森林体系下，各国严格遵守国际货币基金组织的协定，任何一个国家违反协定都可能引发连锁反应，导致固定汇率制的瓦解。

浮动汇率制度下，由于缺乏关于汇率约束的协定，容易推行“以邻为壑”的政策，造成国际经济秩序的混乱。例如，一些国家以货币贬值为手段，以牺牲他国经济利益为代价来扩大本国出口，结果引起他国的连锁反应，进行竞争性贬值或产生贸易摩擦。

二、其他汇率制度

除上述固定汇率制度和浮动汇率制度以外，现实中还有一些居中安排的汇率制度，如爬行钉住制度等；还存在一些特殊的汇率安排，如货币局制度、美元化等。

（一）爬行钉住制度

爬行钉住（crawling pegs）又称蠕动钉住，是指将本国货币钉住外国货币，经常根据选定的数量指标（如对主要贸易伙伴国的通货膨胀率差异）进行小幅度调整的汇率制度。分为事后调整型爬行钉住（backward looking）和前瞻型爬行钉住（forward looking）两种，前者是指爬行的幅度根据以往通货膨胀变动对汇率变动的要求来设置，后者是指爬行的幅度根据预期未来可能发生的通货膨胀情况来设置。

爬行钉住制度在20世纪60年代盛行于拉丁美洲(智利、秘鲁等),它的应用使高通货膨胀国家避免了货币实际价值被高估的情况,其特点在于允许货币平价持续地小幅度调整,从而降低了固定汇率一次性大幅度调整对经济的扰动。但是这种汇率制度也有缺陷。一是事后调整型爬行钉住会引入通货膨胀惯性;二是货币政策仍然受到外部制约,输入通货膨胀的问题也没有得到彻底解决。一旦国民经济遭受突然的外部冲击,小幅度的汇率调整很可能面临不及时、不到位的问题。

(二) 货币局制度

货币局制度(currency board arrangements),是指一国政府以立法的形式明确规定本国货币与某一外国货币(通常被称为"锚货币")以一个固定的比率进行兑换,并且对本国货币的发行做特殊限制以保证履行这一法定义务。货币局通常要求货币发行必须以一定(通常是100%)的该外国货币作为准备金。从这个意义上讲,货币局制度既是一种货币发行制度,也是一种汇率制度。

货币局制度的优势主要体现在以下方面:(1)增强了货币当局固定汇率制度的可信性,降低了投机攻击的程度;(2)保证汇率稳定,抑制通货膨胀,实现经济、金融稳定发展。但其缺陷也很明显,主要有:(1)货币当局失去了发行货币的主动权,给自主性货币政策留下的空间很小;(2)货币当局失去最后贷款人角色,无法救助陷入困境的银行;(3)无法抵御恶性货币投机的攻击。

知识拓展

中国香港的联系汇率制度

中国香港地区的联系汇率制度就是一种典型的货币局制度。在联系汇率制度下,美元与港币的汇率保持在1美元兑7.8港币的水平,发行银行(汇丰银行、渣打银行、中银集团)在发钞前,必须以1美元兑7.8港币的固定比率向金融管理局外汇基金缴纳等值美元,以换取"负债证明书"作为法定的发行准备;反过来,发钞银行回笼港币现钞时,按照该固定比率向金融管理局外汇基金交还"负债证明书",收回等额美元。联系汇率制度对香港的经济稳定与发展起到了积极的作用,不仅稳定了港币汇价,而且承受住了多次重大事件的冲击。例如,1987年的股灾、1990—1991年的海湾战争、1997年的东南亚金融危机等。然而,联系汇率制度也有不足之处,其最大的代价在于香港地区失去了货币政策的自主性,不能控制利率和货币供应增长率,以达到调节香港经济的目的。

资料来源:刘园,《国际金融学》,机械工业出版社,2014。

(三) 美元化

美元化(dollarization),是指一国居民在其资产中持有相当大比例的外币资产(主要是美元),美元大量进入流通领域,具备货币的全部或部分职能,并且有逐步取代本币成为该国经济活动主要媒介的趋势,因而美元化实质上是一种程度较深的货币替代现象。所谓货币替代(currency substitution),是指在开放经济条件下,一国居民因对本币币值的稳定失去信心或本国货币资产收益率相对较低时发生的大规模货币兑换，使得外币在价值尺度、流通手段、支付手段和贮藏手段方面全面或部分替代本币发挥作用的一种现象。

美元化包括非官方美元化和官方美元化。前者是指私人机构用美元完成货币的职能，但还没有形成一种货币制度，也称“事实美元化”“过程美元化”“部分美元化”或“非正式美元化”；后者是指货币当局明确宣布用美元取代本币，美元化已作为一种货币制度被确定下来，也称“政策美元化”“完全美元化”或“正式美元化”。

美元化问题最初引起人们注意是在 20 世纪七八十年代。当时一些拉美国家因不适当的经济政策而造成了国内出现较严重的通货膨胀等问题，为了抑制通货膨胀，有些国家采取了传统的钉住汇率制度或货币局制度，通货膨胀问题得以缓解；但是这些固定汇率制度却频繁地遭到国际投机资本的冲击，结果爆发了 1994 年的墨西哥金融危机和 1999 年的巴西金融动荡。在这种背景下，厄瓜多尔（2000 年）、萨尔瓦多（2001 年）开始实行美元化①；阿根廷则将本币汇率和美元挂钩，并允许美元成为合法的支付工具，使经济处于“准美元化”的状态。

美元化的优势主要有：(1) 有助于消除汇率风险，降低交易成本，促进国际贸易和国际投资的发展，促进一国经济与国际市场的融合；(2) 避免国际游资的投机攻击；(3) 实行美元化的国家政府不能通过发行本币的方式来融通财政赤字，有助于约束政府行为，避免恶性通货膨胀的发生。美元化的缺陷主要有：(1) 实行美元化的国家会损失大量铸币税。所谓铸币税(seigniorage)，简单地讲就是发行货币的收益。在金属货币时代早期，货币以等值的黄金或白银铸造，其本身的价值与它所代表的价值是相等的，铸币者得不到额外的差价收入，此时铸币税实际上就是铸币者向购买铸币的人收取的费用扣除铸造成本后的余额（利润）；到了金属货币时代中后期，货币铸造权已归属各国统治者所有。统治者逐渐发现，货币本身的实际价值即使低于它的面值，同样可以按照面值在市场上流通使用。于是，统治者为了谋取造币的利润，开始降低货币的贵金属含量和成色，超值发行，这时的铸币税实际上就演变成了货币面值大于其实际价值的差价收入。现代信用货币制度下，低成本的纸币取代了金属币，铸币税是指纸币面值大于纸币印刷成本的部分。当今世界各国政府已经把征收铸币税作为一项财政收入。(2) 实行美元化的国家会失去货币政策的自主性。(3) 政府最后贷款人能力会受到一定的制约。

进入 21 世纪以来，随着拉美国家实施稳健的财政政策和积极的货币政策，以及出口的拉动和外部直接投资注入的作用下，拉美经济实现了高速增长。同时，在美元贬值的大背景下，拉美地区的货币面临较大的升值压力，出现了去美元化的新趋势。

知识拓展

拉美国家的去美元化

2007 年的美国次贷危机引发了席卷全球的金融风暴，美元由此遭遇到前所未有的信任危机，拉美乃至世界其他地区或多或少都出现了“去美元化”的趋势。这主要表现在以下几方面：

---

① 巴拿马自 1904 年就实行官方美元化。

其一,积极响应建立超主权货币的主张,以取代美元的霸主地位。2009 年 4 月 G20 峰会前,俄罗斯和中国都提出了对现行国际货币体系进行改革的建议,内容主要包括:主张创造一种与主权国家脱钩并能保持币值长期稳定的国际储备货币,逐步替换现有国际储备货币(即美元),着力推动特别提款权(SDR)的分配。这些建议提出后得到了巴西、阿根廷等拉美国家的支持,这些发展中国家提出了改革现行国际货币体系、改革国际货币基金,以及重新分配特别提款权配额的要求。

其二,在双边贸易中,部分国家决定不再使用美元作为结算货币。2008 年 10 月 6 日,巴西和阿根廷正式启用双边贸易本币结算体系,两国贸易将允许使用当地货币(巴西雷亚尔和阿根廷比索)支付结算,而不需要使用美元作为中介货币。2009 年 10 月,在第七届玻利瓦尔美洲联盟峰会上,古巴、委内瑞拉、玻利维亚、厄瓜多尔、尼加拉瓜等拉美 9 个国家一致通过决议,决定从 2010 年 1 月 1 日开始在其成员国之间的贸易结算中不使用美元,而改用新的地区性货币“苏克雷”。

其三,存款美元化比重呈下降趋势,加强对外汇的管制。近些年来,拉美国家的居民存款美元化比例出现了不同程度的下降趋势。尤其是全球金融危机爆发后,出于对美元大幅度贬值的担心,许多国家的居民开始大幅度调整或减持美元资产。2012 年 5 月,阿根廷政府采取收紧外汇管制措施,政府对本国公民的境外旅游实行了一系列限制,阿根廷经济“去美元化”开始波及居民的日常生活。

资料来源:闫屹、郝志强,“拉美国家的货币替代问题研究”,《拉丁美洲研究》,2014 年第 1 期。

三、汇率制度的选择

各国都面临着汇率制度选择的问题。如何选择最适合本国的汇率制度,使汇率和金融市场保持稳定,并同时有益于经济的发展,一直是国际金融领域最重要的问题之一。

(一) 汇率制度选择理论

1. 经济结构理论

美国经济学家罗伯特·赫勒(Robert Heller)1978 年提出,发展中国家汇率制度的选择与其经济结构因素有关。这些经济结构因素包括国家经济规模、经济开放程度、国内外金融市场一体化程度、通货膨胀率、进出口贸易结构等。如果一国的经济开放程度低,进出口贸易结构和地域多样化,与国际金融市场的联系密切,资本流入较为可观和频繁,国内通货膨胀与其他主要国家不一致,则选择浮动汇率制有利于经济的发展;如果一国的经济开放程度较高、经济规模较小,或者进出口集中于几种商品或几个国家,则选择固定汇率制或钉住汇率制有利于经济的发展。

2. 依附理论

弗兰克尔(Frankel)、西蒙(Simon)等提出,发展中国家汇率制度的选择取决于该国对外经济、政治、军事等各方面联系的特征。发展中国家在实行钉住汇率制、选择被钉住货币时,应考虑该国经济、政治、军事等方面的对外依附程度和“集中”程度,应使其货币与某一关键国家的货币(锚货币)挂钩,以稳定经济发展。他认为,浮动汇率制度和钉住汇率制度(中间性汇率制度)要优于固定汇率制度。

3. 政策搭配理论

克鲁格曼(Krugman,1996)以"三元悖论"为依据的政策搭配理论指出,在开放经济条件下,必须把汇率制度和一国的货币政策及国际资本流动结合起来考虑,才能正确地把握汇率制度的选择。他认为,国际资本流动、固定汇率与货币政策独立性三者不可兼得,一个经济体最多可以同时实现其中的两个目标,即至少牺牲三个目标中的一个。一国货币当局只有充分考虑了本国货币政策、资本流动和汇率制度的相互关系以后,才能决定放弃何种货币金融目标、实行何种汇率制度。

4. 成本收益决定理论

克鲁格曼和奥伯斯菲尔德(Krugman & Obstfeld,1998)提出,开放经济国家汇率制度的选择,取决于该国实行这一制度所产生的经济利益和成本的比较。如果一个国家与某货币区的经济联系非常密切,那么这个国家加入该货币区后,将获得很大的货币效率收益,跨国贸易和要素流动越广泛,加入货币区的收益就越大;但加入货币区的同时,也意味着放弃了运用汇率和货币政策调节经济的权力,这种因缺失相关政策而引发的经济不稳定性就是加入货币区的成本。将成本和收益进行比较,就可以得到一国加入货币区的临界点。当该国与货币区的一体化程度大于临界点时,加入货币区就有净收益;否则,就会带来净损失。

5. 两极汇率制度理论

20 世纪 90 年代以来,新兴市场经济体发生了一系列的金融危机或货币危机,如 1994 年的墨西哥、1997 年的东南亚、1998 年的俄罗斯、1999 年的巴西及 2000 年的阿根廷等。经济学家研究后认为,这些国家之所以发生金融危机,一定程度上是因为这些国家的资本流动性非常高;但同时这些国家几乎都采用钉住汇率制。由此得出结论,有大规模资本流动的国家一定避免采用不稳定的中间性汇率制度,而解决之道就是采用两极汇率制度,即要么采用严格的固定汇率制度(如货币局制度或美元化),要么采用完全浮动汇率制度。相关的理论有"中间汇率消失理论""害怕浮动理论""原罪理论"等。

中间汇率消失理论认为,唯一可以持久的汇率制度要么是自由浮动制度,要么是具有非常强硬承诺机制的固定汇率制度(如货币局制度、货币联盟),而介于两者之间的中间性汇率制度(如爬行钉住、水平区间钉住等)都在消失或应该消失。所以,将来各国不是选择完全自由浮动,就是选择"硬"的钉住汇率制。

害怕浮动理论认为,一些国家将汇率变化限制在狭小幅度内,是因为它们害怕浮动,担心本币升值会损害本国商品的国际竞争力,担心本币贬值会破坏政府的公信力,使国家不但难以进入国际金融市场;而且国际资本流入可能停止,影响其国内经济的增长。所以,新兴市场国家害怕汇率浮动,特别是不愿意本币贬值,由此这些国家应该实行完全美元化。

原罪理论认为,当一国的货币不能用于国际借贷(外国银行或其他机构不能用该货币提供贷款),甚至在本国金融市场上也不能进行长期借贷,这时企业就面临一种"魔鬼的选择",要么借美元导致货币错配,要么用短期贷款做长期用途而出现期限错配。其直接后果是,一国的金融变得脆弱,汇率稍有波动便将一批企业和银行拖入债务泥潭,国际贷款人便会逼债或抽逃资金,由此容易触发金融危机。无论是企业还是政府都不愿意汇率变动,更不愿意汇率贬值,久而久之汇率就变得僵化。因此原罪理论认为,这类国家应该实行美元化或某种类似欧元的制度。

(二) 汇率制度的现实选择

2009年,国际货币基金组织对事实性汇率制度进行了分类(见表1-3)。根据国际货币基金组织2014年年报中的附录数据,2014年在国际货币基金组织成员中,无独立法定货币的汇率制度的国家或地区有13个,实行货币局制度的国家或地区有12个,传统固定钉住的有44个,水平区间钉住的有1个,实行蠕动钉住的有2个,稳定汇率安排的有21个,类似蠕动钉住安排的有15个,实行浮动汇率安排的有36个,完全自由浮动的有29个,其他管理安排的有18个。

表1-3 国际货币基金组织的事实性汇率制度分类(2009年)

四大类汇率制度	汇率制度类型
强硬的钉住汇率制度	(1)无独立法定货币的汇率制度
	(2)货币局制度
软钉住	(3)传统固定钉住
	(4)水平区间钉住
	(5)蠕动钉住
	(6)稳定汇率安排
	(7)类似蠕动钉住安排
浮动汇率安排	(8)浮动汇率安排
	(9)自由浮动
其他类型	(10)其他管理安排

资料来源:国际货币基金组织2009年年报——附录。

四、外汇管制

外汇管制(foreign exchange control, foreign exchange restriction),又称外汇管理(foreign exchange management),是指一国外汇管理当局对外汇收支、买卖、借贷、转移,以及国际结算、外汇汇率和外汇市场等实行的管制措施。

(一) 全球外汇管制的历史演进

在第一次世界大战之前,由于金币本位制能够自动保证汇率的稳定和国际收支的平衡,因此基本上不存在外汇管制。第一次世界大战爆发后,各国为筹措战争经费,禁止黄金自由输出、输入国境,限制黄金的自由兑换,外汇管制由此产生。第一次世界大战结束后,各国经济得到了恢复和发展,战争期间实行外汇管制的国家又相继放松或放弃了外汇管制。

1929—1933年,西方国家爆发了严重的经济危机,导致金本位制度退出了历史舞台,主要资本主义国家的国际收支和汇率极不稳定,于是许多国家特别是一些国际收支逆差严重的国家,又开始了外汇管制。在第二次世界大战前夕和战争期间,许多国家实施战时经济体制,把外汇管制作为主要的经济调节措施。第二次世界大战结束后,除美国等少数几个国家外,各国的战后重建面临诸多困难,货币信用危机和国际收支危机更加恶化,不得不继续实行外汇管制。

20世纪60年代以后,发达国家的经济实力不断增强,外汇储备逐渐增加,外汇管制也随之放宽。20世纪80年代以后,国际上贸易自由化和贸易保护主义并存,汇兑自由化和外汇管制也形成了此消彼长、错综复杂的局面。随着世界经济特别是金融全球化的发展,各国经济的相互依赖越来越强，这些都要求世界范围内的外汇管制进一步放松。事实上，不仅发达国家，而且许多发展中国家在外汇管制方面也呈现出逐步放松的趋势。

（二）外汇管制的原因和目的

从外汇管制的历史演进及各国实行外汇管制的概况来看，各国实行外汇管制主要出于以下两方面的原因：一是当一国发生战争或突发经济危机、金融危机或其他政治经济动荡时，一般都会采取外汇管制措施，以筹措资金或阻止政治、经济动荡的进一步发展；二是当一国经济发展比较落后或出于困难时期、外汇资金严重短缺时，通常也会采取外汇管制措施，以集中有限的外汇资金用于经济建设。

实行外汇管制的国家一般想达到以下目的：一是在国际收支方面，通过控制资本的国际流动来维持国际收支平衡，并保证本国经济的稳定发展。二是在汇率及对外贸易方面，通过对汇率的控制，创造有利于本国的对外贸易环境。三是在国内经济方面，通过保护关税政策与进口外汇的核批，限制某些商品的进口，鼓励与促进某些必需的原料和设备的进口，以促进新兴工业部门的发展。当主要消费物资和生活必需品价格上涨过快时，实行外汇管制，对其进口所需外汇给予充分供应，或按优惠汇率结售，则可增加货源，促进物价下跌，抑制物价水平上涨，保持物价的稳定。四是增加财政收入。实行外汇管制，国家垄断了外汇的买卖，经营外汇的利润归国家所有。在外汇管制下，外汇税的课征、许可证的批准等，会使国家获得一定的额外财政收入。

（三）外汇管制的手段

1. 价格管制

在价格管制方面，包括本币估价过高（currency overvaluation）和采用复汇率制（multiple exchange rate system）。

有些国家为了鼓励先进设备的进口、促进经济发展，或者为了维持本国的物价稳定、控制通货膨胀，或者为了减轻政府的外债负担等，会实行本币定值过高的外汇管制手段。本币定值过高，外汇需求被人为地压制，无法从官方渠道获得的外汇需求就会通过外汇黑市获得，由此形成较官方汇率高的外汇黑市汇率。官方汇率和黑市汇率的并存，实际上是一种复汇率制，只不过这里所讲的复汇率制并不是作为外汇管制的措施出现的，而是外汇管制的必然结果。

复汇率制是根据需要对不同的交易实行不同的汇率，对需要鼓励的交易规定优惠的汇率，对需要限制的交易规定不利的汇率。复汇率制采取公开和隐蔽的形式。公开的复汇率制是指一国的货币当局明确公布针对不同交易适用的不同汇率。隐蔽的复汇率制主要包括以下方式：(1)对出口商品按不同类别给予不同的财政补贴或税收减免，由此导致不同的实际汇率。(2)采用影子汇率。影子汇率实际上是附在不同种类商品之后的一个不同的折算系数。例如，某类商品的国内平均单位生产成本是 8 元，国外售价是 1 美元，官方汇率为 1 美元兑 6 元人民币，则通过官方汇率只能弥补单位商品的 6 元生产成本。为了鼓励出口，就在该类商品的官方汇率之后附加一个 1.5 的折算系数，这样该商品出口后，1 美元的收入可以换到 9(1.5 ×6)元。由于不同种类的进出口商品具有不同的影子汇率，因此影子汇率形成了实际上的复汇率。(3)在一国已存在官方汇率和市场汇率的前提下，对不同的企业或不同的出口商品实行不同的外汇留成比例，并允许企业将留成的外汇在市场上按市场汇率换成本币。由于市场汇率往往高于官方汇率,因此这种做法实际上是政府给企业的一种变相补贴,留成比例高的企业得到的变相补贴就多,留成比例低的企业得到的变相补贴就少,从而形成事实上的多重汇率。

2. 数量管制

数量管制就是对外汇买卖的数量进行限制,主要对一国的贸易外汇收支、非贸易外汇收支、资本输出与输入等方面进行管制。

对贸易外汇收支,通常采用出口结汇制度、外汇配给制度、进口许可证制度等手段进行管制。出口结汇制度是指国家强制性地规定出口商必须在一定时间内将其出口收入按官方汇率结售给指定的外汇银行;为了鼓励出口,有时也给企业一定数量的外汇留成,企业可以自留使用或在市场上按市场汇率出售。外汇配给制度是指政府将其持有的外汇按照一定的程序分配给外汇需求者,最常见的是进口商先向有关当局申请进口许可证,然后由指定的外汇银行按官方汇率出售许可证上规定的外汇额度给进口商。

对非贸易外汇收支的管制主要针对服务收支和转移收支。一般而言,发达国家的管制较松,而发展中国家的管制较严。

对资本输出与输入的管制。第二次世界大战后的初期,西方各国与刚获得独立的发展中国家,一般均鼓励资本输入,对资本输入不加限制,而对本国长短期资本的外流、外国在本国发行债券、原借款的还本付息进行一定的限制。20 世纪 60 年代,美国因国际收支严重逆差而规定了一些限制长期资本输出的措施,如征收利息平衡税、对直接投资进行限制、规定银行贷款最高额等;而联邦德国、日本、荷兰等国的国际收支有顺差,所以这些国家在 20 世纪 70 年代以后采取了很多限制资本输入的措施,如银行吸收非居民存款须缴纳较高的存款准备金、对非居民存款倒收利息、限制非居民购买本国有价证券等。20 世纪 80 年代以后,由于融资工具不断创新、国际资本市场的全球化与竞争性增强,发达国家和发展中国家对资本流动的管制趋于放松,但是各国的放松程度不同。

(四)外汇管制的弊端

实施外汇管制对于短期内缓和国际收支困难、维持汇率稳定往往见效很快,对抑制物价上升、促进产业结构改善也能起到一定的作用;但是其弊端也不少,主要表现在以下方面:

(1)阻碍国际贸易的发展,增加国际间的矛盾。在外汇管制的情境下,汇率是靠行政力量规定的。如果汇率偏高,则打击本国出口;如果汇率偏低,则影响本国进口,这显然不利于国际贸易的发展。另外,实行外汇管制,限制了自由的国际结算、贸易往来及资本流动,会加深各国的摩擦和矛盾,贸易战也随之加剧。

(2)市场机制的作用不能充分发挥,降低了资源的分配效率。在外汇自由买卖的情境下,市场机制的作用使得外汇供求之间、远期汇率与利率之间,在一定程度上能够取得均衡。而在外汇管制下,市场机制的作用不能充分发挥,各种均衡关系会被打破,无从进行国际成本价格的比较,不能利用国际分工的功能,孤立于国际市场之外,影响了资源的有效分配。

(3)不利于有效地吸收、利用国外资金。实行外汇管制会给外国投资者在本国投资的还本付息、红利分配及债务偿还带来困难,从而降低投资者的投资意愿,影响本国对外资的利用。

(4)增加交易成本和行政费用,助长官僚主义和寻租行为。外汇管制的手续繁杂,企业往往感到不便利，增加了费用和交易成本；同时，外汇管制很容易形成高于官方汇率的黑市汇率，促使人们利用不同市场的汇率价差赚取收入，即鼓励寻租行为；而这些寻租行为实际上是一种收入的再分配，并不能使全社会的收入增加，这可能会使原有的社会分配状况更加不公平；况且，寻租过程中的成本，从全社会的角度来看完全是一种资源的浪费。

第六节　人民币汇率制度改革

改革开放以来，人民币汇率制度的历史演变大致经历了四个阶段，其中最重要的是1994年至2005年7月的汇率制度安排和2005年7月以后至今的汇率制度安排。人民币汇率制度的改革方向是逐步退出固定汇率制度，走向市场化的浮动汇率制度；但是这种退出是渐进的、谨慎的。选择这种路径是基于我国的国情考虑，以及其他国家在汇率制度变革中的经验和教训。

一、改革开放至1994年的人民币汇率制度和名义汇率走势

改革开放至1994年，人民币汇率制度的安排主要经历了两个阶段。

（一）1981—1984年

在这段时间，我国实行公布牌价（官方汇率）及贸易内部结算汇率并存的双重汇率制度，其中公布牌价运用于非贸易外汇，贸易内部结算汇率运用于贸易外汇。这一时期，人民币名义汇率基本保持稳定，官方汇率维持在1美元兑1.5元人民币的水平，贸易内部结算汇率维持在1美元兑2.8元人民币的水平。

这种双重汇率制度安排促进了我国出口企业的积极性，但同时也带来了一些问题：一是不利于外商来华投资，因为外商投资是按官方汇率折算的，与贸易内部结算汇率比较起来，外商觉得自己亏了；二是使我国在对外经济活动中处于被动地位，国际货币基金组织和世界银行对此多次提出意见，因为它们将双重汇率看作政府对出口的补贴，发达国家威胁要对我国出口商品征收反补贴税。在这种情境下，我国于1984年年底取消了贸易内部结算价，只实行公布牌价。

（二）1985—1994年

在这段时间，我国实行公布牌价；但是在1987年，国家允许沿海各大城市开设外汇调剂中心。由此，外汇调剂市场业务迅速发展，从而在事实上形成了公布牌价和外汇调剂价并存的新的双重汇率制度。这一时期人民币名义汇率不断贬值，1985年年初1美元兑2.8元人民币，1993年年底为1美元兑5.8元人民币；同时，外汇调剂价始终高于公布牌价，一度达到1美元兑12元人民币的水平。

二、1994年至2005年7月的人民币汇率制度和名义汇率走势

1994年1月1日，我国对外汇管理体制进行了重大改革，主要内容包括：实现人民币官方汇率和外汇市场调剂汇率并轨；实行以市场供求为基础的、单一的、有管理的浮动汇率制度；实行银行结汇、售汇制度；建立银行间外汇交易市场。

市场化是1994年以后的人民币汇率制度的一个本质特征；然而亚洲金融危机后，人民

币汇率制度演变为事实上的钉住美元制。1999 年，国际货币基金组织在调整其汇率制度分类方法时对人民币汇率制度的划分也从“管理浮动制”转为“钉住单一货币的固定钉住制”。

该阶段人民币名义汇率略有升值，但基本保持稳定（见表 1－4）。1994 年汇率刚刚并轨时，汇率水平为 1 美元兑 8.7 元人民币，2005 年 7 月大致为 1 美元兑 8.2765 元人民币。

表 1－4 改革开放以后至 2005 年 7 月汇改之前美元对人民币名义汇率的情况

1978 年	1979 年	1980 年	1981 年	1982 年	1983 年	1984 年
1.6836	1.5549	1.4984	1.705	1.8925	1.9757	2.327
1985 年	1986 年	1987 年	1988 年	1989 年	1990 年	1991 年
2.9367	3.4528	3.7221	3.7221	3.7651	4.7832	5.3222
1992 年	1993 年	1994 年	1995 年	1996 年	1997 年	1998 年
5.5146	5.7620	8.6212	8.3490	8.3143	8.2897	8.2791
1999 年	2000 年	2001 年	2002 年	2003 年	2004 年	2005-07-21
8.2783	8.2784	8.2770	8.2770	8.2770	8.2765	8.2765

注：本表中的名义汇率指官方汇率的年平均价格。

资料来源：1978—1993 年数据来自张晓朴的《人民币均衡汇率研究》，中国金融出版社，2001；1994—2005 年的名义汇率数据来自国家外汇管理局网站，www.safe.gov.cn。

稳定的人民币汇率对于促进贸易、引进外资、保持经济增长做出了巨大贡献。应该说，1994 年制定的人民币汇率制度，在当时的国内外政治、经济历史背景下，符合改革开放的需要。然而，进入 21 世纪后，国内外经济、金融、贸易等状况发生了很大的变化，随着我国加入 WTO（世界贸易组织）以后，这一汇率制度逐渐显露出诸多问题：

第一，汇率的形成机制缺失。在该汇率制度下，人民币汇率形成的基础是“市场供求关系”；但这里所指的“市场”并非真实意义的市场，因为这个市场仅指外汇银行间同业市场，并不包括所有的外汇供求者。另外，在强制结汇、售汇制度下，形成了无条件的外汇供给和有条件的外汇需求，外汇市场上的供求信号失真，由此形成的人民币汇率是扭曲的。

第二，汇率缺乏灵活性和弹性。1994 年外汇管理体制改革后，人民币对美元汇率的每日波动范围为基准汇率的 ±0.3%。过窄的汇率波动幅度，使汇率不能够真实地反映外汇市场供求关系的变化。

第三，钉住美元的汇率制度容易使中国的货币政策失去很大的独立性，使得采用货币政策干预宏观经济运行的有效性大为降低，加大货币政策的操作成本和风险。1994 年以来，我国的货币政策担负着维持人民币币值的对内稳定和对外稳定的双重目标，即对内维持物价的稳定、对外维持汇率的稳定。而这种双重目标经常发生严重的冲突，中央银行的货币政策经常会顾此失彼。同时，维护汇率稳定的成本也在不断增加。比如，中央银行在外汇市场频繁地吞吐，增加了市场操作成本；为了回笼货币，中国人民银行 2001 年开始发行银行票据，也承担了大量的利息支出成本，压力越来越大。

第四，汇率风险不能分散于各微观经济主体，而主要由中国人民银行承担。汇率的小幅波动或不动，弱化了企业的风险防范意识，不利于企业“走出去”。

第五，名义汇率随着美元被动地升值和被动地贬值，增加了与有关贸易伙伴国的摩擦与矛盾，恶化了中国经济增长的外部环境。比如，1994—2000 年人民币对美元的名义汇率虽然变化不大，但由于美国在此期间实行强势美元政策，人民币对其他货币是升值的。据国际货币基金组织测算，截至 2003 年 2 月，人民币名义有效汇率较 1994 年年初升值了 10.8%；2000 年以后，美国经济增长骤然下降，美联储连续降息，美元对主要国际货币汇率开始走软；人民币对美元汇率不动，但随着美元对其他货币汇的率不断下跌。据国际货币基金组织测算，从 2002 年年初到 2003 年 2 月，人民币对主要贸易伙伴货币的名义有效汇率下跌了 6.8%。人民币汇率随美元贬值的这种“搭便车”行为，是自 2001 年以来国际舆论要求人民币升值的重要外部原因之一。

三、2005 年 7 月以后至今的人民币汇率制度和名义汇率走势

2001—2004 年，人民币升值的国内外压力与日俱增。从外部压力来看，国际上要求人民币升值和汇率制度改革的呼声此起彼伏，日本、美国等国在不同场合不断要求人民币升值，国际货币基金组织也希望中国进行汇率制度改革，逐步增强人民币汇率制度的弹性。从内部压力来看，我国经济仍保持快速增长，出口不断扩大，外资大量流入，经常项目和资本项目保持双顺差，导致外汇储备迅速增加。2004 年年底，我国的外汇储备已达6 099.32亿美元，市场对人民币形成了较强的升值预期。

尽管外界要求人民币升值的压力很大，但我国政府一贯本着独立自主的原则，从维护中国经济健康、持续发展的国家利益出发，从维护周边国家和地区及世界经济金融稳定的角度出发，审慎而稳健地推进人民币汇率制度的改革。

2005 年 7 月 21 日，中国人民银行正式宣布开始实行以市场供求为基础、参考一篮子货币进行调节、有管理的浮动汇率制度。

新的汇率制度与 1994 年的汇率制度相比，具有以下重要变化：一是参照系的变化。以前是单一美元，现在是一篮子货币，但中央银行对货币篮子的具体构成与权重并没有披露。二是“参考”一篮子货币，而非“钉住”一篮子货币，这意味着我国政府在人民币汇率的博弈中掌握着主动权。以前钉住美元时，中央银行有义务将汇率稳定在规定的波动幅度内；而参考一篮子货币时，中央银行已没有义务维持人民币相对美元或其他任何外汇的一个特定值，这就保持了充足的决策自由度。中央银行保留了对汇率制度波动区间和制度本身进行定期调整的余地，这在出现危机时是非常有用的。

新的汇率制度宣布当天，人民币对美元汇率上调 2.1%，达到 1 美元兑 8.11 元人民币。小幅度的一次性升值，体现了改革的可控性与渐近性原则，避免了国内经济、金融系统出现动荡，也为根据未来经济运行态势进一步决定汇率政策留有余地。

2005 年 7 月以来，我国又陆续推出了一系列改革人民币汇率形成机制的政策和措施。这些改革措施包括：2005 年 8 月，中国外汇交易中心推出银行间远期外汇交易品种；2005 年 9 月，银行间即期外汇市场非美元货币对人民币交易价的浮动幅度，从原来的 0.15% 扩大到 0.3%；2006 年 1 月，中央银行在银行间即期外汇市场上引入询价交易，同时引入做市商制度，改进人民币汇率中间价的形成方式；2007 年 5 月，美元对人民币交易价的浮动幅度从 0.3% 扩大至 0.5%，这是 1994 年以来对人民币对美元汇价波幅的首次调整；2012 年 4 月，美元对人民币交易价的浮动幅度从 0.5% 扩大至 1%；自 2014 年 3 月 17 日，银行间即期外汇市场人民币对美元交易价的浮动幅度由 1% 扩大至 2%；2015 年 8 月 11 日，人民银行调整了人民币对美元汇率中间价的形成机制，两个交易日内人民币汇率中间价贬值了 4.4%，即期汇

率贬值了3%,人民币汇率的波动性进一步提高。

新的汇率制度运行以来,人民币与美元的名义汇率变动主要分为三个阶段:

(1) 单边升值阶段。自2005年7月至2008年7月,人民币与美元的名义汇率呈现单边升值趋势,由汇改前的1美元兑换8.276 5元人民币,升值到2008年7月的6.860 8,升值幅度达20.63%。

(2) 保持平稳阶段。2008年8月至2010年6月,由于美国次贷危机引发了全球的金融危机,人民币与美元的名义汇率保持相对稳定,波动幅度非常小,波动区间在6.82—6.85。

(3) 双向波动趋于明显的阶段。2010年7月至2015年12月,人民币与美元的名义汇率出现双向波动,波动区间在6.0—6.8。其中,2010年9月至2012年7月,人民币兑美元升值速度加快,升值幅度达7.1%;2012年7月至2015年6月,人民币与美元的名义汇率出现明显的双向波动特征,升值趋势缓慢,到2015年6月,1美元可兑换约6.11元人民币;但在2015年8月11日的汇改后,跌幅显著扩大。截至2015年年末,人民币对美元汇率的中间价报为6.493 6,较2014年年末的6.119 0下跌3 746点、跌幅为6.12%。

总体来看,2005年7月至2015年年末,人民币名义汇率和实际有效汇率累计分别升值47.5%和54.3%。2015年11月30日,国际货币基金组织总裁拉加德正式宣布人民币进入特别提款权(SDR)货币篮子,并于2016年10月1日生效。人民币进入SDR是中国经济融入全球金融体系的重要里程碑。人民币加入SDR并不是一劳永逸的;SDR每5年做一次评审,一种货币在符合条件的时候可以加入SDR,当不符合条件的时候也可以退出SDR。这意味着国内和国际多方面市场环境的监督、制约、观察、研究,都加强了对人民币的要求。

本章小结

1. 外汇的含义可以从动态和静态两个角度去理解。动态的外汇概念,是指把一国的货币兑换成另一国的货币,以此清偿国际间债权、债务关系的一种经济行为和经济活动。静态的外汇概念又可以分为“广义”和“狭义”。广义的静态外汇概念是指一切以外币表示的资产,这一概念通常应用于各国的管理法规中;狭义的静态外汇概念是指以外币表示的、用于国际结算的支付手段。人们通常使用的外汇概念指狭义概念。

2. 汇率是指两国货币的比率或比价,表明一种货币的价格是通过另一种货币来表示出来的。汇率有两种基本的标价方法:直接标价法和间接标价法。但是在现实的外汇交易中,银行多采用美元标价法。汇率从不同的角度可以划分为不同的类型,如买入汇率与卖出汇率、即期汇率与远期汇率、基础汇率与套算汇率、名义汇率与实际汇率、双边汇率与有效汇率等。

3. 影响汇率变动的主要因素有国际收支、通货膨胀率、经济增长率、利率水平、政府政策、市场心理预期、政治事件等。反过来,汇率的变动会影响一国的贸易收支、资本流动、国内价格水平、外汇储备、国内产业结构和资源配置、国民收入和就业、微观经济活动等方面。

4. 汇率制度是指一国货币当局对本国汇率变动的基本方式所做的一系列安排或规定。汇率制度最基本的类型是固定汇率制度和浮动汇率制度。

5. 现实中有一些居中安排的汇率制度,如爬行钉住制度;还存在一些特殊的汇率安排,如货币局制度、美元化等。货币局制度不仅是一种汇率安排,而且是一种货币发行制度,中国香港的联系汇率制是一种典型的货币局制度。美元化实质上是一种程度较深的货币替代现象，它有利有弊，盛行于21世纪初的拉美国家；但目前出现了去美元化的新趋势。

6. 当一国出现各种突发的政治、经济冲突，或者经济出现困难、外汇资金严重短缺时，通常会实行外汇管制。外汇管制的手段主要包括价格管制和数量管制。

7. 改革开放以来，人民币汇率制度的历史演变大致经历了四个阶段。2005年7月以来，我国的人民币汇率制度是以市场供求为基础、参考一篮子货币进行调节、有管理的浮动汇率制度。2015年8月11日，中国人民银行调整了人民币对美元汇率中间价的形成机制。2015年11月30日，国际货币基金组织正式宣布人民币进入特别提款权货币篮子，并于2016年10月1日生效。

思考题

1. 如何理解动态的外汇概念和静态的外汇概念？
2. 试述汇率的基本含义及不同的汇率标价法。
3. 汇率的种类有哪些？如何理解实际汇率与有效汇率这两个概念？
4. 简述影响汇率变动的主要因素。
5. 试述汇率变动对经济的影响。
6. 试比较固定汇率制度和浮动汇率制度的优劣。
7. 如何理解中国香港地区采取的联系汇率制度？
8. 试述美元化的收益与风险。
9. 简述外汇管制的手段及利弊。
10. 简述改革开放以来人民币汇率制度改革的主要历程。

参考文献

1. 张晓朴：《人民币均衡汇率研究》，中国金融出版社，2001。
2. 张礼卿：《汇率制度变革——国际经验与中国选择》，中国金融出版社，2005。
3. 闫屹、郝志强："拉美国家的货币替代问题研究"，《拉丁美洲研究》，2014年第1期。
4. 吕随启、王曙光、宋芳秀：《国际金融教程》（第三版），北京大学出版社，2013。
5. 刘园：《国际金融学》，机械工业出版社，2014。
6. 陈雨露：《国际金融》，中国人民大学出版社，2008。
7. 马君潞、陈平、范小云：《国际金融》，高等教育出版社，2011。
8. 韩莉："人民币汇率制度的历史回顾与改革展望"，《现代商贸工业》，2007年第6期。
9. 国际货币基金组织2009年、2014年年报——附录II。

第二章

国际收支基础

本章要点

国际收支是一国对外经济、金融关系的综合反映,国际收支平衡是开放经济条件下一国经济政策的主要目标之一。在本章,我们将介绍国际收支的基本概念,阐述国际收支平衡表的结构、内容及其相互关系,分析国际收支不平衡的原因、影响,以及调节国际收支的市场机制和政策措施。

学习目标

- 熟悉国际收支的概念,国际收支平衡表的标准格式。
- 理解国际收支平衡表的编制原理,国际收支平衡表的差额分析法和宏观经济分析法,国际收支失衡的类型和影响。
- 掌握国际收支平衡表的主要内容,一国国际收支是否平衡的判断方法,国际收支失衡的自动调节机制和政策调节措施。

第一节　国际收支概述

一、国际收支概念的演进

国际收支(balance of payments)的内涵是随着国际经济交易在内容和形式上的发展而不断演进的。

在16世纪末17世纪初,以国际贸易为主的国际经济活动迅速发展,彼时国际收支被简单地定义为一个国家的贸易差额(balance of trade)。

随着世界经济的发展,各种非贸易性的国际经济交易活动日益繁荣。在这种状况下,国际收支被定义为一国在一定时期内的外汇收支。外汇收支是狭义的国际收支概念,它包含的经济交易都是以现金支付为基础的(on cash payment basis)。

第二次世界大战结束后,不涉及现金支付的国际经济交易(如易货贸易、补偿贸易、实物形式的无偿援助、清算支付协定下的记账贸易等)不断扩大,于是国际收支的内涵又有了新的发展,形成了广义的国际收支概念,即国际收支是指在一定时期内一国居民与非居民之间的全部国际经济交易的货币价值之和。这一概念是以交易为基础的(on transaction basis),既包括涉及外汇收支的各种国际经济交易,也包括不产生实际货币收付的国际经济交易。

国际货币基金组织在其《国际收支手册》中是这样定义国际收支的:国际收支是以统计报表的方式,系统地总结特定时期内一国的经济主体与他国的经济主体之间的各项经济交易,包括货物、服务和收益,以及对世界其他地区的金融债权和债务的交易与单项转移。

二、正确理解国际收支概念应注意的问题

第一,国际收支记录的必须是国际经济交易,而国际经济交易是指本国居民与非居民之间的经济交易。居民和公民是两个不同的概念,公民是一个法律概念,而居民是一个经济概念。居民是指一国中具有经济利益的单位,包括个人、政府、非营利团体和企业四类。在某个国家(或地区)居住期限达1年以上者即为该国(或地区)的居民;否则为非居民。但注意,国际性机构(如联合国、世界银行、国际货币基金组织等)、官方外交使节、驻外军事人员等都是所在国的非居民。

第二,国际收支是一个流量概念,不是一个存量概念。这是我们区分国际收支和国际借贷(balance of international indebtedness)的关键所在。国际借贷是指在某个特定的时点上一国居民对外资产与对外负债的总和,它是一个存量概念。

第三,现代的国际收支概念不以支付为基础,而以交易为基础。交易(transaction)根据是否有对等的回报分为交换(exchange)和转移(transfer)。交换是指一个交易者向另一个交易者提供了经济价值,并从对方得到价值相等的回报;转移是指一个交易者向另一个交易者提供了经济价值,但是没有从对方得到任何补偿,如债务豁免、赠予、援助等。根据是否涉及货币,交易又可以分为货币性交易(monetary transaction)和非货币性交易(non-monetary transaction)。

第二节　国际收支平衡表

一、国际收支平衡表的含义及标准格式

国际收支平衡表(balance of payments statement)是一国(或地区)对其一定时期内的国际经济交易,分类设置科目和账户,并按照复式簿记原理进行系统记录的报表。

由于各国需要着重分析的问题不尽相同,因此各国国际收支平衡表的编制有所不同。

国际货币基金组织为了使各国的国际收支平衡表具有可比性，国际货币基金组织先后多次在其出版的《国际收支手册》中对国际收支平衡表的概念、准则、惯例、分类方法及标准构成等做了统一的规定和说明。表2－1为国际货币基金组织1993年第5版《国际收支手册》中规定的国际收支平衡表的格式（以下简称“BPM5”），表2－2为国际货币基金组织2009年第6版《国际收支与国际投资头寸手册》中规定的国际收支平衡表的格式（以下简称“BPM6”）。

表2－1 国际收支平衡表（国际货币基金组织1993年第5版）

账户	贷方	借方
一、经常账户		
1. 商品		
2. 服务		
3. 收益		
4. 经常转移		
二、资本和金融账户		
1. 资本账户		
2. 金融账户		
（1）直接投资		
（2）证券投资		
（3）其他投资		
（4）储备资产		
货币性黄金		
特别提款权		
在国际货币基金组织的储备头寸		
外汇储备		
其他要求权		
三、净错误与遗漏		

资料来源：国际货币基金组织，《国际收支手册》（第5版），1993。

表2－2 国际收支平衡表（国际货币基金组织2009年第6版）

账户	贷方	借方
一、经常账户		
1. 商品与服务		
（1）商品		
（2）服务		
2. 初次收入		
3. 二次收入		
二、资本账户		
1. 非生产性、非金融资产的获得与处置		
2. 资本转移		
三、金融账户		
1. 直接投资		
2. 证券投资		
3. 金融衍生品和雇员股票期权		
4. 其他投资		

（续表）

账户	贷方	借方
5. 储备资产		
四、净错误与遗漏		

资料来源：国际货币基金组织，《国际收支与国际投资头寸手册》（第6版），2009。

二、国际收支平衡表的编制原理

国际收支平衡表是按照借贷复式簿记法进行编制的，"有借必有贷，借贷必相等"，对每一笔经济交易都要以相同金额同时记入借方和贷方。

贷方科目（credit items）又称"+"号项目（plus items），反映国内居民从国外收入的项目，凡是引起货币流入本国的交易项目都记录在贷方，如出口（商品和服务）、资本流入、对外实际资产的减少、对外金融资产的减少、对外负债的增加等。

借方科目（debit items）又称"－"号项目（minus items），反映国内居民对国外支付的项目，凡是引起货币流出本国的交易项目都记录在借方，如进口（商品和服务）、资本流出、对外实际资产的增加、对外金融资产的增加、对外负债的减少等。

三、国际收支平衡表的主要内容

由表2－1和表2－2可以看出，无论是BPM5还是BPM6，国际收支平衡表的组成都是由以下账户组成：一是经常账户；二是资本账户；三是金融账户；四是净错误与遗漏账户。不过在BPM5中，资本账户和金融账户是放在一起的。

（一）经常账户

经常账户（current account）又称"经常项目"，它反映了一国与他国之间的实际资源的流动，是国际收支平衡表中最基本、最重要的项目。BPM5中的经常项目包括商品、服务、收益、经常转移四个子项目，BPM6中的经常项目包括商品与服务、初次收入、二次收入三个子项目。以下主要介绍BPM6的分类，并对BPM6与BPM5的主要不同之处予以说明。

1. 商品与服务

BPM6将经常账户下的商品与服务归于同一个大科目，而BPM5则分为两个科目。

（1）商品（goods）是经常项目乃至整个国际收支平衡表中最重要的内容，它记录一国的货物进口与出口，又称有形贸易（visible trade）。其中，出口记入贷方（引起货币流入本国），进口记入借方（引起货币流出本国），出口减去进口的差额称为贸易差额（trade balance）。按照国际贸易业务惯例，出口值使用离岸价格（FOB）计算，进口值使用到岸价格（CIF，成本＋运费＋保险）计算，但是为了在国际收支中统一口径估价进口与出口，国际货币基金组织规定一律使用离岸价格计算进出口价值，将进口商品的运费和保险费从进口支出中剔除并列入服务开支中。

（2）服务（services）贸易又称无形贸易（invisible trade），它记录服务的输入和输出，主要包括运输、旅游、通信、建筑、保险、金融、计算机和信息等服务的收支，还包括专利权、特许权使用费及其他商业服务所引起的收支活动。服务的输出记入贷方（引起货币流入本国），服务的输入记入借方（引起货币流出本国）。

2. 初次收入

初次收入(primary income)是指因对生产过程的贡献或向他人提供金融资产与出租自然资源而获得的收益,主要包括雇员报酬、利息、股息、再投资收益、租金等科目。初次收入的获得记入贷方(引起货币流入本国),初次收入的支付记入借方(引起货币流出本国)。

在 BPM5 中,与"初次收入"相对应的科目是"收益项目"(income),收益项目又细分为两个科目:一是雇员报酬,二是投资收益,即利息、利润、股息等都记在投资收益科目下。

3. 二次收入

二次收入(secondary income)项下主要记录居民与非居民间的不发生对等偿付的单方面转移,即 BPM5 中的经常转移(current transfers)。经常转移分为政府单方面转移和私人单方面转移两个方面。政府单方面转移主要有债务豁免、政府间经济和军事援助、战争赔款等;私人单方面转移主要有侨民汇款、年金、赠予等。二次收入的获得记入贷方(引起货币流入本国),二次收入的支出记入借方(引起货币流出本国)。

(二) 资本账户

资本账户(capital account)又称资本项目,反映国际间资产的转移,主要分为以下两部分:

1. 非生产性、非金融资产的获得与处置(acquisitions/disposals of non-produced and nonfinancial assets)

非生产性、非金融资产的获得与处置是指非生产性有形资产(如土地和地下资产等)和无形资产(专利、版权、商标和经销权等)的收买与放弃。注意,此科目中关于无形资产的记录与经常账户中服务项目下无形资产的记录是不同的,这里记录的是各种专利权、特许权及知识产权的"买卖"所产生的收支,而经常账户服务项下记录的是专利权、特许权的"使用"所发生的费用。

2. 资本转移

资本转移(capital transfers)是指涉及固定资产所有权的变更及债权、债务的减免等导致交易一方或双方资产存量发生变化的转移项目。注意,转移分为经常转移(current transfers)和资本转移(capital transfers),经常转移记录在经常账户中的二次收入中,而资本转移记录在资本账户中。

(三) 金融账户

金融账户(financial account)又称金融项目,反映国际间投资与借贷的增减变化,分为以下五个部分:

1. 直接投资

直接投资(direct investment),是指一国的自然人、法人或其他经济组织在其他国家的境内创立新企业,或收购现有企业,并且拥有有效管理控制权的投资行为。它可以采取直接在国外投资建立新企业的形式,也可以采取购买非居民企业一定比例股权的形式,还可以采取利润再投资的形式。根据投资方向,分为本国在外国的直接投资和外国在本国的直接投资。

贷方记录外国在本国的直接投资增加,或者本国在外国直接投资的撤资和清算资金汇入本国,因为这些交易引起货币流入本国了。借方记录本国在外国的直接投资增加,或者外国在本国直接投资的撤资和清算资金汇出本国,因为这些交易引起货币流出本国了。注意,直接投资的本金记录在金融账户;直接投资的收益(利润)若汇出,则记录在经常账户中的初次收入中(BPM5 中的投资收益中);但直接投资的利润若在当地再投资,则记录在金融账户的直接投资科目中。

2. 证券投资

证券投资(portfolio investment)又称“间接投资”,是指居民购买非居民政府的长期债券、非居民企业的股票和债券等。证券投资者以取得利息或股息为目的,投资者对企业不享有经营管理权。注意,当证券投资中拥有非居民企业的股权达到一定比例时(如国际货币基金组织规定10%以上,我国规定25%以上),该证券投资就变成直接投资了。

本国持有的外国证券资产增加、外国持有的本国证券资产减少记录在借方(因为引起货币流出本国了),而本国持有的外国证券资产减少、外国持有的本国证券资产增加记录在贷方(因为引起货币流入本国了)。注意,证券投资的利息收支记录在经常账户的初次收入科目中,而证券投资的本金记录在金融账户。

3. 金融衍生品和雇员股票期权

金融衍生品(financial derivatives)是一种金融合约,其价值取决于一种或多种基础资产或指数,合约的基本种类包括远期、期货、期权和互换。雇员股票期权(employee stock options,ESOs)是公司授予其雇员在本公司股票上的看涨期权。当公司效益很好而使得其股票价格超过执行价格时,雇员就可以通过行使期权,然后将所得股票按市场价格卖出获益。

4. 其他投资

其他投资(other investment)是一个剩余项目,凡是不包括在直接投资、证券投资、金融衍生品和雇员股票期权、储备资产以内的一切金融交易均记录在此科目中,如贸易信贷、贷款、货币和存款、应收款项、应付款项等。该科目是主导性交易(经常项目、资本项目、直接投资、证券投资)的资金流的反映科目。

5. 储备资产

储备资产(reserve assets),是指一国官方拥有的国际储备资产,包括货币性黄金、外汇储备、特别提款权、在国际货币基金组织的储备头寸。注意,当国际收支出现顺差或盈余时,储备资产增加,为了平衡整个国际收支账户,储备资产的增加记在借方,前面是“-”号;当国际收支出现逆差或赤字时,储备资产减少,为了平衡整个国际收支账户,储备资产的减少记在贷方,前面是“+”号。

【例2-1】 在表2-3中,储备资产之前所有科目的净差额是顺差+170(100+120-50),这导致储备资产增加170,但为了平衡整个账户,170记录在借方,前面是“-”号。可见,储备资产的记账符号与国际收支顺差、逆差的方向正好相反。

表2-3　国际收支平衡表——储备资产的变动

账户	贷方(+)	借方(-)
经常账户		
⋮		
经常账户差额	+100	
资本账户		
⋮		
资本账户差额		-50
金融账户		
⋮		
除储备资产以外的金融账户的差额	+120	

（续表）

账户	贷方（+）	借方（-）
储备资产		-170
总额	+220	-220

（四）净错误与遗漏账户

根据国际收支平衡表借贷平衡的原则，经常项目、资本项目与金融项目（不包括储备资产项目）相抵后产生的净差额（即缺口），应该由储备资产的增减来平衡。但是，出于种种原因，缺口数额与储备资产的变动数额并不相等，在这种情况下，通过人为设置净错误与遗漏账户（net errors and omissions account），就可以保证国际收支平衡表总体上是平衡的。根据国际惯例，净错误与遗漏的绝对值占货物进出口额的比重一般不超过5%。

【例2-2】 在表2-4中，储备资产之前所有科目的净差额是顺差+170（100+120-50），这导致储备资产增加170；但是出于种种原因，在储备资产的借方只有-165，即储备资产只增加了165。此时，为了使国际收支平衡表得以平衡，错误与遗漏账户的借方需要记录-5。

表2-4 国际收支平衡表——净错误与遗漏

账户	贷方（+）	借方（-）
经常账户		
⋮		
经常账户差额	+100	
资本账户		
⋮		
资本账户差额		-50
金融账户		
⋮		
除储备资产以外的金融账户的差额	+120	
储备资产		-165
净错误与遗漏		-5
总额	+220	-220

多方面的原因会使得上述缺口数额与储备资产的变动数额不一致，主要有：第一，国际收支平衡表中的资料来源不统一，有些资料来自海关（如进出口），有些资料来自银行（如贷款），还有些资料来自官方机构（如储备资产）；第二，资料不完全，有些数字是无法统计到的，如走私、为躲避资本管制的资本外逃、私自携带现钞出入国境、一些通过贪污受贿及诈骗等非法途径获取的巨额财富秘密流出境外等；第三，资料本身有错误，如出口退税中的虚报出口等。

储备资产和净错误与遗漏项目都属于平衡项目（balancing account）。由于设置了平衡项目，因此一国的国际收支平衡表永远都是平衡的；但这并不意味着该国的国际收支是平衡的。

知识拓展

中国国际收支的净错误与遗漏项目分析

1990年以来，我国国际收支平衡表中E&Q（净错误与遗漏项目）净额逐年攀升，且E&Q净额与进出口商品总额之比在2000年以前除个别年份外，均超出国际公认的5%合理范围。特别是在2002年以后，中国国际收支的E&Q从借方余额转变为贷方余额。这些现象引起了广泛的关注和热烈的讨论。

从理论上讲，国际收支账户运用复式记账法进行记录，所有账户的借方总额和贷方总额应相等，或者说所有账户的净额之和应为0，即CA + KA + IR = 0（CA表示经常账户，KA表示除储备资产以外的资本与金融账户，IR表示储备资产账户）。

但是，由于不同账户数据来源不同、记录时间不同和一些人为因素等，会造成结账时净的借方或贷方余额，这时就设立了一个E&Q账户来人为地达到账户平衡。因此，从这个意义上而言，E&Q净额大小等于CA、KA和IR之和，即CA + KA + IR = E&Q。从该等式可以看出，E&Q的来源无非是经常账户（如高报出口、低报进口）、资本和金融账户（如未记录的短期资本流动）及储备资产变动。

已有学者从不同的角度讨论我国E&Q的来源。例如，对于我国在2002年以前出现的巨大的、持续的E&Q借方净额，普遍被认为是统计方法欠科学、统计范围不全面、统计数据质量不高、资本外逃难以监测等原因造成的（张海兵，2001）；对于2002年以后E&Q出现的贷方余额，普遍被认为是正向利差和人民币升值预期导致未被记录的国际热钱大量流入等原因造成的，并据此提出加强资本流动管理等政策建议（朱孟楠，2004）。还有一些学者认为，造成我国国际收支中错误与遗漏净额变化的原因主要在于对汇率变动造成的储备变动额的会计处理（刘郁葱，2007）。

资料来源：刘郁葱，“中国国际收支错误与遗漏项目分析”，《苏南科技开发》，2007年第7期。

边学边练（2－1）

基于A国2010年的简化国际收支平衡表（见表2－5）回答以下问题

表2－5 A国（2010年）的国际收支平衡表 单位：百万美元

商品出口	719
商品进口	1 145
服务出口	279
服务进口	210
收益支付	269
收益收入	284
净单方面转移	－49
净错误与遗漏	11

(1) A 国的贸易差额是____________

(2) A 国的经常账户差额是____________

(3) 假设 A 国 2010 年官方储备资产的变动额为零,则 A 国资本与金融账户的差额是____________

(4) 如果 A 国 2010 年的官方储备资产记录在贷方,数额为 10 百万美元,则 A 国资本与金融账户的差额应该是____________

四、国际收支平衡表的编制举例

立足于美国,我们来看以下 7 笔交易的记录。

【例 2-3】 英国公司从美国购买价值为 40 万美元的机器设备,付款方式是从英国银行提出美元存款支付货款。

站在美国的角度,这笔交易包含两项内容:一是美国商品出口,引起货币流入美国,所以应该记录在经常账户"商品"的贷方;二是英国公司的美元存款减少(即美国私人对外短期负债减少),所以应该记录在金融账户"其他投资"的借方。

【例 2-4】 美国公司向中国购买 50 万美元的纺织品,用纽约银行的美元支票付款。

站在美国的角度,这笔交易包含两项内容:一是美国公司进口中国商品,引起货币流出美国,所以应该记录在经常账户"商品"的借方;二是中国在纽约银行的美元存款增加(即美国私人对外短期负债增加),所以应该记录在金融账户"其他投资"的贷方。

【例 2-5】 德国人在美国旅游,支付了 20 万美元的费用,旅游者所需美元是在美国银行用欧元兑换的。

站在美国的角度,这笔交易包含两项内容:一是美国为德国人提供了旅游服务,这是服务输出,引起货币流入美国,所以应该记录在经常账户"服务"的贷方;二是美国的欧元存款增加(即美国私人对外短期资产增加),所以应该记录在金融账户"其他投资"的借方。

【例 2-6】 在美国直接投资的日本商人将 290 万美元的投资利润汇回日本。

站在美国的角度,这笔交易包含两项内容:一是在美国的直接投资的利润汇出,引起货币流出美国,所以应该记录在经常账户"初次收入"的借方;二是日本的美元存款增加(即美国私人对外短期负债增加),所以应该记录在金融账户"其他投资"的贷方。

【例 2-7】 美国政府提供 30 万美元的美国银行账户余额支付给越南政府,作为对外援助计划的一部分。

站在美国的角度,这笔交易包含两项内容:一是美国政府援助越南政府,这是单方面转移,引起货币流出美国,所以应该记录在经常账户"二次收入"的借方;二是援助资金是由美国政府提供的,美国的储备资产会减少,所以应该记录在金融账户"储备资产"的贷方(注意:储备资产记在贷方意味着储备资产减少)。

【例 2-8】 美国公民购买加拿大某公司的 5 年期加拿大元债券,折合美元价值为 180 万美元。

站在美国的角度,这笔交易包含两项内容:一是美国公民购买加拿大元债券,这是证券投资,引起货币流出美国,所以应该记录在金融账户"证券投资"的借方;二是美国的加拿大元存款减少(即美国私人对外短期资产减少),所以应该记录在金融账户“其他投资”的贷方。

【例 2-9】 法国公民购买 520 万美元为期 10 年的美国公司债券。

站在美国的角度,这笔交易包含两项内容:一是法国公民购买美国公司债券,这是证券投资,引起货币流入美国,所以应该记录在金融账户“证券投资”的贷方;二是法国公民的美元存款减少(即美国私人对外短期负债减少),所以应该记录在金融账户“其他投资”的借方。

将以上 7 笔交易记录在国际收支平衡表 2-6 中。

表 2-6　国际收支平衡表编制举例　　单位:万美元

	贷方	借方
经常账户		
1. 商品	出口 +40	进口 -50
2. 服务	旅游服务 +20	
3. 初次收入		直接投资利润汇出 -290
4. 二次收入		政府捐赠 -30
资本账户		
金融账户		
1. 直接投资		
2. 证券投资	证券投资 +520	证券投资 -180
3. 其他投资	美国私人对外短期负债增加 +50 美国私人对外短期负债增加 +290 美国私人对外短期资产减少 +180	美国私人对外短期负债减少 -40 美国私人对外短期资产增加 -20 美国私人对外短期负债减少 -520
4. 储备资产	储备资产减少 +30	
净错误与遗漏		
总计	+1 130	-1 130

边学边练(2-2)

下面的项目是一个假想的发展中国家 B 国在 2002 年与世界其他国家的交易:

(1) B 国政府获得 50 亿美元的国外援助;

(2) B 国进口 200 亿美元的谷物;

(3) 在 B 国经营的外国跨国公司的利润汇出为 50 亿美元;

(4) 美国银行向 B 国政府的贷款总额为 200 亿美元;

(5) B 国出口货物 100 亿美元;

(6) B 国富商购买外国不动产 150 亿美元;

(7) B 国中央银行卖出 30 亿美元储备资产以干预外汇市场。

做出 B 国 2002 年的国际收支平衡表并回答以下问题:

2002 年 B 国净出口为多少?经常账户余额为多少?资本与金融账户是盈余还是赤字?官方储备资产的变化如何?B 国国际收支中存在统计误差吗?

第三节 国际收支平衡表的分析

一、国际收支平衡表分析的作用

国际收支平衡表的分析非常重要。从宏观角度来看,一方面,通过分析可以及时了解本国国际收支的顺差、逆差状况及其产生原因与影响,以便采取正确的调节措施;另一方面,通过分析可以了解本国与相关国家之间经济关系的状况及其原因,为制定正确的对外经济政策提供依据。从微观角度来看,分析国际收支平衡表对一国的进出口企业有着重要的意义。通过分析,有利于预测相关货币的汇率走势,帮助企业正确地选择进出口计价货币,帮助企业及时地调整进出口国别或调整其出口商品的价格等。

二、国际收支平衡表的分析方法

国际收支平衡表的分析方法主要有以下几种:

(一) 差额分析法

差额分析法是指对国际收支平衡表中各个项目的差额分别进行分析的方法。目的在于分析各单个账户的差额及其形成原因,了解一国对外经济交易的构成,以及各项目在整个国际收支账户中的地位和作用,考察国际收支总差额形成的原因。

在 BPM6 中,国际收支平衡表的局部差额主要有贸易差额、经常账户差额、资本与金融账户差额和综合差额。

1. 贸易差额

贸易差额(trade balance)是指商品出口与商品进口之间的差额。① 若商品出口大于商品进口,则称为贸易顺差;若商品进口大于商品出口,则称为贸易逆差;若商品出口等于商品进口,则称为贸易收支平衡。

贸易收支在国际收支中有着特殊的重要性,它既可以反映一国的产业结构、产品质量和劳动生产率状况,也可以反映一国在国际市场上的竞争力,所以即使是资本与金融账户比重较大的国家(如美国)也十分重视贸易差额分析。

一国出现贸易顺差或逆差,受到多方面因素的影响,如本国产品的国际竞争力、本国货币的汇率水平、经济周期的更替、国际市场的供求关系、气候与自然条件的变化等。

2. 经常账户差额

经常账户差额(current account balance)是指商品、服务、初次收入和二次收入项目的差额。若该账户的贷方总额大于借方总额,则经常账户收支为顺差;反之则为经常账户收支逆差。

经常账户差额反映了实际资源在一国与他国之间的转让净额,综合反映了一国货物贸易、服务贸易、收入、经常转移收支的状况,是国际收支平衡表中最重要的收支差额,被视为制定国际收支政策和产业政策的重要依据。

---

① 在国际贸易中,贸易差额既包括商品贸易,也包括服务贸易。在我国,贸易差额仅指进出口商品的差额,服务收支不在贸易差额的范围内。

3. 资本与金融账户差额

资本与金融账户差额(capital and financial account balance)是指资本转移、非生产和非金融资产的收买或放弃、直接投资、证券投资、其他投资和储备资产等项目的差额。它集中反映了一国因资本流出与流入所形成的对外债权、债务的状况。

资本和金融账户差额的分析具有重要的意义:

第一,通过资本和金融账户差额,可以了解一个国家资本市场的开放程度和金融市场的发达程度,为一国货币政策和汇率政策的调整提供有益的借鉴。

第二,资本与金融账户和经常账户之间具有融资关系,资本与金融账户差额可以间接地反映出经常账户的状况和融资能力。根据复式记账原理,国际收支中一笔贸易流量通常对应一笔金融流量,所以经常账户中实际资源流动和资本与金融账户中资产所有权的流动是同一个问题的两个方面。在不考虑净错误与遗漏账户时,经常账户出现赤字,对应着资本与金融账户的相应盈余,这意味着一国可以利用金融资产的净流入为经常账户赤字融资。但是,随着国际金融一体化的发展,这种融资关系有了新的变化:首先,资本与金融账户为经常账户融资开始受到很多因素的影响和制约;其次,资本与金融账户不再是被动地由经常账户决定并为经常账户提供融资服务了,资本流动有着自己独立的运动规律,其流量远远超过国际贸易流量,从根本上摆脱对于贸易的依附关系;最后,当金融资产的净流入为经常账户赤字融资时,应注意金融资产的净流入(如直接投资、证券投资的流入)会导致经常账户中投资收入(如利润、利息、股息)支出的增加,从而使净投资收入流量减少,这会加剧经常账户的赤字。

4. 综合差额

综合差额(overall balance)又称"国际收支总差额",包含了除官方储备资产以外的所有国际收支项目差额,具体由经常项目差额、资本项目差额,以及直接投资、证券投资、金融衍生品、雇员股票期权、其他投资等项目的差额构成。在没有特别说明的情形下,人们所说的国际收支盈余或赤字,通常指的是综合差额盈余或赤字。国际货币基金组织就倡导使用综合差额这一概念。

综合差额的状况将导致一国国际储备量的变化。如果综合差额表现为盈余(记录在贷方),则储备资产增加(记录在借方);如果综合差额表现为赤字(记录在借方),则储备资产减少(记录在贷方)。

对于实行固定汇率制度的国家来说,综合差额的分析非常重要。因为在固定汇率制度下,为了保证一国货币汇率的稳定,该国政府必须动用官方储备来弥补国际收支不平衡。而对实行浮动汇率制度的国家来说,政府可以不动用官方储备而听任汇率变动,所以综合差额的分析意义有所弱化。

边学边练(2-3)

请在国家外汇管理局网站(http://www.safe.gov.cn/)上查阅我国2015年的国际收支平衡表,结合差额分析法对平衡表进行分析说明。

(二) 宏观分析法

宏观分析法是指把国际收支放在整个国民经济体系中考察,研究国际收支与宏观经济变量之间的基本关系和相互影响。

1. 经常账户和净国外投资

一般来说,若一国的经常账户有盈余,为了平衡国际收支,则该国要么增加官方储备,要么向世界其他国家或地区提供资金,即增加国外投资;相反,若一国的经常账户有赤字,为了平衡国际收支,则该国要么减少官方储备,要么向世界其他国家或地区借入资金,即减少国外投资。若定义“净国外投资”为增加的国外金融资产与增加的国外金融负债之差,则经常账户差额相当于净国外投资额,即

$$\mathrm{CA} = I_f \tag{2-1}$$

其中,CA 表示经常账户差额,I_f 表示净国外投资额。

如果式(2-1)为负值,则表明经常账户为赤字,该国需借入资金,净国外投资为负;如果式(2-1)为正值,则表明经常账户为盈余,该国可借出资金,净国外投资为正。

2. 经常账户与国内储蓄和国内投资

在一个开放经济体中,一国的储蓄(S)既可以用于国内投资(I_d),也可以用于国外投资(I_f),即 $S = I_d + I_f$,于是 $I_f = S - I_d$,结合式(2-1),则有:

$$\mathrm{CA} = S - I_d \tag{2-2}$$

式(2-2)表明,若一国的储蓄超过了国内投资部分,则多余的储蓄会投资到国外,形成正的净国外投资,经常账户出现顺差;反之,若一国的储蓄小于国内投资部分,则需要从国外借钱满足国内的投资需求,形成负的净国外投资,经常账户出现逆差。

3. 经常账户与总收入(总产出)和国内总支出

在开放经济条件下,一国国民收入的等式为:

$$Y = C + I_d + G + (X - M)$$

其中,Y 表示国内生产总值,C 表示个人消费支出,I_d 表示私人国内投资,G 表示政府购买,X 表示出口,M 表示进口。

若将经常账户收支简化为贸易收支,则有:

$$\mathrm{CA} = (X - M) = Y - (C + I_d + G)$$

将 $(C + I_d + G)$ 定义为国内总支出 E,则有:

$$\mathrm{CA} = Y - E \tag{2-3}$$

式(2-3)表明,若一国总产出大于国内总支出,则过剩的产能会去寻找国外市场,从而形成经常账户的顺差;反之,若一国总产出小于国内总支出,则过剩的支出需求只能依靠进口来满足,从而形成经常账户的逆差。

4. 经常账户和财政赤字

从收入角度来看,国民收入构成的公式可以写成:

$$Y = C + S + T + K_r$$

其中,Y 表示国内生产总值,C 表示个人消费支出,S 表示储蓄,T 表示税收,K_r 表示本国居民对外国人的转移支付。

则有:

$$C + S + T + K_r = C + I_d + G + (X - M)$$

若忽略 K_r，并将经常账户收支简化为贸易收支，则有：

$$CA = S - I_d - (G - T) \quad (2-4)$$

式(2－4)表明，一国的经常账户差额，既取决于私人储蓄与私人国内投资的缺口，还取决于该国政府财政赤字($G-T$)的高低。在其他因素不变的情境下，若一国出现高额财政赤字，则经常账户会恶化，容易形成逆差。

边学边练(2－4)

A 国 1990 年的政府预算赤字为 1 870 货币单位，私人储蓄为 8 080 货币单位，私人国内投资为 7 150 货币单位，则 A 国当年的经常账户差额是多少？

（三）纵向比较分析法

纵向比较分析法又称“动态分析法”，是指分析一国在不同时期的国际收支平衡表，考察该国不同时期国际收支变动的趋势及其原因，为制定相应的政策和策略提供依据。

（四）横向比较分析法

横向比较分析法，是指本国与其他相关国家的国际收支平衡表进行对照分析，以便找出本国在对外经济关系中存在的问题和矛盾，更好地处理国际关系，推动本国与世界各国的经济合作与交流。

第四节　国际收支的平衡与失衡

一、国际收支平衡的判断

由于复式记账，一国的国际收支平衡表永远是平衡的；但是这种账面上的平衡并不是经济意义上的平衡。从经济意义上判断一国的国际收支是否平衡可以从不同的角度进行分析。

（一）自主性交易和调节性交易

根据交易的动机或目的，国际收支平衡表中记录的经济交易可以分为自主性交易和调节交易两种类型。

自主性交易(autonomous transaction)，又称事前交易，是指各经济主体出于自身特别的目的(如追求利润、规避风险、逃税避税、投机等)而进行的交易活动。例如，经常账户中的各项交易，以及资本与金融账户中的长期资本项目交易和部分短期资本项目交易。

调节性交易(accommodating transaction)，又称事后交易或补偿性交易，是指在自主性交易出现缺口或差额时，为了弥补或调节这种差额，由一国货币当局出面进行的交易活动。部分短期资本项目交易和官方储备项目就属于这种交易。

从理论上说，国际收支的平衡是指自主性交易达到平衡；但从实践来看，有些短期资本项目交易很难准确地区分是自主性交易还是调节性交易。因此，该方法仅仅是提供了一种国际收支是否平衡的理论视角。在现实中，判断一国国际收支是否平衡的最直观的方法就是看储备资产项目的增减变动。若储备资产项目前面是“＋”号，表明储备资产减少，该国的国际收支是逆差;反之,若储备资产项目前面是“ - ”号,表明储备资产增加,该国的国际收支是顺差。

(二) 数额平衡和内容平衡

国际收支的数额平衡主要是指一定时期内一国对外经济交易在价值量上的平衡;国际收支的内容平衡主要是指各种国际收支活动在结构上的平衡。只有价值量与结构的同时平衡才是真实的平衡。由调节性交易达成的平衡可能只是价值量的平衡,而结构性不平衡会给一国经济带来负面影响。例如,有的国家虽然经常项目存在较大的逆差,但由于资本项目存在较大的顺差,因而其国际收支从总价值量的角度来看是平衡的,但存在严重的结构失衡,这会加重该国的外债负担。

(三) 静态平衡和动态平衡

静态平衡是指在一定时期内(通常为 1 年)国际收支平衡表的收支相抵、差额为零的一种平衡模式。这是一种会计上的国际收支均衡,不论统计期间内国际收支如何,只要期末的收支相抵或大体相等就实现了国际收支平衡的目标。静态平衡实现起来难度较大,国际收支的平衡是相对的、不平衡是绝对的,从平衡到不平衡,再从不平衡到平衡,国际收支是一个不断运动的过程。

动态平衡是指在较长的计划期内(如国民经济发展的五年计划等)实现期末国际收支的大体平衡。这种平衡要求在国际收支平衡的同时,达到政府所期望的经济目标。发达国家出现的国际收支周期性失衡,只要经济繁荣时期的逆差和危机时期的顺差大体相抵,即可基本达到平衡;发展中国家特别是“经济起飞”国家,在起飞阶段前后出现的顺差或逆差只要基本保持在发展规划和国家可承受的范围之内,则不需采取措施进行调节。动态平衡把国际收支平衡与整个经济发展目标融为一体,较好地体现了按经济规律办事的原则,已引起广泛的重视。

二、国际收支的失衡

(一) 国际收支失衡的类型

根据起因的不同,国际收支失衡可以概括为五种类型:

1. 周期性失衡

周期性失衡是指一国经济周期的波动造成的失衡。当一国处于经济繁荣阶段时,社会总需求旺盛,对进口的需求也相应增加,易形成国际收支逆差;当一国处于经济萧条阶段时,社会总需求下降,对进口的需求也相应下降,易形成国际收支顺差。在国际经济关系日益密切的今天,主要国家经济周期的变动也会影响到其他国家的经济状况,造成其他国家国际收支的失衡。

2. 收入性失衡

收入性失衡是指一国国民收入增减的变化引起的国际收支失衡。经济增长率相对较高的国家,其国民收入水平相对较高,进口需求相对较多,易形成国际收支的逆差;经济增长率相对较低的国家,其国民收入水平相对较低,进口需求相对较少,易形成国际收支的顺差。但是,当一国国民收入增长较快并伴随着劳动生产率提高时,成本的下降可能会促进出口快速增长,从而形成国际收支顺差。

3. 结构性失衡

结构性失衡是指一国经济结构失衡造成的国际收支失衡。经济结构失衡可以分为产品供需结构失衡和要素价格结构失衡。

如果本国产品的供需结构无法跟上国际市场上产品供需结构的变化，在不考虑资本与金融项目的情境下，本国的国际收支将发生长期的结构性失衡。例如，国际市场上对本国具有比较优势的货物需求减少，而本国无法开发出新的具有比较优势的产品用以出口；或者国际市场上本国需要进口的货物供给减少，价格上升，但本国却无法减少该货物的进口；这些会导致国际收支逆差的出现。

如果本国的生产要素价格无法正确地反映该要素资源在本国的供需状况，则本国出口品在国际市场上具有的比较优势将逐渐削弱乃至丧失，最终导致本国国际收支出现逆差。例如，一国是劳动力资源丰富的国家，该国生产劳动密集型的产品具有比较优势；但是若该国劳动力要素的价格（工资）上涨过快，并且超过了劳动生产率提高的幅度，则该国的劳动力就不再是比较便宜的生产要素，从而丧失了国际竞争力，使本国劳动密集型产品的出口减少，造成国际收支逆差。

4. 货币性失衡

货币性失衡是指一个国家的价格、利率或汇率等货币性因素导致的国际收支失衡。如果一个国家的货币数量发行过多，使得该国的成本与物价普遍上升，导致出口减少、进口增加；或者该国的利率低于他国利率，引起资本外流增加、内流减少，从而造成国际收支的逆差。

5. 偶发性失衡

偶发性失衡是指短期的、非确定的或偶发事件引起的国际收支失衡，如自然灾害、战争、国际商品价格的偶发变动等。例如，气候变化导致一国的粮食减产，若该国是粮食出口国，则会带来出口减少；若该国是粮食进口国，则会带来进口增加。同样，贸易伙伴国的这类偶发事件也会影响本国的进出口变化，从而导致国际收支失衡。

（二）国际收支失衡的影响

虽然国际收支不平衡的发生是必然的，但对于一国而言，国际收支出现大量的、持续的失衡，无论是逆差还是顺差，都会对该国的经济产生一定的负面影响。

1. 国际收支逆差的负面影响

首先，当一国出现持续的大量逆差时，若政府想维持汇率稳定，则必然耗费储备资产，当储备资产减少到一定程度时，该国会出现国际支付的困难乃至发生国际债务危机，损害该国在国际上的信誉和地位；其次，在浮动汇率制度下会导致本币对外贬值，可能引起贸易条件的恶化，而汇率的不稳定会加大贸易和投资活动的风险；最后，容易引起资本外流，影响国内经济建设与增长，以及金融市场的稳定。

2. 国际收支顺差的负面影响

首先，当一国出现持续的大量顺差时，在浮动汇率制度下会导致本币升值，使得该国的出口处于不利的竞争地位；其次，对实行固定汇率制度的国家来讲，国际收支大量持续的顺差会使外汇储备迅速增加，一方面会导致以“外汇占款”形式为主的基础货币投放量增加，容易引起通货膨胀，另一方面若外汇储备超出适度规模，一国将付出很大的机会成本，资本的生产性用途减少，影响本国的经济增长；再次，对某些资源型出口国家来讲，大量的出口意味着对国内经济资源的掠夺性开采；最后，一国国际收支顺差意味着主要贸易伙伴国的逆差，如果顺差国不采取必要的措施缩减顺差，容易引起国际经济关系摩擦。

知识拓展

中国国际收支双顺差的福利损失

1999—2011 年，中国已经连续 13 年出现国际收支双顺差。事实上，如果排除 1998 年东南亚金融危机期间由国际资本流出造成的短暂资本账户逆差，中国从 1994 年起就出现了双顺差。和全球主要大国相比，中国如此长时间的双顺差是极其罕见的。

中国国际收支双顺差是在特定历史与政策环境下形成的，其成因包括出口导向发展策略、引进外资的优惠政策、低估的人民币汇率与钉住美元汇率制、资本账户管制、国内产业结构失衡、人口年龄结构、全球产业分工等。

毫无疑问，过去的十多年时间内，国际收支双顺差对中国经济增长及增强中国经济应对国际负面冲击的能力等功不可没；但与此同时，双顺差也给中国带来了巨大的福利损失。

一方面，国际收支双顺差的福利损失可以用四个以国际著名的经济学家命名的问题加以概括（Yu，2012）。“多恩布什问题”，是指发展中国家通过持续的经常账户顺差不断借钱给发达国家是荒谬的，因为发展中国家的投资回报率应该更高。“威廉姆森问题”，是指发展中国家通常缺乏先进的技术与机器设备，因此会引入外商直接投资以获得外汇资金，并利用这些外汇资金进口发达国家的技术与机器设备。这意味着，发展中国家应该面临经常账户逆差与资本账户顺差的组合。中国的双顺差意味着，中国未能将资本账户顺差转化为经常账户逆差。换句话说，中国引入外商直接投资似乎不是为了进口先进的技术与机器设备。“克鲁格曼问题”，是指随着未来美元有效汇率的贬值，中国的外汇储备将遭受巨大的资本损失。“罗高夫问题”，是指由于政府债务问题日益沉重，未来美国政府面临很强的激励去提高通货膨胀率以稀释自身债务，而这将导致中国对美国国债的投资面临巨大的损失。

另一方面，国际收支双顺差的福利损失与中央银行的冲销行为有关。过去十多年内，中国中央银行通过冲销，既避免了人民币名义汇率的过快升值，又将通货膨胀控制在很低的水平上。然而，这一成功的冲销行为背后，是中国政府通过建立中央银行、商业银行与家庭部门“三位一体”的成本分摊机制，将大部分冲销成本转移给了商业银行与家庭部门。商业银行被迫接受低收益的中央银行票据及更低收益的法定存款准备金，而家庭部门则长期面临实际存款利率为负的问题。然而，如果中央银行不进行冲销或冲销不完全，那么外汇储备过快增长将造成国内流动性过剩，引发通货膨胀与资产价格泡沫，从而造成新的福利损失。

资料来源：张明，“中国国际收支双顺差：演进前景及政策涵义”，《上海金融》，2012 年第 6 期。

第五节　国际收支失衡的调节

国际收支失衡以后,市场可以在一定程度上进行自动调节;但市场的自发调节有一定的局限性,所以世界各国的政府大都采取政策调节(人为调节)。在经济全球化的今天,各国政府之间必须加强调节政策的相互配合和协调。

一、国际收支失衡的自动调节机制——市场调节机制

国际收支失衡以后,有时并不需要政府立即采取措施加以消除。经济体系中存在某些机制,能够使国际收支失衡在某种程度上得以缓和乃至自动恢复均衡。这种机制在不同的国际货币制度下是不同的。

(一) 金本位制度下的国际收支自动调节机制

金本位制度下的国际收支自动调节机制是英国经济学家大卫·休谟(David Hume)于1752年提出的“价格—铸币流动机制”(price-specie flow mechanism)。这个机制表明,当一国出现国际收支赤字时,意味着对外支付大于收入,即本国的黄金是净输出的。在其他条件不变的情境下,黄金的外流导致国内黄金的存量下降,货币供给就会减少,从而引起国内物价水平下降;而物价水平的下降使本国商品在外国市场上的竞争力提高,外国商品在本国市场上的竞争力下降,于是出口增加、进口减少,使国际收支赤字减少或消除。相反,当一国出现国际收支盈余时,意味着对外支付小于收入,即本国的黄金是净输入的。在其他条件不变的情境下,黄金的流入导致国内黄金的存量上升;货币供给就会增加,从而引起国内物价水平上升;而物价水平的上升使本国商品在外国市场上的竞争力下降,外国商品在本国市场上的竞争力上升,于是出口减少、进口增加,使国际收支盈余减少或消除。

(二) 纸币制度下的国际收支自动调节机制

1. 固定汇率制度下的国际收支自动调节机制

在固定汇率制度下,当一国国际收支出现不平衡时,自动调节机制仍然发生作用,这些机制主要是通过外汇储备的变化来实现的。外汇储备的变化引起国内货币供应量的变化,从而出现利率、收入和价格三种效应。

如图2-1所示,当一国的国际收支出现逆差时,本币有贬值压力,为了维持固定汇率,该国货币当局会在外汇市场上抛售外汇储备而买进本币,造成本国货币供给减少、利率上升。利率的提高,一方面会刺激资本流入,从而改善该国的资本与金融账户收支,这是利率效应;另一方面会使投资和消费支出减少,国民收入水平下降,社会总需求下降,进口需求减少,从而改善贸易账户收支,这是收入效应;同时,伴随着总支出水平的下降,价格水平下降,这有利于出口、不利于进口,于是贸易收支账户得以改善,这是价格效应。

2. 浮动汇率制度下的国际收支自动调节机制

在浮动汇率制度下,国际收支的自动调节是通过汇率的变动来实现的,称为“汇率调节机制”。这一调节机制的过程为:当一国出现国际收支赤字时,对外汇的需求增加,外币升值而本币贬值,而本币贬值在一定条件下(如马歇尔-勒纳条件等)会刺激出口、抑制进口,从而改善国际收支赤字状况;反之亦然。

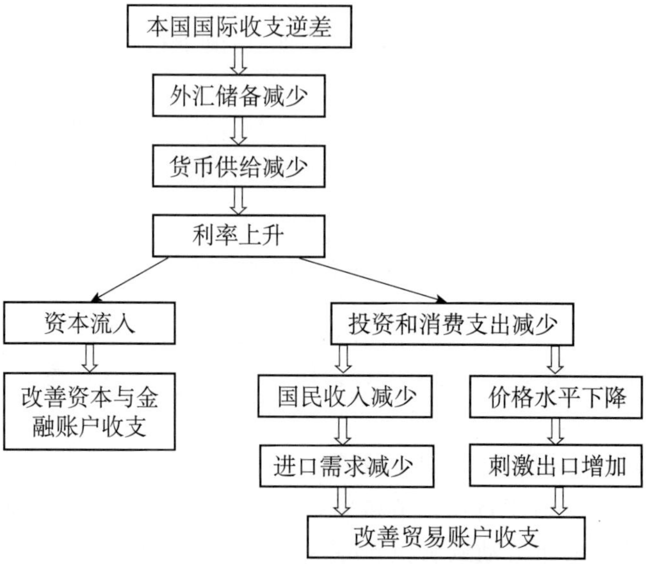

图 2－1　纸币制度的固定汇率制度下的国际收支自动调节机制

二、国际收支失衡的人为调节措施——政策调节

国际收支失衡的市场自动调节机制存在局限性。一是需要一些难以实现的客观经济环境，二是经常需要牺牲国内其他宏观经济目标。因此，在现实中各国都会采取各种政策措施对国际收支失衡进行调节。这些政策一般有以下几种：

（一）外汇缓冲政策

外汇缓冲政策是指动用官方储备或临时向国外借入短期资金，抵消外汇市场的超额供给或需求，以解决一次性、季节性或短期性的国际收支失衡的政策措施。例如，当一国出现国际收支赤字时，本币会贬值，若不愿或不能下调本币汇率，该国货币当局可在外汇市场上抛售外汇、买进本币；若官方储备不足，可以通过借款来缓解或消除外币供不应求、本币供过于求的状况。

外汇缓冲政策只适用于国际收支的短期失衡，不宜用来应对长期的、根本性的失衡，尤其是对逆差国来说，政府运用该政策必须有较充足的外汇储备，否则难以实施。

（二）汇率政策

汇率政策是指一国通过“人为”调整本国货币的汇率，调节国际收支不平衡的政策措施。在浮动汇率制度下，汇率是随外汇市场的供求状况而变动的，汇率的变动会自动调节一国的国际收支失衡，这是“汇率调节机制”而不是“汇率政策”，汇率政策的关键是“人为”改变汇率。

在固定汇率制度下，汇率一般由政府规定，当出现国际收支逆差时，政府可以使本币法定贬值，以刺激出口、抑制进口，从而缓解或消除逆差；当国际收支顺差时，正好相反。在浮动汇率制度下，汇率由市场决定，但政府也可以在外汇市场上参与交易，操纵本币贬值或升值，从而纠正国际收支不平衡的状况。

汇率政策的调节效果，首先，取决于进出口价格的弹性，从而与一国的经济结构、外贸结构有直接关系；其次，政策效果是有时滞的，即所谓的“J曲线效应”和“反向J曲线效应”；最后，汇率政策的实施尤其是贬值政策，容易引发国际间的矛盾和摩擦。

（三）财政政策和货币政策

财政政策和货币政策是指政府通过调整财政收支或调节货币供应量来控制国内总需求，改变宏观经济的主要变量（如国民收入、物价和利率水平），从而启动国际收支的收入、利率和价格调节机制，以改善国际收支不平衡状况的政策措施。

当一国出现国际收支逆差时，政府可采取紧缩性的财政政策和货币政策，如提高税率、缩减政府支出、提高利率、减少货币供应量等。一方面，使国内总需求收缩，国民收入、投资和消费下降，物价下跌，从而促进出口、抑制进口，改善贸易收支；另一方面，较高的利率水平会吸引资本流入，改善资本项目收支。同理，当一国出现国际收支顺差时，政府可采取扩张性的财政政策和货币政策。

相对于财政政策而言，货币政策在调节国际收支上的作用较大，尤其是对资本与金融项目的影响更明显。

采用财政政策与货币政策对国际收支进行调节时，需要协调其与国内经济平衡的矛盾。如果国内经济出现衰退，就不能再采用紧缩性的政策来调节国际收支逆差。另外，政策效果也受制于一国的汇率制度和资本自由流动的程度。因此，选择政策实施的适当时机，把握好政策运用的分寸，注意汇率条件和各种政策措施的相互配合，就显得尤为重要了。

（四）直接管制

直接管制是指政府以行政命令的方式直接干预对外经济往来，以调节国际收支失衡的政策措施。直接管制包括外汇管制、贸易管制和财政管制。

外汇管制主要是指政府对汇率、外汇买卖、资本流动及国际结算等方面规定一系列的鼓励或限制性政策，以维持国际收支的平衡。常用的外汇管制手段有限制私人持有外汇、限制私人购买外汇、限制资本输入、限制资本输出、实行复汇率制、禁止黄金输出等。

贸易管制主要是指一国政府直接限制商品进出口数量的政策手段。常用的贸易管制手段有进口配额制、进口许可证制、规定苛刻的进口技术标准、歧视性采购政策、歧视性税收政策等。

财政管制主要是指一国政府通过有关机构（如财政部、海关和官方金融机构等）管制进出口商品的价格和成本，从而调节国际收支的政策手段。常用的财政管制手段有进口关税政策、出口补贴政策、出口信贷政策等。

直接管制属于“选择性控制”（selective controls），因为通过这些政策，政府可以有选择性地控制某个产业、行业或某个产品的贸易状况，从而对一国国际收支的结构性失衡进行有效的调节，对于市场发育程度较低的发展中国家具有可操作性。但是，直接管制会扭曲市场价格信号，使市场机制的作用不能充分发挥，在一定程度上限制了竞争；同时，还存在较高的行政管理费用和信息成本，容易产生寻租腐败行为，容易引起其他国家的反对和报复，恶化国际经济关系。

（五）供给调节政策

从供给角度来讲，调节国际收支的政策有产业政策、科技政策和制度创新政策等。这些政策旨在改善一国的经济结构和产业结构,提高劳动生产率,增加出口商品和服务的生产,提高产品质量,降低生产成本,以此达到增加社会产品(包括出口产品和进口替代品)的供给、改善国际收支的目的。供给调节政策在短期内难以取得明显的效果,但它具有长期性,可以从根本上提高一国的经济实力与科技水平,从而为实现内外均衡创造条件。

以上政策都对一国国际收支的失衡有不同程度的调节作用,一国政府到底采用何种政策调节国际收支,首先取决于国际收支失衡的性质,其次取决于国际收支失衡时的国内社会和宏观经济结构,最后取决于内部均衡与外部均衡之间的相互关系。每一种国际收支调节政策都会对宏观经济带来或多或少的调节成本,所以必须相机抉择,搭配使用各种政策,以最小的经济和社会代价达到国际收支的平衡或均衡。正确的政策搭配是国际收支成功调节的核心。

三、国际收支失衡的国际调节

在经济全球化的今天,为了从根本上解决国际收支不平衡的问题,维护世界经济和金融的正常秩序与运转,许多国家试图采取国际经济合作的方式,这些合作方式主要表现在以下四方面:

(1) 通过各种国际经济协定确定国际收支调节的一般原则。例如,国际货币基金组织规定了多边结算原则、消除外汇管制原则和禁止竞争性货币贬值原则等,世界贸易组织规定了非歧视原则、关税保护和关税减让原则、取消数量限制原则、禁止倾销和限制出口补贴原则、磋商调节原则等。这些原则都是以经济和金融自由化为核心,限制各国的损人利己调节政策,以缓和各国之间的矛盾。

(2) 通过国际金融组织或者国际协定向国际收支逆差国提供资金融通,缓解其国际清偿力不足的问题。例如,国际货币基金组织向成员发放有关贷款用于解决暂时性的国际收支困难问题,设立特别提款权用于补充成员的国际储备资产等。

(3) 建立区域性经济一体化集团,促进区域内经济、金融的一体化,调节国际收支。目前,国际经济中的区域性经济一体化集团主要有优惠贸易安排、自由贸易区、关税同盟、经济共同体和统一货币区等形式。例如,欧盟、北美自由贸易区、东盟自由贸易区等的建立。

(4) 通过国际经济对话机制,探讨或解决全球经济失衡、国际收支失衡的问题。例如,七国集团(G 7)中央银行行长和财长会议、二十国集团(G 20)中央银行行长和财长会议,以及各类区域性金融经济会议等。

第六节 我国的国际收支状况

我国国际收支平衡表的编制始于 1982 年,1984 年开始公布年度国际收支平衡表,1997 年以后的统计指标的设置与国际货币基金组织完全接轨。在这三十多年间,我国的国际收支规模与结构都发生了很大的变化。

一、我国经常项目的发展状况

如表 2－7 所示,2008—2014 年,我国经常项目差额占国际收支总差额比重波动较大,其中波幅最大的是从 2012 年的 117% 减少至 2013 年的 30%。2014 年，经常项目差额占国际收支总差额比重为 85%，同比增加 55 个百分点。2012 年最高，为 117%；2013 年最低，为 30%。经常项目与 GDP 之比在 2014 年为 2.1%，同比增加 0.5 个百分点。2008 年最高，为 9.3%；2013 年最低，为 1.6%。

表 2－7　我国经常项目差额状况

项 目	2008 年	2009 年	2010 年	2011 年	2012 年	2013 年	2014 年
国际收支总差额（亿美元）	4 607	4 417	5 247	4 016	1 836	4 943	2 579
经常项目差额（亿美元）	4 206	2 433	2 378	1 361	2 154	1 482	2 197
占国际收支总差额比重（%）	91	55	45	34	117	30	85
与 GDP 之比（%）	9.3	4.9	4.0	1.9	2.6	1.6	2.1

资料来源：2014 年中国国际收支报告。

（一）货物贸易顺差增长较快

从 2001 年开始，货物贸易差额一直呈现稳定增长的趋势，顺差持续扩大。虽然从 2008 年开始有所回落，波动也逐年缩小，但顺差数值一直在2 400亿美元以上，2013 年回升至3 500亿美元以上。2014 年，我国的货物贸易进出口数据与 2013 年相比均有小幅上涨，进口涨幅为 1%，出口涨幅为 6%。2014 年，货物贸易顺差与 2013 年相比增长了 32%，规模达到4 760亿美元。

（二）服务贸易逆差继续扩大

我国于 2001 年加入世界贸易组织后，对外贸易得到了迅速发展；然而，我国的服务贸易赤字一直存在。2001—2008 年，差额波动幅度较为平缓，基本保持在 200 亿美元以下；但 2008 年以后，服务贸易逆差持续扩大，到 2014 年逆差已达1 919亿美元。

（三）收益项目逆差收窄

收益项目差额的波动相对比较大。除 2007 年和 2008 年为顺差外，其余年份均为逆差。2011 年，收益项目逆差达到最大，超过了 700 亿美元；2011 年以后，收益项目逆差呈现逐步收窄的趋势，截至 2014 年达到 340 亿美元。

（四）经常转移由顺差转为逆差

2001—2008 年，我国经常转移差额为顺差，且逐年增加；但从 2009 年开始，顺差逐年缩小，并于 2013 年变为负值；2014 年，经常转移赤字达到 302 亿美元，同比增长 250%。

二、我国资本与金融项目的发展状况

如表 2－8 所示，2008—2010 年，我国资本与金融项目顺差呈扩大趋势；但 2011 年，顺差开始减少；2012 年，资本与金融项目甚至出现逆差；2013 年顺差又大幅上升至3 461亿美元；2014 年，顺差又减至 382 亿美元，同比下降 88.96%。资本与金融项目占国际收支总差额比重的波动较大，2013 年最高达到 70%，2012 年最低为－17%。资本与金融项目与 GDP 之比在 2010 年最高，为 4.8%；2014 年最低，为 0.4%。

表 2-8 资本与金融项目的国际收支状况

项 目	2008 年	2009 年	2010 年	2011 年	2012 年	2013 年	2014 年
国际收支总差额(亿美元)	4 607	4 417	5 247	4 016	1 836	4 943	2 579
资本与金融项目差额(亿美元)	401	1 985	2 869	2 655	-318	3 461	382
占国际收支总差额比重(%)	9	45	55	66	-17	70	15
与 GDP 之比(%)	0.9	4.0	4.8	3.6	-0.4	3.6	0.4

资料来源:2014 年中国国际收支报告。

(一) 直接投资净流入小幅下降

2001—2014 年,我国直接投资顺差呈现波动增长趋势。2009 年,由于国际金融危机的影响,直接投资顺差较 2007 年和 2008 年有所下降;但 2011 年又达到高点,为2 317亿美元;2014 年,直接投资盈余与上年相比下降了 4%,顺差规模收窄至 2 087亿美元。

国际收支报告的数据显示,我国 2014 年对外直接投资净流出的数据同比增长了 10%,规模扩大至 804 亿美元;而 2014 年境外对境内的直接投资净流入的数据同比略微下降,缩减至 2 891亿美元。

(二) 证券投资净流入快速增长

证券投资差额从 2001 年开始不断波动,在逆差和顺差之间徘徊。2007 年起,证券投资差额均为顺差,并且呈现扩大的趋势;2014 年,证券投资顺差达到 824 亿美元,同比增长 55.8%。

(三) 其他投资变为净流出

我国其他投资的差额在 2006 年以前,呈现出比较稳定的小幅顺差;从 2007 年开始,其他投资在顺差和逆差之间波动较大。2012 年和 2014 年,其他投资逆差的规模较大,分别达到 -2 601亿美元和 -2 528亿美元。

(四) 储备资产增幅放缓

我国的外汇储备资产自 2001 年逐年增长。2001 年,外汇储备余额规模只有2 121.65亿美元;到 2014 年年末,外汇储备余额规模达到38 430亿美元;但 2015 年年末,外汇储备余额规模下降到33 303.62亿美元。

本章小结

1. 国际收支概念的内涵是随着国际经济交易在内容和形式上的发展而不断演进的。现代意义上的国际收支概念,是指在一定时期内一国居民与其非居民之间的全部国际经济交易的货币价值之和。这一概念以交易为基础,既包括涉及外汇收支的各种国际经济交易,也包括不产生实际货币收付的国际经济交易。

2. 国际收支平衡表是一国(或地区)对其一定时期内的国际经济交易,分类设置科目和账户,并按照复式簿记原理进行系统记录的报表。它主要由经常账户、资本与金融账户、净错误与遗漏账户组成。由于设置了平衡项目,因此一国的国际收支平衡表永远都是平衡的,但这并不意味着该国的国际收支是平衡的。

3. 国际收支平衡表的分析方法主要包括差额分析法、宏观分析法、纵向比较分析法和横向比较分析法。其中,差额分析法旨在分析各单个账户的差额及其形成原因;宏观分析法是把国际收支放在整个国民经济体系中考察，研究国际收支与宏观经济变量之间的基本关系和相互影响。

4. 从理论上说，国际收支的平衡是指自主性交易达到平衡；但从实践来看，该方法不具有可操作性。在现实中，判断一国国际收支是否平衡的最直观的方法就是看储备资产项目的增减变动。

5. 国际收支失衡的主要原因是经济周期的波动、国民收入的变化、结构性因素的变动、货币供应量的相对变化及某些偶发因素。国际收支出现持续的、大量的不平衡，无论是逆差还是顺差，都会对一国的经济和国际经济造成不利的影响。

6. 国际收支失衡的调节从三方面展开：自动调节、政策调节和国际调节。金本位制度下的国际收支自动调节机制是“价格—铸币流动机制”，纸币制度下的自动调节机制有汇率调节机制、利率调节机制、收入调节机制和价格调节机制。政策调节主要有外汇缓冲政策、汇率政策、财政与货币政策、直接管制和供给调节政策。国际调节是通过国际经济合作的方式来解决国际收支不平衡的问题。

思考题

1. 如何正确地理解国际收支的概念？

2. 比较国际货币基金组织《国际收支手册》（第 5 版）与《国际收支与国际投资头寸手册》（第 6 版）中有关国际收支平衡表主要账户和科目的区别。

3. 说明国际收支平衡表的记账原则和记账方法。

4. 说明经常账户与净国外投资、国内储蓄、国民收入、政府财政赤字的关系。

5. 如何理解国际收支的平衡与失衡？

6. 国际收支失衡的原因有哪些？

7. 简述不同国际货币制度下的国际收支自动调节机制。

8. 调节国际收支有哪些政策措施？

参考文献

1. 张明：“中国国际收支双顺差：演进前景及政策涵义”，《上海金融》，2012 年第 6 期。

2. 刘郁葱：“中国国际收支错误与遗漏项目分析”，《苏南科技开发》，2007 年第 7 期。

3. 朱孟楠、郭春松、陈意：“对我国国际收支错误与遗漏项目问题的研究”，《金融与经济》，2004 年第 2 期。

4. 吕随启、王曙光、宋芳秀：《国际金融教程》（第三版），北京大学出版社，2013。

5. 刘园：《国际金融学》，机械工业出版社，2014。

6. 国际货币基金组织，*Balance of Payments Manual*（BPM5），1993 年。

7. 国际货币基金组织，*IMF's Balance of Payments and International Investment Position Manual*（BPM6），2009 年。

8. 马君潞、陈平、范小云：《国际金融》，高等教育出版社，2011。

9. 杨胜刚、姚晓义：《国际金融》，高等教育出版社，2012。

10. 刘惠好：《国际金融》，中国金融出版社，2007。

第三章

国际货币体系

本章要点

国际货币体系对世界经济持续均衡地发展是至关重要的。在本章中,我们将介绍国际货币体系的主要内容和作用,阐述国际货币体系的演进(从金本位制度到布雷顿森林体系,再到牙买加体系),揭示欧洲货币一体化的进程与影响,介绍当前国际货币体系改革的主要方案。

学习目标

◆ 了解国际货币体系的含义,掌握国际货币体系的主要内容,理解国际货币体系的作用。
◆ 熟悉国际货币体系的演进历史,了解国际金本位制度的特点,理解和掌握布雷顿森林体系的主要内容、特点、作用与缺陷,概括牙买加体系的内容及特点。
◆ 熟悉欧洲货币一体化的进程,理解欧元诞生对世界经济的影响。
◆ 熟悉和理解国际货币体系改革的主要方案。

第一节　国际货币体系概述

目前,世界上各主权国家都有自己的货币。各国货币在其国内的经济活动中发挥着交易媒介、价值尺度和价值储藏三项基本功能。但是,当经济活动范围扩展到国与国之间,特别是当国际贸易日渐兴起的时候,就需要能实现货币三项功能的媒介。理想的情形是各国普遍使用一种货币,但经济现实是各国货币及货币制度存在着诸多差异。为了协调各国货币及货币制度,促进国际经济与贸易的发展,逐渐形成了国际货币体系。

一、国际货币体系的含义与内容

（一）国际货币体系的含义

国际货币体系(international monetary system)又称国际货币制度,是指在国际经济关系中,为了满足国际间各类交易的需要,各国政府对货币在国际间的职能作用,以及其他有关国际货币金融问题所制定的协定、规则和建立的相关组织机构的总和。它既包括有法律约束力的有关货币国际关系的规章和制度性安排,也包括具有传统约束力的各国已经在实践中共同遵守的某些规则和程序。

（二）国际货币体系的主要内容

国际货币体系主要包括四个方面的内容。其中,国际储备资产的确定是基础,汇率制度安排是核心。

1. 国际储备资产的确定

选择与确定国际储备货币或本位币,即在国际交往中使用什么样的货币,一国需要保有哪些资产作为国际储备资产,这些资产的构成如何,新的储备资产如何创造与供给。

2. 汇率制度安排

不同货币之间的汇率如何决定与维持,采取固定汇率制度还是浮动汇率制度,某个国家的货币是否可以自由兑换为支付货币。

3. 国际收支的调节方式

当一国国际收支出现不平衡时,各国应采取什么方式弥补这一缺口,各国之间的政策措施又应该如何相互协调,如何使各国在国际范围内公平地承担调节国际收支的责任。

4. 国际货币事务的协调与管理

各国在确定上述三个方面的内容时,由于彼此在经济利益和货币主权等方面存在差异甚至矛盾,因此有必要建立国际货币事务的协调与管理机制,具体包括国际金融机构的建立、解决国际金融问题的规则,以及惯例和制度的制定等。

二、国际货币体系的作用

建立国际货币制度的宗旨在于提供一种国家之间的货币秩序或结构,使其能够充分发挥国际交易媒介和国际价值贮藏的作用,从而促进国际贸易发展、国际资本流动和国际收支失衡的有效调节。具体而言,国际货币制度的作用主要体现在以下三个方面:

第一,确定国际清算和支付手段的来源、形式和数量,为世界经济的发展提供必要的国际货币,并规定国际货币及其与各国货币的相互关系的准则。

第二,确定国际收支的调节机制,确保世界经济的稳定和各国经济的平衡发展。调节机制涉及三个方面的内容:一是汇率机制;二是对逆差国的资金融通机制,即在发生国际收支逆差时,一国能在什么样的条件下、从何处获得资金及资金的数量和币种;三是储备货币发行国的国际收支纪律约束机制,即防止国际货币发行国为达到某种目的而持续性地保持国际收支逆差和输出纸币。良好的国际收支调节机制能使各国公平、合理地承担起国际收支失衡调节的责任,并使调节成本最小。

第三,确立有关国际货币金融事务的协商机制或建立有关的协调和监督机构,制定各国必须共同遵守的基本行为准则，提供协商场所，监督各国行为，降低国际金融事务的协调成本，使问题得到快速有效的解决。

三、国际货币体系的分类

从不同的角度，国际货币体系可以划分为不同的类型。按照汇率制度分类，可以划分为固定汇率制度和浮动汇率制度。根据国际储备划分，有金本位制度、金汇兑本位制度和信用本位制度。其中金本位制度是指以黄金作为国际储备资产或者国际本位货币；金汇兑本位制度则同时以黄金和可自由兑换的货币作为国际储备资产；信用本位制度是指以外汇为国际储备资产，与黄金无任何联系。将上述两种分类方式结合，又可分为金本位条件下的固定汇率制度；以不兑换的纸币（如美元）为本位的固定汇率制度；以黄金和外汇作为储备资产的可调整的固定汇率制度或管理浮动汇率制度；以及完全不需要保有国际储备资产的纯粹自由浮动汇率制度；等等。

国际货币体系是历史的产物，在不同的历史时期，国际货币体系表现出比较大的差异性。1880—1914 年实行的是国际金币本位制度；第一次世界大战爆发使金币本位制度崩溃；1918—1929 年，各国主要实行金块本位制度和金汇兑本位制度；1929—1933 年的大危机使金汇兑本位制度垮台，国际货币制度陷入混乱局面；直到第二次世界大战末期的 1944 年，西方盟国着手重建国际货币制度，建立了布雷顿森林体系；1973 年布雷顿森林体系正式解体，国际货币制度进入了多元国际储备和浮动汇率的时期，即牙买加货币体系。

第二节　国际金本位制度

历史上第一个正式的国际货币制度是国际金本位制度。金本位制度起源于英国，1816 年英国议会颁布了《金本位制度法案》，法案规定英格兰银行必须按照规定的价格买卖黄金。之后，经济较发达的其他资本主义国家纷纷效仿，到 19 世纪 80 年代，国际金本位制度基本形成。

一、金本位制度的类型

按照货币与黄金的联系程度，国际金本位制度主要存在过三种形式，即金币本位制、金块本位制和金汇兑本位制，其中的金币本位制是典型的金本位制度。第一次世界大战之前，西方国家实行的是金币本位制。战争的爆发使各国的金币本位制崩溃，战后很多国家出现了严重的通货膨胀，现钞和黄金之间的自由兑换及黄金的自由流动遭到破坏，一些国家相继实行两种变形的金本位制度，即金块本位制和金汇兑本位制。具体来看，第一次世界大战后至 1931 年大萧条期间，美国继续实行金币本位制，英国、法国等实行金块本位制，其他资本主义国家则实行金汇兑本位制。

（一）金币本位制

在金币本位制（gold specie standard）下，以一定重量与成色的金币作为本位货币。其特点有：(1)规定金币的重量成色，铸造金币在社会流通；(2)金币有无限法偿权，享受“三大自由”，即自由铸造、自由熔化、自由输出入国境；(3)根据金币的重量成色确定黄金官价，政府按官价无限制地买卖黄金;(4)银行券可以自由兑换黄金。

(二)金块本位制

金块本位制(gold bullion standard)的特点有:(1)纸币取代金币在市场流通,并具有无限法偿权;(2)纸币不能任意兑换黄金,只有在国际支付或工业生产需要时,才可以按规定的限制数量向中央银行兑换金块(例如,英国在1925年规定一次至少兑换400盎司,约值1700英镑);(3)纸币价值仍以黄金为基础,并与黄金保持固定的比价,代表黄金参与流通;(4)以金块作为储备资产,金块可直接参与国际清算和支付。

(三)金汇兑本位制

金汇兑本位制(gold exchange standard)又称虚金本位制。实行金汇兑本位制的国家是那些没有能力维持金块本位制的弱小国家及殖民地和附属国等,它们以外汇资产(即殖民地宗主国的货币)作为其发行纸币的准备金。其特点有:(1)纸币流通,但货币单位仍规定含金量;(2)本国纸币完全不能与黄金相兑换,但可以与外汇资产相兑换,然后可用外汇兑换黄金;(3)严格禁止黄金自由输出、输入。

二、国际金本位制度的特征

(一)黄金充当国际货币

在金本位制度下,黄金充当国际货币。在金币本位制下,社会中流通的货币就是金币,纸币(银行券)可以自由地兑换成黄金;在金块本位制和金汇兑本位制下,虽然流通的是银行券,但在一定条件下可以兑换成黄金。

(二)实行固定汇率制度

金币本位制度是严格的固定汇率制度。在金币本位制下,各国货币都规定含金量,货币之间的汇率由它们各自的含金量比例决定,称为铸币平价。而现实汇率则受到外汇市场供求关系的影响而围绕着铸币平价上下波动,但偏离是有限度的,不会超过黄金输送点,即上限不超过黄金输出点,下限不超过黄金输入点。黄金输出点是铸币平价加上输金费用,黄金输入点是铸币平价减去输金费用。汇率的波动之所以不超过黄金输送点,是因为在金币本位制下既可以用黄金结算,也可以用英镑外汇结算。若外汇市场上的汇率对经济主体有利,则会选择用外汇结算;反之,若不利,则会选择用黄金结算。

例如,在1929年大危机之前,英国规定1英镑金币的重量为123.27447格令(Grains),成色为0.91667,即1英镑的纯含金量为113.00201(123.27447 × 0.91667)格令;美国规定1美元的重量为25.8格令,成色为0.90000,则1美元的纯含金量为23.22格令(25.8 × 0.90000),英镑与美元之间的铸币平价为113.00201/23.22 = 4.8666,即1英镑金币的含金量是1美元金币含金量的4.8666倍。又假设当时英美两国间运送1英镑黄金的费用为0.03美元,铸币平价4.8666 ± 输金费0.03即为黄金输送点。如果汇率上涨超过黄金输出点,即超过4.8966(4.8666 + 0.03)美元,则美国进口商就宁愿直接运送黄金到英国去清偿债务,而不愿在外汇市场上购买英镑外汇。这样,对英镑的需求会减少,从而促使英镑汇率跌到4.8966美元以下。同样,如果汇率下跌到黄金输入点以下,即4.8366(4.8666 - 0.03)美元以下,那么美国出口商就不愿意接受英镑外汇,而宁愿接受黄金。这样,对英镑的供给会减少,从而促使英镑汇率回升到 4.8366 美元以上。

在金块本位制和金汇兑本位制下,对流通的银行券规定其所代表的含金量,则两种货币代表的含金量之比称为“汇兑平价”。现实汇率以汇兑平价为基础随外汇市场的供求变化而波动,但此时已没有黄金输送点的限制了,所以汇率的波动已失去了稳定性。

(三) 国际收支自动调节

在金本位制下,一国的国际收支可以实现自动调节。这可以用英国经济学家休谟提出的“价格—铸币流动机制”(price-specie flow mechanism)解释。当一国国际收支出现赤字,则意味着本国黄金的净输出。由于金本位制下一国货币发行量是依据黄金储备量决定的,因此黄金外流导致国内黄金存量下降,使得货币供给减少,引起国内物价水平下跌,本国商品在国际市场上的竞争能力就会提高,结果是出口增加、进口减少,国际收支得以改善直至赤字被消除;反之,如果一国的国际收支发生顺差,则会引起相反的调节过程(见图 3-1)。

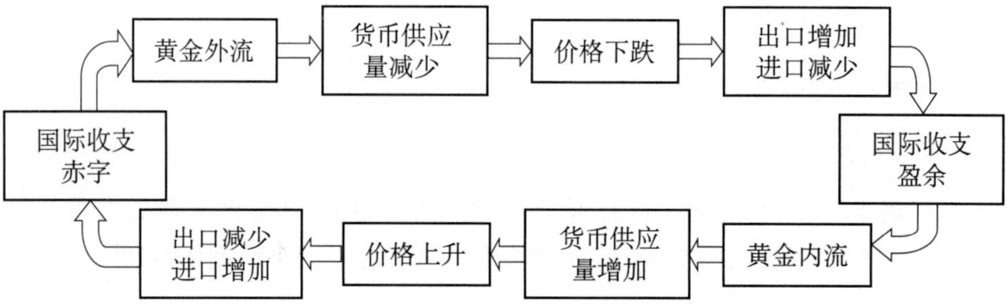

图 3-1　价格—铸币自动调节机制

三、对国际金本位制度的评价

国际金本位制度被视作国际货币制度史上的黄金时代。作为一种相对稳定的货币制度,金本位制度对汇率的稳定、国际贸易和国际资本流动的顺利进行、各国经济的发展都起到了积极的促进作用。这主要表现在:(1)金币的自由铸造具有调节市面上货币流通量的作用,保证了各国物价水平的相对稳定;(2)汇率的稳定有力地推进了国际贸易的发展和国际资本的流动;(3)价格—铸币流动机制可以自动调节国际收支,各国政府无须实施贸易管制和外汇管制,有利于商品和资本在国际上的自由流动。

但是,随着时间的推移和经济社会的发展,金本位制度的缺陷逐渐开始显露:(1)金本位的物质基础不断削弱。黄金产量的增长速度大大落后于各国贸易和经济的发展速度,由此导致国际支付和清偿手段不足,严重制约了国际贸易的发展。(2)国际收支自动平衡的代价是内部经济失衡。由于自动调节机制的作用,国际收支的调节必须通过国家之间物价水平的变动使得进出口贸易发生变化后才能实现,相关国家实际上为平衡国际收支付出了国内经济失衡的代价,因此国内经济往往成为国际收支平衡的牺牲品。(3)国家之间的经济实力和黄金保有量差异悬殊。例如,在 1913 年,英国、美国、法国、德国、俄国五国通过贸易顺差和其他特权持有的黄金量占世界黄金存量的 2/3,这使得国际金本位制度难以维持。

四、国际金本位制度的崩溃

第一次世界大战爆发后,各参战国实行黄金禁运及纸币停止兑换黄金,暂时停止实行国际金本位制度。战争期间,为了筹集战争资源,参战国增发了大量不可兑换的纸币,导致战后出现了严重的通货膨胀。同时,各国货币之间的汇率剧烈地波动,使国际经济关系受到严重影响。为了恢复经济,战后各国开始重建金本位制度。

此时,美国迅速崛起成为世界的主要金融大国,在战后不久率先恢复了黄金的自由兑换。英国和法国分别于1925年和1928年恢复了金本位。截止到1928年年底,战前实行金本位制度的国家基本上都恢复了金本位,但此时的国际金本位制度已和过去大不相同,主要体现在以下两个方面:

第一,黄金的地位比过去削弱了。战后,只有美国实行的是战前的金币本位制;英国和法国实行的是金块本位制;其他如德国、意大利、奥地利、丹麦等30个国家实行的都是金汇兑本位制。实行金汇兑制的国家不铸造金币,市场上不流通金币,流通中的辅助货币和银行券不能直接兑换成黄金。

第二,国际收支自动调节机制作用的发挥受到限制。在国际金本位条件下,价格—铸币流动机制对国际收支的自动调节伴随着国内经济失衡的代价。随着资本主义经济危机的不断深化,各国更加重视国内经济目标,而越来越不愿意遵守金本位的基本规则。尤其是美国和法国明确表示,将内部目标置于外部目标之上(内部目标也称内部平衡,指国内实现充分就业并保持物价稳定;外部目标也称外部平衡,即国际收支平衡),并切断了黄金流出入与国内货币供给和物价波动的关系。另外,由于当时普遍存在的工资和物价刚性,价格在国内通货紧缩期间也难以下降,反而造成大量企业倒闭和工人失业,这使金本位制下自动调节的传导机制难以奏效。

第一次世界大战后各国勉强恢复的国际金本位制度,在1929年爆发的世界性大危机后彻底瓦解。国际金本位制度崩溃后,国际货币制度陷入一片混乱。资本主义国家组成了相互对立的三大货币集团——英镑集团、美元集团、法郎集团,各国货币之间的汇率变为浮动汇率,各货币集团之间普遍存在着严格的外汇管制,货币不能自由兑换。在国际收支调节方面,各国不惜采用竞争性贬值和贸易保护主义措施。结果,国际贸易严重受阻,国际资产流动几乎陷于停顿。第二次世界大战爆发后,敌对国更是利用外汇管制来加强战争融资。

第三节 布雷顿森林体系

第二次世界大战尚未结束时,西方同盟国就已经开始着手重建国际货币体系,希望借此改变混乱的世界经济秩序,加速战后贸易和经济的恢复与发展。1944年7月,44个同盟国在美国新罕布什尔州的布雷顿森林(Bretton Woods)召开国际金融会议,商讨重建国际货币制度,重建计划主要由英美两国推动。此次会议上产生的国际货币体系被称为布雷顿森林体系。

一、布雷顿森林体系的主要内容

(一)实行黄金—美元本位制,美元是最主要的国际货币

在布雷顿森林体系下,实行双挂钩制度,即美元与黄金挂钩,而其他国家的货币与美元

挂钩;同时,将美元作为最主要的国际储备资产。各国确认35美元兑换1盎司黄金的官价。各国政府或中央银行可以随时按官价向美国兑换黄金,美国承担按官价兑换美元的义务。因此,布雷顿森林体系下的国际货币制度实质上是以黄金—美元为基础的国际金汇兑本位制。

(二)实行可调整的钉住汇率制度

各国货币与美元按照各自所代表的含金量确定汇兑平价,而汇兑平价确定后不能随意变更。现实汇率以汇兑平价为基础上下波动,但其波动幅度维持在汇兑平价的±1%以内。只有在一国国际收支发生"根本性失衡"时,经国际货币基金组织的批准方可对汇兑平价进行调整。因此,布雷顿森林体系实行的是一种可调整的固定汇率制度。

(三)确定逆差国和顺差国共同调节国际收支的机制

针对逆差国,国际货币基金组织制定了两种调节方式:一是国际货币基金组织向国际收支逆差成员国进行短缺资金融通,以协助其解决国际收支困难;二是若一国的国际收支出现根本性失衡,国际货币基金组织允许该成员国调整汇兑平价,实行法定升值或法定贬值,从而调节国际收支。

针对顺差国,国际货币基金组织设立"稀缺货币"条款来调节国际收支。当一国的国际收支持续出现大量顺差时,逆差国对该国货币的需求将明显、持续地增长,并会向国际货币基金组织借取该种货币。这就会使该种货币在国际货币基金组织的库存急剧下降。当库存下降到该成员国份额的75%以下时,国际货币基金组织可以将该成员国货币宣布为"稀缺货币",并根据逆差国的需要进行限额分配;逆差国也有权对"稀缺货币"采取临时的兑换限制措施。这样,"稀缺货币"发行国的出口贸易就可能受到影响,从而迫使其采取调节国际收支的措施。"稀缺货币"条款的设置是希望盈余国能主动承担调整国际收支的责任,采取暂时性的兑换限制。

(四)取消对经常账户的外汇管制,但允许对国际资本流动进行限制

《国际货币基金协定》第八条规定,成员国不得限制经常项目的支付,不得采取歧视性的货币措施,要在兑换性的基础上实行多边支付。但有三种情况例外:第一,国际货币基金组织不允许成员国政府在经常项目交易中限制外汇的买卖,但容许对资本流动实施外汇管制;第二,成员国处于第二次世界大战后过渡时期的情况下,可以延迟履行货币可兑换性的义务;第三,成员国有权对"稀缺货币" 采取暂时性的兑换限制。

(五)成立永久性国际金融机构——国际货币基金组织

成立国际货币基金组织,对各国货币金融事务进行监督、管理和协调,以促进国际金融合作。除了协调重大国际金融问题外,国际货币基金组织还向成员国提供短期资金融通,以帮助其平衡短期性的经常账户逆差。

在布雷顿森林体系的上述诸多内容中,最核心的是"双挂钩"。储备货币和国际清偿力的主要来源依赖于美元,美元成了一种关键货币。它既是美国本国的货币,又是世界各国的货币(即世界货币)。美元肩负的双重责任为该体系的崩溃埋下了伏笔。

二、布雷顿森林体系的特点

（一）可兑换黄金的美元本位

在布雷顿森林体系下，可兑换黄金的美元处于国际货币制度的中心地位，其他国家的货币都依附于美元，这极大地突出了美元的霸权地位。在各个国家的储备资产中，美元和黄金并重。

（二）可调整的固定汇率制度

布雷顿森林体系是固定汇率制度，国际货币基金组织的每一成员国都规定本国货币与美元的平价汇率，再通过美元与黄金之间的固定平价关系来间接地与黄金建立联系，进而决定各成员国货币彼此之间的平价关系。国际货币基金组织规定，各成员国与美元的汇率如发生波动，范围不得超过平价的 ±1%；超过时除美国外，每一成员国的中央银行均有义务在外汇市场上买卖美元和本国货币，以维持汇率的稳定。另外，按照国际货币基金组织的规定，如果一国的对外收支发生根本性不平衡，可以向国际货币基金组织申请调整其货币与美元的平价关系，而不必紧缩或扩张国内经济。但对根本性失衡并没有做出明确的界定，所以在实际中难以被运用。

（三）国际收支调节

在布雷顿森林体系下，对于国际收支的短期失衡，由国际货币基金组织向失衡的成员国提供资金来解决；对于国际收支的长期失衡，则通过调整汇率平价水平来解决。但是，与理想的机制设计相比，实际实行的效果要差很多。国际货币基金组织通过配额筹集的资金规模有限，无力解决大面积成员国的国际收支赤字。汇率平价调整则因成员国的利益问题而难以协调。其实，在布雷顿森林体系运行的二十多年里，国际收支大面积失衡的状况一直没有得到真正的解决。

由于美元具有特殊的地位，美国持续的国际收支逆差无须纠正，它可以采用增加货币供给量的方式弥补逆差，从而形成持有美元储备的国家的财富实际上向美国转移，这就是金融学理论所指的“铸币税”或“通货膨胀税”。

三、布雷顿森林体系的崩溃

美元危机频频爆发是布雷顿森林体系崩溃的导火线，该体系的瓦解过程就是美元危机爆发→拯救→再爆发的过程。20 世纪 60 年代以来，先后爆发了多次美元危机。

（一）第一次美元危机

第一次大规模的美元危机爆发于 1960 年。1950 年美国发动朝鲜战争后，美国国际收支就从大量顺差转为连年逆差。1960 年美国的第四次经济危机爆发，其国际收支逆差进一步扩大，黄金储备大量外流。1960 年，美元对外短期债务首次超过了它的黄金储备额。人们纷纷抛售美元，抢购黄金和其他经济处于上升势头的国家的货币（如德国马克）。1960 年 10 月，伦敦黄金市场的黄金价格高出黄金官价约 20%。为了维持外汇市场和金价的稳定，保持美元的可兑换性和固定汇率制度，美国要求其他西方国家在国际货币基金组织的框架内与其合作，稳定国际金融市场。截至 1962 年，美国分别与若干主要工业国家签定了《巴塞尔协定》(Basel Agreement)和《货币互换协议》(Swap Agreement),在国际货币基金组织的框架内建立了《借款总安排》(General Arrangement to Borrow)和《黄金总库》(Gold Pool)。

《巴塞尔协定》要求,各国中央银行应在外汇市场上合作,维持彼此汇率的稳定;若一国的货币发生困难,应与能提供协助的国家进行协商,采取必要的措施,由该国取得黄金或外汇贷款以维持汇率的稳定。

1962 年 3 月,美国联邦储备银行分别与西方 14 个主要国家的中央银行签定了《货币互换协议》。这些协议的共同内容有:(1)两国中央银行应在约定期间内相互交换一定数额的对方货币。为了维持汇率的稳定,各国可随时动用对方的货币来干预市场。(2)约定的相互交换的货币在未使用期间要作为定期存款或购买证券存于对方,一方需要提取或动用该项货币时应提前两天通知对方。(3)约定到期要相互偿还对方的货币时,应使用进行互换时的汇率,以消除汇率波动的风险。

《借款总安排》是国际货币基金组织与 10 个工业国家于 1961 年 11 月签定的借款协议。《借款总安排》的资金为 60 亿美元,其中美国出 20 亿美元,40 亿美元由另外 9 个国家分摊。当成员国(主要是美国)借用《借款总安排》的其他 9 国货币而国际货币基金组织又缺少这些货币时,可由国际货币基金组织向《借款总安排》的有关国家借入,再转贷给需要的成员国。

《黄金总库》是美国、英国、法国、联邦德国等 8 国中央银行于 1961 年 10 月达成的共同出金以维持金价稳定和布雷顿森林体系正常运行的一项协议。该协议规定,8 国共同出资(相当于 2.7 亿美元的黄金)建立黄金总库,其中美国出 50%,联邦德国出 11%,英国、法国、意大利各出 9.3%,瑞士、荷兰、比利时各出 3.7%。黄金由英国中央银行——英格兰银行代为管理。当金价上涨时,就在伦敦市场抛出黄金;当金价下跌时,就买进黄金,以此调节市场的黄金供求,稳定金价。

上述拯救措施只是从局部暂时性地缓解了布雷顿森林体系在运转中的困难,但没有从根本上改善该体系的缺陷。

(二) 第二次美元危机

受 1967 年英镑危机的影响,外汇市场上的投机浪潮于 1968 年年初转向美元,爆发了第二次美元危机。仅仅在半个月之内,美国就流失了 14 亿美元的黄金储备,凭借《黄金总库》和美国的黄金储备,已无力维持美元与黄金的固定比价;于是在 1968 年 3 月,美国不得不实行"黄金双价制"(two- tier gold price system)。

黄金双价制是指两种黄金市场实行两种不同价格的制度。在官方黄金市场上,仍然实行 35 美元等于 1 盎司黄金的比价;而在私人黄金市场上,美国不再按官价供应黄金,金价由供求关系决定。随之,私人市场上的金价开始上涨,逐渐拉开了与官价的差距。黄金双价制实际上意味着,以黄金—美元为中心的布雷顿森林体系已经局部崩溃。

第二次美元危机后,为了扩大国际货币基金组织的贷款能力,国际货币基金组织于 1969 年创设了特别提款权。在当时,特别提款权与美元等价,其价格也是 35 个特别提款权单位等于 1 盎司黄金;但是特别提款权在用途上等同于黄金,有"纸黄金"之称。按照国际货币基金组织的规定,在国际货币基金组织的范围内,成员国可以用特别提款权履行原先必须用黄金才能履行的义务,也可以用特别提款权充当国际储备资产,还可以用特别提款权取代美元以清算国际收支差额。

（三）第三次美元危机

第三次美元危机是1971年爆发的。危机爆发前夕，美国对外短期负债与黄金储备的比率已经达到第二次世界大战后历史上的最高点。1971年5月，外汇市场上出现了抛售美元、抢购黄金和硬通货的风潮。面对此种形势，尼克松政府不得不于1971年8月15日宣布实行“新经济政策”，停止美元与黄金的兑换，限制美国的进口，对进口商品增收10%的临时附加税，并强迫联邦德国和日本等国的货币升值，以改善美国的国际收支。“新经济政策”的实行，使得美元与黄金脱钩，布雷顿森林体系的支柱之一倒塌了。

在国际金融市场极度混乱的情形下，十国集团于1971年12月在华盛顿签定了《史密森协议》（Smithson Agreement）。该协议的主要内容有：（1）美元对黄金贬值7.89%，从35美元等于1盎司黄金贬到38美元等于1盎司黄金；（2）一些国家的货币对美元升值，其中日元升值16.9%，德国马克升值13.6%，瑞士法郎升值13.9%，荷兰盾和比利时法郎各升值11.6%，英镑和法国法郎各升值8.6%，意大利里拉和瑞典克朗各升值7.5%；（3）扩大汇率波动幅度，将汇率波动的允许幅度从原来的平价±1%扩大到±2.25%；（4）美国取消10%的进口临时附加税。

然而，《史密森协议》以后，金融市场对美元的信心并未真正恢复；由于J曲线效应的影响，美元的贬值并未立即改善美国的国际收支，1972年仍然是大量的贸易赤字；再加上这一时期美国国内金融市场的利率较低，资金继续不断外流。截至1972年年底，各国中央银行手中的资产已达810亿美元。

（四）第四次美元危机

1972年2月，美国的国际收支赤字和美元储备资产不断外流，使美元贬值的预期十分强劲，第四次美元危机爆发。

1972年6月，英国被迫放弃中心汇率，英镑开始自由浮动。1973年1月，瑞士法郎也开始自由浮动。1973年2月，尼克松政府被迫宣布美元再对黄金贬值10%，每盎司黄金由38美元提高到42.22美元，美元对其他主要国家货币贬值。此时，已有加拿大元、意大利里拉、日元、瑞士法郎和英镑实行了自由浮动，《史密森协议》所确定的中心汇率制已基本解体。1973年3月，其他维持固定汇率的国家也放弃了最后的努力，西方国家的货币对美元实行浮动汇率度，以美元为中心的固定汇率制度宣告结束，布雷顿森林体系的支柱之二也倒塌了。至此，布雷顿森林体系彻底崩溃。

四、对布雷顿森林体系的评价

（一）积极作用

布雷顿森林体系的建立结束了第二次世界大战前各个货币集团之间相互对立、相互进行货币战和汇率战的局面，稳定了国际金融局势。同时，它实行以美元为中心的、可调整的固定汇率制度，有力地促进了国际贸易和国际投资的发展。因此，这个时期被称为资本主义世界的第二个“黄金时代”，堪与第一次世界大战前的国际金本位制度相媲美。

（二）缺陷与问题

1. 存在特里芬难题

特里芬难题(Triffin dilemma)又称“信心与清偿力两难”,是美国经济学家罗伯特·特里芬(Robert Triffin)于1960年提出的布雷顿森林体系存在着自身无法克服的内在矛盾。当美国的国际收支是顺差时,人们对美元有“信心”,但美元缺乏“清偿力”,因为顺差意味着其他国家手中持有的美元不足;而当美国的国际收支是逆差时,其他国家手中持有的美元是充足的,美元具有较强的“清偿力”,但会影响人们对美元的“信心”。特里芬难题的存在决定了布雷顿森林体系无法长期维持,最终必将走向崩溃。

实际上,任何国家的货币单独充当国际储备资产都会遇到这样的难题。1925年产生的可兑换黄金的英镑本位只实行约六年就走向解体;第二次世界大战后的可兑换黄金的美元本位虽然实行了二十多年,但最终还是崩溃了。

2. 固定汇率制度难以维持

在布雷顿森林体系下,顺差国不愿使货币升值,逆差国不愿使货币贬值,汇率经常被明显地高估或低估,各国通过借款和国内货币政策来维持汇率,这样就很容易受到市场上预期因素所支配的投机资金的冲击,以致被迫进行货币贬值或升值,造成汇率更大幅度地变动。

3. 国内外经济目标的冲突

在布雷顿森林体系下,各国为了维持稳定的汇率,往往不得不牺牲国内经济目标。赤字国的货币趋于贬值,为了维持对美元的固定汇率,中央银行必须在外汇市场上抛出美元、购入本币,相当于在金融市场上缩减了国内货币的供应量,导致国内经济衰退和失业;而盈余国的货币趋于升值,为了维持对美元的固定汇率,中央银行必须在外汇市场上抛出本币、购入美元,相当于在金融市场上增加了国内货币的供给量,往往导致国内通货膨胀。

第四节 牙买加体系

布雷顿森林体系崩溃之后,美元的国际地位下降,货币之间的汇率波动剧烈,全球性国际收支失衡不断加重,国际间为建立一个新的国际货币制度进行了长期的协商。1972年7月,国际货币基金组织理事会决定成立“二十国委员会”,具体研究改革国际货币制度的方案。1974年6月,委员会提出一份“国际货币体系改革纲要”,对黄金、汇率、储备资产、国际收支调节等问题提出了一些原则性的建议,为以后的货币改革奠定了基础。1976年1月8日,国际货币基金组织国际货币制度临时委员会在牙买加首都金斯敦召开会议,并达成《牙买加协议》(Jamaica Agreement)。自此,国际货币制度进入牙买加体系时期。

一、《牙买加协议》的主要内容

（一）浮动汇率合法化

国际货币基金组织同意固定汇率制度和浮动汇率制度的并存,规定成员国可以自由选择汇率制度,但成员国的汇率政策必须受到国际货币基金组织的监督并与国际货币基金组织协商;不允许成员国操纵汇率以阻止国际收支的调整或获取不公平的竞争利益。

(二) 黄金非货币化

废除黄金条款,使黄金与货币彻底脱钩。取消黄金官价,各成员国的中央银行可按市价自由进行黄金交易,取消成员国相互之间及成员国与国际货币基金组织之间必须用黄金清算债权、债务的义务。

(三) 提高特别提款权的国际储备地位

协议修订了特别提款权的有关条款,规定未来的国际货币体系应以特别提款权为主要储备资产。协议规定各成员国之间可以自由进行特别提款权交易而不必征得国际货币基金组织的同意。国际货币基金组织与成员国之间的交易以特别提款权替代黄金,国际货币基金组织一般账户中持有的资产一律以特别提款权表示。在国际货币基金组织一般业务交易中扩大特别提款权的使用范围,并且尽量扩大特别提款权在其他业务中的使用范围。另外,国际货币基金组织应随时对特别提款权制度进行监督,适时修改或增减有关规定。

(四) 扩大对发展中国家的资金融通

以出售黄金所得收益设立信托基金,以优惠条件向最贫穷的发展中国家提供贷款或援助,以解决其国际收支困难。扩大国际货币基金组织信贷部分贷款的额度,由占成员国份额的100%提高到145%;放宽"出口波动实偿贷款"的额度,由占成员国份额的50%提高到75%。

(五) 增加成员国的基金份额

各成员国向国际货币基金组织缴纳的基本份额,由原来的292亿特别提款权单位增加到390亿特别提款权单位。各成员国应缴份额所占的比重也有所改变——石油输出国的比重提高1倍(由5%增加到10%),其他发展中国家维持不变,主要西方国家除联邦德国和日本略增以外都有所降低。

二、牙买加体系的特点

(一) 以美元为主导的多元化国际储备体系

美元仍是主要的国际计价单位、支付手段和国际价值储存手段,但其作用自1973年以后有所下降,其他一些货币(如德国马克、日元),特别是一些复合货币(如特别提款权和欧元)的地位不断上升。

值得注意的是,尽管《牙买加协议》中明确规定废除黄金官价、降低黄金的货币作用,但实际上,黄金的货币作用却并没有完全消失。与外汇相比,黄金是一种可靠的保值手段。黄金仍然是主要的国际储备资产,仍然是最后的国际清偿手段和保值手段。

(二) 汇率制度多元化

《牙买加协议》认可各国可以自由做出汇率安排,同意固定汇率制度和浮动汇率制度可以并存。自此之后,世界上许多国家都在不断地调整自己的汇率政策。有些国家或地区实行了独立浮动汇率制度,如美国、英国、日本、加拿大、瑞士等;有些国家或地区采取了联合浮动汇率制度,如欧洲货币体系;有些国家或地区实行了钉住某一货币的固定汇率制度;有些国家或地区实行货币局制度,如中国香港的联系汇率制;有些国家或地区实行美元化,无本国法定货币等。

（三）国际收支调节机制多样化

牙买加体系允许成员国通过汇率机制、利率机制、国际金融市场及国际货币基金组织的干预协调等多种手段来调节国际收支，试图建立一个灵活有效的国际收支调节机制。对所有的国家来说，调节国际收支失衡的方式主要有三类：总需求调节、汇率机制调节、对国际贸易和国际资本流动实行直接控制。不过，不同国家的侧重点有所不同。

三、对牙买加体系的评价

（一）积极作用

自成立至今的四十多年时间里，牙买加体系对维持国际经济的正常秩序和推动世界经济的发展均起到了积极的作用。

（1）多元化的储备体系在一定程度上解决了特里芬难题，降低了单一中心货币对世界储备体系稳定性的影响。在多元化储备条件下，即使某一国货币发生贬值，也不一定会危及储备体系的稳定性。当某一个储备货币发行国出现国际收支逆差、该储备货币发生信用危机时，其储备货币的地位会有所下降，而让位于其他信用良好的储备货币。当某一个储备货币国不断盈余、难以提供足够的国际清偿力时，又有其他储备货币补充国际清偿力的不足。此外，多元化的储备体系为一国进行外汇管理提供了更多的手段，减少了单一货币本位下汇率变动带来的风险。

（2）多种汇率安排体系能够比较灵活地适应世界经济形势多变的状况。一方面，主要储备货币的浮动汇率可以根据市场供求状况自动、及时地调整，从而灵敏地反映经济状况，有利于国际贸易和国际金融交易的进行；另一方面，自由的汇率安排能使各国充分考虑本国的客观经济条件，并使宏观经济政策更具有独立性和有效性，而不必为了维护汇率的稳定而丧失国内的经济目标。

（3）多样化的国际收支调节手段，与当今世界经济发展不平衡的现状相适应，在一定程度上缓和了布雷顿森林体系时期国际收支调节机制单一与乏力的困难。

（二）存在的问题

牙买加体系实际上是一个“无体系的体系”，随着国际经济活动和关系的日益复杂，逐步暴露出一些问题。

（1）汇率秩序的混乱。牙买加体系明确规定，国际合作的基本目标是经济稳定（即物价稳定）而不是汇率稳定，于是更具弹性的浮动汇率制度在世界范围内逐步取代了固定汇率制度。从理论上讲，浮动汇率制度会给各国宏观经济决策者以更大的自主权，可以调节国际收支等。但是从实际情况来看，在浮动汇率制度下，汇率波动频繁而且剧烈，提高了汇率风险，对国际贸易和国际投资造成了消极影响。另外，浮动汇率加剧了世界性的通货膨胀，使国际货币基金组织对国际储备的控制被削弱了。浮动汇率不但使一些国家可以长期地实行扩张政策而不必考虑国际支付问题；而且使发展中国家的外汇储备和外债问题变得更加复杂了。

（2）储备货币管理的难度增加。多元化的储备体系具有内在的不稳定性。首先，由于实行了浮动汇率制度，主要储备货币的汇率经常变动，对发展中国家是非常不利的。发展中国家的经济基础薄弱，又缺乏应付金融动荡的经验和物质准备，往往成为各种外部冲击最早、最直接的对象。其次，储备货币的多样化增大了国际金融市场上的汇率风险，使短期资金移动频繁，提高了各国储备资产管理的难度。最后，多种储备货币并没有从本质上解决储备货币同时担负世界货币和储备货币所在国本币的双重身份所造成的两难。当维护世界金融秩序和支付能力的目标与维护国内经济平衡的目标发生冲突时，这些国家必然侧重于后者，从而对别国和世界经济造成负面影响。

(3) 国际收支的调节机制仍不健全。牙买加体系允许成员国可以动用汇率、利率、国际金融市场及国际货币基金组织贷款来调节国际收支，从理论上讲应该是一个有效的调节机制；但实际运行结果表明，这一机制仍然不健全。

在浮动汇率制度下，汇率应该是国际收支调节的主要手段；但实际上，汇率机制的调节作用并没有预期的那么大。对于发展中国家来说，其进出口需求弹性一般都很低，出口供给弹性也不大，满足不了“马歇尔-勒纳条件”；而且不少发展中国家采用钉住美元的汇率安排，使汇率机制的调节功能更难以发挥。对于发达国家来说，汇率机制的调节也不会立即产生效果，存在所谓的“J 曲线效应”。

实际上，利率机制主要是通过国际收支资本与金融账户的盈余和赤字来平衡经常账户的赤字和盈余；但是，利率对国际收支的影响并非是单向的。例如，一国为了改善国际收支的逆差而实施高利率政策，在吸引资金流入的同时，也致使外汇市场上对该国货币的需求大于供给，从而导致该国货币升值。货币的升值不利于该国的贸易收支，进而使调节国际收支的效果难以得到保证。

利用国际金融市场调节国际收支就是通过国际借贷来平衡国际收支。顺差国贷出资金，而逆差国借入资金，以调整阶段性的国际收支失衡。但是，巨额的资金通过国际金融市场在国际频繁地转移，不仅导致国际金融领域的动荡和混乱，还酿成了 20 世纪 80 年代初发展中国家的债务危机。

虽然国际货币基金组织的信贷在调节国际收支失衡，尤其是帮助发展中国家解决国际收支困难方面做了大量的工作，但它所起的作用，相对于世界性的国际收支失衡来说仍然是有限的。另外，根据《国际货币基金协定》，国际货币基金组织不仅应向赤字国提供贷款，还应指导和监督赤字国与盈余国对称地承担国际收支的调整义务。但是，由于国际货币基金组织的资金来源有限，“稀缺货币条款”难以实施。

第五节　欧洲货币一体化

以货币一体化为代表的金融一体化是世界经济一体化发展的必然结果。从 20 世纪 60 年代开始，在区域经济一体化迅速发展的大背景下，货币一体化的研究和实践成为国际金融的一个热点。欧洲货币一体化成为金融区域化的成功范例。

一、欧洲货币一体化的进程

从取得实质性进展的角度来看，欧洲货币一体化经历了以下四个阶段：

(一) 第一阶段(1970—1978 年)：《魏尔纳计划》

1957 年 3 月，法国、联邦德国、意大利、荷兰、比利时和卢森堡六国在罗马签定了《建立欧洲经济共同体条约》,决定成立欧洲经济共同体(EEC,简称“欧共体”)。1958 年 1 月 1 日,该条约经六国议会批准生效,标志着欧洲经济共同体的正式诞生。欧共体的成立加快了经济一体化和货币一体化的发展。

1969 年 12 月,欧共体六国在海牙举行了首脑会议,决定成立欧洲经济与货币联盟。1970 年 10 月,欧共体负责此项工作的专门委员会向理事会提交了《关于在共同体内分阶段实现经济和货币联盟的报告》,又称《魏尔纳计划》。该计划建议从 1971 年到 1980 年分三个阶段实现欧洲货币一体化。然而,当时动荡的金融形势及欧共体国家发展程度的巨大差异,使得《魏尔纳计划》几乎落空,唯一的成果是创设了欧洲记账单位。

(二) 第二阶段(1979—1989 年):欧洲货币体系

1. 欧洲货币体系的产生背景

随着布雷顿森林体系的崩溃,欧共体国家的汇率决定机制引起了很大的关注。如果它们允许汇率完全由市场力量决定,汇率的波动就会有损于共同体内部自由贸易的发展。出于稳定汇率和统一货币的愿望,欧共体的成员国建立了所谓的“洞中之蛇”体系。

“洞中之蛇”被视为小型的布雷顿森林体系,它于 1972 年 4 月开始运作,由欧共体的六个初始成员国组成,随后英国、丹麦和挪威也加入了该体系。根据规定,成员国货币彼此之间的比价(“蛇”)上下浮动的幅度不应超过 1.125 个百分点,而它们对美元比价(“洞”)的上下浮动应控制在 2.25 个百分点的范围之内。与对美国的汇率相比,各成员国之间的汇率在一个相对更小的波动区间内变化,这一体系也因此得名“洞中之蛇”。

但是该体系是不健全的,因为它难以使成员国在经济政策方面达成必要的协调,也难以保证各成员国之间经济绩效的一致性,而这些又都是该体系自身成功运行所必须具备的条件。于是,1978 年 6 月,在德国不来梅举行的一次会议上,欧共体的六个成员国倡议成立欧洲货币体系,从而取代“洞中之蛇”体系。

2. 欧洲货币体系的主要内容

1979 年 5 月,欧共体宣布成立欧洲货币体系(EMS),其主要内容包括三个方面:

(1) 建立欧洲货币单位(ECU)。欧洲货币单位是欧洲货币体系的中心,它的币值是由一篮子货币决定的。欧洲汇率机制中的每一种货币都被赋予了一定的权重,该权重是根据一国的经济地位及其在欧共体的贸易中所占份额确定的。欧共体每隔五年会对这些权重进行一次修改。但人们认为周期性地改变权重容易带来不确定性,并妨碍了欧洲货币单位的使用,于是欧洲货币体系在 1994 年决定不再改变各国所占权重。在欧共体内部,欧洲货币单位具有计价单位和支付手段的职能。它被用于计算各成员国的篮子中心汇率和相互之间的双边汇率,并作为计算汇率波动幅度指示器的基础,还被广泛用于发放贷款、清偿债务及编制共同体统一预算等。

(2) 建立汇率稳定机制(ERM)。汇率稳定机制是欧洲货币体系的核心组成部分。根据该机制的安排,每一个参与国都确定本国货币同欧洲货币单位的固定比价(即中心汇率),并依据中心汇率套算出参与国货币之间的比价;规定市场上双边汇率可允许的波动幅度为 ±2.25%。如果两国的货币汇率达到允许波动的上限或下限,货币当局必须在外汇市场上进行强制性干预,以实现汇率的稳定。欧共体成员国对内实行固定汇率,对外实行联合浮动。

(3) 建立欧洲货币基金(EMF)。欧共体在1979年4月设立了欧洲货币合作基金(EMCF)。其作用是,一方面加强干预外汇市场的能力,打击投机活动,稳定成员国货币之间的汇率和维持汇率联合浮动;另一方面,向成员国提供信贷,平衡国际收支。欧共体规定,各成员国须缴出其20%的黄金储备和外汇储备作为共同体的共同储备。

(三) 第三阶段(1989—1993年):《德洛尔报告》与《马斯特里赫特条约》

1979年生效的欧洲货币体系虽然创立了欧洲货币单位、欧洲汇率机制和欧洲货币基金,但是各成员国仍保留了本国货币,没有从根本上解决欧洲货币汇率变动风险的问题。真正意义上的货币一体化是从《德洛尔报告》开始的。

1989年6月,以欧共体委员会主席雅克·德洛尔为首的委员会提交了《德洛尔报告》,提出分三个阶段实现货币联盟。《德洛尔报告》承袭了《魏尔纳计划》的基本框架,指出货币联盟的建立必须具备三个条件:(1)保证货币完全自由兑换;(2)在银行和其他金融市场充分一体化的基础上,实现资本的完全自由流动;(3)取消汇率的波动幅度,实行固定汇率平价。该报告虽然没有明确提出在货币联盟内部必须有单一的货币,但把创立单一货币看作货币联盟进一步发展的一个自然和理想的结果,并提出建立欧洲中央银行体系。

继《德洛尔报告》之后,1991年12月,欧共体成员国在荷兰小镇马斯特里赫特正式签定了《马斯特里赫特条约》(简称《马约》)。

《马约》规定最迟于1998年7月1日起成立欧洲中央银行,于1999年1月1日起实行单一货币。《马约》还规定了所谓的"趋同标准",强调加入货币联盟的成员国必须在经济发展上达到统一的指标:(1)通货膨胀率不得超过通货膨胀水平最低的三个国家的简单平均数1.5个百分点;(2)政府财政赤字不得超过其国内生产总值的3%;(3)政府的债务累计额不得超过其国内生产总值的60%;(4)长期国债的收益率低于通货膨胀水平最低的三个国家平均数的2%;(5)汇率必须维持在欧洲货币体系规定的幅度内,至少有两年未发生过货币贬值。

经过努力,欧共体成员国于1993年10月通过了《马约》;同年11月,欧共体更名为欧盟。

(四) 第四阶段(1994—2002年):欧元的诞生

1995年12月,欧盟在马德里举行会议,就各国货币向单一货币过渡的具体步骤及单一货币的名称(欧元)达成一致意见。1996年10月,欧盟委员会正式提出了实行单一货币的文件,其核心内容是明确欧元的法律地位、制定货币稳定公约和奠定新欧洲货币体系的基础。1997年6月,欧盟各国首脑正式批准了《稳定和增长公约》《欧元的法律地位》《新的货币汇率机制》三个文件。这些文件对欧洲货币联盟的建设和正常运行具有关键性的意义。1998年5月,欧盟确认德国、法国、意大利、荷兰、爱尔兰、西班牙、葡萄牙、奥地利、比利时、芬兰、卢森堡这11个国家于1999年1月1日率先进入欧元区,成为欧元创始国。

1999年1月1日,欧元正式启动,但只是以非现金形式进行流通。2002年上半年,欧元现金进入流通领域。2002年7月1日,欧元区11国各自的货币退出流通,由欧元取代。

二、欧元启动对欧盟及世界经济的影响

（一）对欧盟的影响

（1）欧元实行后，各国将金融政策的制定权交给独立的中央银行。由专门的中央银行来监管单一货币，这有利于稳定价格，降低通货膨胀率，提供更多的就业机会并刺激经济增长。

（2）实现统一货币有利于促进欧洲内部统一大市场的成熟，带动并促进欧洲政治一体化。欧元将带动欧盟成员国之间的国际贸易，增强市场竞争能力和资金利用率，使欧盟内部统一市场更完善、更好地发挥规模经济效益。

（3）欧元为欧洲金融部门提供了更多的机会，其金融市场规模空前增大，从而给中小企业带来了极大的好处，创造了更多的就业机会，刺激了欧盟企业的生产和贸易，同时促使欧洲的金融市场趋向统一。

（4）欧元促使欧盟各国整顿并严格管理自己的公共财政，努力营造健康稳定的经济环境；同时，加强欧盟内部的竞争，缩小与邻国明显的差异，吸引人才和投资。

但是，欧元的启动对欧盟也有一些负面影响。欧元区严重限制了各国政府运用汇率、货币和财政等政策手段的权力。另外，由于各个成员国存在着各方面的差异，这对欧元区的范围及稳定产生了不利影响。

（二）对世界经济的影响

（1）欧元的面世，有效地制约了美元的霸权地位，使国际货币体系形成了新格局。欧元的出现，挑战了美元的传统地位，成为国际货币体系中新的稳定因素，成为国际资本市场、贸易结算和外汇储备的主要货币之一。欧元有利于削弱和降低美元动荡的负面效应，有利于国际货币汇率的稳定，有助于世界经济的增长。

（2）欧元区的经济实力使欧元成为主要的储备货币之一，各国出于分散风险的考虑，会使国际储备结构多元化，增加欧元储备的比重，从而降低国际储备贬值的风险。

（3）欧元的产生对国际贸易及资本市场产生了重大影响。欧元对国际贸易的影响主要体现在欧盟成员国内部，以及欧盟成员国与世界其他国家的贸易往来方面。实行单一货币后，欧元计价结算广泛地出现，以欧元计价的债券、股票交易和投资也不断活跃，欧洲市场作为投资市场的广度、深度不断地扩大。

（4）欧元使欧盟成为统一货币的统一大市场，资本的流入大量增加，改变了全球的资本流动方向。同时，欧元的出现也会激励其他国家和区域经济组织调整相应的策略，使国际经济贸易格局产生巨大变化。

第六节　国际货币体系改革

20 世纪 90 年代，金融危机频频爆发。继 1992 年欧洲货币危机后，1994 年和 1997 年又爆发了墨西哥金融危机和亚洲金融危机。进入 21 世纪以来，金融危机在发达经济体相继爆发，始发于美国的次贷危机蔓延至全球，欧洲各国深陷主权债务危机，全球经济失衡加剧，一系列的刺激计划之后的经济复苏仍显乏力。在经济刺激政策无效并逐渐退出后，各国学者

已将注意力集中到对危机爆发的深层次原因的分析上，现行国际货币体系的合理性遭到了国内外学者的普遍质疑，对其进行改革的相关事宜被重新提上议程。

理论界普遍认为，国际货币体系的缺陷是近三十年来世界金融危机频发的制度性根源，美国次贷危机的爆发为解决国际货币体系中存在的问题提供了难得的历史机遇，如何推动国际金融秩序不断朝着公平、公正、包容、有序的方向发展，变革现行的国际货币体系是理论界必须解决的迫切问题。

一、国际货币体系改革的方案

具体而言，目前理论界关于国际货币体系改革的方案主要有以下五种：重回金本位制、重新构建布雷顿森林体系、建立以汇率完全浮动为特征的国际货币体系、实行多元货币本位、设立超主权货币本位。

1. 重回金本位制

出于对所谓金融资产和实物资产已经构成“倒金字塔”，以及美元代行世界货币所导致的“金融霸权”的疑虑，部分经济学家相信我们必须重新回到金本位制的轨道上来，并提出了所谓“新的金本位制”构想，即全球所有国家同时加入金本位制国家联盟，一致确定或同时变更其货币相对于黄金的稳定关系。

持有该构想的经济学家既有来自发展中国家的，也有一些发达国家的左派经济学家，如美国的哈罗德等（姜凌，1999）。其基本理由是：第一，货币作为价值尺度自身必须具有价值，现行的信用货币体系只能导致人们对纯粹信用货币的疯狂追逐和金融资产的无节制膨胀；第二，目前的黄金储备数额巨大，足以保证以黄金为基础的货币取得相当的稳定性；第三，回归金本位制还意味着，发达国家榨取通货膨胀税及国际铸币税的可能性被剥夺，因此更公正；第四，金本位制能更有效地克服经济国家主义，由于各国货币实际上是用黄金表征的，不存在利用名义汇率的升值、贬值之名来行“贸易或金融的国家保护主义”之实的可能（Shelton，1998）。

2. 重新构建布雷顿森林体系

这个方案是在 1997 年 2 月 15—17 日德国席勒研究所与高克斯国际劳工委员会在瑞斯顿通过的“紧急呼吁书”中提出来的。在呼吁书上签名的有席勒研究所的创办人海尔格和乌克兰国家议会议员那塔利亚等各国政界、学界知名人士数百人，包括 80 位美国现任和前任议员、53 位独联体国家的议员、17 位拉丁美洲的议员、35 位宗教界人士、40 位国际工会领导人，以及来自欧洲、非洲和亚洲的政府首脑和知名人士。

该呼吁书的主要内容如下：第一，目前全球金融投机泛滥和国际金融秩序混乱，世界面临生产衰退和大规模失业。而国际货币基金组织强制推行的所谓改革政策，给苏联、东欧国家，以及许多拉丁美洲、非洲国家造成严重的社会灾难。整个国际金融体系时刻有倾覆之忧，其政治、社会、军事后果不堪设想。第二，由于现行国际货币体系可能已威胁到整个人类的文明，因此必须紧急召开新的布雷顿森林会议，世界各个主权国家须采取联合行动，破除以国际货币基金组织为中心的国际金融体制，建立新的国际金融秩序，进行全球性债务重组和恢复固定汇率制度。金融资本全球化本身所包含的发达国家对国际铸币税的垄断，已经使外围国家成为牺牲品。第三，美元充当世界货币是极其危险的。由于美元的特殊地位，美国拥有其他国家不曾拥有的三大特权,即国际货币体系的垄断权、不受监控的货币发行权及对全球货币金融事务的一票否决权。

3. 建立以汇率完全浮动为特征的国际货币体系

布雷顿森林体系暴露了钉住美元、维持固定汇率的缺陷;然而,即使是在布雷顿森林体系崩溃之后,大部分国家仍然选择美元作为主要的国际储备货币。由于美元仍然处于主导地位,因此各国在美国经济出现问题的时候,依旧只能被动地承受美国通货膨胀、美元贬值的结果。鉴于此,有的学者认为,建设以汇率完全浮动为特征的国际货币体系才是最理想的。

汇率完全浮动的确具有很多优势,但在这种体系下汇率的大幅波动给贸易和投资带来的负面影响也是必须重点考虑的问题。罗格纳·纳克斯(Ragnar Nurkse)、罗伯特·蒙代尔(Robert A. Mundell)和查尔斯·金德尔伯格(Charles P. Kindleberger)都认为,在完全浮动的汇率制度下可能出现内外均衡自动调节效率降低、货币政策溢出效应增大、货币政策滥用情况增多、通货膨胀国际传导迅速等一系列问题。此外,汇率的完全自由化容易造成投机资本的活动频繁,这对一国的宏观经济调控能力及其金融市场的发展水平等都提出了更高的要求,很多小国无法驾驭。

4. 实行多元货币本位

Mundell(1997)曾经预测,21 世纪发生的最重要的事情是美元和欧元能和谐共处,直指未来国际货币体系的发展方向——多元货币本位。国际货币体系发展为多元化的货币体系也是绝大部分发展中国家学者的立场,这是国际货币体系在可预见的未来最可能的演进方向。

历史上,几种替代货币可以同时存在。Eichengreen(2009)认为,20 世纪 40 年代英镑、美元双寡头之间的竞争推动了市场纪律的建设;美元、欧元在过去的双寡头竞争中,对政府和中央银行引进市场纪律而提高了经济政策的有效性(Bergsten,2009)。在多元化的国际储备货币体系下,单个储备货币的危机不至于导致整个国际货币体系的巨大动荡;同时,这更加符合区域一体化和全球多极化的趋势,有利于形成若干个相互竞争的国际区域货币,摆脱对某一国货币的过度依赖。

但是,即使国际货币体系演化到多元本位制,主权国家货币作为国际本位货币所引发的一系列问题依旧存在。特里芬难题仍未解决,只不过从单一的美元变成了多种国家的货币。尽管当一国出现某种货币过剩的情况时还有其他国家的货币可以维持固定汇率,但这只能起到暂时缓和的作用。只要是以主权国家的货币作为国际本位货币,最终都必将出现与布雷顿森林体系相似的情况,只不过是时间长短的问题。

因此,尽管多元货币本位有利于全球经济体之间的相互制衡,在一定程度上符合当今世界的政治经济格局,也是各种方案中可行性较大的一种。但是,国际货币体系的重构不仅是一个经济问题,更是各国政治博弈的结果,其中的利益关系错综复杂,多元货币本位的构建之路必将充满荆棘。

5. 设立超主权货币本位

2008 年金融危机爆发后,美元价值的不稳定引发了包括中国在内的新兴市场国家的担忧。周小川(2009)提出,创造一种与主权国家脱钩、能保持币值长期稳定的国际储备货币,从而避免主权信用货币作为储备货币的内在缺陷。美联储前董事会主席保罗·沃尔克(Paul Volcker)也认为,全球化的经济需要一种全球货币。尽管超主权储备货币并非全新的思路,但确实令当前关于国际货币体系的讨论跳出了原有的框架,既有利于克服主权储备货币的内在缺陷,也解决了未来单个货币和单个国家无法建立全球性信誉的问题。

超主权货币的发行可以起到储备分散化的作用。首先,对美国而言,这将减少各国对美元资产的依赖,从而缓和美国的外部失衡;对其他国家而言,外部流动性的引入会减轻其取得储备资产的竞争压力,有利于维持其汇率的动态调整和国际收支的稳定。其次,因持有储备的成本很低,故持有储备的规模会很大,这有利于增强全球经济体的危机缓冲能力。

尽管创造单一超主权货币的设想很完美,但实施难度却是空前的。首先,迄今为止的货币和中央银行体系都必须是以一定的政治制度为基础的,未来的货币体系能否完全独立于政治体制之外尚不明确。其次,让世界各国放弃发行货币、实施货币政策的权力,这不仅涉及经济金融领域,更涉及一个国家的主权。再次,以超主权储备货币取代美元要取得美国的同意,如果美国为了维护其既得利益对此持消极态度,那么实现这一设想必然困难重重。最后,超主权货币同样是信用发行,其制度安排不一定优于现在的美元信用本位,同时在实践上也存在诸多技术难题。更重要的是,如果没有一个庞大且复杂的以该种货币计值的金融市场,超主权货币的价值贮藏功能将大打折扣。

需要指出的是,国内外很多学者都认为可以将特别提款权发展为超主权货币。他们普遍认为,作为一种特殊的复合型储备资产,特别提款权具有任何一种主权货币均不具备的优势。赋予特别提款权新的活力,它不仅可以发展为一种新型的储备资产,缓解储备不平衡,而且可以减少汇率波动,提高新兴市场国家的货币在国际货币体系中的地位。尽管具备可行性,但只占全球储备4%的特别提款权无论是在价值的稳定性还是在适用范围上均不符合要求。由于特别提款权不能用来干预外汇市场、不能用来偿付跨境债务,因此其不能完成储备资产的两大基本任务。此外,面对美元强大的"网络外部性",要想将目前仅作为补充性储备资产的特别提款权发展为日后全功能性的超主权货币,其难度可想而知,这必须在具体的运行机制、各国份额的安排、国际发行量、市场流动性、市场准入等方面进行深入的改革。

知识拓展

人民币加入特别提款权

2015年12月1日,国际货币基金组织总裁拉加德宣布,将人民币纳入"特别提款权"货币篮子,2016年10月1日正式生效。人民币成为继美元、欧元、日元及英镑之后被纳入特别提款权货币篮子的第五种货币,也是第一个被纳入特别提款权篮子的新兴市场国家货币。

特别提款权诞生于1969年,是国际货币基金组织创设的一种储备资产和记账单位,亦称"纸黄金"。它是国际货币基金组织分配给成员国的一种使用资金的权利。成员国在发生国际收支逆差时,可用它向国际货币基金组织指定的其他成员国换取外汇以偿付国际收支逆差或偿还国际货币基金组织的贷款,还可与黄金、自由兑换货币一样充当国际储备;但特别提款权不能直接用于贸易或非贸易的支付。

人民币“入篮”之后,在特别提款权篮子中的比重为 10.92%,其他四种货币的权重则相应减少。其中,美元比重将从 41.9% 降至 41.73%,欧元从 37.4% 降至 30.93%,日元从 9.4% 降至 8.33%,英镑从 11.3% 降至 8.09%。虽然人民币的权重比之前市场估算的 14%—16% 小不少,但已经超越日元和英镑,成为特别提款权货币篮子中的第三大货币。

伴随着中国经济规模的持续增长及其对外贸易的大幅扩张,人民币已经在双边或多边领域扮演着越来越重要的角色。人民币贸易结算、沪港通、离岸中心的全球布局等战略的稳步实施,促使人民币在国际经贸领域的支付、融资等方面的地位越来越重要。近年来,人民币相比其他大国货币呈现出稳步升值的特征,已经符合申请纳入特别提款权 的两项宽泛的标准:发行该货币的辖区在国际商品和服务贸易中占有较高权重;该货币可“自由使用”,即可广泛用于国际交易的支付并在主要汇率市场上被广泛交易。对此,国际货币基金组织在 2010 年开始讨论将人民币纳入特别提款权货币篮子的问题,这是保持特别提款权竞争力的客观诉求,也是提升特别提款权影响力的重要手段。

加入特别提款权后,人民币成为测算特别提款权每天价值的重要货币之一,人民币汇率及利率波动将开始影响特别提款权。由于特别提款权是国际货币基金组织成员国之间在国际货币基金组织储备的记账单位,特别提款权必然要求包括人民币在内的所有篮子货币的波动尽量少或者免受政府干预,因而人民币利率、汇率市场化等改革将成为重中之重,倒逼中国金融开放体系的更快构建。

资料来源:作者根据相关资料整理。

二、国际货币体系演进的趋势

关于现行国际货币体系的未来前景,不同学者有不同的观点。Barry Eichengreen 认为,现行货币体系将逐步朝着国际货币多元化的方向演进。美国的经常账户赤字将使美元作为储备货币的吸引力下降,在可预见的未来,美元和欧元很可能分享国际储备货币的地位;20 年后,人民币说不定也是主要的国际货币之一。蒙代尔(Mundell)认为,从长期看,国际货币体系内国家有可能整合成若干货币区(如分别以美元、欧元和日元为核心的货币区);之后,只要有两个货币区的汇率保持稳定,就能“诱使”第三个货币区的货币加入这一“汇率稳定机制”,从而实现全球汇率的稳定。

可以看出,Eichengreen 认为货币体系会朝着多元化货币体系演进,而蒙代尔认为货币体系会朝着区域化货币体系演进。这两种观点代表着国际货币体系两种不同的演进方向。一方面,从货币体系发展的历史来看,布雷顿森林体系解体以后,美元作为唯一的国际储备货币已经成为历史,取而代之的是以美元占主导,欧元、日元、英镑并存的多元化国际储备货币体系,而未来人民币也有可能成为国际储备货币;另一方面,在经济全球化的背景下,区域合作方兴未艾,区域货币一体化的进程加快。1999 年成立的欧元区是区域货币合作的典范,东亚、中亚、北美等货币合作也取得了不同程度的进展。

综上所述,从中期和长期来看,国际货币体系朝着区域化、多元化的方向发展,这也是由国际货币体系发展历史的内在规律决定的。

本章小结

1. 国际货币体系又称国际货币制度,是指在国际经济关系中,为了满足国际各类交易的需要,各国政府对货币在国际的职能作用,以及其他有关国际货币金融问题所制定的协定、规则和建立的相关组织机构的总和。

2. 国际金本位制度是历史上第一个正式的国际货币制度。按照货币与黄金的联系程度,国际金本位制度主要存在过三种形式,即金币本位制、金块本位制和金汇兑本位制,其中的金币本位制是典型的金本位制度。黄金充当国际货币、实行固定汇率制度和国际收支自动调节是金本位制度的三大特点。

3. 布雷顿森林体系的两大特点:双挂钩制度,即美元与黄金挂钩,其他国家的货币与美元挂钩;可调整的钉住汇率制度,即各国货币与美元按照各自所代表的含金量确定汇兑平价,而汇兑平价确定后不能随意变更。

4. 牙买加体系的主要内容包括浮动汇率合法化、黄金非货币化、提高特别提款权的国际储备地位、扩大对发展中国家的资金融通,以及增加成员国的基金份额等。

5. 在区域经济一体化迅速发展的背景下,货币一体化的研究和实践成为国际金融的一个热点,欧洲货币一体化和欧元的诞生成为金融区域化的成功范例。

6. 金融危机频发促使理论界反思国际货币体系的缺陷。目前,理论界关于国际货币体系改革的方案主要有五种:重回金本位制、重新构建布雷顿森林体系、建立以汇率完全浮动为特征的国际货币体系、实行多元货币本位、设立超主权货币本位。

思考题

1. 国际货币体系的主要内容是什么?
2. 简述金本位制度的主要特征。
3. 布雷顿森林体系的特点是什么? 它的主要缺陷是什么?
4. 简述牙买加体系的主要特点。
5. 欧元的诞生对世界经济有哪些影响?
6. 简要评述国际货币体系改革的主要方案。

参考文献

1. 吕随启、王曙光、宋芳秀:《国际金融教程》(第三版),北京大学出版社,2013。
2. 刘园:《国际金融学》,机械工业出版社,2014。
3. 马君潞、陈平、范小云:《国际金融》,高等教育出版社,2011。
4. 杨胜刚、姚晓义:《国际金融》,高等教育出版社,2012。
5. 刘惠好:《国际金融》,中国金融出版社,2007。
6. 叶蜀君:《国际金融》,清华大学出版社,2009。
7. 裴平:《国际金融学》,南京大学出版社,2013。

第二篇

理论篇

第四章

汇率决定理论

本章要点

汇率决定理论是国际金融理论的核心之一。不同的经济学家从不同的角度对汇率决定问题进行了研究,由此形成了不同的汇率决定理论。例如,从商品价格角度研究汇率决定的购买力平价理论,从利率角度研究汇率决定的利率平价理论,从国际收支角度研究汇率决定的国际收支说,从资产市场角度研究汇率决定的资产市场说等。这些汇率理论不是相互竞争与替代的关系,而是相互补充的关系。在本章中,我们将主要介绍购买力平价理论、利率平价理论、国际收支说、资产市场说四种比较重要的汇率理论。

学习目标

- 熟悉各种汇率理论提出的历史背景。
- 掌握各种汇率理论的基本内容。
- 理解各种汇率理论的贡献及不足。

第一节　购买力平价理论

一、购买力平价理论的提出

购买力平价(Theory of Purchasing Power Parity,PPP)是一种比较古老的学说,它的理论渊源可以追溯到16世纪,但是对这个理论的系统阐述则是由瑞典经济学家古斯塔夫·卡塞尔(G. Cassel)于 1922 年完成的,用于说明第一次世界大战以后货币汇率混乱情境下汇率的决定因素。

1914 年第一次世界大战爆发以后,金币本位制崩溃,各国相继在战争期间滥发不兑现的纸币——银行券,这导致了严重的通货膨胀,汇率也急剧波动。原先建立在外汇供求基础上的国际借贷说已经不能解释汇率的剧烈波动,那么在通货膨胀的条件下汇率是如何决定的?1916 年,卡塞尔在前人研究的基础上发表了“外汇反常的离差现象”一文,首次提出“购买力平价”这一基本概念;1922 年,他出版了《1914 年以后的货币与外汇》一书,对购买力平价理论进行了详尽和完善的论证。

二、购买力平价理论的基本内容

购买力平价理论考察的是商品市场上的套利行为,其隐含的前提是一价定律。该理论有两种表达形式:一是绝对购买力平价,二是相对购买力平价。

(一) 一价定律

一价定律(Law of One Price)是指若不考虑交易成本等因素,则同种可贸易品在各地的价格是一致的。交易成本是指在商品交换过程中的各种代价,如搜寻信息的成本、谈判成本、履约成本、运输成本、销售期间的人力成本、利息负担等。

在国内经济中,如果某商品在 A 地区的价格为 P_a,在 B 地区的价格为 P_b,则 $P_a = P_b$。若两者不相等,则会出现“商品套购”(commodity arbitrage)活动。商品套购活动会使两地区该商品的供求关系发生变化,最终使两地区同一种商品的价格水平趋于一致。

在开放经济中,由于各国拥有自己的货币,因此一价定律可表述为:同一种商品以不同货币表示的价格,经过汇率的折算,最终应该是相等的。用公式表示为:

$$P_a = eP_b \tag{4-1}$$

式中,P_a 表示某商品在 A 国以 A 国货币表示的价格,P_b 表示同种商品在 B 国以 B 国货币表示的价格,e 为汇率(1 单位 B 国货币折合的若干单位 A 国货币)。如果该等式不成立,则会出现国际商品套购活动。例如,某商品在美国卖 10 美元,在英国卖 5 英镑。若现在的市场汇率是 1 英镑 =2.5 美元,则该商品在英国的美元价格为 12.5 美元,于是就有人在美国买进该商品,然后运送到英国出售。若忽略交易成本,并且英国与美国之间实行自由贸易、没有贸易壁垒,则 1 单位该商品可以获利 2.5 美元。当很多人都加入这种套购活动时,就会影响该商品在美国与英国的供求状况和价格。在美国市场上,该商品会出现供不应求的状况,导致商品的价格上升;而在英国市场上,该商品会出现供过于求的状况,导致商品的价格下降。同时,这种商品套购活动还会影响外汇市场上英镑与美元的汇率,因为套购者在英国出售商品以后首先得到的是英镑,然后须卖出英镑而买进美元,所以英镑的价值会下降、美元的价值会上升。那么,这种套购活动什么时候才能停止呢?从理论上讲,若假设交易成本为零且两国实行自由贸易,套购活动就会一直持续,直到一价定律成立为止。

在现实生活中,一价定律经常会遇到挑战,因为该理论的假设条件(交易成本为零、自由贸易)有悖于现实,并且只适用于可贸易的商品,因为不可贸易的商品无法通过空间转移进行套购活动;但是,这不能否认一价定律存在的理论价值。

（二）绝对购买力平价

绝对购买力平价（Absolute Purchasing Power Parity）是由一价定律推导出来的。将式（4－1）变形可得到：

$$e = \frac{P_a}{P_b} \tag{4-2}$$

式（4－2）表明，汇率等于某种单个商品在两国的价格之比。如果我们用一篮子商品的价格替代单个商品的价格，就可以得到绝对购买力平价。用公式表示就是：

$$e = \frac{\sum p_i W_i}{\sum p_i^* W_i^*} = \frac{P}{P^*} \tag{4-3}$$

式中，e 表示直接标价法下的汇率，p_i 为本国第 i 种商品的价格，W_i 为本国第 i 种商品的权重，p_i^* 为外国第 i 种商品的价格，W_i^* 为外国第 i 种商品的权重，P 表示所选取的一篮子商品的本币价格，P^* 表示在国外选取的相同的一篮子商品的外币价格。在现实中，通常使用价格指数代表一篮子商品的价格，如 CPI（消费者物价指数）、PPI（生产者物价指数）、GDP 平减指数。

绝对购买力平价表示，在一个时点上汇率为两个国家一篮子商品价格水平（即价格指数）的比率。从理论上讲，为了使本国与外国的价格水平具有可比性，式（4－3）中 P 和 P^* 包含的商品种类应该是相同的，并且同一种商品在国内外价格水平中的权重也应该是相等的；显然，这在现实中是很难做到的。

将式（4－3）再变形，可得：

$$e \times \frac{P^*}{P} = 1 \tag{4-4}$$

式（4－4）的左边是我们在第一章介绍的实际汇率的计算公式。因此，当绝对购买力平价成立时，也就意味着实际汇率为 1。

（三）相对购买力平价

对式（4－3）取对数并进行全微分，就得到相对购买力平价（Relative Purchasing Power Parity）的公式为：

$$\frac{\mathrm{d}e}{e} = \frac{\mathrm{d}P}{P} - \frac{\mathrm{d}P^*}{P^*} \tag{4-5}$$

式（4－5）表明，相对购买力平价表示在一段时间内，汇率的变动率等于国内外价格指数变动率之差。

把价格指数的变动率看作通货膨胀率，于是汇率的变动率又等于国内外通货膨胀率之差，用公式表示就是：

$$\frac{\mathrm{d}e}{e} = \pi - \pi^* \tag{4-6}$$

式中，π 表示国内通货膨胀率，π^* 表示国外通货膨胀率。式（4－6）表明，当本国的通货膨胀率大于外国的通货膨胀率时，则外币升值、本币贬值；反之，则外币贬值、本币升值。

相对购买力平价说是对绝对购买力平价说假定的放松而得出的。在现实中，交易成本等因素的存在使一价定律并不能完全成立，同时各国总价格水平的计算中商品种类及其权重存在差异，因此总价格水平以同一种货币计算时并不完全相等，而是存在一定的较为稳定的偏差，定义这些偏差为 K，则有：

$$e = K \times \frac{P}{P^*} \tag{4-7}$$

对式(4－7)取对数 $\ln e = \ln K + \ln P - \ln P^*$，然后进行全微分 $\frac{de}{e} = \frac{dK}{K} + \frac{dP}{P} - \frac{dP^*}{P^*}$。若 K 表示一个稳定的偏差，可以视为常数，则 $\frac{dK}{K} = 0$，有 $\frac{de}{e} = \frac{dP}{P} - \frac{dP^*}{P^*}$，这个式子与式(4－5)完全一样。这样，与绝对购买力平价说相比，相对购买力平价说更具有应用价值，因为它避开了前者脱离实际的假定，并且通货膨胀率的数据更容易得到。

（四）扩展的购买力平价说

根据对贸易品和非贸易品的分类，扩展的购买力平价说将总价格指数表示为：

$$P = \alpha P_N + (1-\alpha)P_T \tag{4-8}$$

$$P^* = \beta P_N^* + (1-\beta)P_T^* \tag{4-9}$$

式(4－8)和式(4－9)中，P 表示国内价格指数，P^* 表示国外价格指数，P_T表示贸易品的国内价格，P_N表示非贸易品的国内价格，P_T^* 表示同种贸易品的国外价格，P_N^* 表示同种非贸易品的国外价格，α 表示非贸易品在国内价格指数中所占的比例，β 表示非贸易品在国外价格指数中所占的比例。

将式(4－8)除以式(4－9)，可以得到：

$$\frac{P}{P^*} = \frac{\alpha P_N + (1-\alpha)P_T}{\beta P_N^* + (1-\beta)P_T^*} \tag{4-10}$$

假定购买力平价适用于贸易品，则 $P_T = eP_T^*$，若用 P_T 去除式(4－10)的分子，用 eP_T^* 去除式(4－10)的分母，则有：

$$\frac{P}{P^*} = \left[\frac{\alpha P_N/P_T + (1-\alpha)}{\beta P_N^*/P_T^* + (1-\beta)}\right] \times e \tag{4-11}$$

对式(4－11)进行整理，则得到汇率 e 的求法：

$$e = \frac{P}{P^*} \times \left[\frac{\beta P_N^*/P_T^* + (1-\beta)}{\alpha P_N/P_T + (1-\alpha)}\right] \tag{4-12}$$

式(4－12)对简单的购买力平价进行了重要改进，该式表明，仅以总价格指数表示的购买力平价不一定成立，非贸易品与贸易品的相对价格会影响汇率。扩展的购买力平价说强调了贸易品与非贸易品的区分，这种区分对购买力平价的经验验证具有重要的意义。如果按照总价格指数进行验证，购买力平价与实际的汇率水平就可能有比较大的差异；而将总价格水平区分为贸易品价格和非贸易品价格之后，购买力平价公式就更为合理了，计算出来的汇率也更接近实际水平。但也有学者指出，贸易品和非贸易品之间的界限是模糊不清的，同时也存在着将两者价格联系在一起的机制，如一些贸易品作为投入进入了非贸易品的生产；反过来也是如此。

三、对购买力平价理论的评价

（一）合理性

购买力平价理论产生后，在西方学术界引起很大的争论，但这并不影响该理论在汇率理论中的重要位置。可以这样说,在所有的汇率理论中,购买力平价说是最有影响力的。

从理论上来看,该学说从货币的基本功能(具有购买力)角度分析货币的交换问题,具有较强的逻辑性,它分析了价格水平和汇率的关系、通货膨胀率和汇率变动之间的联系,在一定程度上回答了汇率是如何决定的,以及汇率变动的长期原因。

从实践上来看,许多经济学家认为,在较长时期内,在物价变动率正常的情形下,该学说在实践上是有效的,即它可以提供一种通过具体计算来确定汇率的方法和模型。

从政策启示来看,该学说指出了通货膨胀对本国货币汇率的不利影响,这就提醒各国政府为了本国货币汇率的稳定,必须治理国内的通货膨胀、稳定国内物价。

(二) 局限性

第一,购买力平价理论的基础是货币数量说。该理论认为,汇率取决于价格水平,而价格水平是由货币发行数量决定的。在社会可供商品总量一定的条件下,货币供应量越多,单位货币的购买力就越低;由于货币购买力的倒数是物价水平,因此一国货币供应量越多,物价水平就越高,于是该国货币会贬值。所以,购买力平价理论是从货币层面分析汇率问题的,认为汇率变化是一种货币现象。显然,这一理论将实际经济变量等因素排斥在外,过于简化了。

第二,现实中有许多因素会使现实汇率偏离购买力平价,如非贸易品的存在、交易成本的存在、贸易壁垒、外汇管制、市场上存在的垄断力量等。

第三,该理论忽略了国际资本流动对汇率的影响。尽管购买力平价理论在说明和分析汇率的长期变动趋势上有一定的优势,但在短期内,国际资本流动所带来的外汇供给和需求也同样会影响现实的汇率;尤其是在全球资本流动规模远远超过货物流动规模的今天,该理论对短期汇率的分析和解释就显得非常无力。

第四,该理论单方面地强调了物价水平对汇率的影响,而忽略了汇率变动对物价水平的影响。

第五,在计算购买力平价时,存在诸多技术性困难,这使得购买力平价理论的应用受到限制。例如,物价指数的选择不同,可以导致不同的购买力平价;不同国家的价格指数包含的商品种类不同,对同种商品赋予不同的权重;在计算相对购买力平价时如何选择基期,因为相对购买力平价实际上隐含地假定了基期年份的汇率是均衡汇率。

知识拓展

巨无霸指数

英国《经济学人》杂志自1986年开始编制“巨无霸指数”(Big Mac Index),该指数以轻松幽默的方式衡量一国货币的汇率是否处在“合理”的水平。该指数的理论依据就是购买力平价。

最新发布的指数表明:2015年7月,美国巨无霸的平均价格为4.79美元;按照市场汇率,中国的价格只有2.74美元。所以,根据该指数,人民币此时被低估了43%。

据英国《卫报》2015年7月17日的报道,最新的巨无霸指数所体现的人民币与美元之间的巨大差价表明,中美新一轮货币战争可能就要爆发。不过专家们提出,不要把该指数当成衡量货币实力的有力指标。正如发明巨无霸指数的《经济学人》杂志所说的:“巨无霸经济学从来不打算成为汇率不匹配的精确标尺,它只是一种让人更容易弄懂汇率理论的工具。”

仅仅用一种商品衡量一个国家的价格指数,其局限性是显而易见的,因为它无法反映一国价格水平的全貌;同时,巨无霸的价格会因不同国家在劳动力成本、原材料价格、租金、税收等方面的差异而被扭曲。所以,用巨无霸指数判断一个货币是被高估或被低估是不合理的。

资料来源:作者根据相关资料整理。

第二节 利率平价理论

一、利率平价理论的产生和发展

购买力平价理论揭示了汇率与价格之间的密切关系,利率平价理论则说明了汇率与利率之间的关系,准确地说是说明了远期汇率、即期汇率和利率之间的相互关系。

1923 年,凯恩斯在其著作《货币改革论》中首次对远期汇率与利率的关系进行了系统的阐述,其研究一般被称为“古典利率平价理论”;后来,英国经济学家保罗·艾因齐格(Paul Einzig)从动态的角度考察了远期汇率与利率的关系,提出了“动态的利率平价理论”;20 世纪 50—70 年代,西方经济学家对利率平价理论进行了修正和完善,从而产生了“现代利率平价理论”。

二、利率平价理论的主要内容

购买力平价理论是以商品市场上的一价定律为基础的,利率平价理论是以金融市场上的一价定律为基础的。一价定律在金融市场上表现为:在资本具有充分的国际流动性的条件下,同样一笔货币无论在本国投资还是在外国投资,其投资收益率应该是相等的。如果投资收益率不相等,则国际金融市场上就会出现套利行为;而投资者的套利行为又使得国际金融市场上以不同货币计价的相似资产的收益率趋于一致。

利率平价理论可以分为“抛补利率平价”和“非抛补利率平价”两大类。抛补的利率平价理论是在假定投资者厌恶风险的前提下,考察远期汇率是如何决定的,它强调投资者在进行套利活动时,会利用远期外汇交易对汇率风险进行抵补。非抛补的利率平价理论是在投资者风险中立(即投资者愿意在无风险收益的情况下承担额外的风险)的假设条件下,考察有效市场上即期汇率是如何决定的,它强调投资者在进行套利活动时,对汇率风险不进行抵补。

(一) 抛补利率平价

在推导抛补利率平价(Covered Interest-Rate Parity, CIP)公式之前,做出以下假设:第一,忽略外汇交易成本,如银行手续费、邮费等;第二,资本在国际间自由流动;第三,套利资金的规模是无限的；第四，即期交易和远期交易只有一种报价，即忽略买价和卖价的区别；第五，投资者是厌恶风险的，他们在套利活动中会通过远期外汇交易来抵补汇率风险。

同时，定义以下符号：$S(t)$表示 t 时的即期汇率（直接标价法）；$F(t,T)$表示 t 时的远期汇率，T 天后到期（直接标价法）；i_d表示本国货币市场的年利率；i_f表示外国货币市场的年利率。

假设一个交易商手中有 1 单位本币，他既可以在本国货币市场上投资，也可以在外国货币市场上投资。

若在本国货币市场上投资，他在 t 时投资 1 单位本币，到 $t+T$ 时连本带利的本币数额为：

$$1 + i_d \times \frac{T}{360} \tag{4-13}$$

若在外国货币市场上投资，该交易商在 t 时用 1 单位本币买入 $\frac{1}{S(t)}$ 单位的外币，并以利率 i_f 投资于外国货币市场，那么到 $t+T$ 时可以得到如下数额的外币：$\frac{1}{S(t)} \times (1 + i_f \times \frac{T}{360})$。但是这笔外币的价值用本币来衡量具有不确定性，因为 T 天后外币可能相对本币贬值或升值。为了避免汇率风险，该交易商在 t 时以远期汇率 $F(t,T)$将这笔外币预期收入卖出，这样就可以确保 T 天后收到如下数额的本币：

$$\frac{1}{S(t)} \times (1 + i_f \times \frac{T}{360}) \times F(t,T) \tag{4-14}$$

从理论上讲，同样一笔货币无论在本国投资还是在外国投资，其投资收益率应该是相等的，即式(4－13)和式(4－14)应该相等；否则就会出现套利活动，而套利的结果又会使投资收益率的差距逐步消失。所以，当本国货币市场与外国货币市场达到平衡时，我们可以得到下列等式：

$$1 + i_d \times \frac{T}{360} = \frac{1}{S(t)} \times (1 + i_f \times \frac{T}{360}) \times F(t,T) \tag{4-15}$$

对式(4－15)进行整理，则得到：

$$F(t,T) = S(t) \times \frac{1 + i_d \times \frac{T}{360}}{1 + i_f \times \frac{T}{360}} \tag{4-16}$$

式(4－16)表明，远期汇率取决于即期汇率水平和两国的利率水平。这个公式在现实中具有实践意义，因为银行是按照利率平价公式报出远期汇率的。

【例 4－1】 已知下列信息：

汇率	英镑/美元	英镑利率(%)	美元利率(%)
即期汇率	1.8277		
1 个月远期汇率		4.8125	1.59375
3 个月远期汇率		4.9375	1.71875
6 个月远期汇率		5.0625	1.93750
12 个月远期汇率		5.2500	2.28125

请分别求出1个月、3个月、6个月、12个月的远期汇率。

根据式(4-16)可得

1个月远期汇率 = 1.8277 × [(1 + 0.0159375/12)/(1 + 0.048125/12)] = 1.8228

12个月远期汇率 = 1.8277 × [(1 + 0.0228125)/(1 + 0.052500)] = 1.7761

同理可计算出3个月远期汇率为1.8132,6个月远期汇率为1.7998。

若实际的远期汇率与根据利率平价公式计算出的远期汇率不一致,就会出现套利活动,具体内容将在第七章中进行详细介绍。

继续对式(4-16)进行变形,整理可得:

$$\frac{F(t,T)}{S(t)} = \frac{1 + i_d \times \frac{T}{360}}{1 + i_f \times \frac{T}{360}}$$

$$\frac{F(t,T)}{S(t)} - 1 = \frac{1 + i_d \times \frac{T}{360}}{1 + i_f \times \frac{T}{360}} - 1$$

$$\frac{F(t,T) - S(t)}{S(t)} = \frac{(i_d - i_f) \times \frac{T}{360}}{1 + i_f \times \frac{T}{360}}$$

$$i_d - i_f = \frac{F(t,T) - S(t)}{S(t)} \times \frac{360}{T} \times (1 + i_f \times \frac{T}{360})$$

如果 i_f 不大或 T 较小,我们可以得到下列近似等式:

$$i_d - i_f = \frac{F(t,T) - S(t)}{S(t)} \times \frac{360}{T} \quad (4-17)$$

式(4-17)就是抛补利率平价的一般形式,等式左边为两国利率之差,等式右边为外币的远期升水或贴水年率(因为 F 和 S 都是直接标价法,单位货币是外币),它的经济含义是:两国利率之差等于外币的远期升水或贴水率。当 $i_d > i_f$ 时,外币远期升水、本币远期贴水;当 $i_d < i_f$ 时,外币远期贴水、本币远期升水。也就是说,利率较高的货币在远期市场上表现为贴水,利率较低的货币在远期市场上表现为升水,汇率的变动会抵消两国间的利率差异,从而使金融市场处于平衡状态。

(二)非抛补利率平价

非抛补利率平价(Uncovered Interest-Rate Parity, UIP)公式和抛补利率平价公式的推导过程类似,两者的唯一区别是:在非抛补利率平价公式中,我们以预期汇率代替了抛补利率平价公式中的远期汇率,即

$$i_d - i_f = \frac{S^e - S(t)}{S(t)} \times \frac{360}{T} \quad (4-18)$$

式中,S^e 表示预期的未来即期汇率。该式的经济含义是,两国利率之差等于预期汇率的变动率。当非抛补利率平价成立时,如果本国利率 i_d 高于外国利率 i_f,则意味着市场预期外币在未来的即期市场上会升值,而本币在未来的即期市场上会贬值;反之,若本国利率 i_d 低

于外国利率 i_f,则意味着市场预期外币在未来的即期市场上会贬值,而本币在未来的即期市场上会升值。

与抛补套利的无风险收益不同,投资者在进行非抛补套利时承担着汇率风险。如果未来的实际即期汇率与原先预测的即期汇率发生差异,投资者就将承担额外的汇兑损益。若投资者为风险中立的(即对此额外的风险持无谓态度),非抛补利率平价自然成立;但若投资者是厌恶风险的,那么对此额外风险就会要求一个额外的风险补贴(risk premium),这时非抛补利率平价就很难成立了。

(三)抛补利率平价与非抛补利率平价的统一

外汇市场上"投机者"的活动(期汇投机)将使两种利率平价统一起来。当预期的未来即期汇率与相应的远期汇率不一致时,投机者就有利可图。根据"低买高卖"的原则,当 $S^e > F$时,投机者将买入远期外汇;当 $S^e < F$ 时,投机者将卖出远期外汇,直到两者相等时为止。请看以下实例:

【例4-2】 已知市场上美元与加元的即期汇率 S 为 USD 1 = CAD 1.3,3 个月远期汇率 F 为 USD 1 = CAD 1.29,若投机者预测 3 个月后的汇率 S^e为 USD 1 = CAD 1.28,则 $S^e < F$,于是投机者会进行以下投机活动:

签订 1 份 3 个月远期合同,合同规定 3 个月后按远期汇率(USD 1 = CAD 1.29)卖出美元;3 个月后,远期合同到期,履行合约,卖出 1 美元得到 1.29 加元;若投机者的预测成功,3 个月后美元与加元的实际汇率与其预期汇率(USD 1 = CAD 1.28)相符,投机者可在此时的即期市场上拿出 1.28 加元买进 1 美元。结果是每 1 美元可以赚到 0.01 加元。

【例4-3】 已知市场上美元与加元的即期汇率 S 为 USD 1 = CAD 1.3,3 个月远期汇率 F 为 USD 1 = CAD 1.31。若投机者预测 3 个月后的汇率 S^e为 USD 1 = CAD 1.32,则 $S^e > F$,于是投机者会进行以下投机活动:

签订 1 份 3 个月远期合同,合同规定 3 个月后按远期汇率(USD 1 = CAD 1.31)买进美元;3 个月后,远期合同到期,履行合约,付出 1.31 加元买进 1 美元;若投机者的预测成功,3 个月后美元与加元的实际汇率与其预期汇率(USD 1 = CAD 1.32)相符,投机者可在此时的即期市场上卖出手中的 1 美元并买进 1.32 加元。结果是每 1 美元可以赚到 0.01 加元。

抛补利率平价与非抛补利率平价结合起来,揭示出一个重要的结论:远期汇率是未来即期汇率的无偏估计。也就是说,人们可以将远期汇率作为相对应的未来即期汇率预测值的替代物,如 3 个月的远期汇率就代表着外汇市场对 3 个月后的即期汇率的预测。当然,"无偏估计"并不意味着未来 3 个月后即期汇率的实际值就一定等于 3 个月远期汇率,而是指未来 3 个月后的即期汇率的期望值应该是目前的 3 个月远期汇率。

注意,上述结论成立的前提条件是:投资者为风险中立者。如果投资者是厌恶风险的,那么远期汇率就是未来即期汇率的有偏预测。在这种情形下,偏离部分可以被看作对风险补贴的衡量。

三、对利率平价理论的评价

(一)合理性

第一,利率平价理论研究了远期汇率的决定与波动,填补了以往汇率理论的一个空白,是重大的理论创新。

第二,该理论很好地阐明了即期汇率、远期汇率和利率变动之间的相互关系,把汇率决定的研究角度从商品流动转向了资本流动,反映了20世纪70年代以后货币资产因素在国际金融领域内起着重要作用的必然趋势。

第三,利率平价理论具有特别的实践价值。利率的变动是非常迅速的,同时利率可以对汇率产生立竿见影的影响,这使中央银行能够在货币市场上利用利率的变动对汇率进行调节。

(二)局限性

第一,利率平价理论没有考虑交易成本因素。交易成本会影响套利收益,影响汇率与利率的关系,影响各种市场参与者的行为动机和交易决策,从而使理论预测与实际状况出现偏差。

第二,该理论关于资本完全自由流动的假设与现实的差距较大。事实上,资金在国际的流动会受到外汇管制和外汇市场不发达等因素的阻碍。即使在发达国家少数几个最主要的金融中心,各国当局对资金的转移及其他交易条件也不是完全无限制的。

第三,该理论关于套利资金规模无限的假设也与现实有一定的差距。在现实中,套利资金的规模并不是无限的。一方面,与持有国内资产相比,持有国外资产具有额外的风险,且这一风险会随着套利资金的增加而递增;另一方面,套利还存在机会成本,且这一机会成本会随着套利资金的增加而递增。所以,人们为了资金的安全,也为了保证手头资金具有一定的流动性,他们会约束自己的动机,不会把资金全部用于套利活动。

第四,从现实来看,远期汇率的变化是多种因素共同作用的结果(如利率、预期通货膨胀率、货币供应量、国民收入水平、资本流动、进出口贸易、国际储备水平、政治、心理等),单纯从利差的角度无法为远期汇率的决定机制提供完美的答案。

知识拓展

汇率的利率平价决定理论:中国的现实检验

利用2007年9月至2014年10月汇率与利率的相关数据,对抛补利率平价假说在中国的有效性进行检验。结果表明:

2007年至今,利率平价下的理论远期汇率与实际远期汇率之间的偏差一直客观存在着,但偏差在整体上有不断缩小的趋势。2008年金融危机后,人民币远期汇率偏差在人民币汇率改革的两个重要节点上都发生了显著变化:第一,2010年6月重启汇改前,理论远期汇率与实际远期汇率的变化趋势相互背离;而在重启汇改之后,两者呈现稳定的线性正相关变化趋势。第二,理论远期汇率与实际远期汇率的偏差在2012年4月汇改(即期外汇市场人民币对美元交易价日浮动幅度由0.5%扩大至1%)进一步推进后有了明显缩小,这说明境内外利差在人民币远期汇率形成中的作用在逐渐加强,利率平价的有效性不断增强。

利率平价有效性逐渐增强的原因主要与中国经济金融改革趋向深入、逐渐满足利率平价理论的前提假设有着密切的关系。具体表现在:人民币汇率逐渐趋向均衡汇率水平;人民币离岸市场的快速发展;境内利率市场化改革取得积极进展;境内外汇市场发展更加完善;金融市场环境趋于稳定;等等。

理论远期汇率与实际远期汇率的偏差始终客观地存在,其原因在于资本管制保持了一定的有效性。实际上,该偏离反映了人民币不能自由兑换的摩擦成本。可以预期,未来随着资本项目可兑换进程的推进,跨境资本流动的摩擦成本降低,远期汇率定价偏差将有望继续缩小。

资料来源:王允贵、盛雯雯,“汇率的利率平价决定理论:中国的现实检验”,《武汉金融》,2015 年第 3 期。

第三节　国际收支说

国际收支说是从国际收支的角度分析汇率决定的一种理论。汇率是外汇市场上的价格,外汇市场上供给和需求的变动对它有着直接的影响,而外汇市场上的交易行为又是由国际收支决定的。

一、国际收支说的早期形式——国际借贷说

国际借贷说(Theory of International Indebtedness)出现和盛行于金本位制度时期。1861 年,英国学者葛逊(George Goschen)较为完整地阐述了汇率与国际收支的关系。该学说认为,汇率是由外汇市场上的供求关系决定的,而外汇供求又源于国际借贷。所谓国际借贷,其内涵实际上就是国际收支账户的广义概念,即由商品的进出口、服务及资本交易等引起的国际收支活动。国际借贷分为固定借贷和流动借贷两种。固定借贷是指借贷关系已形成,但尚未进入实际支付阶段的借贷;流动借贷是指已进入支付阶段的借贷。只有流动借贷的变化才会影响外汇的供求。这一理论的缺陷是,没有说清楚哪些因素具体影响外汇的供求,这大大地限制了该理论的应用价值。

二、现代国际收支说

第二次世界大战后,随着凯恩斯主义的宏观经济分析被广泛运用,很多学者运用凯恩斯模型来说明影响国际收支的主要因素,进而分析了这些因素如何通过国际收支作用到汇率上,从而形成了国际收支说的现代形式。美国学者阿尔盖(V. Argy)对此进行了系统的总结。

(一) 影响国际收支的主要因素

国际收支平衡表主要包括经常账户(CA)和资本与金融账户(KA),当国际收支处于平衡状态时,有以下会计等式:$CA + KA = 0$。

如果将经常账户简单地视为贸易账户,则它主要是由商品与服务的进出口决定的。其中,进口主要是由本国的国民收入(Y)、汇率(e)、相对价格(P、P^*)决定的;出口主要是由外国的国民收入(Y^*)、汇率(e)、相对价格(P、P^*)决定的。因此,影响经常账户收支的主要因素为:$CA = f(Y, Y^*, P, P^*, e)$。

为简单起见,假定资本与金融账户收支取决于本国利率(i)、外国利率(i^*)、对未来汇率水平变化的预期(Ee_f),则有:$KA = g(i,i^*,Ee_f)$ 。

综合起来,影响国际收支的主要因素及国际收支均衡条件为:

$$BP = h(Y,Y^*,P,P^*,i,i^*,e,Ee_f) = 0 \tag{4-19}$$

如果将除汇率外的其他变量均视为已给定的外生变量,则汇率将在这些因素的共同作用下变化至某一水平,以平衡国际收支,均衡汇率则为:

$$e = k(Y,Y^*,P,P^*,i,i^*,Ee_f) \tag{4-20}$$

(二) 各变量变动对汇率的影响

第一,国民收入的变动。当其他条件不变时,本国国民收入的增加会使进口上升,这导致对外汇需求的增加,于是本币贬值;外国国民收入的增加将带来本国出口的上升,本币升值。

第二,价格水平的变动。当其他条件不变时,本国价格水平的上升将带来实际汇率的升值,本国产品竞争力下降,经常账户恶化,本币贬值,此时实际汇率恢复原状;外国价格水平的上升将带来实际汇率的贬值,本国经常账户改善,本币升值。

第三,利率的变动。当其他条件不变时,本国利率的上升将吸引更多的资本流入,本币升值;外国利率的上升将造成本币贬值。

第四,对未来汇率预期的变动。当其他条件不变时,如果预期本币在未来将贬值,资本就会流出以避免汇率损失,从而带来本币的即期贬值;如果预期本币在未来将升值,资本就会流入,从而带来本币的即期升值。

三、对国际收支说的评价

国际收支说从宏观经济的角度研究汇率,指出了汇率与国际收支之间存在的密切关系,有利于全面分析短期内汇率的决定与变动。但是,该学说并没有深入地探讨影响国际收支的众多变量之间的关系以及它们与汇率之间的关系,因而不能被视为完整的汇率决定理论;另外,国际收支说运用了流量分析方法,但是并没有进一步分析哪些因素决定了外汇供求流量,这大大降低了该学说对现实的解释能力。

第四节 资产市场说

一、资产市场说的基本思想及模型分类

资产市场说(Asset Market Approach)是 20 世纪 70 年代以后发展起来的一种重要的汇率决定理论,它是在国际资本流动高度发展的背景下产生的。该理论的特点在于,运用一般均衡分析法将商品市场、货币市场和证券市场结合起来进行汇率决定的分析;其基本思想是,均衡汇率是两国资产市场供求存量保持均衡时的两国货币之间的相对价格。

在国际商品和资本流动高度发展的条件下,国内外商品市场、货币市场和证券市场之间的相互联系与作用大大加强。这其中,有两个基本问题需要关注:一是国内外商品和资产之间的替代程度如何;二是在一个国家的三个市场中,当货币市场失衡后,商品市场和证券市

场进行均衡调整的速度如何。

对国内外商品和资产替代程度的不同假定，引出了“汇率的货币论”（Monetary Approach to Exchange Rate）和“资产组合平衡论”（Portfolio Balance Approach）的区分。前者假定国内外商品和资产之间是完全替代的，后者假定国内外商品和资产之间不具有完全替代性。

汇率的货币论强调货币市场对汇率变动的要求。当一国货币市场失衡以后，国内商品市场和证券市场会受到冲击，在国内外市场紧密联系的情形下，国际商品套购机制和套利机制就会发生作用。在商品套购和套利的过程中，汇率就会发生变化，以符合货币市场恢复均衡的要求。在调整的过程中，根据商品市场和证券市场调整速度的快慢，又可将汇率的货币论分为“弹性价格货币论”（Flexible Price Monetary Approach）和“黏性价格货币论”（Sticky Price Monetary Approach）。弹性价格货币论认为，当货币市场失衡以后，商品市场与证券市场一样能迅速地进行调整，通过价格、利率和汇率的变动，恢复货币市场的均衡；而黏性价格货币论认为，当货币市场失衡以后，证券市场的反应比商品市场快，所以在短期内是由利率和汇率的变动来恢复货币市场的均衡的。

资产市场说的模型分类如图 4－1 所示。

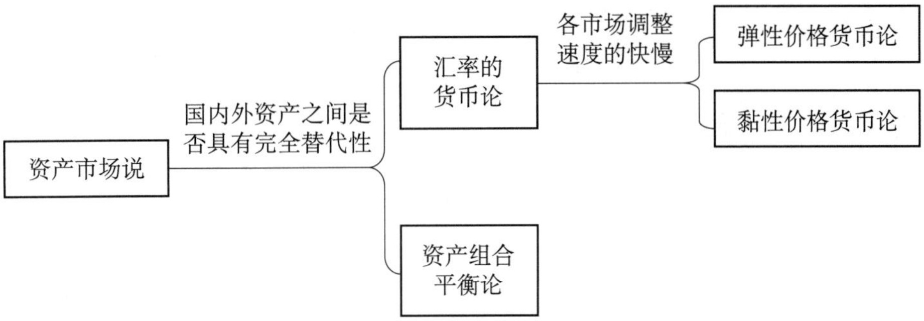

图 4－1　资产市场说的模型分类

二、弹性价格货币论

弹性价格货币论是 20 世纪 70 年代初的主流汇率决定模型，主要代表人物是弗兰克尔（J. Frenkel）、穆萨（M. Mussa）等。

（一）假设

该理论是基于以下假设的：

（1）国际商品市场上不存在障碍，即无运输成本和贸易管制，国内外商品之间具有完全的替代性。该假设表明：在商品套购的过程中，购买力平价持续成立。

（2）国际资产市场上不存在障碍，即无交易成本和资本管制，国内外资产之间具有完全的替代性。

（3）价格水平灵活可变。

（4）实际货币需求是国民收入和利率的稳定函数。以 md 表示实际货币需求量，y 表示国民收入水平，i 表示利率水平，则 $md = f(y, i)$ 。其中，实际货币需求 md 与国民收入水平是同方向变动的，实际货币需求 md 与利率水平是反方向变动的。若以 MD 表示名义货币需求量，则 $MD = P \times md = P \times f(y,i)$，其中 P 为价格水平。

（二）基本内容

以 MS_d 表示国内名义货币供应量，以 MD_d 表示国内名义货币需求量，P_d 表示国内价格水平，y_d 表示国内国民收入水平，i_d 表示国内利率水平，则当国内货币市场均衡时有：

$$MS_d = MD_d = P_d \times f(y_d, i_d) \tag{4-21}$$

同样，以 MS_f 表示外国名义货币供应量，以 MD_f 表示外国名义货币需求量，P_f 表示外国价格水平，y_f 表示外国国民收入水平，i_f 表示外国利率水平，则当外国货币市场均衡时有：

$$MS_f = MD_f = P_f \times f(y_f, i_f) \tag{4-22}$$

式(4-21)和式(4-22)相除可得：

$$\frac{MS_d}{MS_f} = \frac{P_d}{P_f} \times \frac{f(y_d, i_d)}{f(y_f, i_f)} \tag{4-23}$$

根据假设(1)(满足购买力平价)，有：

$$e = \frac{P_d}{P_f} \tag{4-24}$$

将式(4-24)代入式(4-23)，移项整理得：

$$e = \frac{MS_d}{MS_f} \times \frac{f(y_f, i_f)}{f(y_d, i_d)} \tag{4-25}$$

由式(4-25)可以得到以下结论：

(1) 其他因素不变，当本国货币供给增加时(MS_d 上升)，则本币贬值，e 上升，在直接标价法下表示本币贬值。

(2) 其他因素不变，当本国国民收入相对增加时(y_d 上升)，$f(y_d, i_d)$ 会变大，则 e 下降，在直接标价法下表示本币升值。这一结论与国际收支说的正好相反，原因在于这两个理论分析问题的机制或渠道不同。在国际收支说中，本国国民收入增加这一因素通过增加进口，从而恶化了贸易差额，于是本币贬值；而在弹性价格货币论中，本国国民收入增加这一因素是影响货币需求、进而影响汇率的。

(3) 其他因素不变，当本国利率相对上升时(i_d 上升)，$f(y_d, i_d)$ 会变小，则 e 上升，在直接标价法下表示本币贬值。这一结论也与国际收支说的正好相反，原因同上。

（三）评价

弹性价格货币论强调了货币供求关系、货币政策对汇率的影响，具有重要的理论意义和政策含义；同时，该理论很好地解释了经济增长因素对汇率的影响，较好地解释了以下事实：第二次世界大战后，日本、德国都是收入增长相对较快的国家，日元和德国马克也相应地处于坚挺的地位。但是，该理论关于国内外资产之间具有完全替代性的假设离现实较远，同时其关于购买力平价持续成立的假设也是不合理的；该模型实际上是购买力平价说的现代翻版。

三、黏性价格货币论

黏性价格货币论又称“汇率超调模型”(Exchange Rate Overshooting Model)，是由美国麻省理工学院教授鲁迪格·多恩布什(Rudiger Dornbusch)于 1976 年提出的。

（一）假设

该理论是基于以下假设的：

(1) 在短期内，价格水平具有黏性，货币市场失衡后商品价格不会立即进行调整；但证券市场反应灵敏，利率将立即发生调整，使货币市场恢复均衡。

(2) 资本完全自由流动，国内外资产之间具有完全的替代性。

（二）基本内容

下面以“货币供应量增加使货币市场失衡”为例来说明黏性价格货币论的基本观点。

从短期来看，当货币供应量增加使货币市场失衡后，由于短期内价格具有黏性，实际货币的供应量增加了。为了使货币市场恢复均衡，实际货币需求必须相应地增加；而实际货币需求是国民收入和利率的函数，短期内国民收入是难以增加的，故利率必然下降。在资本具有完全流动性和资产具有完全替代性的情形下，利率的下降必然引起资本外流以进行套利活动，从而导致本币贬值、外币升值。然而，此时的汇率水平是短期的、暂时的，因为商品市场还未达到均衡。

从长期来看，由于利率下降，刺激了国内总需求上升；而本币的贬值，又使得世界对本国商品的需求也提高了。两者均导致国内价格上升，实际货币供应量逐渐下降。为了使货币市场达到均衡，实际货币需求也相应地下降，从而使利率回升，于是资本内流，本币升值、外币贬值。价格、利率和汇率相互作用下去，直到汇率达到弹性价格论的长期均衡水平为止。

上例中，汇率水平的动态调整可以用图 4－2 表示。在图 4－2 中，当货币供应量增加时，短期内汇率从 e_0 调整到 e_1（即本币有较大幅度的贬值），但这个汇率水平是暂时的；随着商品市场的调整，长期内汇率会从 e_1 回调到 e_2 的水平。综合来看，当货币供应量增加时，本币会贬值，从弹性价格货币论来看，汇率从 e_0 直接调整到 e_2 的水平；但从黏性价格货币论来看，汇率先从 e_0 超调到 e_1，再从 e_1 调整到 e_2 的水平。

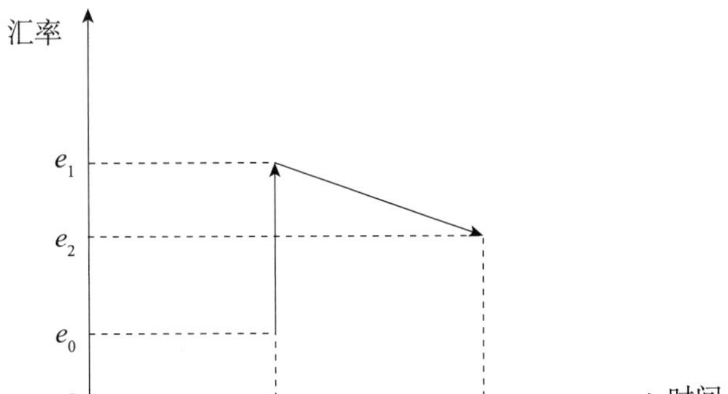

图 4－2　汇率水平的动态调整

综上所述，所谓“汇率超调”是指在短期内由于价格黏性，货币市场恢复均衡完全由证券市场来承受，因此利率必然出现超调现象，即利率的调整幅度会超过其长期均衡水平。若资本在国际是自由流动的，利率的变动就会引起大量的套利活动，由此造成汇率的变动。与利率的超调相适应，汇率的调整幅度在短期内也会超过其长期均衡水平，即汇率出现超调的特征。

（三）评价

该理论的贡献在于总结了现实中汇率的超调现象，并在理论上首次予以系统的阐述，这对我们理解现实汇率的波动有一定的意义。但是该理论将汇率波动完全归因于货币市场的失衡，而否认商品市场上的实际冲击对汇率的影响，难免有失偏颇；另外，国内外资产完全替代性的假设与现实的差距较大。

知识拓展

从汇率超调理论看人民币的走向

2015年8月11日，中国人民银行宣布完善人民币中间价的形成机制，进一步加强了市场的主导作用。出人意料的政策变化不可避免地带来了跌宕起伏的市场波动，经过一个多月的多空较量，尽管人民币对美元汇率（以下简称"人民币汇率"）并未像很多国际投行预言的那样跌入无限深渊，但人民币贬值预期也并没有完全消散。人民币会往何处走，依旧充满着不确定性。

其实，一看到人民币汇率的图形，我就想到了汇率超调理论。拉长时间序列来看，人民币长期中发生了一次滞后的汇率超调；压短了看，人民币这些天发生的是一次瞬时的汇率超调。

汇率超调是普遍存在的现实，究竟会出现哪种超调模式（即瞬时超调还是滞后超调），关键在于预期的性质。如果预期方向和汇率的长期运行方向是相反的，就会发生瞬时超调；如果预期方向和汇率的长期运行方向是一致的，则会发生滞后超调。长期方向、短期预期和超调模式的组合是固定的，当一种货币要贬值而大多数人又有升值预期时，那么唯一能兼容这两者的运行模式就是一次性贬过头再慢慢升值，以达成"预期的自我实现"。

人民币汇改10年的长期运行轨迹，就是一条滞后超调的轨迹。在过去10年里，占据主流的是人民币升值预期，而人民币朝着均衡汇率运行的长期方向也是渐进升值的，均衡回归和市场预期的方向是一致的，所以超调才会在10年之后姗姗来迟。那么，升值预期为什么长期存在？原因有三：一是中国经济的长期增长势头强劲，基本面推动着人民币均衡汇率潜在走强；二是人民币汇率的形成机制处于渐进完善的大通道中，汇率双向波动的灵活性渐次提升，升值预期始终处于压抑之中而无法迅速释放；三是在国际机构和部分国家长期渲染"人民币低估"的国际舆论环境中，人民币预期形成机制中的一部分是非理性的。

再看2015年8月11日之后人民币汇率的短期运行轨迹，则是一条近似瞬时超调的轨迹。之所以说是近似，是因为在最初的两三天里，人民币汇率的贬值预期非常强烈，只不过相对于10年这样一种时间段，短短两三天的交易时间可以近似地被视作"瞬时"了。两三天的"瞬时"之后，人民币升值预期（或短期贬值到位预期）逐渐形成，虽然尚不具有压倒性的优势，但从离岸和在岸人民币汇差在大幅扩大后又急速收窄的运行态势来看，短期内，至少人民币汇率稳定于当前区间的预期还是较强的。这种预期结构使得8月11日汇率形成机制的政策冲击"瞬时"释放，并呈现出短期"一次性贬值"的运行特征。

资料来源：程实，"从汇率超调理论看人民币的走向"，http://mt.sohu.com/20150925/n422075163.shtml。

四、资产组合平衡论

资产组合平衡论(Portfolio Balance Approach)最早是由美国经济学家布朗森(W. Branson)于1975年提出来的。该理论认为,汇率的货币论仅仅强调了货币市场均衡在汇率决定中的作用,显得过于片面;同时,汇率的货币论假定国内外资产具有完全的可替代性,这在现实中是很难成立的。基于这一认识,以布朗森、库礼(P. J. Kouri)为代表的经济学家,在接受了多恩布什关于短期内商品价格黏性的看法的基础上,用托宾(J. Tobin)的收益-风险分析法取代套利和商品套购的分析法,从而提出了汇率决定的资产组合平衡模型。

资产组合平衡论的基本思想是:在国内外资产之间不完全替代的情境下,投资者根据对收益率和风险的考察,将财富分配于各种可供选择的资产,从而确定自己的资产组合。当资产组合达到了稳定状态,均衡汇率就产生了。为简便起见,这里仅介绍布朗森的“小国模型”。

(一) 基本内容

一国私人部门(包括个人和企业)持有的财富分为三种形式——本国货币、本币债券和外币资产,可以用以下方程表示:

$$W = M + N_p + eF_p \tag{4-26}$$

式中, W 表示私人部门持有的财富净额(即资产总量), M 表示本国货币, N_p 表示本国政府发行的以本币为面值的债券, e 表示汇率(直接标价法), F_p 表示以外币为面值的资产。

从本国货币市场来看,对本国货币的需求,与资产总量正相关,与本国利率和外国利率负相关。从本国债券市场来看,对本国债券的需求,与资产总量、本国利率正相关,与外国利率负相关。从外币资产市场来看,对外币资产的需求,与资产总量和外国资产预期收益率正相关,与本国利率负相关。均衡汇率就是使人们意愿持有国内外各种资产存量的汇率水平。下面将用图形分析汇率的决定与变动。

1. 汇率的决定

(1) MM曲线。设立一个以本国利率 i_d 为横轴,汇率 e 为纵轴的坐标空间,分析货币市场的平衡状况。如图4-3所示,MM线表示当货币市场平衡时,本国利率和汇率的各种组合。MM线之所以向右上方倾斜,是因为当汇率 e 上升时,根据式(4-26)可知,人们的资产总量会增加,于是对本国货币的需求会增加。在本国货币供给既定的情形下,为了使货币市场得以均衡,必须消除超额的货币需求,所以必须提高本国利率 i_d。

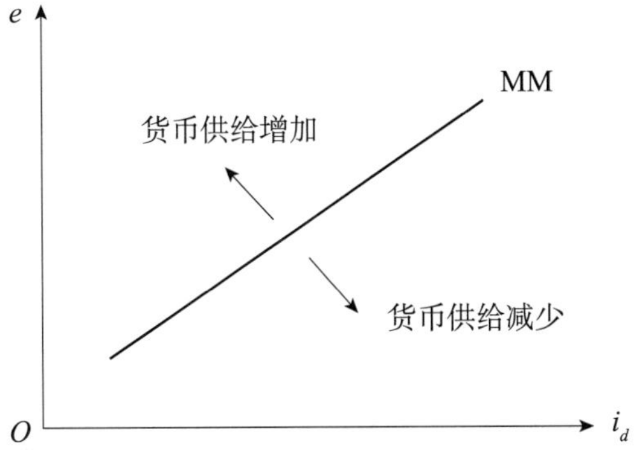

图4-3　MM线——货币市场平衡时本国利率与汇率的组合

当 MM 线向左平移时，这表示货币供给增加。当 MM 线向左移动时，在相同的汇率水平下，本国利率水平是下降的，这时对本国货币的需求就会增加，为了保证货币市场的均衡，必须增加货币供给。同理，当 MM 线向右平移时，这表示货币供给减少。当 MM 线向右移动时，在相同的汇率水平下，本国利率水平是上升的，这时对本国货币的需求就会减少，为了保证货币市场的均衡，必须减少货币的供给。

（2）BB 曲线。仍然设立一个以本国利率 i_d 为横轴，汇率 e 为纵轴的坐标空间，分析本国债券市场的平衡状况。如图 4－4 所示，BB 线表示当本国债券市场平衡时，本国利率和汇率的各种组合。BB 线之所以向右下方倾斜，是因为当汇率 e 上升时，根据式（4－26）可知，人们的资产总量会增加，于是对本币债券的需求会增加。在本国债券供给既定的情形下，为了使本国债券市场得以均衡，必须消除超额的本国债券需求，所以必须降低本国利率 i_d。

当 BB 线向右平移时，这表示本国债券供给增加。当 BB 线向右移动时，在相同的汇率水平下，本国利率水平是上升的，这时对本国债券的需求就会增加，为了保证本国债券市场的均衡，必须增加本国债券的供给。同理，当 BB 线向左平移时，这表示本国债券供给减少。当 MM 线向左移动时，在相同的汇率水平下，本国利率水平是下降的，这时对本国债券的需求就会减少，为了保证本国债券市场的均衡，必须减少本国债券的供给。

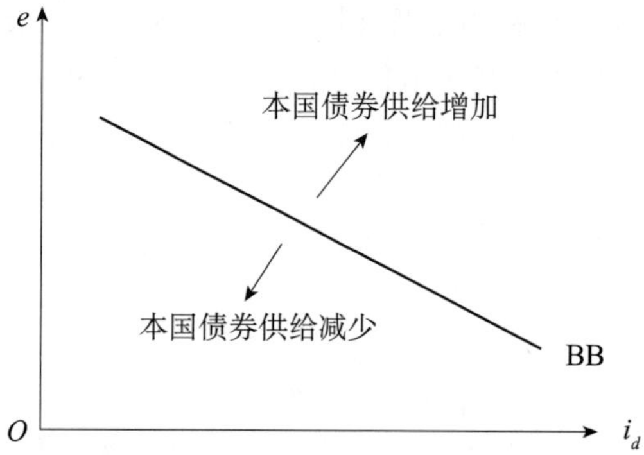

图 4－4　BB 线——本国债券市场平衡时本国利率与汇率的组合

（3）FF 曲线。仍然设立一个以本国利率 i_d 为横轴，汇率 e 为纵轴的坐标空间，分析外币资产市场的平衡状况。如图 4－5 所示，FF 线表示外币资产市场平衡时，本国利率和汇率的各种组合。FF 线之所以向右下方倾斜，是因为当本国利率 i_d 上升时，部分对外币资产的需求会转换成对本国资产的需求，这时外币资产的供给就会超过外币资产的需求，导致外币贬值、本币升值，即直接标价法下的汇率 e 下降。注意，FF 曲线比 BB 曲线更平缓，这是因为本国债券市场对本国利率的变化更敏感，而外币资产市场对汇率的变化更敏感。

当 FF 线向右平移时，这表示外币资产供给减少。当 FF 线向右移动时，在相同的汇率水平下，本国利率水平是上升的，这时对本国债券的需求就会增加，对外币资产的需求相对减少，为了保证外币资产市场的均衡，必须减少外币资产的供给。同理，当 FF 线向左平移时，这表示外币资产供给增加。当 FF 线向左移动时，在相同的汇率水平下，本国利率水平是下

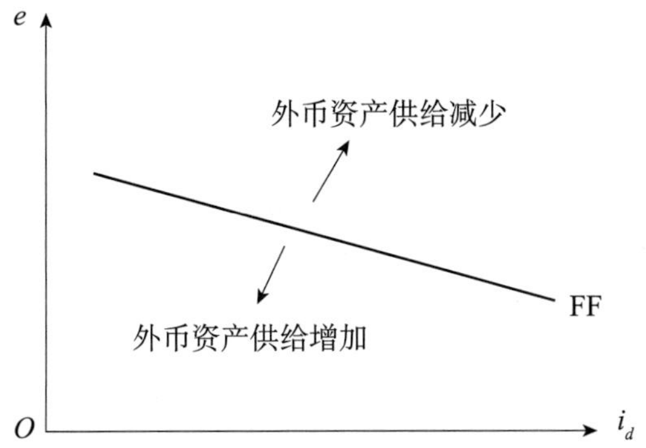

图 4－5　FF 线——外币资产市场平衡时本国利率与汇率的组合

降的，这时对本国债券的需求就会减少，对外币资产的需求相对增加，为了保证外币资产市场的均衡，必须增加外币资产的供给。

（4）汇率的决定。将 MM 曲线、BB 曲线和 FF 曲线画在同一张图上（见图 4－6），当三个市场同时达到平衡时（即在三条曲线的交点上），就决定了短期均衡汇率水平。如图 4－6 所示，三个市场的均衡点为 E，短期均衡汇率水平为 e_0。

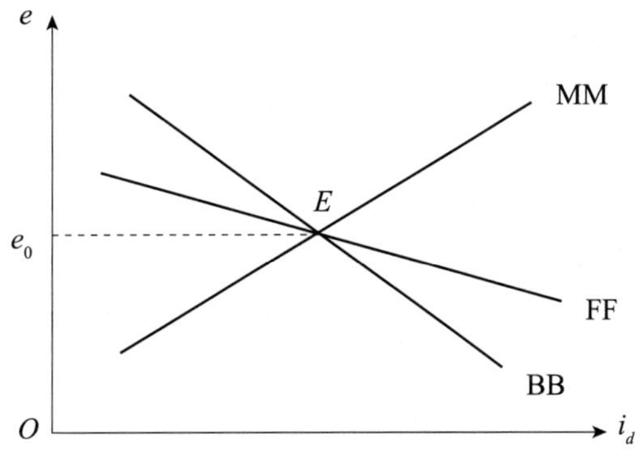

图 4－6　短期均衡汇率的决定

2. 汇率的变动

在资产组合模型的框架内，以政策冲击为典型的外生冲击，改变的不只是汇率，还包括利率。这里主要从汇率决定的角度，研究资产供给变动对汇率的影响。资产供给的变动可以分为两种情形：一是资产供给结构的变动（即两种不同资产之间的互换），从而使一种资产的供给量增加，而另一种资产的供给量就相应减少，但资产供给总量不变；二是资产供给总量的变动。

（1）资产供给结构变动对汇率的影响如下：

第一，政府在本国债券市场上进行公开市场操作，买入国债，则本国债券供给减少，本国货币供给增加。如图 4－7 所示，由于本国债券供给减少，因此 BB 曲线向左移动至 B_1B_1；由于本国货币供给增加，因此 MM 曲线向左移动至 M_1M_1。原有的均衡点是 E_0，新的均衡点是 E_1，与原有均衡相比，在新的均衡点上本币贬值、本国利率水平下降。

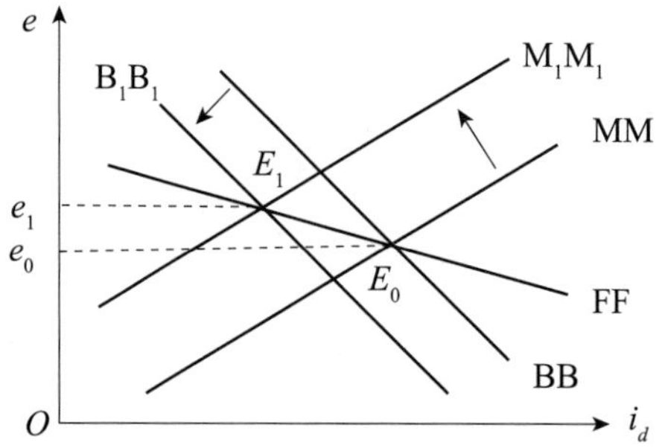

图 4－7 政府在本国债券市场上进行公开市场操作对汇率的影响

第二,政府在外币资产市场上进行公开市场操作,买入外币资产,则外币资产供给减少、本国货币供给增加。如图 4－8 所示,由于外币资产供给减少,因此 FF 曲线向右移动至 F_1F_1;由于本国货币供给增加,因此 MM 曲线向左移动至 M_1M_1。原有的均衡点是 E_0,新的均衡点是 E_1,与原有均衡相比,在新的均衡点上本币贬值、本国利率水平下降。

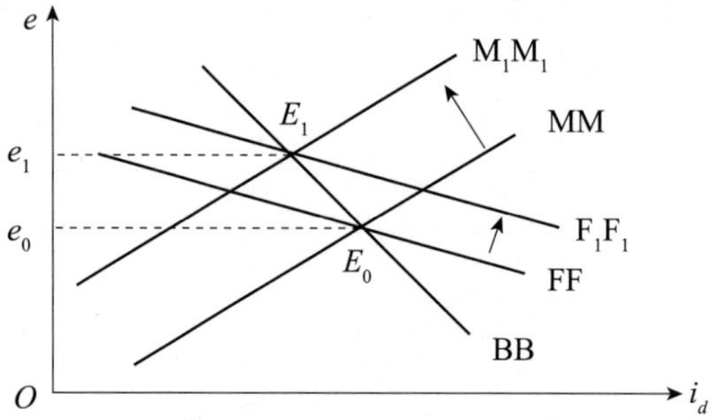

图 4－8 政府在外币资产市场上进行公开市场操作对汇率的影响

(2) 资产供给总量变动对汇率的影响如下:

第一,经常账户盈余,导致外币资产供给增加,FF 曲线左移至 F_1F_1。如图 4－9 所示,若汇率 e 不变,则此时一国资产总量增加,由于本国货币和本国债券的供给并没有增加,因此人们对本国货币和本国债券产生了超额需求。为了消除对本国货币的超额需求,本国利率必须提高;为了消除对本国债券的超额需求,债券的价格也必须提高,即降低本国利率。此时,对利率的要求出现矛盾,为了使三个市场重新得以均衡,利率只能保持不变,而本币升值(即 e 下降)。这意味着外币资产供给上升的同时,本币发生等比例的升值,从而使 eF_p 保持不变,总财富保持不变。这时,三条曲线重新均衡于 E_1点。与原有的均衡点 E_0相比,本国利率不变,而本币升值了。

第二,中央银行为财政赤字融资,本国货币供给增加,MM 曲线左移至 M_1M_1。如图 4－10所示,由于本国货币供给增加,一国资产总量增加,而本国债券和外币资产的供给并没有增加,因此人们对本国债券和外币资产产生了超额需求。在本国债券市场的既定汇率下,对本国债券的超额需求会导致利率下降,BB 曲线左移至 B_1B_1;在外币资产市场的既定本国利率下,对外币资产的超额需求会导致本币贬值,FF 曲线上移至 F_1F_1。于是,三个市场在 E_1点重新得以均衡。与原有的均衡点 E_0相比,本国利率下降了,本币也贬值了。

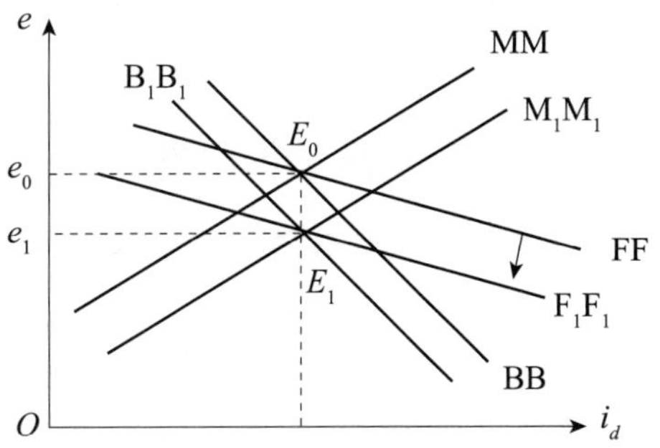

图 4－9　经常账户盈余对汇率的影响

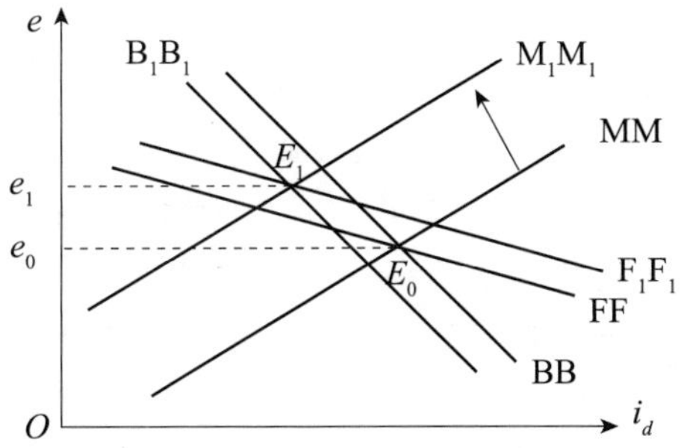

图 4－10　中央银行为财政赤字融资对汇率的影响

综上所述，资产供给结构的变动和资产供给总量的变动都会对汇率产生影响。以上四种情形的分析总结如表 4－1 所示。

表 4－1　资产供给结构和总量变动对汇率的影响

	资产供给结构的变动		资产供给总量的变动	
	买入本币资产	买入外币资产	外币资产存量增加	货币存量增加
本国利率	下降	下降	不变	下降
本币币值	贬值	贬值	升值	贬值

由以上分析可知，资产总量和货币政策可以改变汇率和本国利率。货币供应量通过金融市场来影响汇率要比通过物价和购买力平价来影响汇率快得多。经常账户盈余导致外币资产存量增加，进而使外币贬值、本币升值；反之，则外币升值、本币贬值。这样，资产组合说在资产的存量和流量之间建立了联系。

（二）评价

资产组合平衡论的合理性在于：本币资产与外币资产不完全替代性的假设更接近现实；将经常账户这一流量因素纳入了存量的分析中，提高了汇率模型的包容度；分析了政府行为对汇率的影响，具有特殊的政策分析价值。但是这一理论也存在一些不足，诸如商品市场的失衡如何影响汇率就没有被纳入其分析中；用财富总额代替收入作为影响资产组合的因素，但又没有说明实际收入对财富总额的影响。

知识拓展

汇率决定理论的新发展

传统的汇率决定理论不断地受到关于理论与实证结果不能吻合的批判，从 20 世纪 80 年代开始，经济学家们不断寻求突破，汇率决定理论进入了一个新的发展阶段。在这一阶段的早期，人们对资产市场分析法中一个重要的假设前提——有效市场——提出质疑，而关于市场有效性的检验则成为新一轮理论发展的突破点。20 世纪 80 年代大量的关于有效市场的检验从总体上拒绝了市场的有效性。基于此，一部分坚持理性预期假定的经济学家从汇率决定的新闻模型、投机泡沫模型、比索问题及风险补贴等方面对市场有效性被拒绝的现象给出了解释；在这一过程中，汇率决定理论也得到了进一步的发展。

20 世纪 90 年代以来，传统的汇率决定宏观结构模型中作为假设前提或被认为不重要的细节而被忽略的方面逐渐进入了研究的视野，形成了一些新的发展方向。其中，一些经济学家开始关注原有汇率理论未曾考虑的宏观经济关系的微观基础，从而形成了具有微观基础的汇率宏观经济分析方法；与此同时，基于对理性预期的批判，从外汇市场的微观结构研究出发的汇率决定的微观结构理论，以及从市场参与者的异质性导致汇率混沌运动思想出发的汇率决定的混沌分析方法也登上了理论发展的历史舞台。这三个方向一起，共同演绎了当前汇率决定理论的最新突破和发展。

资料来源：陈雨露、侯杰，“汇率决定理论的新近发展：文献综述”，《当代经济科学》，2005 年第 5 期。

本章小结

1. 购买力平价理论从商品价格的角度研究了汇率的决定与变动。它以商品市场上的一价定律为基础，考察了绝对购买力平价和相对购买力平价。绝对购买力平价表明，在一个时点上，汇率为两个国家一篮子商品价格水平的比率；相对购买力平价表明，在一段时间内，汇率的变动率等于国内外价格指数变动率之差。在所有的汇率理论中，购买力平价说的影响是最为深远的，但是也存在诸多不足。

2. 利率平价理论以金融市场上的一价定律为基础，主要分析了抛补利率平价模型和非抛补利率平价模型。外汇市场上的投机活动（期汇投机）使两种利率平价统一起来。若投资者为风险中立者，远期汇率就是未来即期汇率的无偏估计。该理论研究了远期汇率的决定与变动，说明了远期汇率、即期汇率和利率之间的相互关系，把汇率决定的研究角度从商品流动转向了资本流动，是重大的理论创新，并且具有特殊的实践价值；但是该理论的诸多假设与现实的差距较大。

3. 国际收支说从宏观经济的角度研究汇率，运用凯恩斯模型指出了汇率与国际收支之间存在的密切关系，说明了影响国际收支的主要因素，分析了这些因素如何通过国际收支而作用到汇率上。该学说运用了流量分析方法，但是并没有进一步地分析哪些因素决定了外汇的供求流量，没有深入地探讨影响国际收支的众多变量之间的关系，是不完整的汇率决定理论。

4. 资产市场说运用一般均衡分析法将商品市场、货币市场和证券市场结合起来进行汇率决定的分析，其基本思想是：均衡汇率是两国资产市场的供求存量保持均衡时的两国货币之间的相对价格。对国内外商品和资产替代程度的不同假定，引出了汇率的货币论和资产组合平衡论的区分。前者假定国内外商品和资产之间是完全替代的，后者假定国内外商品和资产之间不具有完全的替代性。

5. 根据商品市场和证券市场调整速度的快慢可将汇率的货币论分为弹性价格货币论和黏性价格货币论（汇率超调模型）。弹性价格货币论认为，当货币市场失衡以后，商品市场与证券市场一样能迅速地进行调整，通过价格、利率和汇率的变动，恢复货币市场的均衡；而黏性价格货币论认为，当货币市场失衡以后，证券市场的反应比商品市场快，在短期内，货币市场恢复均衡完全由证券市场承受，因此利率必然出现超调现象。与利率的超调相适应，汇率也会出现超调。但是，在长期，随着商品市场的调整，汇率会达到弹性价格论的长期均衡水平。弹性价格货币论强调了货币供求关系、货币政策对汇率的影响，很好地解释了经济增长因素对汇率的影响。黏性价格货币论在理论上阐述了现实中汇率的超调现象，对我们理解现实汇率的波动有着重要的意义。但总体来讲，汇率的货币论关于国内外资产之间具有完全替代性的假设与现实的差距较大。

6. 资产组合平衡论的基本思想是：在国内外资产之间不完全替代的情境下，投资者根据对收益率和风险的考察，将财富在各种可供选择的资产中分配，从而确定自己的资产组合。当资产组合达到了稳定状态，均衡汇率就产生了。该理论将经常账户这一流量因素纳入了存量分析中，提高了汇率模型的包容度；分析了政府行为对汇率的影响，具有特殊的政策分析价值；但是该理论也存在诸多的不足。

思考题

1. 简述购买力平价理论的主要内容和不足。
2. 请用抛补利率平价模型说明远期汇率是如何决定的。
3. 如何评价利率平价理论？
4. 简述资产市场说的基本思想与模型分类。
5. 比较弹性价格货币论与黏性价格货币论。
6. 简述资产组合平衡论的主要内容、贡献及不足。

参考文献

1. 王允贵、盛雯雯："汇率的利率平价决定理论：中国的现实检验"，《武汉金融》，2015年第3期。

2. 陈雨露、侯杰："汇率决定理论的新近发展：文献综述"，《当代经济科学》，2005年第5期。

3. 姜波克：《国际金融新编》（第四版），复旦大学出版社，2011。

4. 吕随启、王曙光、宋芳秀：《国际金融教程》（第三版），北京大学出版社，2013。

5. 马君潞、陈平、范小云：《国际金融》，高等教育出版社，2011。

6. 程实："从汇率超调理论看人民币的走向"，http://mt.sohu.com/20150925/n422075163.shtml。

第五章

国际收支理论

本章要点

国际收支理论是国际金融理论的重要基础,主要研究国际收支失衡的原因及其调节。20世纪30年代以来,经济学家们在不同的历史背景下先后提出了国际收支的弹性分析论、乘数分析论、吸收分析论及货币分析论。这些理论不是相互对立和排斥的,而是相互补充的,它们从不同的角度分析了货币贬值的效应、一国国际收支失衡的原因及其政策调节等。

学习目标

- 熟悉各种国际收支理论提出的历史背景。
- 掌握各种国际收支理论的基本内容。
- 理解各种国际收支理论的贡献及不足。

第一节 弹性分析论

一、理论的提出

20世纪30年代大危机后,西方国家放弃了金本位制度,实行浮动汇率制度。各国为刺激本国经济复苏,竞相采用货币贬值的政策调节国际收支。在此背景下,国际收支的弹性分析论(Elasticity Approach)应运而生。该理论主要是由英国剑桥大学经济学家琼·罗宾逊(Joan Robinson)在马歇尔微观经济学的弹性分析和局部均衡分析方法的基础上发展形成的，后经勒纳、梅茨勒等人进行补充和完善。

弹性分析论研究的是在收入不变的条件下，汇率变动对贸易收支和贸易条件的影响，针对当时出现的汇率战，指出本币贬值未必能够改善国际收支。

二、理论的主要内容

弹性分析论主要分析了本币贬值对贸易收支和贸易条件的影响，强调相对价格效应。

（一）本币贬值对贸易收支的影响

1. 马歇尔-勒纳条件

（1）假定。弹性分析论主要包括以下假设：不考虑国际资本流动，国际收支等同于贸易收支；贸易收支最初是平衡的；采用局部均衡分析，只考虑汇率变动对贸易收支的影响而不考虑其他因素；进出口商品的供给弹性无限大；等等。

（2）推导过程。定义以下变量：B 表示以本币表示的贸易收支，X 表示出口商品数量，M 表示进口商品数量，P_x 表示出口商品的本币价格，P_m 表示进口商品的本币价格，P_x^* 表示出口商品的外币价格，P_m^* 表示进口商品的外币价格，e 表示汇率（直接标价法），η_x 表示出口需求汇率弹性，η_m 表示进口需求汇率弹性，E_x 表示出口需求价格弹性，E_m 表示进口需求价格弹性。

由弹性的定义可知：

$$\eta_x = \frac{\mathrm{d}X}{\mathrm{d}e} \times \frac{e}{X} \tag{5-1}$$

$$\eta_m = -\frac{\mathrm{d}M}{\mathrm{d}e} \times \frac{e}{M} \tag{5-2}$$

$$E_x = -\frac{\mathrm{d}X}{\mathrm{d}P_x^*} \times \frac{P_x^*}{X} \tag{5-3}$$

$$E_m = -\frac{\mathrm{d}M}{\mathrm{d}P_m} \times \frac{P_m}{M} \tag{5-4}$$

一般来说，当本币贬值时（e 上升），进口数量 M 会减少，即 e 和 M 呈反方向变动。为了保证进口需求汇率弹性 η_m 为正，在公式的前面加了“ - ”号；同理 E_x 和 E_m 的公式也加了“ - ”号，因为无论是出口需求还是进口需求都与商品的价格呈反方向变动。注意，这里不要把进出口需求汇率弹性与进出口需求价格弹性混淆在一起。

一国的贸易收支用本币可以表示为：

$$B = P_x X - eP_m^* M \tag{5-5}$$

由于假定进出口商品的供给无限大，因此出口商品的初始价格（本币价格 P_x）、进口商品的初始价格（外币价格 P_m^*）是常数；又由于假定贸易收支最初是平衡的，因此有 $P_x X = eP_m^* M$ 。于是式（5 - 5）对汇率 e 求一阶导数为：

$$\begin{aligned}\frac{\mathrm{d}B}{\mathrm{d}e} &= P_x \frac{\mathrm{d}X}{\mathrm{d}e} - P_m^*\left(e\frac{\mathrm{d}M}{\mathrm{d}e} + M\right) = P_x \frac{\mathrm{d}X}{\mathrm{d}e} - P_m^* e \frac{\mathrm{d}M}{\mathrm{d}e} - P_m^* M \\ &= \frac{1}{e}P_x X\left(\frac{\mathrm{d}X}{\mathrm{d}e} \times \frac{e}{X}\right) + P_m^* M\left(-\frac{\mathrm{d}M}{\mathrm{d}e} \times \frac{e}{M}\right) - P_m^* M\end{aligned}$$

$$= P_m^* M(\frac{\mathrm{d}X}{\mathrm{d}e} \times \frac{e}{X}) + P_m^* M(-\frac{\mathrm{d}M}{\mathrm{d}e} \times \frac{e}{M}) - P_m^* M$$

$$= P_m^* M\eta_x + P_m^* M\eta_m - P_m^* M$$

$$= P_m^* M(\eta_x + \eta_m - 1) \tag{5-6}$$

式(5－6)表明,本币贬值能改善贸易收支(即 $\frac{\mathrm{d}B}{\mathrm{d}e} > 0$)的条件是:

$$\eta_x + \eta_m > 1 \tag{5-7}$$

式(5－7)通常被称为马歇尔-勒纳条件,它表明:当进出口商品的供给弹性趋于无穷大时,只要一国的进出口需求汇率弹性的绝对值之和大于1,本币贬值就会改善贸易收支状况。

马歇尔-勒纳条件也可以表示成另一种形式,以下为推导过程。

出口商品本币价格与出口商品外币价格之间的关系为:

$$P_x = eP_x^* \tag{5-8}$$

对式(5－8)取自然对数并求一阶导数,得到:

$$\frac{\mathrm{d}P_x}{P_x} = \frac{\mathrm{d}e}{e} + \frac{\mathrm{d}P_x^*}{P_x^*} \tag{5-9}$$

由于假定出口商品的供给是无限弹性的,则 P_x 为常数,因此 $\frac{\mathrm{d}P_x}{P_x} = 0$,于是,

$$\frac{\mathrm{d}e}{e} = -\frac{\mathrm{d}P_x^*}{P_x^*} \tag{5-10}$$

式(5－10)表明,当出口商品的供给是无限弹性时,货币贬值率与出口商品外币价格下降率相等。于是:

$$\eta_x = \frac{\mathrm{d}X}{\mathrm{d}e} \times \frac{e}{X} = -\frac{\mathrm{d}X}{\mathrm{d}P_x^*} \times \frac{P_x^*}{X} = E_x \tag{5-11}$$

同理,进口商品本币价格与进口商品外币价格之间的关系是:

$$P_m = eP_m^* \tag{5-12}$$

对式(5－12)取自然对数并求一阶导数,得到:

$$\frac{\mathrm{d}P_m}{P_m} = \frac{\mathrm{d}e}{e} + \frac{\mathrm{d}P_m^*}{P_m^*} \tag{5-13}$$

由于假定进口商品的供给是无限弹性的,则 P_m^* 为常数,因此 $\frac{\mathrm{d}P_m^*}{P_m^*} = 0$,于是:

$$\frac{\mathrm{d}e}{e} = \frac{\mathrm{d}P_m}{P_m} \tag{5-14}$$

式(5－14)表明,当进口商品的供给是无限弹性时,货币贬值率与进口商品本币价格上升率相等。于是:

$$\eta_m = -\frac{\mathrm{d}M}{\mathrm{d}e} \times \frac{e}{M} = -\frac{\mathrm{d}M}{\mathrm{d}P_m} \times \frac{P_m}{M} = E_m \tag{5-15}$$

这样,根据式(5－11)和式(5－15),式(5－7)又可以写成:

$$E_x + E_m > 1 \tag{5-16}$$

因此,马歇尔-勒纳条件又可以表述为:当进出口商品的供给弹性趋于无穷大时,只要一

国的进出口需求价格弹性的绝对值之和大于1，本币贬值就会改善贸易收支状况。如果放弃进出口商品的供给弹性无限大这一假设，马歇尔-勒纳条件就不适用了。这时，应满足毕肯戴克-罗宾逊-梅茨勒条件（Bickerdike-Robinson-Metzler Condition）①：

$$\frac{E_x E_m(S_x + S_m + 1) + S_x S_m(E_x + E_m - 1)}{(S_x + E_x)(S_m + E_m)} > 0 \qquad (5-17)$$

式（5－17）中，E_x 和 E_m 分别表示出口需求价格弹性和进口需求价格弹性，S_x 和 S_m 分别表示出口供给价格弹性和进口供给价格弹性。

【例5－1】 为了改善贸易收支，加拿大政府决定将其货币贬值10%。加拿大的出口需求弹性和进口需求弹性分别为1.2和0.5。假定加拿大的进出口供给价格弹性无穷大，则加元贬值对加拿大贸易收支的改善将起多大的作用？（用百分比表示）

加元贬值后，出口增加率＝10%×1.2＝12%，进口减少率＝10%×0.5＝5%，所以贬值将对其贸易收支改善17%。

2. 贬值的时滞效应——J曲线效应

J曲线效应（J-curve effect）是指在短期内，本币贬值并不能立即引起贸易数量的变化，从进出口商品相对价格的变动到贸易数量的增减需要一段时间，在此期间，贬值不但不能改善贸易收支，反而会恶化贸易收支状况。货币贬值对贸易收支的影响呈现出“恶化—恢复—改善”的动态过程，这一过程的运动轨迹类似英文字母J，所以被称作J曲线效应（见图5－1）。

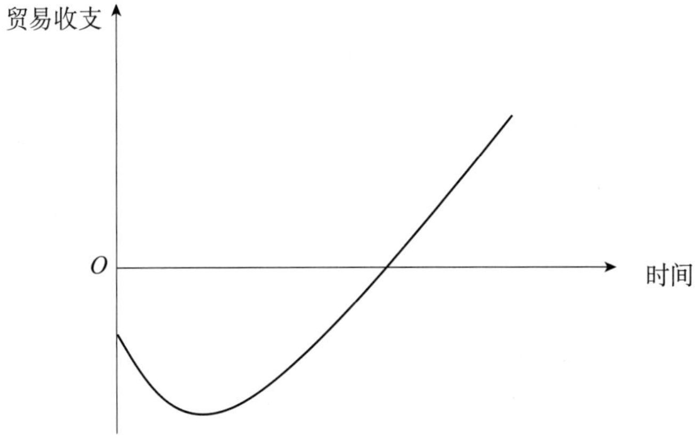

图5－1　J曲线效应

根据美国经济学家马吉（S. P. Magee）的划分，本币贬值的效应可以分为以下三个阶段：

第一阶段是货币合同阶段（currency-contract period）。在这个阶段，进出口合同是在贬值以前签订的，进出口数量和价格不会因为贬值而立即发生变化。这时，以本币表示的贸易差额取决于进出口合同中规定的计价货币（见表5－1）。如果进出口都以本币计价，则贬值后的贸易差额就不会发生变化；如果进出口都以外币计价，则本币贬值后出口收入就会增加，进口支付也会增加，这时贸易差额的变化是不确定的；如果出口以外币计价、进口以本币

① 该条件的推导可参见周文贵、陈梁：“人民币名义汇率变动对中美贸易收支影响的研究——基于毕肯戴克-罗宾逊-梅茨勒条件视角的实证分析”，《广东金融学院学报》，2011年第6期。

计价，则本币贬值后出口收入增加、进口支付不变，这时贸易差额就会得到改善；如果出口以本币计价、进口以外币计价，则本币贬值后出口收入不变、进口支付增加，这时贸易差额就会恶化。

表 5－1 在货币合同阶段本币贬值对一国贸易收支的影响

出口合同所用货币	进口合同所用货币	
	本币	外币
本币	出口收入不变 进口支付不变 贸易差额不变	出口收入不变 进口支付增加 贸易差额恶化
外币	出口收入增加 进口支付不变 贸易差额改善	出口收入增加 进口支付增加 贸易差额不确定

第二个阶段是传导阶段(pass-through period)。在这个阶段，开始执行贬值后新签订的合同。新合同中商品的价格因贬值而调整，但进出口数量却由于进出口的供求黏性而保持不变。也就是说，出口商品的外币价格因贬值而下降，但对方的需求数量并没有马上增加，这时出口收入就会减少；而进口商品的本币价格因贬值而上升，但进口方的需求数量并没有马上减少，这时进口支付就会增加；于是，贸易差额恶化，出现 J 曲线效应。进出口数量在短期内之所以变化不大，是因为进出口商获得价格信号、进行经营决策、调整生产、寻找进口替代品、商务谈判等都需要时间，即存在认识时滞、决策时滞、生产时滞、取代时滞、谈判时滞等。

第三个阶段是数量调整阶段(quantity-adjustment period)。在这个阶段，进出口数量开始随着价格变动而调整，贬值对贸易收支的正常效应发挥作用，贸易差额逆差逐渐得以改善。

在现实中存在许多 J 曲线效应的实例。1967 年英镑贬值，英国的出口量虽然有所增加，但净出口却没有多大的变化，其贸易收支直到两年后才明显改善；1985 年美元贬值幅度逾 20%，但直到 1987 年，美国贸易赤字才大幅度减少；1995 年日元大幅升值，日本贸易顺差却攀上了 1 864 亿美元的高峰，次年才开始下降。

(二) 本币贬值对贸易条件的影响

所谓贸易条件(term of trade)，是指出口商品价格指数与进口商品价格指数之比，用公式表示为：

$$T = \frac{P_x}{P_m} \tag{5-18}$$

式(5－18)中，T 表示贸易条件，P_x 表示出口商品价格指数，P_m 表示进口商品价格指数。贸易条件反映的是一国单位出口商品的进口能力，即该国出口 1 单位的商品，能够换回多少单位的进口商品。如果出口商品的价格上升，进口商品的价格下降(或进口商品价格的上升速度较出口商品价格慢)，则 T 上升，意味着出口同样数量的商品可以交换到更多的进口商品，贸易条件得到改善；反之，若出口商品价格下降，进口商品价格上升(或进口商品价格的下降速度较出口商品价格慢)，则 T 下降，意味着出口同样数量的商品只能交换到更少的进口商品，贸易条件出现恶化。

本币贬值时，贸易条件的变化取决于进出口供给弹性、需求弹性的大小。若用 E_x 和 E_m

分别表示出口需求弹性和进口需求弹性,用 S_x 和 S_m 分别表示出口供给弹性和进口供给弹性,则基本结论①如下:

当 $S_xS_m > E_xE_m$,即供给弹性的乘积大于需求弹性的乘积,贸易条件恶化;

当 $S_xS_m < E_xE_m$,即供给弹性的乘积小于需求弹性的乘积,贸易条件改善;

当 $S_xS_m = E_xE_m$,即供给弹性的乘积等于需求弹性的乘积,贸易条件不变。

注意,我们一般所说的"本币贬值,出口商品的外币价格下降"是建立在出口商品的本币价格不变这一假设下的,而贸易条件所比较的是市场出清时的商品价格。以出口商品为例。当本币贬值时,一方面,若商品的本币价格不变,这时出口商品的外币价格就会变得便宜,这是本币贬值影响出口价格的直接效果;另一方面,若出口商品的外币价格下降,外国对出口商品的需求就会增加,为了使市场出清,出口商品的本币价格会相应上升,从而出口商品的外币价格也相应上升,这是本币贬值影响出口价格的间接效果,其效果大小受出口商品供给弹性和需求弹性的影响。本币贬值的直接效果和间接效果的叠加,决定了出口商品外币价格最终的变动方向和数量。

三、对弹性分析论的评价

弹性分析论指出,只有在一定的进出口供求弹性的条件下,本币贬值才能改善贸易收支。在汇率战频繁发生的历史时期,这对于各国的政策选择和汇率体系的稳定是及时而有益的。但是,该理论存在很多局限性:第一,该理论是建立在局部均衡分析法的基础上的,只考虑了汇率变动通过相对价格变动对贸易收支的影响,而忽视了收入等其他因素对贸易收支的影响;第二,该理论将国际收支等同于贸易收支,没有考虑贬值对资本项目的收支状况的影响;第三,弹性分析只是一种静态分析,而本币贬值后,国际收支的调整是一个动态的过程;第四,弹性系数在该理论中是重要的参数,但如何确定仍是一个极为复杂和困难的问题。

第二节　乘数分析论

一、理论的提出

乘数分析论(Multiplier Approach)又称收入分析法(Income Approach),它以凯恩斯的宏观经济分析方法和乘数原理为基础,主要分析在汇率和价格不变的条件下,贸易收支与国民收入的相互关系。该理论由经济学家马克卢普、梅茨勒等于20世纪50年代创立。

二、理论的主要内容

乘数分析论的主要前提假设有:经济处于非充分就业状态;不考虑国际资本流动,国际收支等同于贸易收支;假定汇率和价格不变。其基本思想有:一国的进出口支出是国民收入的函数,自主性支出的变动通过乘数效应引起国民收入的变动,进而影响进出口支出和国际

---

① 王伟、吴晟、章胜晖:"本币贬值的国际贸易收支和贸易条件效应",《金融教学与研究》,2012年第4期。

收支平衡。

（一）小国开放经济的外贸乘数和哈伯格条件

小国开放经济被定义为，在这样的经济中，它的可交易商品面临一个无限弹性的需求和供给函数。也就是说，这个国家被假定为世界市场价格的接受者，它既不能通过对世界市场的商品供给，也不能通过对世界市场的商品需求来影响世界上各种商品的价格，但是该国的经济体系是开放的。

1. 小国开放经济的外贸乘数

根据凯恩斯模型，开放经济条件下国民收入的决定模型为：

$$Y = C + I + G + X - M \tag{5-19}$$

其中，消费 $C = C_0 + cY$（C_0 表示自发性消费，c 表示边际消费倾向，cY 表示引致性消费），投资 $I = I_0$，政府购买 $G = G_0$，出口 $X = X_0$，进口 $M = M_0 + mY$（M_0 表示自发性进口，m 表示边际进口倾向，mY 为引致性进口）。

将上述表达式代入式（5－19）并整理，得出开放经济条件下的均衡国民收入为：

$$Y = \frac{1}{1 - c + m}(C_0 + I_0 + G_0 + X_0 - M_0) \tag{5-20}$$

对式（5－20）求国民收入对各个自主性支出的偏导数，得到：

$$\frac{\partial Y}{\partial C_0} = \frac{\partial Y}{\partial I_0} = \frac{\partial Y}{\partial G_0} = \frac{\partial Y}{\partial X_0} = -\frac{\partial Y}{\partial M_0} = \frac{1}{1 - c + m} \tag{5-21}$$

式（5－21）中的 $\frac{1}{1 - c + m}$ 就是小国开放经济的外贸乘数，该乘数表明：出口的增加会引起国民收入成倍地增加，而收入的增加又会引起进口的增加，从而使乘数效应减弱。

2. 哈伯格条件

弹性分析论只分析了贬值的相对价格效应，实际上，贬值还会通过国民收入的变动导致引致性进口的变动，即贬值也有收入效应。基于此，哈伯格（A. G. Harberger）等学者将价格效应与收入效应结合起来，修正了贬值能够改善贸易收支的马歇尔-勒纳条件，这就是更严格的哈伯格条件（Harberger Condition）：

$$E_x + E_m > 1 + m \tag{5-22}$$

其中，E_x 和 E_m 分别表示出口需求弹性和进口需求弹性，m 为边际进口倾向。该式表明：在进出口商品供给弹性为无穷大的条件下，只有当本国进出口商品的需求弹性的绝对值之和大于 1 加本国边际进口倾向时，本币贬值才能改善贸易收支。

（二）大国开放经济的外贸乘数和总弹性条件

所谓大国，是指那些在国际市场上份额很高，其进出口的变动会影响国际商品市场价格的国家。由于大国间的经济相互依存，因此此时在分析外贸乘数时要考虑“国外回响效应”（foreign repercussion）。为了方便分析，假设世界只由两个大国（A 和 B）组成。这样的话，A 国的出口构成 B 国的进口，而 A 国的进口构成 B 国的出口。假定最初 A 国出口增加，这意味着 B 国进口增加，于是 B 国的国民收入随之下降，从而导致 B 国的进口支出减少，这时就会导致 A 国的出口下降。所以，在存在国外回响效应的情形下，A 国的对外贸易乘数将比原来的小。

如果在分析贬值对贸易收支的影响时进一步考虑国外回响效应的作用,则哈伯格条件就须进一步修正为总弹性条件:

$$E_x + E_m > 1 + m + m^* \tag{5-23}$$

式中,m^* 表示贸易伙伴国的边际进口倾向。该式表明:在进出口商品供给弹性为无穷大的情形下,只有当本国进出口商品的需求弹性的绝对值之和大于1加本国边际进口倾向和外国边际进口倾向之和时,本币贬值才能改善贸易收支。

【例5-2】 假设A国的外贸乘数为1.2,B国的外贸乘数为0.8,两国的边际进口倾向分别为0.2和0.3,两国均实行固定汇率制度。如果两国来自出口的收入都增加200亿美元,那么A、B两国的贸易收支差额分别是多少?

首先,出口收入增加必然引起国民收入成倍地增加,由外贸乘数可知,A、B两国国民收入的增加额分别为:$\Delta Y_A = 200 \times 1.2 = 240$ 亿美元,$\Delta Y_B = 200 \times 0.8 = 160$ 亿美元。

其次,国民收入增加又会引起进口增加,从而间接导致国际收支状况恶化,两国的进口增加额分别为:$\Delta M_A = 240 \times 0.2 = 48$ 亿美元,$\Delta M_B = 160 \times 0.3 = 48$ 亿美元。

最后,A、B两国的贸易收支增加额分别为:$\Delta B_A = 200 - 48 = 152$ 亿美元,$\Delta B_B = 200 - 48 = 152$ 亿美元。

三、对乘数分析论的评价

乘数分析论揭示了国际收支调节的收入机制,阐述了贸易收支与国民收入的关系,以及各国经济通过进出口途径相互影响的原理,对现实经济具有一定的指导意义。但是该理论存在以下局限性:第一,没有考虑货币因素和价格因素的作用;第二,若国内已处于充分就业状态,则不能发挥乘数的作用,出口增加意味着过度需求,会造成需求拉动的通货膨胀;第三,没有考虑国际资本流动,虽然收入的增加会增加进口,从而不利于经常项目收支的改善,但收入增加引起的经济繁荣会吸引外资流入,改善资本与金融账户的收支,从而抵消其对经常账户的不利影响。

第三节 吸收分析论

一、理论的提出

1952年,美国经济学家西德尼·亚历山大(S. S. Alexander)在其发表的"贬值对贸易收支差额的影响"一文中,首次提出了国际收支调节的吸收论。亚历山大认为,弹性既非固定亦非可测,只能用于事后分析,由此主张舍弃弹性分析法,改用收入水平和支出行为来分析贬值对国际收支的影响。

二、理论的主要内容

(一)基本分析框架

吸收分析论(Absorption Approach)是以凯恩斯的有效需求理论为基础,从一国国民收入与支出的角度考察国际收支失衡的原因,并提出相应的政策主张。

凯恩斯的国民收入方程式为：$Y = C + I + G + X - M$。假定不考虑国际资本流动，国际收支等同于贸易收支，用 B 表示贸易收支，则 $B = X - M$；定义 $A = C + I + G$，表示国内总吸收（总支出），则

$$B = Y - A \tag{5-24}$$

式（5-24）就是吸收分析论的基本公式。该式表明：国际收支不平衡的根本原因在于国民收入与国内总支出的总量失衡。当一国的国民收入大于国内总支出（$Y > A$）时，该国就会出现国际收支顺差；反之，当一国的国民收入小于国内总支出（$Y < A$）时，该国就会出现国际收支逆差。因此，一国国际收支的调节无非通过改变总收入或者国内总吸收来调节，或者两者兼用。

（二）货币贬值效应的分析

吸收分析论是从宏观经济的整体角度考察贬值对国际收支的影响，是一种一般均衡分析。国内总吸收 A 可以分为两部分：$A = A_0 + \alpha Y$，其中 A_0 表示自主吸收，αY 表示引致吸收，α 表示边际吸收倾向，则：

$$B = Y - A = Y - A_0 - \alpha Y = (1 - \alpha) Y - A_0 \tag{5-25}$$

对式（5-25）进行全微分，得到：

$$dB = (1 - \alpha) \cdot dY - dA_0 \tag{5-26}$$

由式（5-26）可以看出，货币贬值的效应主要表现在以下三个方面：第一，dY 表示贬值对收入的直接影响；第二，α 表示贬值通过收入变化对吸收的间接影响；第三，dA_0 表示贬值对吸收的直接影响。

1. 贬值对收入的效应（包括直接的和间接的）

（1）闲置资源效应。若一国处于非充分就业状态，当本币贬值时，出口增加、进口减少，乘数效应使得收入倍增。随着国民收入的增加，国内支出也增加了。贬值对国际收支的净影响取决于边际吸收倾向 α 的大小。当 α 小于 1 时，国民收入的增加量大于国内支出的增加量，国际收支得到改善；当 α 等于 1 时，国际收支不变；当 α 大于 1 时，国民收入的增加量小于国内支出的增加量，国际收支发生恶化。若一国已实现充分就业，则闲置资源效应就不能发挥作用。

（2）贸易条件效应。当本币贬值以后，进出口数量不能立即进行调整，贸易差额会因贸易条件的恶化而恶化，实际国民收入下降。随着国民收入的减少，国内支出也减少了。贬值的净效应同样取决于边际吸收倾向 α 的大小。当 α 小于 1 时，国民收入的减少量大于国内支出的减少量，国际收支发生恶化；当 α 等于 1 时，国际收支不变；当 α 大于 1 时，国民收入的减少量小于国内支出的减少量，国际收支得到改善。注意，本币贬值后的闲置资源效应和贸易条件效应具有相互抵消的作用。

（3）资源配置效应。本币贬值使资源从生产率较低的非贸易部门转向生产率较高的贸易部门，生产率的提高有助于提高实际国民收入。随着国民收入的增加，国内支出也增加了。贬值对国际收支的净影响取决于边际吸收倾向 α 的大小（具体情况类同于“闲置资源效应”）。注意，当闲置资源效应很小时，货币贬值的资源配置效应尤为重要。

2. 贬值对吸收的直接效应

（1）实际现金余额效应。实际现金余额是指人们持有的货币余额的实际价值。当货币供给不变时，本币贬值会推动国内物价水平上涨；当名义收入不变时，人们的实际现金余额

的价值就会下降。为了使实际现金余额恢复到意愿持有水平，一方面，人们会减少消费支出，总吸收减少；另一方面，人们会出售手中持有的金融资产，引起资产价格下降、利率水平上升、消费和投资下降，总吸收减少。因此，实际现金余额效应通过总吸收的减少使贸易收支得到改善。

（2）收入再分配效应。本币贬值会使物价水平上涨，而工资的调整却是相对滞后的。这样，物价上涨使收入由工资收入者（固定收入者）转向利润收入者（弹性收入者），在他们之间产生再分配效应。由于弹性收入者的边际消费倾向相对较低，这种再分配效应使得总消费支出减少，即吸收减少；但是若弹性收入者将其收入用来增加投资，则吸收增加。所以，总吸收增加与否或贸易收支能否得到改善，要视这两种力量的对比而定。

（3）货币幻觉效应。当本币贬值后，物价水平上涨。若货币收入与价格同比例地上升，则实际收入没有变化。但是，如果人们存在货币幻觉，只注意到价格的上升而忽视了货币收入的提高，人们就会减少消费、增加储蓄，从而使总吸收减少。因此，货币幻觉效应使贸易收支状况得到改善。

（4）其他直接效应包括预期效应、税收效应等。预期效应是指在本币贬值引起物价上涨的情形下，若人们预期物价将持续上涨，就会增加现期消费支出，使总吸收增加、贸易收支恶化。税收效应是指本币贬值引起物价上涨，人们的货币收入也会提高，于是进入较高的纳税等级，使政府收入增加；而政府的边际支出倾向通常小于私人的边际支出倾向，从而实际总支出减少，因此总吸收水平的下降会改善贸易收支。

3. 政策主张

综上所述，一国贸易收支的改善可以通过两条途径实现：一是提高国民收入水平；二是降低国内总吸收水平。如果收入水平过低，则可以采取扩张政策（包括贬值）来增加收入，只要收入的增加大于吸收的增加就可以改善贸易收支；如果吸收水平过高，则可以采取适当政策来减少吸收。但实际中，收入与支出是相互影响的，两者互为因果且有乘数关系，所以只能考虑政策的净效应。

【例 5-3】 边际吸收倾向为 0.6。假定本币贬值以后收入水平增加 15 000 亿元，自主吸收增加 5 500 亿元，那么贸易差额的净变动如何？

由 $dB = (1-\alpha)dY - dA_0$ 可知，贸易差额的净变动为：

$$(1-0.6)\times 15\,000 - 5\,500 = 500\text{（亿元）}$$

三、对吸收分析论的评价

吸收分析论采用一般均衡分析方法，将国际收支和整个国民经济的诸多变量联系起来，有助于人们更深入地认识国际收支失衡的原因与性质。但是，吸收分析法也存在不少局限性：第一，它忽视了资本流动，将国际收支简单地等同于贸易收支；第二，建立在国民收入核算恒等式的基础之上，但对收入、吸收与贸易收支的因果关系及其相互影响分析得不够，收入与吸收固然会影响贸易收支，但贸易收支反过来也会影响收入和吸收；第三，在贬值效应分析中，没有考虑相对价格在国际收支调整中的作用；第四，吸收分析论是简单的单一国家模型，没有考虑贸易伙伴国的进出口对本国进出口、收入和价格的影响，这不适用于开放经济的现实环境。

第四节 货币分析论

一、理论的提出

20世纪60年代末70年代初,西方国家出现了滞胀现象,这使凯恩斯主义受到沉重的打击,取而代之的是货币主义的兴起。美国经济学家罗伯特·蒙代尔、哈里·约翰逊等以货币主义学说为基础,采用存量均衡分析方法,研究了货币供求与国际收支的关系,形成了国际收支的货币论。

二、理论的主要内容

货币分析论(Monetary Approach)对国际收支的研究不只局限于贸易差额,还将经常项目与资本项目结合起来,同时考虑国际资本流动,侧重于分析国际收支的综合差额。

货币分析论的主要前提假设有:第一,从长期看,货币需求是收入、价格和利率等少数几个变量的稳定函数;第二,货币供给不影响实际产量,即货币中性;第三,一价定律存在;第四,中央银行不以冲销政策来中和国际储备引起的货币变化。

(一)基本方程式

货币分析论的基本观点源于货币市场均衡分析,即 MD = MS。其中,MD 表示名义货币需求,MS 表示名义货币供应量。

名义货币需求是价格 P、实际国民收入 y 和利率 i 的函数,可表示为:

$$\mathrm{MD} = Pf(y,i) \tag{5-27}$$

名义货币供给等于货币乘数 m 乘以基础货币。基础货币由两部分构成:一是基础货币的国内部分,即国内信贷量,用 D 表示;二是基础货币的国外部分,它通过国际收支盈余来获得,以国际储备为代表,用 R 表示。则

$$\mathrm{MS} = m(D + R) \tag{5-28}$$

为简便起见,取 $m = 1$,则

$$\mathrm{MS} = D + R \tag{5-29}$$

当货币市场均衡时,则有:

$$\mathrm{MS} = D + R = \mathrm{MD} \tag{5-30}$$

对式(5-30)移项得到:

$$R = \mathrm{MD} - D \tag{5-31}$$

式(5-31)就是货币论的基本方程式。

(二)基本观点

由基本方程式(5-31)可以看出,国际收支是一种货币现象,它与货币需求和货币供给的国内部分密切相关。国际储备资产 R 的增减代表了国际收支差额的变动,当 $\mathrm{MD} > D$ 时,$R > 0$,国际收支出现顺差,这是因为过度的货币需求要通过顺差的形式从国外吸收货币;当 $\mathrm{MD} < D$ 时,$R < 0$,国际收支出现逆差,这是因为国内多余的货币供给要通过逆差的形式流到国外。所以,国际收支是货币市场的“安全阀”,这个“阀门”既能以逆差的形式放出过剩

的货币供给,又能以顺差的形式注入外来的货币需求。

由于一价定律成立,式(5－27)可以写成以下形式:

$$\mathrm{MD} = Pf(y,i) = eP^{*}f(y,i) \tag{5-32}$$

于是,式(5－31)可以写成:

$$R = \mathrm{MD} - D = Pf(y,i) - D = eP^{*}f(y,i) - D \tag{5-33}$$

由式(5－33)可以看出:当本币贬值(直接标价法下,e 上升)时,MD 也相应地增加,若国内的货币供给 D 不变,则 $R>0$,国际收支出现顺差。因此,本币贬值改善国际收支的前提条件是国内的货币供给部分(国内信贷)不变。

在国内货币供给 D 不变的情形下,当本国价格水平 P 和本国实际国民收入 y 增加时,货币需求 MD 相应地增加,$R>0$,国际收支状况会得到改善;而利率 i 上升会降低货币需求 MD,造成国际收支赤字。

(三)政策主张

由于一国的货币需求在一定时期内是稳定的,国际储备的增减变化取决于中央银行或政府所控制的国内信贷部分,因此货币政策是调节国际收支的直接有效手段。当国际收支顺差时,采用扩张性的货币政策,增加国内信贷部分 D;当国际收支逆差时,采用紧缩性的货币政策,减少国内信贷部分 D。

但是,货币论认为政府的干预政策仅在短期内是有效的,而在长期,政府的干预是无效的。因此,货币论主张自由放任的政策,认为一国只要将货币供给的增长率稳定在国民收入平均增长率的同一水平上,使货币供求关系保持平衡,就能保持国际收支的稳定。

三、对货币分析论的评价

货币分析论的贡献在于:第一,着重考虑了货币因素对国际收支的影响,强调了货币市场的存量均衡在国际收支调整中的作用;第二,将国际资本流动作为考察对象,强调综合差额;第三,通过分析线下项目——国际储备的变化来考察国际收支。

它的主要缺陷则表现在:第一,过分强调货币因素对国际收支的影响,而忽视了其他的实际因素;第二,假设前提存在问题,如假设货币需求是稳定的、货币供给不影响产出、一价定律成立等;第三,过分强调自由放任的政策,而忽视了政府干预的作用,特别不适用于发展中国家。

知识拓展

中国的经济高增长与国际收支顺差何以并存

——基于货币分析法的解释

国际收支理论有弹性分析论、吸收分析论与货币分析论三种主要流派。前两种是基于凯恩斯主义的理论分析,后一种以货币主义为理论基础。在关于经济增长与国际收支关系的结论上,它们是几乎相反的。在吸收分析法中,国际收支差额等于国民收入与总吸收之差($B=Y-A$),总吸收又等于消费、投资与政府购买之和。当经济增长时,消费与投资都不断扩大,这将导致国际收支赤字。

但是如果我们用货币分析论分析就得出相反的结论。货币分析论主要由哈里·约翰逊(H. G. Johnson)等在 20 世纪 70 年代提出,贾考柏·弗兰克尔(Jacob Frenkel)等不断加以扩展和修改,成为国际货币基金组织研究国际收支问题的重要理论主张。货币分析论建立在货币主义的基础上,认为国际收支反映货币供应量对货币需求的调整过程,用公式表示为:$R = \mathrm{Md} - D$。其中,R 表示国际储备,Md 表示货币需求,D 表示货币供应量。当国内的名义货币供给量超过货币需求时,多余的货币就要寻找出路,因此个人和企业就增加货币支出,对整个国家而言,实际货币余额的调整就表现为货币外流(通过购买外国商品、服务和金融资产),引起国际收支逆差;反之,当一国国内的名义货币供应量少于货币需求时,货币供应的缺口就要寻找来源,对个人和企业来讲,就要减少货币支出,相应地造成货币内流,引起国际收支盈余。

21 世纪以来,我国经济高增长与国际收支持续地顺差,货币分析论较好地解释了这一现象。当前,我国国际收支顺差主要是由货币需求弹性的增大,以及高速的经济增长超过了货币信贷的扩张水平所致。经济增长通过资产需求、"两部门问题"①,以及人民币升值预期等渠道导致货币需求的上升。

国际收支问题本质上是实际货币余额(货币存量)对名义货币供给量的调整过程。在我国,由于货币需求收入弹性及经济增长较高,实现国际收支平衡唯一可能的途径就是扩大国内信贷水平。

资料来源:丁骋骋、张立军,"中国的经济高增长与国际收支顺差何以并存——基于货币分析法的解释",《财经科学》,2010 年第 4 期。

本章小结

1. 弹性分析论主要分析了本币贬值对贸易收支和贸易条件的影响。马歇尔-勒纳条件表明:当进出口商品的供给弹性趋于无穷大时,只要一国的进出口需求价格弹性的绝对值之和大于 1,本币贬值就会改善贸易收支状况。J 曲线效应表明:由于时滞的存在,本币贬值并不能立即改善一国的国际收支。本币贬值时,贸易条件的变化取决于进出口供给、需求弹性的大小。

2. 弹性分析论只分析了贬值的相对价格效应,但实际上,贬值也有收入效应。乘数分析论以凯恩斯的宏观经济分析方法和乘数原理为基础,主要分析了贸易收支与国民收入的相互关系。基于小国开放经济的背景而提出的哈伯格条件,将价格效应与收入效应结合了起来;在大国开放经济的条件下,应进一步考虑国外回响效应的作用,哈伯格条件进一步修正为总弹性条件。

3. 吸收分析论以凯恩斯的有效需求理论为基础,认为一国国际收支失衡的根本原因在

① 一个是一般竞争性产品部门,面临的问题主要是"需求约束",呈现持续的通货紧缩态势;另一个是具有垄断性质或产品需求刚性的部门,其货币化"商品"包括住房、医疗、养老、教育等,其问题是"供给约束",基本呈现持续通货膨胀态势。

于国民收入与国内总支出的总量失衡。因此，一国国际收支的调节无非通过改变总收入或者国内总吸收来调节，或者两者兼用。另外，吸收分析论运用一般均衡分析法，从宏观经济的整体角度考察了货币贬值的各种效应。

4. 货币分析论将国际资本流动作为考察对象，强调综合差额，着重考虑了货币因素对国际收支的影响，认为国际收支是一种货币现象，其失衡的原因在于人们对货币的需求与货币当局的国内货币供给量之间存在差异，这种失衡可以通过国内货币政策来调节。

思考题

1. 简述马歇尔-勒纳条件。
2. 简述J曲线效应存在的原因。
3. 哈伯格条件说明了什么？
4. 从吸收分析法的角度来看，一国国际收支失衡的原因是什么？可以采取哪些方法改善本国的国际收支？
5. 从货币分析法的角度来看，一国国际收支失衡的原因是什么？如何纠正国际收支失衡？
6. 比较弹性分析论、乘数分析论、吸收分析论和货币分析论。

参考文献

1. 丁骋骋、张立军："中国的经济高增长与国际收支顺差何以并存——基于货币分析法的解释"，《财经科学》，2010年第4期。
2. 周文贵、陈梁："人民币名义汇率变动对中美贸易收支影响的研究——基于毕肯戴克-罗宾逊-梅茨勒条件视角的实证分析"，《广东金融学院学报》，2011年第6期。
3. 王伟、吴晟、章胜晖："本币贬值的国际贸易收支和贸易条件效应"，《金融教学与研究》，2012年第4期。
4. 马君潞、陈平、范小云：《国际金融》，高等教育出版社，2011。
5. 吕随启、王曙光、宋芳秀：《国际金融教程》（第三版），北京大学出版社，2013。
6. 姜波克：《国际金融新编》（第四版），复旦大学出版社，2011。
7. 刘惠好：《国际金融》，中国金融出版社，2007。

第三篇

市场与实务篇

第六章

国际金融市场

本章要点

国际金融市场在世界经济发展中的作用是举足轻重的。在本章中,我们将介绍国际金融市场的形成条件与发展趋势,阐述国际货币市场、国际资本市场和国际黄金市场的功能与发展趋势,分析欧洲货币市场的发展动因、类型、特点、构成与作用。

学习目标

- 熟悉国际金融市场的概念,理解国际金融市场形成的条件,了解国际金融市场发展的阶段,掌握国际金融市场的分类,理解国际金融市场的发展趋势。
- 熟悉国际货币市场的功能与构成,掌握外国债券与欧洲债券的区别,理解国际股票市场的一体化趋势和全球证券交易所的合并趋势及其动机,熟悉国际黄金市场的类型、参与者和功能。
- 掌握欧洲货币和欧洲货币市场的概念,熟悉欧洲货币市场发展的动因和扩展,理解欧洲货币市场的类型,掌握欧洲货币市场的特点,理解欧洲货币市场的构成,熟悉欧洲货币市场的作用与影响。

第一节　国际金融市场概述

一、国际金融市场的概念

国际金融市场(international financial market),是指国际间的资金融通与资金交易的市场,即在居民与非居民之间或者非居民与非居民之间进行各种国际性金融业务活动的场所。

国际金融市场有广义和狭义之分。广义的国际金融市场,是指从事各种国际金融业务活动的场所,这些业务活动包括资金的借贷、外汇的买卖、证券的买卖、黄金的交易等。狭义的国际金融市场,仅指国际长短期资金借贷的场所。

国际金融市场与国内金融市场是既有联系又有区别的。两者的联系主要表现在:(1)国内金融市场是国际金融市场得以发展的基础,世界上一些主要的国际金融市场都是在原先国内金融市场的基础上发展而形成的;(2)国内金融市场的货币资金运动与国际金融市场的货币资金运动互为影响;(3)国内金融市场上的某些大型金融机构,同样也是国际金融市场运作上的主要参与者。两者的区别主要表现在:(1)市场运作范围不同。国内金融市场的活动领域局限于一国的领土内,而国际金融市场的活动领域则超越国界。(2)市场业务活动和参与者不同。国内金融市场上只允许使用本国货币,且限于居民参加;而在国际金融市场上,一些主要国家的货币都可以作为交易对象,且居民和非居民都可以自由地参与国际金融市场的活动。(3)市场管制程度不同。国内金融市场受本国法令和规章制度的管理与控制;而发达的国际金融市场基本不受所在国金融当局的管制,交易比较自由。

二、国际金融市场的形成和发展

(一)国际金融市场的形成条件

国际金融市场的形成必须具备以下条件:

1. 政治经济的稳定

政治经济的稳定是最基本的条件。如果一国的政治局势动荡,经常发生政变或变革,就无法保证国内经济和金融的稳定,更无法形成一个国际金融中心。

2. 自由开放的经济体制

自由开放的经济体制主要包括自由开放的经济政策与宽松的外汇管制。自由开放的经济政策,可以保障与世界各国的经济金融往来,有较强的国际经济活力,并进行各种形式的经济金融合作。宽松的外汇管制,可以保障国际资金的自由流动,容易形成国际资金的集散中心,进而形成国际金融市场。

3. 发达的金融市场

发达的金融市场必须具备健全的金融制度,拥有发达的金融机构。如果金融制度不健全,就无法保证金融活动高效地进行;而没有发达的金融机构,就没有能力担负国际金融业务的重任。

4. 现代化的通信设施与交通便利的地理位置

一国或地区要成为国际金融中心,必须有完善的通信设施,这样才能保证国际信息传递的通畅;而良好的地理位置容易吸引各种参与者,方便其交易,丰富国际金融业务。

5. 高素质的国际金融人才

拥有高素质的国际金融人才,才能为国际金融市场提供高质量、高效率的金融服务。

(二)国际金融市场的发展

国际金融市场是随着国际经济交易的发展和扩大而产生与发展的。它从最早的国际清算中心到最早的国际金融市场,直至今天极具特色的欧洲货币市场等,历经了几个世纪的发展过程。第二次世界大战后，国际金融市场的演变经历了三个阶段。

1. 20 世纪 60 年代以前

纽约、伦敦、苏黎世成为世界三大国际金融市场，以纽约居于首位。第二次世界大战后，由于英国经济遭受了严重破坏，使得伦敦国际金融市场的地位大大降低；而美国在第二次世界大战中积累了大量财富，经济实力迅速增强，1944 年的布雷顿森林体系又确立了以美元为中心的国际货币体系，从而使纽约成为全球最大的国际金融市场；瑞士由于保持了瑞士法郎的自由兑换，而且发展了自由外汇与黄金市场，使得苏黎世成为欧洲比较活跃的国际金融市场。

2. 20 世纪 60 年代至 70 年代

20 世纪 60 年代开始，美国由于国际收支恶化，黄金大量外流，美元地位急剧下降。美国采取了一系列的保护性措施限制资本外流，纽约金融市场上的对外限制较多，降低了纽约国际金融市场的作用。与此同时，西欧经济迅速崛起，在欧洲形成了欧洲美元市场；随着境外货币的种类不断增加，欧洲美元市场演变成欧洲货币市场，使得国际金融市场迅速扩展到巴黎、法兰克福、布鲁塞尔、阿姆斯特丹和卢森堡等地。

3. 20 世纪 70 年代以后

20 世纪 70 年代以后，一方面，以美元为中心的国际货币体系崩溃，西方主要国家实行浮动汇率制度，市场风险加大；另一方面，一些发展中国家（地区）相继开始了金融自由化的改革。这使得国际金融市场的发展产生了深刻的变化，一方面，以发展中国家（地区）为主体的新兴国际金融市场建立并发展起来，如新加坡、巴林、科威特、中国香港等；另一方面，为规避市场风险，全球的金融创新日益高涨，这使得金融衍生品市场的交易量不断扩大，成为当今国际金融市场的重要组成部分。

三、国际金融市场的分类

国际金融市场从不同的角度可以分为不同的类型。

（一）按照资金融通期限的长短划分

按照资金融通期限的长短可以分为国际货币市场和国际资本市场。国际货币市场是指期限在 1 年及 1 年以内的金融工具交易和资金融通市场；国际资本市场是指期限在 1 年以上的金融工具交易和资金融通市场，其业务活动按照融资方式的不同分为国际中长期信贷市场和国际证券市场。

（二）按照经营业务的种类划分

按照经营业务的种类可以分为国际货币市场、国际资本市场、外汇市场和国际黄金市场。外汇市场是指外汇买卖的场所或网络；国际黄金市场是指集中进行黄金买卖的交易场所。

（三）按照交易对象所在区域和交易币种划分

按照交易对象所在区域和交易币种可以分为在岸市场（on-shore market）和离岸市场（off-shore market）。在岸国际金融市场是指居民与非居民之间进行资金融通及相关金融业务的场所，交易的货币是市场所在国货币，受市场所在国政府的政策与法令的管辖，是国内金融市场的延伸，是传统的国际金融市场。离岸国际金融市场又称境外市场，是指在一国国境以外进行该国货币的存贷、投资、债券发行和买卖业务的市场，交易活动是在市场所在国的非居民之间进行，交易货币是除市场所在国货币以外的其他货币，一般不受市场所在国及其他国家的政策与法规的约束，是新型的国际金融市场。

四、国际金融市场的发展趋势

（一）金融全球化、一体化趋势

全球化、一体化是指全球的国际金融市场联成一体，24 小时连续运作，而且国际金融市场与各国国内金融市场联成一体。由于电子技术的广泛运用，计算机和卫星通信网络把遍布世界各地的金融中心和金融机构紧密地联系在了一起。以纳斯达克为代表的现代网上金融交易，其快速、全天候的交易方式正在冲击着传统的交易所交易方式。同时，各交易所跨越国界进行联网，更是推动了全球金融市场的融合。例如，1984 年 9 月新加坡商品交易所与芝加哥商品交易所实现全球第一次交易所海外联网，2007 年建立的纽约-泛欧证券交易所大大地推进了欧洲证券市场的一体化。除此之外，银行业的全球一体化也快速推进。20 世纪 80 年代以来，跨国银行在海外大量设立分行，并且在金融创新的推动下向全能银行发展，开始经营投资银行、保险和其他金融业务。金融电子化提供了技术条件，帮助跨国银行形成了全球范围的经营网络，这加速了国际金融市场的全球化。

（二）融资方式证券化趋势

融资方式证券化趋势主要表现在以下两个方面：

（1）国际金融市场上的融资结构发生了变化，传统的国际信贷比重逐渐下降，而国际证券业务比重相对上升。20 世纪 80 年代中期，国际金融市场上的证券融资比例首次超过国际信贷，1986 年债券融资占资本市场融资总额的 70%；90 年代这一趋势继续保持下来，1994 年国际证券融资占比已达到 78.8%；近年来，虽然这一比重有所下降，但仍占融资总额的 50% 以上。①

（2）贷款债权证券化，银行直接进入证券市场，将传统的长期抵押贷款安排成证券，以实现贷款债权的流动性，加速资金的周转。贷款债权证券化成为一种国际性的趋势，与解决发展中国家的债务危机是分不开的。

形成金融市场证券化趋势的主要原因有：①在债务危机的影响下，国际银行贷款收缩了，促使融资者纷纷转向证券市场；②发达国家从 20 世纪 70 年代末以来实行金融自由化政策，开放证券市场并鼓励其发展；③金融市场广泛采用电子计算机和通信技术，使市场能处理更大量的交易，更迅速、更广泛地传递信息，对新情况迅速地做出反应，设计新的交易程序，并把不同时区的市场链接起来，这为证券市场的繁荣提供了技术基础；④一系列新金融工具的出现，也促进了证券市场的繁荣。

（三）金融自由化趋势

20 世纪 80 年代以前，西方国家普遍对利率实行管制，如制定存款利率最高限，规定商业银行不得对活期存款支付利息等。虽然这些管制对稳定金融秩序起到了一定的作用，但 80 年代以后，这些早期形成的金融法规实际上已很难适应经济发展的需要了；而且，金融管制

---

① 杨胜刚、姚晓义：《国际金融》，高等教育出版社，2012。

对金融业的某些消极作用,也在相当程度上激发了西方各国进行金融创新的热情。正是基于这一背景,西方国家纷纷掀起了以“自由化”为特征的金融改革浪潮。

国际金融市场的自由化特征主要表现在以下几方面:一是价格自由化,取消存款利率限制,放开汇率管制,取消证券交易中的固定佣金制度;二是扩大各类金融机构的业务范围和经营权,使其公平竞争;三是改革金融市场,放松金融机构进入市场的限制,丰富金融工具和融资技术,加强和改善金融市场的管理;四是实行资本流动自由化,相继放宽外国资本、外国金融机构进入本国金融市场的限制,以及本国资本和金融机构走向国外市场的限制。

例如,自20世纪80年代以来,美国逐步放松对存贷利率的管制;1999年年底,美国颁布并实施了《金融服务现代化法案》,该法案废除了形成于1933年的《格拉斯-斯蒂格尔法案》中的主要条款,解除银行业、证券业和保险业之间的行业壁垒等。在英国,1986年10月,伦敦股票交易所允许外国银行、保险公司及证券公司申请成为交易所会员,允许交易所以外的银行或保险公司甚至外国公司100%地购买交易所会员的股票。此次改革被人们称为金融“大爆炸”,其核心就是利率的自由化和金融业务的自由化。这一期间,许多发展中国家在金融深化理论的影响下也逐步实行了金融自由化改革,减少政府对金融的干预,实行商业银行民营化,实行利率自由化,实行金融对外开放,放松金融管制等。

20世纪90年代以来,虽然先后出现了诸如墨西哥金融危机、巴林银行倒闭及亚洲金融危机等恶性事件,在一定程度上延缓或阻碍了金融自由化的进程,但从总体趋势来看,金融自由化的浪潮仍在持续。

进入21世纪后,国际金融市场爆发了一系列的金融危机,尤其是2008年由美国次贷危机引发的第二次世界大战以来范围最广、烈度最深的全球金融危机,使得全球金融界认识到在金融管制放松的过程中进行金融监管的重要性。

(四) 金融创新的趋势

20世纪七八十年代以来,伴随着金融工程理论、信息技术的完善,金融管制的放松以及汇率风险、利率风险的加大,国际金融市场(尤其是金融工具)的创新层出不穷。

金融工具的创新并不是完全凭空的创新,总的来说,在收益、风险、流动性、数额和期限等方面具有不同的特性,任何金融工具都可以说是其中若干特性的组合,创新不过是把金融工具原有的特性予以分解,再重新安排组合,使之能够适应新形势下汇率、利率波动风险,以及套期保值的需要。目前,金融工具的创新主要有四种类型:(1)风险转移创新,包括能在各经济机构之间相互转移金融工具内在风险的所有新工具和新技术,如期权、期货交易、货币与利率互换交易;(2)增加流动性创新,包括所有能使原有的金融工具提高变现性或可转让性的金融工具和交易技术,如长期贷款的证券化、大额可转让定期存单等;(3)信用创造型创新,能使借款人的信贷资金来源更为广泛,或者使借款人从传统的信用资金来源转向新的来源,如票据发行便利;(4)股权创造型创新,包括使各类经济机构的股权资金来源更为广泛的金融创新,如可转换债券、附有股权认购书的债券等,能使金融工具由债权变为股权。

(五) 表外业务重要性日益增强的趋势

表外业务是商业银行所从事的、未列入资产负债表、以提供担保和服务来收取佣金或服务费的业务活动。20世纪80年代以来,随着商业银行金融创新步伐的加快,传统的融资收益占比在逐步下降,表外业务的种类、收益逐步上升,出现了一系列的表外创新业务。目前,国际商业银行表外业务可以分为四个大类数十个品种:一是银行提供的各种担保,如票据承兑、跟单信用证等;二是贷款与投资承诺业务,如票据发行便利、循环贷款承诺等;三是外汇买卖与投资业务,如互换业务、期权业务、远期利率协议等;四是利用商业银行现有的人力、技术设备为客户提供中介服务,如代收费业务等。表外业务的迅猛发展,改变了商业银行的风险配置格局,是推动商业银行管理创新的重要动力。

(六)机构投资者重要性日益增强的趋势

20世纪80年代以后,机构投资者(保险基金、养老金基金、互惠基金等)在跨国资本的流动中,尤其是跨国证券交易中的重要性迅速增强。

机构投资者日益重要的原因主要有:(1)机构投资者在增大回报、限制中介费用、减少风险并使资产多样化等方面比个人投资者更具有优势;(2)机构投资者一般比银行受到相对宽松的管制与监督约束;(3)就跨国业务来说,工业国普遍取消资本控制,放松对机构投资者投资外国资产的份额限制,刺激了机构投资者持有更多外国资产的意愿;(4)随着许多国家人口老龄化趋势的加深,养老金基金的重要性日益增强。

第二节　国际金融市场的主要类型

国际金融市场主要包括国际货币市场、国际资本市场、外汇市场和国际黄金市场。外汇市场将在第七章进行详细介绍,以下主要介绍其他三个市场。

一、国际货币市场

国际货币市场是指借贷期限在1年以内的国际短期资金交易场所。其主要功能有:为暂时闲置的国际短期借贷资金提供出路,使其增值;便利短期资金在国家间的调拨,使国际结算顺利地进行;提供短期资金融通,便利国际经济交易。国际货币市场的参与主体主要包括各国的商业银行、投资银行、证券公司、票据承兑和贴现公司、中央银行等。根据不同的借贷方式,国际货币市场分为短期信贷市场、短期证券市场和票据贴现市场。

1. 短期信贷市场

短期信贷市场是指银行对客户提供1年或1年以内的短期贷款市场,主要包括银行对工商企业的信贷和银行间同业拆借市场。前者主要解决企业流通资金的需要;后者主要解决银行平衡头寸、调节资金余缺的需要,在该市场中占主导地位。贷款利率以伦敦银行间同业拆借利率(LIBOR)为基准;贷款期限最短为1天,最长为1年,也提供3天、1周、1个月、3个月、半年期限的资金;交易完全凭信用,不要抵押和担保,通过电报、电话进行。

2. 短期证券市场

短期证券市场是进行短期票据交易的市场。交易的短期票据种类繁多,大致分为两类:一是与银行有关的市场信用工具,如大额可转让定期存单、银行承兑汇票等;二是由非银行金融机构发行的票据,如国库券、商业票据等。

3. 票据贴现市场

票据贴现市场是对未到期的票据以贴现的方式给予融资的市场。贴现交易使持票人在扣除贴现支付利息的前提下提前取得票据到期金额，而贴现人则向持票人提供融资。贴现票据主要有公司债权、银行债权、银行承兑汇票、商业承兑票据、国库券和其他短期政府债券等。贴现业务的经营者主要是商业银行、贴现公司、票据经纪商和票据承兑所。贴现业务是货币市场资金融通的一种重要方式。中央银行可利用贴现业务调节利率和信用，从而达到宏观调控的目的。

二、国际资本市场

国际资本市场是指国际金融市场中，期限在 1 年以上的各种资金交易活动所形成的市场。国际资本市场主要由国际银行中长期信贷市场、国际债券市场和国际股票市场三部分组成。国际银行中长期信贷市场主要采取银团贷款的形式，而且以欧洲货币贷款为主（详见本章的第三节）。下面重点介绍国际债券市场和国际股票市场。

1. 国际债券市场

国际债券包括外国债券（foreign bond）和欧洲债券（Eurobond）。外国债券是指一国发行人或国际金融机构为了筹集外币资金，在外国资本市场上发行的、以市场所在国货币为标价货币的国际债券。英国的外国债券市场是外国债券的发祥地，在伦敦发行的英镑面值的外国债券被称为“猛犬债券”（Bulldog Bonds）；在美国发行的外国债券被称为“扬基债券”（Yankee Bonds）；在日本市场上发行的外国债券被称为“武士债券”（Samurai）；在中国市场上发行的外国债券被称为“熊猫债券”（Panda Bonds）。欧洲债券是指一国发行人或国际金融机构在债券票面货币发行国以外的国家或地区发行的、以欧洲货币为标价货币的国际债券。

国际债券发行市场又称一级市场，是政府、机构和企业在发行债券时，从规划到推销、承购等阶段的全部活动过程。发行市场没有固定场所，主要由投资银行、经纪人和证券商等构成。欧洲债券的发行通常采用“出盘”的形式，即不经过申请批准的非正式的发行方式，以规避国家对发行的限制。发行国际债券一般需要国际公认的评级机构对债券资信进行等级评定，目的是将债券资信状况公布于众，保护广大投资者的利益。债券评级的主要内容包括：(1)债券发行人还本付息的清偿能力；(2)债券发行人在金融市场上的声誉、历史偿债情况、有无违约记录；(3)发行人破产的可能性。美国的评级业最为发达，目前最主要的评级公司有标准普尔公司（S&P）、穆迪投资者服务公司（Moody）和惠誉公司（Fitch）三家。

国际债券发行后，投资者可在二级市场（或称为“流通市场”）上买卖债券。该市场的存在和发展增强了债券的流动性。国际债券的流通一般通过证券交易所和场外交易两种方式进行。场外交易又称“店头交易”，是债券流通的主要方式。欧洲债券二级市场的主要交易中心是伦敦、法兰克福、阿姆斯特丹及苏黎世的场外交易市场，交易者通过主要银行间的电信网络进行交易。

国际债券在交易后会通过会计结算来转移有关各方的债券所有权，而债券本身则极少甚至不会被转移，这一过程就是清算。清算的目的是减少因债券交易而产生的成本，使参与者避免交割风险。目前，国际债券的主要清算系统是欧洲清算系统（Euro Clearing System，ECS）和总部设在卢森堡的塞得尔（Cedel）清算系统。

2. 国际股票市场

国际股票市场是指在国际范围内发行并交易股票的市场。国际股票是指外国公司在一个国家的股票市场发行的、用该国或第三国货币标示的股票。

在国际股票市场上,股票的发行和买卖交易是分别通过一级市场与二级市场实现的。一级市场即股票发行市场,而股票发行主要经过四个阶段:一是股票发行前的策划准备阶段;二是申请核准注册或审批阶段;三是股本募集阶段;四是股本划入公司账户,公司最终成立。从发行程序来看,在国际上发行股票与在本国发行股票的程序大体相同,只是国际股票的发行在程序上更复杂一些,涉及的当事人更多,审查也更严格。

二级市场即对已发行的股票进行买卖的市场,根据二级市场的结构,它可以分为股票交易所市场和场外交易市场两部分。股票交易所是证券经纪人、自营商等投资机构有组织地建立的、从事股票交易的公开场所,世界著名的股票交易所如纽约证券交易所、东京证券交易所、伦敦证券交易所、泛欧证券交易所等。场外交易是指证券投资机构之间以电话、电传等方式相互进行的股票交易,如美国的纳斯达克市场等。

随着各国金融市场管制的放松,更多的公司选择到境外股票市场上市,世界范围内的股票市场一体化趋势不断增强。这种一体化趋势,一方面可以以各国股票市场的联动程度或相关系数反映出来,即世界某一主要证券交易所股票价格指数下跌,往往会引起全球其他证券交易所股票价格指数跟随下跌;另一方面可以通过到国外股票交易所上市的公司数目来衡量。以中国为例,清科研究中心的数据显示,2014 年中国有 96 家企业在海外的 6 个市场上市,活跃度与 2013 年相比多了 30 家上市企业;融资额合计 492. 59 亿美元,是 2013 年全年 190. 13 亿美元高出近 2. 59 倍。2015 年前三个季度,共有 242 家中国企业在境内外资本市场上市,合计融资 412. 08 亿美元,平均每家企业融资约 1. 70 亿美元。

目前,全球证券交易所呈现合并趋势。2000 年 3 月,阿姆斯特丹交易所、布鲁塞尔交易所、巴黎交易所签署协议,合并为泛欧交易所(Euronext)。自 2002 年起,泛欧交易所进一步扩大,先是兼并了伦敦国际金融期货与期权交易所(LIFFE),后又与葡萄牙证券交易所(BV-LP)合并,成为欧洲领先的证券与期货产品兼备、集交易与清算于一身的跨国证券交易机构。2007 年 4 月,泛欧交易所与纽约证券交易所合并为纽约-泛欧交易所(NYSE Euronext),成为首家跨越大西洋和两个主要交易时区的股票交易所。2016 年 3 月 16 日,伦敦证券交易所集团(伦交所)与德意志交易所集团(德交所)同意就对等合并条款达成协议,两家交易所合并后的市值预计将达 270 亿欧元,成为欧洲最大的证券市场运营商。

全球证券交易所合并的动机,从内部原因来看,跨国并购可以给交易所提供新的利润增长机会;从外部原因来看,跨国公司希望自己的股票能在全球各地 24 小时进行交易,有助于其在世界各地以较低的成本筹集资金。对于进行多元化投资的机构投资者来说,它们希望获得整合性的交易服务和全球性的投资机会,以便能快捷、低成本地管理各种复杂的交易和投资策略。

知识拓展

我国企业境外上市市值突破 6 000 亿美元

国家外汇管理局 2016 年 3 月 31 日发布的数据显示,截至 2015 年 9 月末,境外上市的 207 家中国企业境外股票总市值达 6 176 亿美元,其中境外股东持有 4 911 亿美元,占比为

79%。专家表示，境外股东持股比例较高说明我国企业得到了国际投资者的认可。

近年来，越来越多的境内企业选择到境外上市。从一国对外金融资产和负债来看，境内企业在境外发行的股票若由境外股东持有，则意味着我国对外负债增加。为了更好地反映境内企业境外上市的市值，自 2015 年起，国家外汇管理局根据国际标准（市值优先）的要求，利用中国证券监督管理委员会公布的注册地在内地、上市地在境外的企业名录，依据上市公司年报、交易所市场价格等公开披露信息，按季度对我国到境外上市企业的市值进行调查统计。

从国家外汇管理局发布的数据来看，截至 2015 年 9 月末，境外上市中国企业中，单一境外股东持股超过 10% 的企业有 33 家，这些境外股东的持股市值为 170 亿美元；持股比例低于 10% 的境外股东的持股市值为 4 741 亿美元。境外上市企业在数量上以非金融企业为主，但金融机构市值占比较高。此外，从企业构成来看，207 家境外上市中国企业中，银行等金融机构有 25 家，仅占 12%；但从市值来看，金融机构占比高达 67%。

资料来源：我国企业境外上市市值突破 6 000 亿美元，http://economy.gmw.cn/newspaper/2016-04/02/content_111558171.htm。

三、国际黄金市场

黄金是一种特殊的商品，兼具货币、金融和商品的属性。黄金市场是集中进行黄金买卖的交易场所，是国际金融市场的重要组成部分。

（一）国际黄金市场的分类

国际黄金市场根据不同的标准划分为不同的类型。

（1）按其性质和对世界黄金交易的影响程度，国际黄金市场可分为主导性市场和区域性市场。主导性市场是指其价格的形成及交易量的变化对其他黄金市场起主导性作用的市场，主要有伦敦、纽约、苏黎世、芝加哥、香港等市场。该市场又可分为两大黄金集团：一是伦敦-苏黎世集团，二是纽约-香港集团（包括芝加哥）。两大集团之间的合作十分密切，共同操纵着世界黄金市场，其中伦敦黄金市场的作用尤为突出。区域性市场主要指交易规模有限，且大多集中在本地区并对世界市场影响不很大的市场，主要有巴黎、法兰克福、布鲁塞尔、卢森堡、新加坡、东京等市场。

（2）按交易方式的不同，国际黄金市场可分为现货交易市场和期货交易市场。在同业间通过电话联系进行交易的欧洲型市场（如伦敦、苏黎世等），以现货交易为主；设有具体交易场所的美国型市场（如纽约、芝加哥、香港等），以期货交易为主。国际黄金现货和期货两大市场之间通过金融机构进行密切联系，跨市套利等行为使得两个市场的价格趋向一致。

（二）国际黄金市场的主要参与者

1. 交易所

目前，世界上共有五大黄金交易所，分别是英国伦敦黄金交易所、瑞士苏黎世黄金交易所、新加坡黄金交易所、中国香港黄金交易所和日本东京黄金交易所。中国上海黄金交易所于 2002 年年底成立。

2. 国际金商

国际金商主要指伦敦黄金市场的五大定价金行,分别为洛希尔国际投资银行、加拿大枫叶银行、德意志银行、美国汇丰银行和瑞士信贷第一波士顿银行。这些金行不但与世界各大金矿有广泛的联系,而且其下属的各家公司又与许多商店和黄金顾客有联系,因此五大黄金商会根据自身掌握的情况,不断报出黄金的买价和卖价。

3. 银行

银行在黄金市场中主要有两个作用:一是仅为客户代理进行买卖和结算,充当生产者和投资者之间的经纪人,在市场上起到中介作用;二是作为黄金交易所的自营商会员,直接进行黄金的买卖和投资。

4. 对冲基金

近年来,国际对冲基金尤其是美国的对冲基金在国际黄金市场上的作用日趋重要,黄金市场上几乎每次价格的大幅变动都与基金公司的交易有关。一些规模庞大的对冲基金凭借其强大的研究力量和信息优势,往往较早地捕捉到经济基本面的变化,利用其管理的庞大资金进行买空和卖空,从而加速黄金市场价格的变动并从中获利。

5. 各种法人机构和私人投资者

各种法人机构和私人投资者既包括专门出售黄金的公司,如各大金矿、黄金生产商、专门购买黄金消费的黄金制品商、首饰行及私人购金收藏者等,也包括专门从事黄金买卖业务的投资公司、个人投资者等。

6. 经纪公司

经纪公司是专门从事代理非交易所会员进行黄金交易,并收取佣金的经纪组织。有的交易所将经纪公司称为经纪行(Commission House)。在纽约、芝加哥、香港等黄金市场里,活跃着许多经纪公司,它们本身并不拥有黄金,只是指派场内代表在交易厅里为客户代理黄金买卖并收取客户的佣金。

(三) 国际黄金市场的主要功能

1. 黄金市场的保值、增值功能

黄金具有很好的保值、增值功能,可以作为一种规避风险的工具,与贮藏货币的功能类似。黄金市场的发展为投资者提供了一种投资渠道,可以分散投资风险。

2. 黄金市场的货币政策功能

黄金市场为各国中央银行提供了一个新的货币政策操作工具,中央银行可以在黄金市场上买卖黄金以调节国际货币储备的构成和数量,从而控制货币供给。虽然目前黄金市场的这一作用是有限的,但由于其对利率和汇率的敏感性不同于其他手段,从而可以作为货币政策操作的一种对冲工具。随着黄金市场开放程度的逐步加深,这一功能也将逐步显现。

第三节　欧洲货币市场

一、欧洲货币和欧洲货币市场的概念

欧洲货币(Eurocurrency)又称"境外货币"(off-shore currency),是指在某货币发行国境

外存放、交易的该种货币的总称。例如,在美国境外存放或交易的美元被称为“欧洲美元”,在日本境外存放或交易的日元被称为“欧洲日元”。之所以冠以“欧洲”一词,是因为这一市场在发展初期,其交易业务是在西欧各金融中心进行的。但现在,欧洲货币既不限于欧洲,也不限于欧洲国家的货币。目前,在境外金融市场经常使用的欧洲货币包括美元、欧元、日元、英镑、瑞士法郎等,其中美元仍占主导地位。

欧洲货币市场又称“离岸金融市场”或“境外市场”,是指非居民之间以银行等金融机构为中介,在某种货币发行国国境之外从事该种货币的存贷、投资、债券发行和买卖业务的市场。

二、欧洲货币市场发展的原因和扩展

(一) 欧洲货币市场发展的原因

欧洲货币市场发展的最初诱因是回避政治风险。一是 20 世纪 50 年代的美苏冷战,苏联货币当局不愿意把出口挣得的美元存放在美国,因为担心美国政府可能因冷战而冻结这些存款,于是将这些美元存放在英国和法国的银行里;二是在 20 世纪 70 年代的政治风险,阿拉伯国家为了给石油美元寻找流动出口,也纷纷把石油美元资金转移到欧洲货币市场。

然而,这种出于政治考虑而把资金转移到欧洲货币市场的行为并不是这一市场发展壮大的主要原因,而是欧洲货币的存款利率高于该货币在本国境内的同期存款利率。欧洲货币市场之所以能支付较高的存款利率,是因为对它的管制极为宽松。以欧洲美元为例,大量美元流入欧洲的主要动机是规避美国金融法规和条令的限制。例如,根据美国联邦储备银行颁布的“Q 条例”,美国商业银行的存款利率最高不能超过限定的利率,而欧洲美元存款则不受此限制;又如,根据美国联邦储备银行颁布的“M 条例”,美国银行对国外银行的负债(包括其海外分支机构在国内总行的账面存款),必须缴存累进的存款准备金,而经营美元的欧洲银行则不受此限制。另外,20 世纪 60 年代后期,美国政府为改善国际收支和控制资金外流而采取了一系列的限制措施,这促使跨国公司不得不转向欧洲货币市场融通资金,从而极大地促进了该市场的发展。

(二) 欧洲货币市场的扩展

20 世纪 60 年代开始,欧洲货币市场从欧洲地区扩展到亚洲地区。新加坡和中国香港的金融机构被授权接受美元和其他货币的存款并以这些货币进行贷款。这一境外市场通常被称为亚洲货币市场,其运行机制与欧洲货币市场完全相同。

20 世纪 80 年代开始,欧洲货币市场又从亚洲地区扩展到美国境内。1981 年起,在美国经营的银行可在美国境内设立国际银行便利(International Banking Facilities,IBF),以经营欧洲货币业务。国际银行便利的业务严格限制在非居民,与国内业务完全分开,交易不受美国国内金融法规的限制,交易者还可以豁免利息预扣税和地方税等。国际银行便利的建立,使美国既建立起一个与以伦敦为中心的欧洲货币市场相匹敌的离岸金融市场,又有助于隔绝国际金融市场上的资金流动对本国货币存量和宏观经济的影响。

三、欧洲货币市场的类型

根据是否从事实际性金融业务,欧洲货币市场可以分为功能中心(functional center)和名义中心(paper center)。

(一) 功能中心

功能中心是指集中了众多的银行和其他金融机构,从事具体的资金存贷、投资和融资等业务的区域或城市。功能中心又可以分为以下几种:

1. 内外混合型中心

内外混合型中心(integrated center)是指离岸金融市场业务和市场所在国(地区)的在岸金融市场业务不分离的中心。这一类型的市场允许非居民同时经营在岸业务和离岸业务,其目的在于发挥两个市场资金和业务的相互补充与相互促进的作用,是典型的国内金融市场和国际金融市场一体化的市场。伦敦国际金融中心与中国香港国际金融中心属于这种类型的市场。

内外混合型离岸金融中心对市场所在地的经济实力特别是金融监管环境有较高的要求。因为在这样的中心,居民与非居民间的资本流动往往对市场所在地的境内金融市场乃至宏观经济产生较大的影响。

2. 内外分离型中心

内外分离型中心(segregated center)又可以分为彻底的内外分离型和渗透性内外分离型。

(1)彻底的内外分离型中心是指离岸金融市场业务和市场所在国的在岸金融市场业务严格分离的中心。这种分离既可以是经营场所的分离,也可以是账户上的分离,目的在于防止离岸金融交易活动影响或冲击本国货币金融政策的实施。这种市场的典型代表是美国的国际银行便利、日本东京离岸金融市场(Japan Offshore Market,JOM)上的涉外特别账户等。

(2)渗透性内外分离型中心是指设立离岸与在岸账户,将居民与非居民业务分开,但允许在岸业务和离岸业务有一定渗透的中心。这种渗透又分三种情形:①允许离岸账户的资金向在岸账户流动,目的在于更好地使用外资,但应取消渗透到国内市场的离岸资金作为离岸资金的一切优惠,以防止其扰乱国内金融市场。这种市场的典型代表是马来西亚的纳闽岛和泰国的曼谷。②允许在岸账户资金向离岸账户流动,但禁止离岸账户向境内放贷。③允许资金在离岸账户与在岸账户之间双向渗透。目前,新加坡的亚洲货币经营单位(Asian Currency Unit,ACU)就是这种情况。

(二) 名义中心

名义中心是纯粹的记载金融交易的场所,不从事具体的离岸金融交易业务,只是为在其他金融市场上发生的资金交易进行注册、记账、转账的作用,其目的是逃避税收和金融管制,所以又被称为"记账结算中心"或"避税港型离岸金融中心"。加勒比海地区的巴哈马、开曼群岛,以及百慕大、巴拿马等都是这种类型的离岸金融中心。

四、欧洲货币市场的特点

(一) 所受管制少,经营比较自由

传统的国际金融市场,必须受所在地政府的政策与法令的约束,如在存款准备金、存贷款利率、税收和转账等方面都受到不同程度的限制和管制。而欧洲货币市场则不受任何国

家的政策、法规与条令的限制；相反，当地政府为了吸引更多的欧洲货币资金，一般会采取种种的优惠措施，如境外资金免缴存款准备金、享受低税率等，所以这个市场的经营比较自由。

欧洲货币市场的快速发展已经对各国的国内经济产生了巨大的影响，这一市场上的金融风险日益加剧。各国开始对欧洲货币市场的主体（国际性商业银行）进行监管，从而逐步加强对该市场的管理。1975 年 2 月以来，在国际清算银行的主持下，成立了监管国际银行业务的机构——巴塞尔委员会。该委员会就银行的国际业务制定了一系列的规则，使各国在协调对欧洲货币市场的监管上迈出了重要的一步。

（二）拥有独特的利率体系

参与银行同业间拆借的银行一般同时报出两个利率：一个是银行为吸引其他银行的资金而愿意支付的存款利率（bid rate）；另一个是银行愿意把资金借贷给其他银行所得到的贷款利率（offer rate）。欧洲货币市场上最关键的利率是伦敦银行间同业拆借利率（LIBOR），它就是上面提到的两个利率中的贷款利率。

欧洲货币市场的利率体系比较独特，这表现在：其存款利率略高于国内金融市场，而贷款利率略低于国内金融市场。存款利率较高，是因为一方面境外存款的风险大于国内，另一方面这些境外存款不受法定准备金和存款利率最高额的限制；而贷款利率略低，是因为欧洲银行享有所在国的免税和免缴存款准备金等优惠条件，贷款成本相对较低，故降低贷款利率以招徕顾客。存贷利差很小，一般为 0.25%—0.5%，因此欧洲货币市场对资金存款人和资金借款人都极具吸引力。

（三）资金规模和交易规模庞大，交易币种繁多

欧洲货币市场的资金来自世界各地，数额极其庞大。它是一个批发市场，以银行间交易为主，银行同业间的资金拆借占欧洲货币市场业务总量的比重很大；因为大部分的借款人和存款人都是一些大客户，所以每笔交易的数额很大，一般少则数万美元，多则可达数亿甚至数十亿美元。各种主要可兑换货币应有尽有，以发展中国家货币为交易币种的也并不少见，故能满足各种不同类型的国家及其银行、企业对于不同期限与不同用途的资金需要。

五、欧洲货币市场的构成

欧洲货币市场按业务可以分为欧洲货币短期信贷市场、欧洲货币中长期信贷市场和欧洲债券市场。

（一）欧洲货币短期信贷市场

欧洲货币短期信贷市场形成最早，规模最大，该市场主要有以下特点：

（1）借贷期限短。欧洲货币短期贷款的期限最长不超过 1 年，一般为 1 天、7 天、30 天或 90 天，其中 90 天期的最为普遍。

（2）借贷金额比较大。每笔短期贷款的起点一般为 100 万美元，具有批发性质。

（3）该市场的参与者主要是金融机构、跨国公司、政府机构及国际金融机构。

（4）这种贷款一般不签订协议，无须缴纳担保品，通过电话或传真就可以完成。

（5）借款期限、币种和利率等可以由借贷双方协商确定，灵活方便。欧洲各大商业银行每天对不同期限、不同货币的利率都挂牌公布。

（二）欧洲货币中长期信贷市场

欧洲货币中长期信贷市场主要从事期限在1年以上的借贷活动，该市场主要有以下特点：

（1）必须签订贷款协议，协议的主要内容包括贷款币种、贷款数量、利率、交款地点、费用增加的补偿、提前偿还条款、违约条款等。

（2）利率确定灵活。贷款利率通常是以伦敦银行同业间拆借利率为基础，再加一个附加利率（margin 或 spread）。

（3）通常以银团贷款的形式完成。银团贷款又称辛迪加贷款（syndicated loan），是指若干银行组成一个集团，共同向借款人提供巨额资金的一种中长期贷款方式。银团由牵头银行、代理银行、参加银行构成。牵头银行（lead manager）负责组织贷款，同借款人商讨贷款协议的各项条款，并提供贷款总额50%—70%的贷款；代理银行（agent bank）主要监督管理贷款的具体事项，如与借款人的日常联系、负责通知各银行及时按规定拨款、计算和收取应偿还的利息及本金等；参加银行（participating bank）主要参与银团贷款，提供一部分贷款。银团贷款的成本由两部分组成：①周期成本（periodic cost），周期成本 =（LIBOR + 附加利率）× 支取贷款额 + 承诺费率 × 未支用贷款额 + 代理费。其中，承诺费（commitment fee）是指若借款人没有按期用款，使贷款银行的资金闲置，就要对未按期提用的部分支付承诺费以赔偿损失；代理费（agent fee）是指借款人支付给代理银行所提供服务的酬金，同时代理银行为安排贷款与借款人进行联系所发生的一切费用，如电报、电传、办公费等都由借款人负担。②一次性成本（front-end cost），是指借款人对参与银团贷款的所有银行的一次性补偿，占贷款总额的0.5%—1%。

（三）欧洲债券市场

欧洲债券（Eurobond）又称“境外债券”，是指在某货币发行国以外、以该国货币为面值发行的债券，是国际债券的一种。例如，法国一家企业在日本债券市场上发行以美元为面值的债券即为欧洲债券。欧洲债券市场是指发行欧洲债券进行筹资的市场，是国际中长期资金市场的重要组成部分，也是欧洲货币市场的重要组成部分。

1. 欧洲债券市场的特点

欧洲债券市场产生于20世纪60年代初，主要有以下特点：

（1）高度自由。该市场不受任何国家金融当局的管辖，如欧洲美元债券的发行不必向美国证券交易委员会登记申请，也不受其管制。

（2）债券发行条件比较优惠。欧洲债券通常以不记名的方式发行，债券持有人不必向税务当局登记，其利息通常免除所得税或者不征收预扣税。因此，欧洲债券对投资者极具吸引力，也使筹资者能以较低的利息成本筹到资金。

（3）发行费用和利息成本比较低。欧洲债券的发行费用约为债券面值的2.5%，利息成本也较低。例如，同期欧洲美元债券的利息成本要低于扬基债券的利息成本。

（4）安全性较高，流动性强。欧洲债券市场的主要借款人是跨国公司、各国政府和国际组织。这些借款机构的资信较高，对投资者来说比较安全；同时，该市场拥有发达的二级市场，流动性较强。

（5）市场反应灵敏，交易成本低。欧洲债券市场拥有欧洲清算系统和塞德尔清算系统，从而使该市场能够准确、迅速、及时地提供国际资本市场现时的资金供求及利率、汇率的动向，缩短债券交割时间，减少交割手续，降低了交易成本。

（6）债券种类和货币选择性强。欧洲债券市场可以发行多种类型、期限、币种的债券，借款人可以根据各种货币的汇率、利率和其他需要选择发行合适的欧洲债券，投资者亦可根据需要选择购买任何一种债券。

（7）不影响发行地国家的货币流通。因发行债券所筹措的是欧洲货币资金而非发行地国家的货币资金，故债券的发行对发行地国家货币资金流动的影响不大。

（8）金融创新持续不断。欧洲债券市场是最具活力的市场之一，它可以根据供求状况，不断推出新的产品或组合产品，并以此把国际股票市场、票据市场、外汇市场和黄金市场紧密地联系在一起，有力地推动了国际金融一体化与世界经济一体化。

2. 欧洲债券市场的种类

目前，欧洲债券市场上的债券主要有以下种类：

（1）普通固定利率债券（fixed-rate bonds），其特点是债券发行时，利率和到期日已做明确规定。

（2）浮动利率债券（floating-rate bonds），其特点是利率可以调整，多为 3 个月或半年调整一次，以同期的伦敦银行同业间拆借利率或美国商业银行优惠放款利率为准，加上一定的附加利率。

（3）可转换债券（convertible bonds），其特点是在指定的日期、以约定的价格转换成债券发行公司的普通股票，或者其他可转让流通的金融工具。

（4）附有认股权证的债券（bonds with equity warrants），其特点是附有认股权证，债券持有者可凭认股权证、按规定的价格购买发行公司的股票。认股权证具有长期看涨期权的特点，它可以与债券分开买卖。

（5）选择债券（option bonds），即在指定的日期内，以事先约定的汇率将债券的面值货币转换成其他货币，但是仍按照原货币的利率收取利息。

（6）零息债券（zero coupon bonds），即债券没有票面利率，以折价方式发行，到期一次还本。

（7）双重货币债券（dual currency bonds），其特点是购买债券及付息时使用的是一种货币，而在到期日归还本金时使用的是另一种货币，两种货币之间的折算汇率是事先确定的。

六、欧洲货币市场的积极作用和消极影响

（一）积极作用

欧洲货币市场形成以后，对世界经济的发展起到了极大的推动作用。

（1）欧洲货币市场作为第二次世界大战后最大的国际资金市场，对发达国家和发展中国家的经济发展做出了贡献，很多国家正是依靠欧洲货币市场的资金，解决了国内经济建设资金短缺的难题。

（2）欧洲货币市场为国际收支逆差国提供了资金融通的便利，缓和了世界性的国际收支危机。

(3) 欧洲货币市场的产生和发展打破了各金融中心之间相互独立的状态，促进了国际金融市场的全球一体化，这有利于降低国际资金流动的成本，有利于国际贸易的发展。

(二) 消极影响

欧洲货币市场的消极影响主要表现在以下几方面：

(1) 削弱了各国货币政策的效力。欧洲货币市场的活动往往会使一些国家的金融政策不能收到预期的效果。例如，一国国内出现通货膨胀时，该国一般会采取紧缩的货币政策以抑制投资和消费，但国内的银行和企业却能从欧洲货币市场获得信贷，从而使国内紧缩政策的效力减弱。

(2) 影响国际金融市场的稳定。欧洲货币市场的资金流动不受管制的特性，为外汇投机活动提供了便利，增大了汇率的波动，从而加剧了国际金融市场的动荡。

(3) 加大了国际金融市场的信贷风险。欧洲货币市场的资金来源中，短期资金和同业拆借资金占相当大的比重，而欧洲货币市场中的很多贷款却是中长期的。这种短借长贷的运作方式加大了国际金融市场的信贷风险。

知识拓展

人民币离岸市场的发展状况

在人民币跨境使用数量增长、范围扩大的同时，中国香港、中国台湾、新加坡、伦敦等地人民币业务先后启动，形成了各具优势、良性互动的离岸人民币市场。

一是人民币资金池快速扩大。2013 年 12 月底，中国香港、中国台湾、新加坡和伦敦人民币存款额分别为 8 605 亿元、1 826 亿元、1 950 亿元和 146 亿元。中国香港人民币存款是 2009 年年末的 13.7 倍，中国台湾人民币存款是 2013 年 2 月末台湾人民币业务刚启动时的 14.4 倍，新加坡较 2013 年 3 月末增长 70%，伦敦比 2012 年年末增长 23%。

二是人民币产品和服务日益丰富，离岸金融交易显著增长。目前，中国香港、中国台湾、新加坡、伦敦等主要市场都可提供门类较为齐全的人民币业务，包括各类人民币零售和公司银行业务、人民币资本市场业务和人民币外汇交易业务等。人民币贸易融资、外汇交易、债券发行和以 RQFII(人民币合格境外机构投资者)制度为基础的人民币基金市场快速增长，中国香港和中国台湾推出了人民币计价的保单。国际清算银行对 2013 年 4 月全球主要外汇市场的调查显示，人民币跃升为全球第九大外汇交易货币，在全球外汇交易中的占比从 0.9% 上升至 2.2%，活跃的离岸交易是排名和占比提高的主要原因。

三是人民币清算网络逐步拓展。2003 年 11 月和 2004 年 9 月，中国人民银行分别授权中银香港和中国银行澳门分行为港澳人民币业务清算行。2009 年跨境贸易人民币结算试点启动后，港澳人民币清算行是最主要的人民币清算渠道。为了更好地满足不同时区、不同地域市场的人民币清算需求，中国人民银行与境外中央银行和货币当局加强合作，先后在中国台湾、新加坡、德国法兰克福、英国伦敦、卢森堡、法国巴黎、韩国首尔等地建立了人民币清算机制。

四是离岸市场间优势互补、良性互动。人民币资金可以根据市场需求在各离岸市场之间自由流动,不同市场金融机构和监管当局也建立了密切的合作关系。例如,英国和中国香港成立了由私营机构代表组成的“香港与伦敦推动国际人民币业务发展合作小组”;新加坡和英国公布了“促进两地人民币业务合作计划”。

资料来源:曾辉、崔莹,“人民币离岸市场发展前景”,《中国金融》,2014年第20期。

本章小结

1. 国际金融市场是指国际资金融通与交易的市场,主要从事资金借贷、外汇买卖、证券买卖、黄金交易等。国际金融市场的形成一般应具备以下条件:稳定的政治经济状况、自由开放的经济体制、发达的金融市场、现代化的通信设施与交通便利的地理位置、高素质的国际金融人才等。

2. 国际金融市场按照资金融通期限的长短,分为国际货币市场和国际资本市场;按照经营业务的种类,分为国际货币市场、国际资本市场、国际外汇市场和国际黄金市场;按照交易对象所在区域和交易币种,分为在岸市场和离岸市场。当前,国际金融市场的发展呈现出金融全球化、一体化趋势,融资方式证券化趋势,金融自由化趋势,金融创新的趋势,表外业务重要性日益增强的趋势,机构投资者重要性日益增强的趋势等。

3. 国际货币市场是指借贷期限在1年以内的国际短期资金交易场所,分为短期信贷市场、短期证券市场和票据贴现市场。其主要功能有:为暂时闲置的国际短期借贷资金提供出路,使其增值;便利短期资金在国家间调拨,使国际结算顺利进行;提供短期资金融通,便利国际经济交易。

4. 国际资本市场是指期限在1年以上的各种资金交易活动所形成的市场,由国际银行中长期信贷市场、国际债券市场、国际股票市场组成。国际银行中长期信贷市场主要采取银团贷款的形式,且以欧洲货币贷款为主。国际债券市场包括外国债券市场和欧洲债券市场。国际股票市场是指在国际范围内发行并交易股票的市场。

5. 国际黄金市场是指集中进行黄金买卖的交易场所。世界主要的黄金市场有伦敦、纽约、苏黎世、芝加哥、中国香港等。黄金市场具有保值、增值和货币政策的功能。

6. 欧洲货币市场又称“离岸金融市场”或“境外市场”,其发展的最初诱因是回避政治风险,而其发展壮大的主要原因是宽松的经营环境。欧洲货币市场业务主要有欧洲货币短期信贷业务、欧洲货币中长期信贷业务和欧洲债券业务。欧洲货币市场所受管制少,经营比较自由,拥有独特的利率体系,资金规模和交易规模庞大,交易币种繁多,对世界经济发展起到了极大的推动作用;但它短借长贷的运作方式加大了国际金融市场的信贷风险,同时削弱了一国货币政策的效力,为外汇投机活动提供了便利,加剧了国际金融市场的动荡。

思考题

1. 国际金融市场形成的基本条件是什么?
2. 简述20世纪80年代以来国际金融市场发展的新趋势。
3. 简述欧洲货币市场的产生背景与发展原因。

4. 欧洲货币市场的类型有哪些?
5. 简述欧洲货币市场的特点、积极作用和消极影响。

参考文献

1. 吴丛生、郭振游、田利辉:《国际财务管理:理论与中国实务》,北京大学出版社,2006。
2. 徐晓萍、程庆生:《跨国公司金融》,上海财经大学出版社,2007。
3. 曾辉、崔莹:"人民币离岸市场发展前景",《中国金融》,2014 年第 20 期。
4. 杨胜刚、姚晓义:《国际金融》,高等教育出版社,2012。
5. 刘园:《国际金融学》,机械工业出版社,2014。
6. 吕随启、王曙光、宋芳秀:《国际金融教程》(第三版),北京大学出版社,2013。
7. 马君潞、陈平、范小云:《国际金融》,高等教育出版社,2011。
8. "我国企业境外上市市值突破 6 000 亿美元",http://economy. gmw. cn/newspaper/2016-04/02/content_111558171. htm。

第七章

外汇市场与外汇交易实务

本章要点

外汇市场是全球金融业交易量最大的金融市场，外汇交易是外汇的买卖或兑换活动。在本章中，我们将介绍外汇市场的基本概况，学习即期外汇交易、远期外汇交易、掉期交易、套汇与套利交易、外汇期货交易、外汇期权交易、互换交易等交易工具的操作原理及应用。

学习目标

◆ 了解外汇市场的分类、特征、参与者及其功能。
◆ 熟悉银行外汇交易的程序，个人外汇买卖实盘交易与外汇保证金交易的程序。
◆ 掌握不同类型外汇交易工具的操作原理及应用。

第一节　外汇市场与外汇交易概述

一、外汇市场的含义与分类

（一）外汇市场的含义

外汇市场（foreign exchange market）是国际金融市场的重要组成部分，是指从事外汇交换、外汇买卖和外汇投机的场所。目前，世界上有30多个主要的外汇市场，它们遍布于世界各大洲的不同国家（地区）。根据传统的地域划分，可分为亚洲、欧洲、北美洲三大部分，其中最重要的有伦敦、纽约、东京、新加坡、法兰克福、苏黎世、中国香港、巴黎、洛杉矶、悉尼等。

外汇市场现在是全球金融业交易量最大的金融市场,日均成交量已经超过 5 万亿美元。

（二）外汇市场的分类

1. 从组织形态上划分

外汇市场从组织形态上可分为有形市场和无形市场。有形市场是指有固定的交易场所,参与外汇交易的双方按照规定的营业时间和交易程序在交易所内进行交易的市场,如德国的法兰克福外汇市场、法国的巴黎外汇市场、荷兰的阿姆斯特丹外汇市场等。无形市场没有固定的交易场所和设施,参与外汇交易的各方通过电话、电报、电传或计算机终端等组成的通信网络达成交易,是当前外汇市场的主导形式。

2. 从交易层次上划分

外汇市场从交易层次上可分为批发市场和零售市场。外汇批发市场包含两个层次:一是银行同业间的外汇交易市场,源于弥补银行与客户交易所产生的买卖差额的需要,目的在于避免由此引起的汇率变动风险,调整银行自身外汇资金的余缺;二是银行与中央银行之间的外汇交易市场,中央银行通过与商业银行的外汇交易来达到干预外汇市场的目的。外汇零售市场是指商业银行与客户之间的交易。客户出于各种动机,向银行买卖外汇;而银行在外汇终极供给者与终极需求者之间起中介作用,赚取外汇买卖的差价。

3. 从交易种类上划分

外汇市场从交易种类上可分为即期外汇市场、远期外汇市场、外汇期货市场和外汇期权市场。

4. 从交易范围上划分

外汇市场从交易范围上可分为国内外汇市场和国际外汇市场。国内外汇市场受制于本国当局的外汇管制,交易的币种仅限于本币和少数几种外币。国际外汇市场基本不受政府的外汇管制,交易的类型、币种、数量等几乎不受限制,如伦敦、东京、纽约、新加坡等都是国际性的外汇市场。

二、外汇市场的特征

随着外汇市场的发展,其逐渐显现出以下特征:

(1) 由于现代通信设施的发展及全球外汇市场的分布具有经度上均匀的特点,因此外汇市场是一个 24 小时不间断的市场。如表 7 - 1 所示:以北京时间来看,上午 4:00 大洋洲的惠灵顿开市,紧接着悉尼开市,然后亚洲的东京、中国香港、新加坡等市场依次开市;到了下午,亚洲主要市场收市,但欧洲的法兰克福、苏黎世、巴黎、伦敦等主要市场开市;到了晚上,欧洲各市场收市,但美洲的纽约、洛杉矶等市场开市了,一直持续到第二天上午 5:00 左右。

表 7 - 1　世界主要外汇市场交易时间表(北京时间)

地区	城市	开市	收市
大洋洲	惠灵顿	4:00	12:00
	悉尼	7:00	15:00
亚洲	东京	8:00	16:00
	香港	9:00	17:00
	新加坡	9:00	17:00
	巴林	14:00	22:00

（续表）

地区	城市	开市	收市
欧洲	法兰克福	16:00	24:00
	苏黎世	16:00	24:00
	巴黎	17:00	次日凌晨 1:00
	伦敦	18:00	次日凌晨 2:00
北美洲	纽约	20:00	次日凌晨 4:00
	洛杉矶	21:00	次日凌晨 5:00

资料来源：联合财经网（www.lhcjw.com）。

（2）从外汇市场的交易额来看，外汇市场的规模持续扩大。国际清算银行每 3 年一次的调查报告显示，2007 年全球外汇市场的日均交易量为 3.21 万亿美元，2010 年全球日均交易量为 3.98 万亿美元，2013 年全球日均交易量达到了 5.30 万亿美元。

（3）从交易币种来看，美元、欧元、日元、英镑的地位比较重要。国际清算银行 2013 年的报告显示，美元仍是外汇交易的主导货币，其交易量比重从 2010 年的 85% 上升到 2013 年的 87%，提高了 2%；欧元的交易量有所下降，交易量比重从 2010 年的 39% 下降到 2013 年的 33%，下降了 6%，但仍然是全球第二大交易货币；日元的交易量上升较多，交易量比重从 2010 年的 19% 上升到 2013 年的 23%，提高了 4%；英镑的交易量略微下降，交易量比重从 2010 年的 12.9% 下降到 2013 年的 11.8%，下降了 1.1%。值得一提的是，人民币的交易量比重从 2010 年的 0.9% 上升到了 2013 年的 2.2%。

（4）从货币对的交易来看，2013 年，美元与欧元的交易量占据首位，其次是美元与日元，第三位是美元与英镑，而美元与人民币的交易量排在第八位。

（5）从交易工具来看，2013 年即期外汇交易占 38%，直接远期交易占 13%，掉期交易占 42%，期权等占 6%，货币互换占 1%。

（6）从地理分布来看，外汇交易集中在少数主要的全球外汇交易中心。伦敦是世界上最大的外汇交易中心，其外汇交易额占全球外汇交易额的比重不断提高，2010 年为 36.7%，2013 年为 41%；其次是纽约外汇交易中心，2013 年的外汇交易额占全球的比重为 19%；接下来是新加坡外汇市场（5.7%）、东京外汇市场（5.6%）、中国香港外汇市场（4.1%）。这五大外汇交易中心占全球外汇交易额的 75%。①

三、外汇市场的参与者

在外汇市场上，外汇交易的参与者主要有以下四类：

（一）外汇银行

外汇银行（foreign exchange bank）是指由各国中央银行或货币当局指定或授权经营外汇业务的商业银行或其他金融机构。它可以分为三种类型：专营或兼营外汇业务的本国银行；在本国的外国商业银行分行，以及本国和外国的合资银行；其他经营外汇买卖业务的本国金融机构，如信托投资公司、财务公司等。

---

① 以上数据来自国际清算银行 2013 年的外汇市场报告 *Triennial Central Bank Survey: Foreign Exchange Turnover in April 2013: preliminary global results*。

外汇银行是外汇市场上最重要的参与者,主要从事的外汇交易分为两部分:一是代理客户进行交易,从中赚取差价和手续费;二是自营业务,运用自身的资金进行外汇买卖,调整外汇头寸、规避汇率风险,或者有意保持头寸不平衡,进行投机、套利、套汇等活动,从而赚取利润。

一些实力较强和信誉较好的外汇银行在外汇市场上成为做市商(market maker),它们不断地向各类客户报出货币的买卖价格(即双向报价),并在该价位上随时接受客户的买卖要求。做市商的出现,可以很好地维持市场的流动性,因为买卖双方不需等待交易对手出现,只要有做市商出面承担交易的"对手方"即可达成交易。

(二) 外汇经纪商

外汇经纪商(foreign exchange broker)是指为外汇交易双方接洽外汇交易而收取佣金的中间商,其主要任务是利用自身掌握的各种外汇市场信息和与银行的密切关系,促进外汇交易的顺利进行。外汇经纪商分为两类:一是一般经纪人,以自有资金参与外汇交易、自负盈亏,这时经纪人就是自营商;二是跑街经纪人,代表客户进行外汇买卖,只收取佣金而不承担任何风险。

(三) 中央银行

为了维持本国货币汇率的稳定,各个国家的中央银行都会参与外汇市场交易。中央银行通常会设立外汇平准基金,当市场上的外汇供过于求时,就会购进外汇、抛售本币;当市场上的外汇供不应求时,就会抛售外汇、购进本币,从而维持外汇市场的平衡和汇率的稳定。因此,中央银行不仅是外汇市场的参与者,也是外汇市场的实际操纵者。

(四) 客户

在外汇市场上有各种类型的客户,主要包括:一是出于交易动机的外汇买卖者,如进出口商、国际投资者、旅游者等;二是出于保值、规避风险动机的外汇买卖者,如对冲者(hedger);三是出于投机动机的外汇买卖者,即投机商(speculator)。

四、外汇市场的功能

(一) 实现购买力的国际转移

国际贸易至少涉及两种货币,而不同的货币对不同的国家形成购买力,这就要求将一国货币兑换成外币以清理债权、债务关系,使购买行为得以实现。这种兑换就是在外汇市场上进行的,因此外汇市场提供了一种购买力转移交易得以顺利进行的经济机制。同时,由于发达的通信工具已将外汇市场在世界范围内联成一个整体,使得货币兑换和资金汇付能够在极短的时间内完成,购买力的这种转移就变得迅速和方便了。

(二) 提供资金融通

外汇市场向国际间的交易者提供了资金融通的便利。外汇的存贷款业务集中了各国的社会闲置资金,从而能够调剂余缺,加快资本周转。外汇市场便利的资金融通功能也促进了国际借贷和国际投资活动的顺利进行。美国发行的国库券和政府债券中很大部分是由外国官方机构与企业购买并持有的,这种证券投资在脱离外汇市场的情境下是不可想象的。

（三）提供外汇保值和投机的机制

在以外汇计价成交的国际经济交易中，交易双方都面临着汇率风险。由于市场参与者对汇率风险的判断和偏好不同，有的参与者宁可花费一定的成本来转移风险，而有的参与者则愿意承担风险以实现预期利润，由此产生了外汇保值和外汇投机两种不同的行为。外汇市场的存在既为保值者提供了规避汇率风险的场所，又为投机者提供了承担风险、获取利润的机会。

五、外汇交易程序

银行间的外汇交易可以通过全球外汇交易终端进行。路透社终端、美联社终端、德励财经终端、彭博终端是四大著名的外汇交易终端。以路透社终端为例。全世界参加路透社交易系统的银行达数千家，每家银行都有一个指定的代号，如中国银行总行的代号是 BCDD。交易员若想与某家银行进行交易，在键盘上输入对方银行的代号，叫通后即可询价并可以讨价还价。双方的交易过程全部显示在终端机的荧屏上，交易完毕后即可通过打印机打印交易信息，作为交易双方的文字记录和交易合同。路透社终端提供的服务主要包括即时信息服务、即时汇率行情、市场趋势分析、技术图表分析等。

银行外汇交易的程序主要包括以下六个步骤：

（1）询价（asking price），主动发起外汇交易的一方在自报家门后询问有关货币的买入价和卖出价，询价的内容主要包括交易币种、交易金额、交割期限等，以 SPOT 表示即期交易类型。

（2）报价（quotation），接到询价的外汇银行的交易员应迅速报出相关货币的买入价和卖出价（双向报价），报价时一般只报出汇价的最后两位数，省略前面的大数；除英镑、欧元、新西兰元、澳大利亚元等极少数货币外，使用统一的标价法——美元标价法。

（3）成交（done）或放弃（noting），当报价方报出汇价后，询价方应迅速做出反应。如果询价方对报价满意，就可以用 DONE 表示成交了，用 BUY 表示买入的意愿，用 SELL 表示卖出的意愿，交易金额通常是以 100 万美元为单位，如 BUY 5 USD 表示买入 500 万美元；如果询价方对报价不满意，就可以用 MY RISK 表示原报价不再有效，并在很短时间之内再次请求报价，或用 NOTING 表示放弃、不再继续询价。但若询价方不及时回应，则报价方通常会说 UR RISK，表示刚才的报价已被取消。

（4）证实（confirmation），在交易成交后，双方要对交易的内容进行一次完整的重复证实，在没有错误和遗漏的情形下，合同就完全生效了；如果有错误和遗漏，交易员就必须尽快与交易对手重新证实。

（5）交割（delivery），这是外汇交易的最后环节，也是最重要的环节。双方的交易员将交易的文字记录交给后台交易员，后台交易员根据交易要求指示其代理行将卖出的货币划入对方指定的银行账户中。银行间的汇款可以通过电汇、信汇、汇票等方式完成，一般采用电汇的方式，通过 SWIFT 系统（Society for Worldwide Interbank Financial Telecommunications，环球同业银行金融电讯协会）或 CHIPS 系统（Clearing House Interbank Payment System，纽约清算所银行同业支付系统）完成。

【例 7-1】 银行外汇交易程序举例。

A bank: Hi, Bank of China Guangzhou, Calling for Spot GBP for USD, pls.

B bank: MP, 37/41.

A bank: Taking USD 10.

B bank: Ok, done. I sell USD 10mio against GBP at 1.5637 value May 26 2002, GBP pls to ABC Bank London for A/C No. 123456.

A bank: Ok. All agree USD to XYZ Bank N.Y. for our A/C 654321 CHIPS UID 09458, tks.

如何报出合适的汇率,是银行从事外汇买卖所面临的基本问题。一般来说,银行在开始营业前,应了解前一个时区外汇市场的收盘价,掌握外汇汇率的基本走向,以此作为开市报价的基础。同时,银行应结合最新的世界政治、经济、军事形势,结合自身外汇的头寸状况,综合制定各种货币的买入价与卖出价。例如,某日在纽约外汇市场上,美元与加拿大元的市场汇率为$1 = Can$4.8920-50,而 A 银行急需买入美元以平衡头寸,为了能够及时买进美元,其汇率报价必须与市场汇率拉开一定的距离。如 A 银行的报价为$1 = Can$4.8945-75,此时其买入价与卖出价均比市场汇率高,可以较快地补足美元头寸。

第二节　即期外汇交易

一、即期外汇交易的概念

即期外汇交易(spot exchange transaction)又称"现汇交易",是指外汇买卖成交后,于当日或在两个营业日内办理交割的外汇业务。成交日,是指银行与客户达成外汇买卖协议的这一天;交割日又称"起息日"(delivery date, value date),是指买卖双方实际办理外汇收付的这一天;营业日(business day),是指实际交割双方的所在银行都营业的日子。交割日必须是营业日,如果交割日是交割双方任何一方的休假日,就应顺延一天;如果遇到周末,就要顺延到下周。

根据交割日期的不同,即期外汇交易可以分为三种类型:(1)当日交割(value today),在交易达成的当日办理货币的收付;(2)次日交割(value tomorrow),在成交后的第一个营业日进行交割;(3)标准日交割(value spot),在成交后的第二个营业日进行交割。目前,大部分即期外汇交易都采用标准日交割方式。例如,2015 年 3 月 1 日成交的欧元兑换美元的即期交易,一般应在 3 月 3 日进行交割。

二、即期外汇交易的方式

银行与客户之间的即期外汇交易方式可以分为两大类。

(一)基于商业需要的外汇交易

1. 汇出汇款

需要对外国支付外币的客户,如有外币可向银行直接支付外币;如无外币则要支付本币以兑换成外币,委托银行向国外的收款人汇出外汇。银行接受了汇款人的委托,便请求收款人的往来银行从本行的外币结算账户中借记相当金额,并支付给收款人。

2. 汇入汇款

收款人从国外收到以外币支付的款项后,可以存入自己的外币账户,也可以将外汇收入结售给银行以取得本币。通常,办理汇款的外国银行事先就将外币资金转入结售汇款银行的结算账户。

3. 出口收汇

出口商将货物装船后,立即开立以双方商定的结算货币计价的汇票,并在汇票下面附上有关单证请银行议付,以便收回出口货款。银行将汇票等单据寄往开证行,按照汇票即期支付的条件,接受以外币支付的款项,并让支付行将应付款记入自己的外币结算账户。

4. 进口付汇

进口付汇是指为进口商开出信用证的银行按照出口商开出的附有全部单证的即期汇票条件,将外币计价的进口货款通过外币结算账户垫付,然后向进口商提示汇票,请其按照即期付款条件支付。

(二) 基于投资需要的外汇交易

客户除商业性的需要与银行进行外汇交易外,还可以将外汇作为如股票、债券一样的投资工具,进行外汇投资。具体的投资交易方式有以下两种:

1. 外汇实盘交易

外汇实盘交易又称“现货外汇交易”,是指交易者进行外汇交易时,必须有足额的实际外汇额对应。在进行外汇实盘交易时,如果涉及的是美元与另外一种可自由兑换的外汇,这种交易就称为“直盘交易”;如果兑换的是除美元外的两种可自由兑换的外汇,这种交易就称为“叉盘交易”。

外汇实盘交易有如下特征:外汇买卖是全额的,没有杠杆机制;点差比较高,一般投资者要承担10—30点的点差费用;只能买涨,下跌的话只能是赔钱或者被套牢;采取T+0的清算方式;可以进行柜台交易、电话交易和网络交易。

个人投资者进行外汇实盘交易,可到银行开户,然后通过互联网、电话或者柜台的方式进行外汇买卖。随着境内金融衍生产品与国际市场的逐步接轨,越来越多的国内银行开办了外汇实盘交易业务,如中国银行的外汇宝、工商银行的汇市通、招商银行的外汇通、建设银行的个人外汇买卖等。

2. 外汇保证金交易

外汇保证金交易又称“合约现货外汇交易”“按金交易”,是指投资者和专业从事外汇买卖的金融公司(银行、交易商、经纪商)签订委托买卖外汇合同,缴付一定比例的交易保证金,便可按一定融资倍数买卖外汇的方式。

外汇保证金交易有如下特征:使用放大效应的高杠杆机制,高风险、高收益;点差比较低,一般主要交易货币的点差在3—5点;可以双向交易,涨跌均有赚钱机会;主要通过网络进行交易;资金进出灵活,可以随时补仓也可以调回资金;24小时连续交易和T+0的交易模式,投资者能自主安排交易时间。

个人投资者进行外汇保证金交易,首先要选择好的外汇交易商,然后遵循以下交易程序:(1)填写开户申请表;(2)发送材料到外汇交易商;(3)收到账户号码;(4)通过银行或邮政汇款到外汇交易商的托管银行的账户内;(5)交易商告知客户登录交易平台的用户名和密码;(6)开户人从外汇交易商的网站上下载交易软件,安装好后即可交易。

在选择外汇交易商时,投资者要选择那些注册的、受政府部门监管的、记录良好的,而且财务状况稳健的交易商。在美国,外汇零售交易商必须在美国期货交易委员会(CFTC)注册为其认可的经纪商(FCM),同时要成为美国期货协会(NFA)的会员;在英国,外汇交易商受英国金融服务监管局(FSA)的监管;在澳大利亚,外汇交易商受澳大利亚证券投资委员会(ASIC)的监管。除此之外,还要注重外汇交易商提供的服务质量,如交易软件是否好用、交易费用是否合理、保证金比例和最小合约规模是否符合投资者的要求等。正规的交易商有:美国的 OANDA(万达)、Global Forex Trading、FOREX(嘉盛)、FXCM(福汇)、PFG(百利)、FXSOL 等;瑞士的 MIG BANK(米格银行)、Dukascopy(杜卡斯贝)等;英国的 HY(兴业投资)、UBE forex、FXSOL-UK 等。

知识拓展

外汇保证金交易在中国的发展

20 世纪 80 年代至 90 年代初,外汇保证金业务登陆中国大陆市场。不过,当时国内的外汇保证金交易缺乏监管,市场十分混乱。因此在 1994 年 8 月,中国人民银行、国家外汇管理局、中国证监会、公安部四部委联合发布《关于严厉查处非法外汇期货和外汇按金交易活动的通知》。

在此后长达 12 年的时间里,商业银行的外汇保证金业务一直处于沉寂状态,而通过境外经纪公司进行的"地下交易"活动却异常猖獗。为了引导外汇保证金交易向正规渠道发展,抑制地下非法交易活动,交通银行率先获得了发展"满金宝"业务的试行权,并于 2006 年 9 月在少数城市推出。其后,中国银行、民生银行也推出"外汇保""易富通"等外汇保证金交易产品。

但是由于我国还没有建立完善的针对外汇保证金交易的监管体系;再加上国内商业银行的风险控制能力和服务能力不足、缺乏对投资者的识别和细分能力,产生了明显的道德风险;而且,很多投资者盲目地被其高盈利性蒙蔽,忽视了保证金交易同时也会扩大风险,结果造成巨额亏损,甚至浮亏过大而被强行平仓。

于是,在 2008 年 6 月中国银监会发文全面叫停了外汇保证金业务。由于国内金融机构不能开展外汇保证金业务,很多炒汇的投资者转向了国内地下或境外的交易商,引发外资保证金交易机构进入国内的一段高潮。这其中有很多问题,如一些地下交易商通过与客户对赌来获得非法收益,致使投资者遭受巨额经济损失。中国银监会指出,参与境外机构的外汇保证金交易属于地下金融的范畴,不仅违法,投资行为很难得到法律保护,而且面临较大的资金风险。

由于外汇保证金交易是标准单,大大降低了银行的操作难度和成本且收益率大于实盘交易,因此国内各家银行都热衷于推出外汇保证金业务。2009 年以来,国内银行也在试探监管红线。中信银行开展了"汇金宝"外汇买卖业务,这是一种新型的、可以做空的实盘外汇交易业务。其他银行(如中国银行、工商银行)也争取过这一业务,但目前中国银监会并未批准。与此同时,境外大型外汇交易机构正在加速进入国内市场。

资料来源:杨楠楠,"我国外汇保证金交易的现状研究",《南方金融》,2009 年第 12 期。

三、即期外汇交易的应用

即期外汇交易是外汇市场上最常用的一种交易方式,它的应用主要体现在以下三个方面:

(一) 可以满足临时性的支付需要

通过即期外汇交易业务,交易者可以将一种货币兑换成另一种货币,用来支付进出口贸易、投标、海外工程承包等项目的外汇结算或归还外汇贷款。例如,中国某公司进口机械设备,需要支付货款 200 万美元,但该公司只有人民币,于是可以通过即期外汇买卖,卖出人民币、买入美元,从而满足对外支付美元的需求。

(二) 调整外汇头寸,规避汇率风险

银行可以利用即期外汇交易保持各币种头寸的平衡,从而回避汇率风险。外汇头寸(position)有多头头寸和空头头寸之分。多头头寸又称长头寸(long position),是指某种货币的买入额大于卖出额,此时银行承担该货币贬值的风险。空头头寸又称短头寸(short position),是指某种货币的卖出额大于买入额,此时银行承担该货币升值的风险。在头寸不平衡的情形下,银行可以在与客户完成外汇交易后,借助同业间的交易进行外汇头寸的调整,遵循"买卖平衡"的原则轧平(square)各币种的头寸,即多头抛出、空头补进。例如,某日 A 银行拥有 20 万欧元的即期多头头寸,于是 A 银行可以在即期市场上卖出 20 万欧元以保持欧元头寸的平衡,规避因欧元汇率波动带给自己的损失。同样,投资者也可以通过即期外汇交易调整手中外币的币种结构,优化投资组合。

(三) 有意保持头寸不平衡,进行外汇投机

外汇投机,是指投机者有意保持头寸的不平衡,利用汇率的变化,贱买贵卖,从中赚取利润的行为。当投机者预期某种货币将升值,就在即期外汇市场上先买入该种货币,待该货币汇率上升时再将其卖出。

【例 7-2】 美元在 2 月份对日元的汇率是 1 美元兑换 110 日元。若投机者认为 4 月份美元将升值,则他花 110 万日元在即期外汇市场上买进 10 000 美元;到了 4 月份如他所料,1 美元可兑换 120 日元,投资者将手中的美元卖出,获得 120 万日元,赚了 10 万日元(120 - 110)。

若投机者预期某种货币将贬值,则在即期外汇市场上先行卖出该种货币,到该货币真正下跌时再买进,赚取差价。

【例 7-3】 美元在 2 月份对日元的汇率是 1 美元兑换 110 日元。若投机者认为 4 月份美元将贬值,将手中的 10 000 美元在即期外汇市场上卖出,获得 110 万日元;到了 4 月份如他所料,1 美元可兑换 100 日元,投资者将手中的日元卖出并买进 11 000 美元,赚了 1 000 美元(11 000 - 10 000)。

第三节 远期外汇交易

一、远期外汇交易的概念

远期外汇交易(forward exchange transaction)又称期汇交易,是指外汇买卖双方先签订远期合约(forward contract),然后在未来的约定日期办理交割的外汇交易。远期合约中规定了买卖外汇的币种、金额、汇率、远期期限及交割日期等。远期外汇的期限长短不一,通常有7天、1个月、3个月、6个月、9个月、1年等。

二、远期汇率的决定与报价

(一) 远期汇率的决定

由第四章的利率平价理论可知:当金融市场上的一价定律成立时,远期汇率取决于即期汇率水平和两国的利率水平,如式(7-1)所示:

$$F(t,T) = S(t) \times \frac{1 + i_d \times \frac{T}{360}}{1 + i_f \times \frac{T}{360}} \tag{7-1}$$

【例7-4】 澳大利亚某银行向客户卖出远期3个月美元,假设即期汇率为USD/AUD=1.8520,澳大利亚的市场利率为9%,美国的市场利率为7%。3个月美元对澳元的远期汇率是多少?

在推导利率平价定理时,我们假设即期汇率和远期汇率都是使用直接标价法的,因此在汇率USD/AUD=1.8520(USD 1 = AUD 1.8520)中,我们将美元看成外币、澳元看成本币。因为 $i_d = 9\%$,$i_f = 7\%$,于是远期汇率为:

$$F = 1.8520 \times \frac{1 + 9\% \times \frac{90}{360}}{1 + 7\% \times \frac{90}{360}} = 1.8520 \times \frac{1.0225}{1.0175} \approx 1.8611$$

3个月美元对澳元的远期汇率为:USD/AUD=1.8611

(二) 远期汇率的报价

远期汇率有两种报价方式:一是直接报价;二是点报价。

1. 直接报价

直接报价(outright quotation)即直接报出不同期限的远期汇率的完整价格,使人一目了然。

【例7-5】 某银行某日报出以下汇率:

即期汇率	EUR/USD = 1.0605/1.0615
1个月远期汇率	EUR/USD = 1.0543/1.0558
3个月远期汇率	EUR/USD = 1.0406/1.0423
6个月远期汇率	EUR/USD = 1.0140/1.0160

2. 点报价

点报价(point quotation)即只报出远期汇率比即期汇率高出或低出的若干点(1个点为0.0001),表现为升水、贴水和平价。

【例7-6】 某银行某日报出以下汇率:

即期汇率	EUR/USD = 1.0605/1.0615
1个月远期汇率	62/57
3个月远期汇率	199/192
6个月远期汇率	465/455

点报价转换成直接报价的规则很简单:如果左边的点数小于右边的点数,则在即期汇率的基础上加上这些点数就可以得到远期汇率;如果左边的点数大于右边的点数,则在即期汇率的基础上减去这些点数就可以得到远期汇率。这一规则在直接标价法和间接标价法下都适用。

【例7-7】 承例7-6,1个月远期点数为62点和57点,左边的点数大于右边的点数,于是远期汇率为:1.0605 - 0.0062 = 1.0543,1.0615 - 0.0057 = 1.0558,即EUR/USD = 1.0543/1.0558。

边学边练(7-1)

假定伦敦市场上英镑与美元即期汇率为GBP 1 = USD 1.6025/35,3个月汇水为30/50,则英镑与美元的3个月远期汇率是什么?并说明汇水状况(是升水还是贴水)。

三、远期外汇交易的种类

(一) 固定交割日的远期交易

固定交割日的远期交易(fixed forward transaction),是指双方约定的交割日期是确定的,既不能提前也不能推迟。

(二) 选择交割日的远期交易

选择交割日的远期交易(optional forward transaction)又称择期交易,是指交易的一方可以在约定期限内的任何一个营业日要求另一方按照约定的远期汇率进行交割。择期外汇交易可以使客户选择合适的日期进行资金交割,为资金安排提供了灵活性。在国际贸易中,进出口商签订了买卖商品的合同,但往往不能确定具体哪一天收到或付出货款。如果签订了固定日期的远期合约,到期却不能收款或付款,则须承担违约责任,而择期外汇交易能够稳定贸易成本,避免外汇风险。

银行在对择期外汇交易进行报价时,要计算出约定的交割期限内的第一个工作日和最后一个工作日的远期汇率,然后比较这两个工作日的远期汇率,选择对银行最有利的一个报价。

【例7-8】 某日加元与美元的即期汇率为:USD/CAD = 1.0350/60,3个月远期点数为60/80,6个月远期点数为120/160。客户要求与银行进行一笔美元兑加元的择期外汇交易,请计算银行报出3—6个月的任选交割日的远期汇率。

由于交割期限是3—6个月,因此:

第一天的远期汇率(即 3 个月交割的远期汇率)为:USD/CAD = 1.0410/1.0440

最后一天的远期汇率(即 6 个月交割的远期汇率)为:USD/CAD = 1.0470/1.0520

如果客户要求买入美元、卖出加元,那么当银行卖出美元时,可供银行选择的汇率有 1.0440 和 1.0520,显然此时选择 1.0520 对银行更有利。如果客户要求卖出美元买入加元,那么当银行买入美元时,可供银行选择的汇率有 1.0410 和 1.0470,显然此时选择 1.0410 对银行更有利。

所以,3—6 个月美元兑加元的择期远期交易,最有利于银行的报价为 1.0410/1.0520。

(三) 无本金交割的远期外汇交易

无本金交割的远期外汇交易(non-deliverable forward, NDF)是一种场外交易的金融衍生工具。该外汇交易一方的货币为不可兑换货币,主要由银行充当中介机构,交易双方基于对汇率预期的不同看法,签订无本金交割远期交易合约,确定远期汇率、期限和金额,合约到期时只需对远期汇率与到期时的实际即期汇率的差额进行净额结算。结算的货币是可自由兑换货币(通常为美元),无需对该交易的本金(即受限制的货币)进行交割。

无本金交割的远期外汇交易一般用于实行外汇管制国家的货币,它为面对汇率风险的企业和投资者提供了一条对冲及投资的渠道。

知识拓展

人民币离岸无本金交割远期外汇交易市场的兴与衰

人民币离岸无本金交割远期外汇交易(NDF)市场开始于 1996 年左右,中国香港地区和新加坡人民币无本金交割远期外汇交易市场是亚洲最主要的离岸人民币远期交易市场。

在形成初期,人民币离岸无本金交割远期外汇交易市场的发展缓慢,交易也不算活跃。2002 年以后,在东南亚金融危机逐渐消退、中国贸易顺差和宏观经济持续增长等因素的影响下,人民币离岸无本金交割远期外汇交易市场对人民币的预期从贬值转为升值,交易也逐渐活跃起来。在 2008—2009 年的高峰时期,日成交量高达 100 亿美元左右。

人民币离岸无本金交割远期外汇交易市场的出现,是基于境外投资者的人民币风险管理或对冲人民币风险的需要。由于人民币不是可自由兑换货币,尽管境内有规模不小的人民币外汇交易市场,但资本项目管制使投资者在境外市场接触不到境内人民币市场。这样,场外交易的人民币无本金交割远期外汇交易就成为在境外管理人民币汇率风险的一个工具。

2009 年和 2010 年前后,人民币离岸无本金交割远期外汇交易市场进入重大转折期。2009 年 7 月,中国国务院批准开展跨境贸易人民币结算试点,人民币的国际化征程正式启动。2010 年 7 月,中国人民银行和中国香港金融管理局同意扩大人民币在香港的贸易结算安排,香港银行为金融机构开设人民币账户,个人和企业之间可通过银行自由进行人民币资金的支付与转账,离岸人民币市场(CNH)随之迅速发展、壮大起来。

离岸人民币市场的建立,加上离岸和在岸市场之间也有一定的渠道互通,改变了整个离岸市场对人民币汇率风险对冲工具的选择。原来大家都只能被迫使用无本金交割远期外汇交易，但随着离岸人民币市场的建立和发展，境外很多银行可以提供远期、掉期等多种风险对冲产品，这些离岸人民币产品又都是可交割的。在这种局面下，人民币离岸无本金交割远期外汇交易市场也就不断萎缩，成为边缘化市场。2015年，人民币离岸无本金交割远期外汇交易市场的日成交量已经降至8亿美元左右。

资料来源：秦伟，"人民币离岸 NDF 市场的兴与衰"，一财网（http://www.yicai.com/news/2015/07/4648802.html），2015年7月22日。

四、远期外汇交易的应用

人们利用远期外汇交易主要是为了保值和投机。

（一）进行保值，规避汇率风险

进出口商、国际投资者及有外汇净头寸的银行都可以利用远期外汇交易进行保值，避免外汇波动风险。进口商可以通过远期外汇交易，锁定进口付汇成本；出口商可以通过远期外汇交易，锁定出口收汇成本。

【例7-9】 中国某企业从美国进口商品，双方约定3个月后以美元结算，货款金额为100万美元。签约时的即期汇率为USD 1 = RMB 6.2，按此汇率，中国进口企业需支付620万元人民币的货款。3个月后，若美元升值了，汇率为USD 1 = RMB 6.3，则中国进口企业需支付630万元人民币的货款，付款成本增加了10万元人民币；但3个月后，若美元贬值了，汇率为USD 1 = RMB 6.1，则中国进口企业只需支付610万元人民币的货款，付款成本减少了10万元人民币。为了消除这种不确定性，中国进口企业可与银行签订一份远期合约，锁定进口成本。若远期汇率为USD 1 = RMB 6.25，则中国进口企业3个月后的进口成本就锁定在625万元人民币。

远期外汇交易可以使进出口商或投资者预先确定相关交易的成本或收益，有利于进行财务核算。但是，远期外汇交易在避免外汇风险的同时，会损害交易者可能得到的潜在经济利益。例7-9中，若美元在3个月后是贬值的，则该中国企业没有做远期外汇交易反而更有利。

边学边练（7-2）

假定某年5月12日A日本公司从美国进口价值100万美元的仪器，合同约定3个月后支付美元。A日本公司担心3个月后美元升值会增加进口成本，便做了一笔远期外汇交易。假设当天外汇交易市场上即期汇率为USD/JPY = 111.10/20，3个月远期差价点数为30/40。如果预测准确，3个月后的即期汇率为USD/JPY = 111.80/90。（1）如果日本进口商不采取保值措施，那么3个月后要支付多少日元？（2）日本进口商采用远期外汇保值时避免的损失为多少？

（二）投机者进行期汇投机

外汇投机是指投机者根据对汇率变动的预期，有意保持某种外汇的多头或空头，希望从汇率变动中赚取利润的行为，包括现汇投机和期汇投机。所谓现汇投机，是指利用现汇市场

(即期市场)进行外汇投机,由于现汇交易要求立即进行交割,因此投机者手中必须持有足够的本币或者外币;所谓期汇投机,是指基于预期未来某一时点的即期汇率与目前的远期汇率不同而进行的投机交易。期汇投机并不需要投机者手中持有很多资金,因为期汇投机在到期时,双方只需要交割汇率变动的差价。以下举例说明期汇投机的操作原理。

【例 7-10】 S_0表示当前即期汇率,F 表示当前远期汇率,S_1表示投机者对未来即期汇率的估计。以下为四种类型的期汇投机:

(1)投机者认为即期市场上某货币在未来的升值幅度大于该货币的远期升水幅度。

例如,S_0 为 EUR 1 = USD 1.2560,F 为 EUR 1 = USD 1.2610(3 个月远期),S_1 为 EUR 1 = USD 1.2620(3 个月后即期汇率的预期值)。

从 EUR 的角度来看,若投机者认为 EUR 3 个月后的升值幅度大于 EUR 3 个月远期升水幅度,则投机者会进行以下投机:

投机者先以 EUR 1 = USD 1.2610 的汇率买入远期 EUR。到期时履行远期合约,买入 EUR;同时,如果投机者对汇率的预测准确,则立即在即期市场上按预期的汇率(EUR 1 = USD 1.2620)将 EUR 卖出,于是 1 欧元可以赚到 0.001 美元。

(2)投机者认为即期市场上某货币在未来的升值幅度小于该货币的远期升水幅度。

例如,S_0 为 EUR 1 = USD 1.2560,F 为 EUR 1 = USD 1.2620(3 个月远期),S_1 为 EUR 1 = USD 1.2610(3 个月后即期汇率的预期值)。

从 EUR 的角度来看,若投机者认为 EUR 3 个月后的升值幅度小于 EUR 3 个月远期升水幅度,则投机者会进行以下投机:

投机者先以 EUR 1 = USD 1.2620 的汇率卖出远期 EUR。到期时履行远期合约,卖出 EUR 1;同时,如果投机者对汇率的预测准确,则立即在即期市场上按预期的汇率(EUR 1 = USD 1.2610)买入 EUR,于是 1 欧元可以赚到 0.001 美元。

(3)投机者认为即期市场上某货币在未来的贬值幅度小于该货币的远期贴水幅度。

例如,S_0 为 EUR 1 = USD 1.2560,F 为 EUR 1 = USD 1.2480(3 个月远期),S_1 为 EUR 1 = USD 1.2490(3 个月后即期汇率的预期值)。

从 EUR 的角度来看,若投机者认为 EUR 3 个月后的贬值幅度小于 EUR 3 个月远期贴水幅度,则投机者会进行以下投机:

投机者先以 EUR 1 = USD 1.2480 的汇率买入远期 EUR。到期时履行远期合约,买入 EUR;同时,若投机者对汇率的预测准确,则立即在即期市场上按预期汇率(EUR 1 = USD 1.2490)卖出 EUR,于是 7 欧元可以赚到 0.001 美元。

(4)投机者认为即期市场上某货币在未来的贬值幅度大于该货币的远期贴水幅度。

例如,S_0 为 EUR 1 = USD 1.2560,F 为 EUR 1 = USD 1.2490(3 个月远期),S_1 为 EUR 1 = USD 1.2480(3 个月后即期汇率的预期值)。

从 EUR 的角度来看,若投机者认为 EUR 3 个月后的贬值幅度大于 EUR 3 个月远期贴水幅度,则投机者会进行以下投机:

投机者先以 EUR 1 = USD 1.2490 的汇率卖出远期 EUR。到期时履行远期合约,卖出 EUR;同时,若投机者对汇率的预测准确,则立即在即期市场上按预期汇率(EUR 1 = USD 1.2480)买入 EUR,于是 1 欧元可以赚到 0.001 美元。

由例 7－10 可见，做期汇投机时，主要有两个步骤：第一步，签订买入或卖出某外汇的远期合约，此时遵循“低买高卖”的原则。若远期汇率低于预测的未来即期汇率，则买入远期外汇；若远期汇率高于预测的未来即期汇率，则卖出远期外汇。第二步，远期合约到期时，一方面履行合约；另一方面若预测准确，同时在当时的即期市场上做一笔相反的交易，这样就可以赚取利润。当然，若预测失误，投机者将蒙受损失。

当投机者在远期外汇市场上买入某远期外汇时，只是签订了一份远期合约，并不需要立即付款。这种先买后卖的投机交易称为“买空”（buy long）；当投机者在远期外汇市场上卖出某远期外汇时，只是签订了一份远期合约，并不需要立即付款。这种先卖后买的投机交易称为“卖空”（sell short）。

第四节　外汇掉期交易

一、外汇掉期交易的概念

外汇掉期交易（foreign exchange swap transaction）是指买进或卖出某种货币的同时，卖出或买进期限不同的同种货币。在这两笔外汇交易中，币种相同、交易金额相等，但是交易方向相反、交易期限不同。实务中，掉期交易中的前一次资金交换被称为掉期近端，后一次资金交换被称为掉期远端。既然掉期买卖实质上是由两笔交易组成的，那么就做两笔交易好了，为什么还要使用掉期这种方式呢？这是因为：一是掉期交易只做一笔，操作简便；二是掉期交易的买卖价差只损失一次，如果分成两笔去做，价差损失就可能会多些。

掉期交易在银行同业市场上占有重要的地位。国际清算银行 2013 年的外汇市场报告显示，在各类外汇交易工具中，掉期交易占 42%，直接远期交易占 13%，即期外汇交易占 38%。

二、外汇掉期交易的种类

（一）即期对即期

即期对即期（spot against spot）是指买进或卖出一笔即期外汇的同时，卖出或买进另一种货币的即期。也就是说，两笔交易都是即期交易，但是交割日期不同。根据交割日的不同，又有以下两种形式：

1. 今日对明日掉期

今日对明日掉期（today-tomorrow swap）是指第一笔即期交易的交割的在成交的当天，第二笔即期交易的交割日在成交后的第一天，又称隔夜交易（over-night，O/N）。

2. 明日对后天掉期

明日对后天掉期（tomorrow-next swap）是指第一笔即期交易的交割日在成交后的第一天，第二笔即期交易的交割日在成交后的第二天，又称隔日交易（tom-next，T/N）。

（二）即期对远期

即期对远期（spot against forward）是指买进或卖出一笔现汇的同时，卖出或买进一笔期汇。这是掉期交易最常见的形式。期汇的交割期限一般为 1 周、1 个月、2 个月、3 个月、6 个月等。

（三）远期对远期

远期对远期（forward against forward）是指两笔交易金额相等、交易方向相反、不同期限的远期外汇交易组合。例如，某交易者在买进3个月期交割的某种货币的同时，再卖出该货币的6个月远期。

三、掉期率

掉期率（swap rate）是掉期交易的价格，通常采用双向报价（即同时报出买入价和卖出价），并且以“基本点”的方式报价。左边的点数表示即期卖出单位货币（基准货币）的汇率与远期买入单位货币（基准货币）的汇率的差额；右边的点数表示即期买入单位货币（基准货币）的汇率与远期卖出单位货币（基准货币）的汇率的差额。因此，掉期汇率的计算与一般远期外汇交易的远期汇率的计算不同，下面予以说明。

假设即期汇率为：买入价 A/卖出价 B；n 个月的掉期率为：X/Y。

在一般的远期外汇交易中，我们按照下面的规则计算远期汇率：若 $X<Y$，则为加；若 $X>Y$，则为减。于是 n 个月远期汇率为：买入价 = 买入价 $A+(-)X$，卖出价 = 卖出价 $B+(-)Y$。

但是在掉期交易中，我们应按照下面的规则计算掉期交易的远期汇率：

（1）即期卖出单位货币/远期买入单位货币：

即期卖出单位货币汇率　　　　　B

n 个月远期买入单位货币汇率　　$B+(-)X$

（2）即期买入单位货币/远期卖出单位货币：

即期买入单位货币汇率　　　　　A

n 个月远期卖出单位货币汇率　　$A+(-)Y$

由此可见，在掉期业务中，即期汇率与一般即期外汇交易中的报价方法相同；但是，远期汇率的计算方法与一般的远期外汇交易是有所不同的。掉期业务中远期汇率采用交叉相加减，一般远期外汇交易中远期汇率采用直接相加减。

【例7-11】 设英镑对美元的即期汇率为GBP/USD = 1.9279/89，3个月掉期的点数为30/50。因为30<50，即左边点数小、右边点数大，所以3个月远期汇率为：

$$(1.9279+0.0030)/(1.9289+0.0050)=1.9309/39$$

但在掉期汇率中：

（1）即期卖出英镑/3个月远期买入英镑：

即期卖出英镑　　　　1.9289

3个月远期买入英镑　　1.9289 + 0.0030 = 1.9319

（2）即期买入英镑/3个月远期卖出英镑：

即期买入英镑　　　　1.9279

3个月远期卖出英镑　　1.9279 + 0.0050 = 1.9329

该掉期报价的具体汇率为：

GBP/USD = 1.9319/29

四、外汇掉期交易的应用

（一）有利于进出口商规避汇率波动的风险

掉期交易能够为进出口商提供有效的保值，可以帮助企业轧平交易中的资金缺口，规避汇率风险。

【例 7－12】 我国一家贸易公司向美国出口产品，收到货款 100 万美元。该公司需将货款兑换为人民币用于国内支付；同时，还需从美国进口原材料，将于 3 个月后支付 100 万美元的货款。此时，这家贸易公司持有美元，但短缺人民币。若此时美元结汇价为 6.18，则公司收到的货款结汇所得为 618 万元人民币；3 个月后支付进口货款需要美元时，公司再用人民币购汇支付。公司这样操作将承担 3 个月期间的汇率波动风险。如果 3 个月后人民币贬值为 6.22，公司就必须用 622 万元人民币换回 100 万美元；而且随着贬值幅度扩大，支付成本还会增加。

如果公司预期人民币贬值，就可以采用掉期进行对冲：签约一笔 3 个月美元对人民币的掉期外汇买卖，以 6.18 的价格即期卖出 100 万美元、买入相应人民币（结汇），同时约定 3 个月后卖出人民币、买入 100 万美元（购汇）。假设掉期升水 200 点，则客户换回美元的成本就固定为 6.2，即使人民币贬值幅度增大也不会产生任何影响。

如此，公司既解决了人民币资金短缺的问题，又达到了固定换汇成本和规避汇率风险的目的。

（二）有利于投资者进行短期对外投资

掉期交易可以使投资者将闲置的货币转换为所需的货币，并加以运用，从中获取利益。投资者在进行短期对外投资时，必须将本币兑换为另一国的货币，然后调往投资国或地区；但在资金回收时，有可能发生外币汇率下跌使投资者蒙受损失的情况。为此，可以利用掉期交易规避这种风险。

【例 7－13】 某投资者现在手中有一笔英镑资金，想将其兑换成美元投资于美国的短期证券，投资期限为 3 个月；但又担心投资到期把美元兑换成英镑时美元会发生贬值。这时，投资者就可以利用掉期交易防范风险。掉期交易资金如表 7－2 所示。

表 7－2　掉期交易

即期交易	金额	即期汇率	3 个月远期交易	金额	远期汇率
卖出英镑 买入美元	1 000 1 801	1.8010/20	买入英镑 卖出美元	1 000 1 805	1.8040/50

由表 7－2 可以看出，通过这笔掉期交易，该投资者很好地规避了美元汇率波动的风险。

（三）帮助银行轧平外汇头寸

掉期交易可以帮助银行平衡远期外汇头寸，转移客户带给银行的外汇风险。

【例 7－14】 某日，某银行卖出 3 个月 1 000 万瑞士法郎，此时银行形成一个远期空头头寸，其最简单的保值方法就是买入相同数量的 3 个月远期瑞士法郎。但这并不容易实现，因为远期外汇市场的流动性较低。这时，交易员可以通过以下两步平衡头寸：

第一步，选择流动性最大的即期外汇市场：买入即期 1 000 万瑞士法郎；

第二步，操作掉期合同：卖出即期 1 000 万瑞士法郎，买入 3 个月远期 1 000 万瑞士法郎。

这时，银行的头寸如表 7 – 3 所示。

表 7 – 3　利用掉期交易平衡银行远期外汇头寸

多头头寸	空头头寸
买入即期 1 000 万瑞士法郎	卖出 3 个月远期 1 000 万瑞士法郎
卖出即期 1 000 万瑞士法郎	买入 3 个月远期 1 000 万瑞士法郎

由表 7 – 3 可见：银行对瑞士法郎的远期空头头寸进行了完全的保值。

（四）通过掉期业务调整远期合约的履约期限（提前履约或展期）

客户在做了远期外汇交易后，因故需要提前交割，或者资金不到位等其他原因，不能按期交割、需要展期时，都可以通过外汇掉期交易对原交易的交割时间进行调整。

【例 7 – 15】　我国一家贸易公司在 1 月份预计 4 月 1 日将收到一笔欧元货款，为防范汇率风险，公司按远期汇率水平与银行续做了一笔 3 个月远期结汇——卖出欧元、买入人民币，起息日为 4 月 1 日。但到了 3 月底，公司得知对方将推迟付款，在 5 月 1 日才能收到这笔货款。那么，公司可以通过一笔 1 个月的外汇掉期买卖，将原来的远期结汇交割日延至 5 月 1 日。当然，这样的展期操作要支付一定的成本。具体操作如下：

在 4 月 1 日签约一笔人民币外汇掉期买卖，近端对原来的远期结汇反向平盘，即按 4 月 1 日即期汇价买入欧元、卖出人民币；而远端则与原来的远期结汇同方向，按 5 月 1 日的远期汇价卖出欧元、买入人民币。

边学边练（7 – 3）

中国香港某公司从欧洲进口设备，1 个月后将支付 100 万欧元；同时，该公司也向欧洲出口产品，3 个月后将收到 100 万欧元货款。香港公司做了笔掉期交易来规避外汇风险。假设外汇市场上的汇率报价为：即期汇率 EUR/HKD = 7. 7900/05；1 个月远期差价 10/15；3 个月远期差价 30/45 。香港公司如何进行远期对远期掉期交易以保值？其收益状况如何？

第五节　套汇与套利交易

一、套汇交易

套汇（arbitrage）是指利用同一时刻不同外汇市场上的汇率差异，通过低买高卖来赚取无风险利润的行为。套汇交易的进行，改变了各个外汇市场的供求关系，从而使各个市场的汇率趋于一致。套汇交易分为直接套汇和间接套汇两种。

（一）直接套汇

直接套汇（direct arbitrage）又称双边套汇或两角套汇，是指套汇者利用同一时刻、两个外汇市场之间的汇率差异进行套汇，是最简单的套汇方式。

【例 7-16】 在同一时间,纽约和法兰克福外汇市场上英镑对美元的汇率如下:

纽约外汇市场　　GBP 1 = USD 1.4810 - 1.4840

法兰克福外汇市场　　GBP 1 = USD 1.4850 - 1.4880

分析:因为英镑在纽约外汇市场上较便宜,在法兰克福外汇市场上较贵,所以套汇者可在纽约外汇市场上买入英镑,同时在法兰克福外汇市场上卖出英镑。

具体做法:套汇者在纽约外汇市场上买入 GBP 1,付出 USD 1.4840;同时,在法兰克福外汇市场上卖出 GBP 1,收到 USD 1.4850。这样每 1 英镑可赚取 0.001 美元。

当然,套汇业务要花费电话、电传、佣金等费用,套汇利润必须大于套汇费用,否则套汇者就无利可图,套汇活动就不会发生。

边学边练(7-4)

某日,假定纽约外汇市场上美元与港币的汇率为 US$1 = HK$ 7.7320 - 40;而在同一时间,香港外汇市场上汇率为 US$ 1 = HK$ 7.7360 - 80。某商人有 100 万港币,他应如何进行套汇?可获利多少港币?

(二) 间接套汇

间接套汇(indirect arbitrage)又称三角套汇或多角套汇,是指套汇者利用同一时刻、三个或三个以上外汇市场之间的汇率差异进行套汇。

判断两地之间是否存在套汇机会很容易,观察在同一时间、两个市场上某两个货币之间的汇率是否相同即可;但对于三个市场或多个市场之间是否存在套汇机会则比较难以判断,这时我们一般使用以下两种方法进行判断:

方法一:套算比较法,对其中两个市场的汇率进行套算,然后与第三个市场的汇率进行比较。如果相等,就没有套汇机会;如果不相等,则存在套汇机会。但是,这种方法用于三个市场的套汇分析还比较方便,一旦涉及三个以上的市场就需要多次套算汇率,这显然很麻烦,效率低下,所以不常用。

方法二:汇价积数判断法,将各个市场的汇率统一成标准格式。例如,涉及四种货币(a、b、c、d),则将汇率转换成 1 单位 a 币等于多少单位 b 币,1 单位 b 币等于多少单位 c 币, 1 单位 c 币等于多少单位 d 币,1 单位 d 币等于多少单位 a 币,然后将四个汇率相乘。如果乘积为 1,就说明没有套汇机会;如果乘积不为 1,则存在套汇机会。这种方法对于判断多个市场是否存在套汇机会是非常简便的。

在判断是否存在套汇机会以后,还要判断套汇方向。在汇价积数判断法下,有一个判断套汇方向的简单规则:如果乘积小于 1,则在套汇时总是买入单位货币;如果乘积大于 1,则在套汇时总是卖出单位货币。

【例 7-17】 在同一时间,纽约、伦敦、苏黎世外汇市场的汇率如下:

纽约外汇市场　USD 1 = SF 4.6800 - 4.6830

伦敦外汇市场　GBP 1 = USD 1.5870 - 1.5885

苏黎世外汇市场　GBP 1 = SF 8.5601 - 8.5651

这三个市场之间是否存在套汇机会?假如手中有 100 万美元,套汇者如何进行套汇?

若不考虑其他费用,套汇收益如何?

(1)判断是否存在套汇机会:将三个市场的汇率转换成标准格式。

纽约外汇市场　USD 1 = SF 4.6800 - 4.6830

苏黎世外汇市场　SF 1 = GBP (1/8.5651 - 1/8.5601)

伦敦外汇市场　GBP 1 = USD 1.5870 - 1.5885 将三个汇率同边相乘得到:

(4.6800 ×1/8.5651 ×1.5870)/(4.6830 ×1/8.5601 ×1.5885) = 0.8671/0.8690

三个汇率的乘积不等于1,说明存在套汇机会。

(2)决定套汇方向:套汇者手中有100万美元,首先要卖出美元,但买入英镑还是瑞士法郎呢?因为上述乘积小于1,所以要买入处于单位货币位置的英镑;然后卖出英镑,买入处于单位货币位置的瑞士法郎;最后卖出瑞士法郎,买入处于单位货币位置的美元。

(3)具体套汇过程如下:

卖出100万美元,买入100/1.5885万英镑;卖出100/1.5885万英镑,买入100/1.5885 × 8.5601万瑞士法郎;卖出100/1.5885 ×8.5601万瑞士法郎,买入100/(1.5885 ×4.6830) × 8.5601≈115.07万美元。

套汇收益为:

$$115.07 - 100 = 15.07(\text{万美元})$$

注意:这里忽略了100万美元的机会成本。

边学边练(7-5)

某日,纽约外汇市场上汇率报价为1英镑 = 1.3250美元,伦敦外汇市场上汇率报价为1英镑 = 10.6665港币,中国香港外汇市场上汇率报价为1美元 = 7.8210港币。这其中有无套汇机会存在?如果有,请说明套汇过程并计算套汇收益(假设套汇者手中有10万美元)。

二、套利交易

套利交易(interest arbitrage)是指投资者利用不同国家或地区短期利率的差异,将资金从低利率的国家或地区转移到高利率的国家或地区,以赚取利息差额的行为。

由于套利时要进行货币转换,因此套利者会面临汇率风险。根据套利者在套利的过程中是否运用远期外汇交易对汇率风险进行抵补,套利交易分为非抛补套利和抛补套利。

(一)非抛补套利

非抛补套利(uncovered interest arbitrage)是指套利者在套利的过程中,对外汇风险不进行抵补,是一种纯粹的套利行为,具有外汇投机的性质。

【例7-18】 假设某一时期,日本金融市场上3个月定期存款利率为年率2%,而美国金融市场上3个月定期存款利率为年率6%,美元对日元的即期汇率为USD/JPY = 110。若某日本投资者手中拥有1 000万日元,准备进行为期3个月的非抛补套利,套利结果会如何?

第一步,将1 000万日元按照即期汇率USD/JPY = 110兑换成9.09万美元。

第二步,在美国投资3个月,到期时以美元表示的本利和为:

$$9.09\times\left(1+6\%\times\frac{1}{4}\right)\approx 9.226(万美元)$$

第三步，将9.226万美元兑换成日元，而日元数量的多少取决于3个月后的即期汇率。

若3个月后美元对日元的即期汇率下降为USD/JPY＝100，则9.226万美元只能兑换成922.6万日元；扣除成本额1 005万日元（$1\ 000\times\left(1+2\%\times\frac{1}{4}\right)$），投资者反而亏损82.4万日元（1 005－922.6）。

若3个月后美元对日元的即期汇率上升为USD/JPY＝120，则9.226万美元能兑换成1 107.12万日元；扣除成本额1 005万日元，投资者盈利102.12（1 107.12－1 005）万日元。

（二）抛补套利

抛补套利（covered interest arbitrage）是指套利者在套利的同时，通过远期外汇交易对外汇风险进行抵补，是一种保值性的套利交易。

假定不考虑交易成本，当两国的短期利率之差等于两国货币的升水或贴水年率时（即利率平价定理成立），不存在套利机会；当两国的短期利率之差大于两国货币的远期升水或贴水年率时，则可以正向套利，将资金从利率低的国家调到利率高的国家进行套利；当两国的短期利率之差小于两国货币的远期升水或贴水年率时，则只能反向套利，将资金从利率高的国家调到利率低的国家进行套利。

【例7－19】 假定美国和荷兰的利率分别为8%和10%，即期汇率为1美元兑换1.6000荷兰盾，3个月远期汇率为1美元兑换1.6500荷兰盾。不考虑交易成本等因素，套利者将如何套利？

（1）判断是否存在套利机会。

计算美元的3个月远期升水或贴水幅度为（1.6500－1.6000）/1.6000×12/3×100%＝12.5%；而两国的利率之差＝i_d-i_f＝荷兰利率－美国利率＝2%。显然，利率平价定理不成立，所以存在套利机会。

（2）判断套利方向。

由于两国的利率之差＜美元的3个月远期升水幅度，因此应该反向套利，将资金从高利率的荷兰调到低利率的美国。

（3）具体的套利过程如下：

假设套利者手中现在持有1.6000荷兰盾。首先，将荷兰盾按即期汇率兑换成1美元，在美国投资3个月可以获得本息1.02美元（1＋8%×3/12）；其次，将1.02美元按远期汇率兑换成荷兰盾，可以得到1.683荷兰盾（1.02×1.6500）。于是，套利收益为0.043荷兰盾，算式如下：

$$1.6830-1.6000\times\left(1+10\%\times\frac{3}{12}\right)=1.6830-1.640=0.043(荷兰盾)$$

抛补套利的结果是：两国的短期利率之差会逐步接近于货币的远期升水率或贴水率；如果忽略交易成本等因素，当两者相等时，套利活动就会停止。

边学边练(7－6)

假定美国和英国的利率分别为16%和12%，英镑与美元的即期汇率为1英镑兑换2美元，试计算12个月的远期汇率。如果12个月的远期汇率为1英镑兑换2.2美元，那么套利者将如何套利？

第六节 外汇期货交易

一、期货交易概述

（一）期货交易的起源

期货交易是商品生产者为规避风险，从现货交易中的远期合同交易发展而来的。在远期合同交易中，交易者集中到商品交易场所交流市场行情，寻找交易伙伴，通过拍卖或双方协商的方式来签订远期合同；合同到期时，交易双方以实物交割来了结义务。交易者在频繁的远期合同交易中发现：由于价格、利率或汇率会发生波动，合同本身就具有价差或利益差，因此完全可以通过买卖合同来获利，而不必等到实物交割时再获利。为了适应这种业务的发展，期货交易应运而生。

期货交易是投资者交纳保证金后，在期货交易所内买卖各种商品标准化合约的交易方式。现代期货交易产生于美国，最先经营期货交易的是芝加哥交易所（CBT）（1848年成立）。20世纪70年代以前，期货交易仅限于农矿产品；70年代以后，人们才将期货交易机制运用于金融方面，出现了金融期货交易，包括外汇期货、利率期货、股票指数期货、贵金属期货等。

（二）期货交易的组织结构

1. 期货交易所

期货交易所是一个由会员组成的非营利性团体。它本身不参与交易，只是为期货交易提供场所、设备，制定交易规则，维护公平交易等。会员可以直接进入交易所内进行期货交易，而非会员欲进行期货交易则必须委托会员代理进行。

2. 期货经纪行

期货经纪行是在期货交易所注册登记的会员公司，专门接受委托、代客户做期货交易，并收取一定的佣金。按照职能不同，可以分为场内经纪人（floor broker）和场内交易商（floor trader）。前者主要是代客户成交；后者除了进行代办业务，也从事自营业务。

3. 期货清算所

期货清算所（clearing house）是一个会员制机构，其会员资格申请者必须是已经成为与该清算所有业务往来的交易所的会员。它负责征收保证金，负责对期货交易所内进行的期货合同进行交割、对冲和结算。

在期货交易的发展中，清算所的创立完善了期货交易制度，保障了期货交易能在期货交易所内顺利地进行，成为期货市场运行机制的核心。一旦期货交易达成，交易双方就分别与清算所发生关系。清算所既是所有期货合同的买方，也是所有期货合同的卖方。通过清算所，期货合同的转让、买卖及实际交割就可以随时进行，不必通知交易对方。

4. 期货交易者

期货交易者有三种类型：对冲者、投机者和套利者。期货对冲者（hedger）又称套期保值者，主要通过期货合约来降低因未来市场价格变化的不确定性而可能引起的风险。期货投机者（speculator）根据自己对期货价格走势的判断，做出买进或卖出的决定，在预期价格上升时买进、价格下跌时卖出，然后等待时机再卖出或买进所持有的合约头寸。期货套利者（arbitrager）是交易者利用期货合约标的物在不同市场、不同月份、不同品种之间出现相对价差时，通过低买高卖的方式从中获取低风险或几乎无风险利润的行为。

（三）期货市场上的主要制度与规则

期货市场上有许多制度与规则，如保证金制度、每日结算制度、每日价格最大波动限制、持仓限额制度、大户报告制度、实物交割制度、强行平仓制度等。其中，最重要的两项制度是保证金制度和每日结算制度。

1. 保证金制度

在期货交易中，任何交易者必须按照其所买卖期货合约价值的一定比例缴纳资金，作为其履行期货合约的财力担保，然后才能参与期货合约的买卖，这就是保证金制度。保证金分为初始保证金（initial margin）和最低保证金（maintenance margin）。初始保证金一般相当于成交价格的5%—10%，最低保证金一般为初始保证金的75%。

当客户的保证金水平低于最低保证金水平时，就要将保证金补足到初始保证金的水平；否则，其经纪人会将客户的合约在当前的市场价格下强行平仓。保证金制度既体现了期货交易特有的杠杆效应，同时也成为交易所控制期货交易风险的一种重要手段。

2. 每日结算制度

期货交易所实行每日无负债结算制度，又称逐日盯市，是指每日交易结束后，结算所按照当日期货市场的清算价核算所有期货交易的盈亏。若期货市场价格的变化对客户有利，则盈余立即转入其保证金账户，并可以由客户提取；若期货市场价格的变化对客户不利，则亏损要从保证金账户中扣除。因此，期货交易每天都有损益的发生，风险很大。

【例7-20】 某期货交易者成交了一份3个月到期的英镑期货多头，面额25 000英镑，成交价为GBP 1 = USD 1.5800。成交当日，期货市场的清算价为1.5760；第二天，期货市场的清算价为1.5780；第三天，期货市场的清算价为1.5810。则每日结算的情况如表7-4所示。

表7-4 每日结算制度——举例

时间	期货价格	价差（美元）	保证金账户的现金净流动（美元）
成交日	1.5800	0	0
当日收市	1.5760	1.5760 - 1.5800 = -0.0040	-0.0040 × 25000 = -100
第二日收市	1.5780	1.5780 - 1.5760 = 0.0020	0.0020 × 25000 = 50
第三日收市	1.5810	1.5810 - 1.5780 = 0.0030	0.0030 × 25 000 = 75

（四）期货交易的基本程序

第一，期货交易者在经纪公司开立一个保证金账户；第二，期货买方或卖方将买进或卖出订单递交给自己委托的交易所会员的经纪公司；第三，会员经纪公司在场内通过传递人将订单传至本公司在场内（交易大厅）的经纪人；第四，场内经纪人根据订单要求在交易柜台内公开叫价，与交易对方定价成交并记录、确认交易行为（在交易大厅，由于声音嘈杂，他们使用一套标准手势进行交易）；第五，买方或卖方的会员经纪公司向交易所的清算所交付保证金，并买入或卖出相应数量的交易合同。

（五）期货市场的功能

1. 避险功能

期货市场最突出的功能就是为生产经营者提供规避价格风险的手段。生产经营者在期货市场上进行套期保值业务，规避现货交易中价格波动带来的风险，锁定生产经营成本，实现预期利润。

2. 价格发现功能

在市场经济条件下，价格是根据市场供求状况而形成的。期货市场上来自四面八方的交易者带来了大量的供求信息，标准化合约的转让又增加了市场流动性。因此，期货市场中形成的价格能真实地反映供求状况，同时又为现货市场提供了参考价格，起到了“价格发现”的功能。

3. 投机功能

投机者可以从期货价格的变动中获得利润，因为期货市场上保证金的要求不高，所以投机者可以用少量资金进行大规模的投机活动。

二、外汇期货交易

（一）外汇期货交易的概念

外汇期货交易（foreign exchange futures）是指交易双方在交易所内通过公开叫价的拍卖方式，买卖在将来某一日期、以既定汇率交割一定数量外汇的期货合约的外汇交易。

外汇期货是产生最早且最重要的一种金融期货。1972 年 5 月，美国芝加哥商品交易所（CME）成立国际货币市场（IMM），首次开办了外汇期货交易。1982 年 9 月，英国伦敦国际金融期货交易所（LIFFE）成立并正式营业，至今已开办了英镑、欧元、日元、瑞士法郎等主要国际货币期货。接着，新加坡于 1984 年、中国香港于 1986 年、日本于 1988 年相继建立了金融期货交易所，外汇期货交易在国际金融领域扮演着越来越重要的角色。其中，国际货币市场与伦敦国际金融期货交易所的交易规模最大，国际货币市场的交易量占世界外汇期货交易量的 50%。

（二）外汇期货交易和远期外汇交易的比较

外汇期货交易和远期外汇交易有许多相似之处。例如，两者都是先签约，然后在将来某时间交割；汇率都以合约的形式固定下来；交易的基本动机相同，或者保值或者投机等。但两者也存在许多不同点，如表 7 - 5 所示。

表 7 - 5　外汇期货交易与远期外汇交易的比较

比较项目	外汇期货交易	远期外汇交易
交易场所	期货交易所	无具体场所
交易方式	公开叫价	通过电话、电传、电报等方式
报价方式	买方只报买价，卖方只报卖价	双向报价（既报买入价，也报卖出价）

（续表）

比较项目	外汇期货交易	远期外汇交易
合约是否标准化	标准化	量体裁衣
费用	保证金、佣金	远期双向报价的买卖差价
抵押要求	买卖双方无须了解资信，只需向清算所缴纳保证金	银行依据对方的资信情况确定，大银行之间无须抵押
损益发生的时间	每天都有损益发生	损益只发生在到期日
合约对方	期货交易所	买卖双方直接见面
头寸的冲销	很容易	很难，多办理实际交割

（三）外汇期货交易合约

外汇期货合约是一种交易所制定的标准化的法律契约。该合约规定：交易双方各自支付一定的保证金和佣金，并按照交易币种、数量、交割月份与地点等买卖一定数量的外汇。外汇期货合约的标准化主要体现在以下方面：(1)合约规模是有具体规定的，每笔交易必须是合约规模的整数倍，如国际货币市场对每份英镑期货合约数额规定为62 500英镑，每份欧元期货合约数额规定为125 000欧元，每份加拿大元期货合约数额规定为100 000加元等；(2)合约一般以3月、6月、9月、12月作为交割月份，交割日为交割月份的第三周的星期三。如果在合约到期前（一般为交割日的前两天），交易者未做对冲交易，那么必须在交割日履行期货合约，如表7－6的英镑期货合约。

表7－6　芝加哥商品交易所CME英镑期货合约

项目	合约内容
合约规模	62 500英镑
合约月份	20个季度合约（合约到期月份为3月、6月、9月、12月）
持仓限制	10 000合约
行情代码	CME Globex电子市场：6B 公开喊价（仅整批委托）：BP AON合约代码：LP
最小价格增幅	每份合约12.50美元
交易时间	GLOBEX（美国日间及隔夜交易时间） 周日至周五：17:00—次日16:00（美国中部时间），除了周五16:00收市并于周日17:00开市 CME Clear Port 周日至周五：17:00—16:00（美国中部时间），期间每天自16:00美国中部时间休市45分钟 公开喊价：7:20—14:00（美国中部时间）
最后交易日/时间	时间：09:16（美国中部时间） 日期：合约月份的第三个星期三之前的第二个营业日（通常是周一）
交易所规则	这些合约按照CME规则和条例挂牌交易并受其约束
大宗交易最低门槛	100份合约

资料来源：http://www.cmegroup.com/cn-s/products/fx/gbp-usd.html。

(四) 外汇期货交易的应用

1. 套期保值

套期保值是指通过买进或卖出与现货市场数量相当、交易方向相反的期货合约,以期在未来某一时间通过卖出或买入期货合约来补偿因现货市场价格变动而带来的实际价格风险。套期保值分为多头套期保值和空头套期保值。

(1) 多头套期保值是指预期未来在现货市场上购入外汇,因担心该外汇升值而增加购入成本,于是在期货市场上先买入该种外汇的期货合同,数量、交割日都与现货交易的一致;当需要用外汇时,在现汇市场上买入所需,同时在期货市场上卖出原有期的货合同以冲销头寸。多头套期保值交易结构如表 7 - 7 所示。

表 7 - 7　多头套期保值交易结构

时间	现货市场	期货市场
目前		买
将来某一时间	买	卖

在以上交易结构下,如果现货市场上外汇汇率在未来的时间升值了,那么交易者在现货市场上就发生了损失;但由于期货市场的价格与现货市场的价格具有平行性的关系(现货市场的价格和期货市场的价格变动方向相同、变动幅度大体一致),因此交易者会在期货市场上获得收益,从而抵消了现货市场的损失,达到保值的目的。

【例 7 - 21】　某年 2 月,美国一家进口商从德国进口价值 125 000 欧元的货物,1 个月后支付货款。进口商为防范 1 个月后欧元升值而使进口成本增加,买入 1 份 3 月到期的欧元期货合约,面值为 125 000 欧元。若 1 个月后欧元果然升值了,则结果如表 7 - 8 所示。

表 7 - 8　多头套期保值举例

时间	现货市场	期货市场
2 月	现汇汇率:EUR 1 = USD 1. 1120 货物价值折成美元成本为: 125 000 × 1. 1120 = 139 000(美元)	买入 1 份 3 月到期的欧元期货合约 价格为:EUR 1 = USD 1. 1190, 价值为:1 × 125 000 × 1. 1190 = 139 875(美元)
3 月	现汇汇率:EUR 1 = USD 1. 1210 买入 125 000 欧元,支付美元: 125 000 × 1. 1210 = 140 125(美元)	卖出 1 份 3 月到期的欧元期货合约 价格为: EUR 1 = USD 1. 1290, 价值为:1 × 125 000 × 1. 1290 = 141 125(美元)
盈亏情况	成本增加:140 125 - 139 000 = 1 125(美元)	盈利:141 125 - 139 875 = 1 250(美元)

由表 7 - 8 可知,在不考虑保证金、佣金等费用的情形下,美国进口商的实际进口成本为 138 875(140 125 - 1 250)美元。

但是,运用期货交易规避外汇风险时,有时会出现抵补效率(抵补效率 = 期货市场收益/现货市场损失)不高的情况。也就是说,期货市场上的盈利较少,而现货市场上的损失却比较大。那么,影响期货交易抵补效率的因素有哪些呢? 请看例 7 - 22。

【例 7 - 22】　某年 3 月,美国一家进口商从英国进口价值 3 800 000 英镑的货物,3 个月后支付货款。进口商为防范 3 个月后英镑升值而使进口成本增加,决定利用期货交易抵补风险,为此交纳 900 美元佣金。因为英镑期货合约的标准金额为 62 500 英镑,所以可购买的合约数量为60.8(3 800 000/62 500),即应购买60份英镑期货合约(注意:此时不能四舍五入,只能取前面的整数)。同时,因为是3个月后支付货款,所以应买进6月到期的英镑期货合约。多头套期保值的详细情况如表7-9所示。

表7-9　多头套期保值举例

时间	现货市场	期货市场
3月	现汇汇率:GBP 1 = USD 1.4200 货物价值折成美元成本为: 3 800 000×1.4200 = 5 396 000(美元)	买入60份6月到期的英镑期货合约 价格为:GBP 1 = USD 1.4257 价值为:60×62 500×1.4257 = 5 346 375(美元)
6月	现汇汇率:GBP 1 = USD 1.4320 买入3 800 000英镑,支付美元: 3 800 000×1.4320 = 5 441 600(美元)	卖出60份6月到期的英镑期货合约 价格为:GBP 1 = USD 1.4335 价值为:60×62 500×1.433 5 = 5 375 625(美元) 交纳900美元佣金
盈亏情况	成本增加: 5 441 600 - 5 396 000 = 45 600(美元)	盈利: 5 375 625 - 900 - 5 346 375 = 28 350(美元)

由表7-9可知,此时的抵补效率 = 期货市场收益/现货市场损失 = 28 350/45 600 = 62.2%。抵补结果不完美的原因有:

①交纳了900美元的佣金。

②由于合约的标准化,有50 000(3 800 000 - 60×62 500)英镑的头寸没有抵补,由此造成的损失为:

$$50\ 000 \times (1.4320 - 1.4200) = 600(\text{美元})$$

③基差造成的损失。所谓基差,是指期货价格与现货价格之差,基差 = 期货价格 - 现货价格。随着时间的变化,若基差变动的幅度完全相等,保值者就可以利用期货市场对现货市场进行完全的保值;但是,若基差变动的幅度不完全相等,利用期货市场就不能完全转移现货市场上的风险。在本例中,3月的基差为0.0057(1.4257 - 1.4200),6月的基差为0.0015(1.4335 - 1.4320)。因此,基差造成的损失为:

$$60 \times 62\ 500 \times (0.0057 - 0.0015) = 15\ 750(\text{美元})。$$

由以上三个原因造成的全部损失为17 250(900 + 600 + 15 750)美元,这一数目正好是现货市场的损失中没有被期货市场的收益所抵消的那一部分(45 600 - 28 350)。此时,抵补者实质上是用基差风险代替了无任何抵补措施时的直接外汇风险,但是基差风险更易于管理。

(2)空头套期保值是指预期未来在现货市场上出售外汇,因担心该外汇贬值而减少本币收入,于是在期货市场上先卖出该种外汇的期货合同,数量、交割日都与现货交易的一致;当需要卖出外汇时,在现汇市场上卖出外汇获得本币,同时在期货市场上买入原有期货合同以冲销头寸。空头套期保值交易结构如表7-10所示。

表7-10　空头套期保值交易结构

时间	现货市场	期货市场
目前		卖
将来某一时间	卖	买

在以上交易结构下，如果现货市场上外汇汇率在未来的时间贬值了，那么交易者在现货市场上就发生了损失；但由于期货市场的价格与现货市场的价格具有平行性的关系，因此交易者会在期货市场上获得收益，从而抵消了现货市场的损失，达到保值的目的。

【例 7-23】 美国某出口商3月1日向加拿大出口一批货物，价值500 000加元，以加元结算，3个月后收回货款。出口商面临3个月后加元贬值的汇率风险，决定运用期货交易抵补风险。因为加元期货合约的标准金额为100 000加元，且为3个月后支付货款，所以应先卖出5份6月到期的加元期货合约。套期保值的详细情况如表7-11所示。

表 7-11 空头套期保值举例

时间	现货市场	期货市场
3月	现汇汇率：CAD 1 = USD 0.8490 货物价值折成美元成本为： 500 000×0.8490 = 424 500（美元）	卖出5份6月到期的加元期货合约 价格为：CAD 1 = USD 0.8489 价值为：5×100 000×0.8489 = 424 450（美元）
6月	现汇汇率：CAD 1 = USD 0.8460 卖出500 000加元，收到美元为： 500 000×0.8460 = 423 000（美元）	买入5份6月到期的加元期货合约 价格为：CAD 1 = USD 0.8450 价值为：5×100 000×0.8450 = 422 500（美元）
盈亏情况	损失 424 500 - 423 000 = 1 500（美元）	盈利： 424 450 - 422 500 = 1 950（美元）

由表7-11可知，在不考虑保证金、佣金等费用的情况下，美国出口商实际收回美元424 950（423 000 + 1 950）美元。不但没有损失，反而略有盈余。

边学边练（7-7）

假定一家美国公司1个月后有一笔外汇收入500 000英镑，当前即期汇率为1英镑等于1.3200美元。为了避免1个月后英镑贬值的风险，决定卖出8份1个月后到期的英镑期货合约（1合同标准金额为62 500英镑），成交价为1英镑等于1.3220美元。1个月后英镑果然贬值，即期汇率为1英镑等于1.2800美元，英镑期货合约的价格相应地下降到1英镑等于1.2820美元。如果不考虑佣金、保证金及利息，试计算该套期保值的净盈亏。

2. 外汇期货投机

当预测期货价格将上涨时，投机者就先买入期货合约，然后卖出冲抵，做多头；反之，当预测期货价格将下降时，投机者则先卖出期货合约，然后买入冲抵，做空头。期货投机时，只要交少量保证金就可以进行，充分体现出“以小搏大”的特点。

【例 7-24】 某投机者预计3个月后加元会升值，可预先买进10份加元期货合约，价格为CAD 1 = USD 0.7255。如果在现货市场上买卖，需要支付725 500（0.7255×10×100 000）美元，但购买期货合约只需支付10%左右的保证金，大大节约了资金。3个月后，如果期货合约价格上升到CAD 1 = USD 0.7350，则卖出10份期货合约进行对冲，于是投机者可获利9 500[（0.7350 - 0.7255）×10×100 000]美元。当然，如果预计错误，投机者就会发生亏损。

第七节　外汇期权交易

一、外汇期权交易的基本概念

期权交易(options),是指期权合同的买方具有在到期日或到期日以前按合约规定的价格买入或不买入、卖出或不卖出约定数量的某种金融工具的权利。外汇期权(foreign currency option)又称货币期权,是指外汇期权合同的买方具有在到期日或到期日以前按合约规定的汇率买入或不买入、卖出或不卖出约定数量的某种外汇的权利。

外汇期权交易产生于1982年12月的费城股票交易所,首次交易的币种是英镑期权和马克期权;随后,1984年芝加哥期货交易所推出了外汇期货合同的期权交易;20世纪80年代后半期,各大银行开始向顾客出售外币现汇期权,使外汇期权业务成为外汇银行的一项主要业务。

期权买方(buyer, holder)享有“买入”或“卖出”某种金融工具的权利,也享有“不买”或“不卖”的权利。当期权买方行使“买”或“卖”的权利时,期权卖方(seller, writer)必须承担“卖”或“买”的义务。

期权费又称期权价格或保险费(premium),是期权买方为了获得权利而支付给期权卖方的报酬。无论买方在有效期内是否行使期权,均不能收回期权费。

协定价格又称敲定价格(strike price)或行使价格(exercise price),是指期权买卖双方在期权合约中约定的买卖某种金融工具的价格。

二、外汇期权的种类

(一)按照行使期权的时间划分

外汇期权按照行使期权的时间分为欧式期权(European Option)和美式期权(American Option)。所谓欧式期权,是指期权买方只能在合约到期日行使选择是否履约的权利;所谓美式期权,是指期权买方可以在合约到期日之前的任何一天行使选择是否履约的权利。与欧式期权相比,美式期权的买方在执行合同上更具有灵活性,但支付的期权费也更高。

(二)按交易方式划分

外汇期权按交易方式分为在有组织的交易所交易的期权和场外交易期权。在有组织的交易所内,期权合同是标准化的,期权到期日、名义本金、交割地点、协定价格、交易时间等都是由交易所事先确定的;与期货交易类似,只有交易所会员才有权参加交易,非会员须委托经纪人进行交易;期权清算所结算期权交易双方的盈亏。场外交易期权是指在场外市场成交的期权交易,其合约不是标准化的,而是由买卖双方协商而定的。

(三)按照期权的性质划分

外汇期权按照期权的性质分为看涨期权(call option)和看跌期权(put option)。看涨期权又称买权，即看涨期权的买方拥有以执行价格“买入”某种金融工具的权利，而期权出售方承担“卖的义务”。看跌期权又称卖权，即看跌期权的买方拥有以执行价格“卖出”某种金融工具的权利，而期权出售方承担“买的义务”。

三、看涨期权与看跌期权买卖双方的损益分析

（一）看涨期权买方的损益

看涨期权买方的损益呈现出“有限损失、无限盈利”的特点，其盈亏平衡点（break-even point）是在协定价格的基础上加上期权费。

对于看涨期权，当标的资产的市场汇价低于行使价格时，该期权处于无价状态（out of the money）；当标的资产的市场汇价等于行使价格时，该期权处于平价状态（at the money）；当标的资产的市场汇价高于行使价格时，该期权处于有价状态（in the money）。

【例 7－25】 某外汇交易者买入 1 份 EUR 看涨期权，协定价格为 EUR 1 = USD 1.1140，期权费 EUR 1 = USD0.0200，一个标准合同为 EUR 125 000。那么，该交易者什么时候会行使期权？什么时候会放弃期权？其损益线是怎样的？

分析：

(1) 当市场汇价≤1.1140 时，交易者不行使期权，因为此时在现汇市场上购买 EUR 更合算；但损失期权费 2 500(125 000 × 0.0200)美元。此时，该期权处于无价状态。

(2) 当 1.1140 < 市场汇价≤1.1340 时，交易者会行使期权，但扣除期权费后仍发生损失。例如，当市场汇价 = 1.1240 时，损失为 1.1340 − 1.1240 = 0.01。此时，该期权处于有价状态，盈亏平衡点为 1.1140 + 0.02 = 1.1340。

(3) 当市场汇价 > 1.1340 时，交易者会行使期权，并且在扣除期权费后仍是盈利的。此时，该期权处于有价状态。

外汇交易者的损益情况如图 7－1 所示。

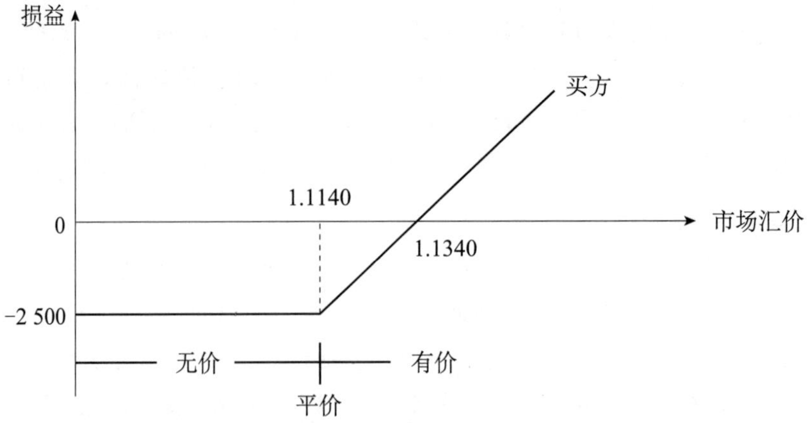

图 7－1　看涨期权买方的损益

（二）看涨期权卖方的损益

看涨期权卖方的收益和风险与买方正好相反，形成一种镜像效应。当买方损失期权费时，卖方则获得期权费；当买方行使期权获得收益时，卖方则出现损失。看涨期权买方和卖方的损益如图 7－2 所示。

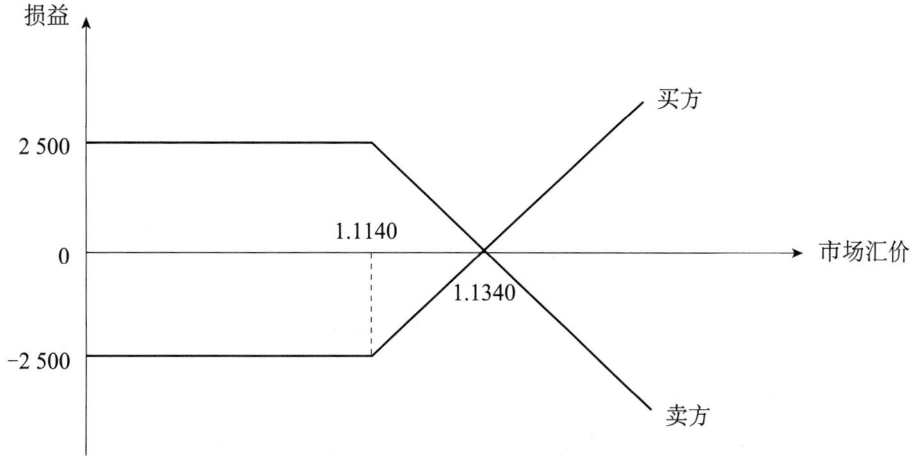

图 7－2　看涨期权买方和卖方的损益

（三）看跌期权买方的损益

看跌期权买方的损益也呈现出"有限损失、无限盈利"的特点，但其盈亏平衡点是在协定价格的基础上减去期权费。

对于看跌期权，当市场汇价低于行使价格时，期权处于有价状态；当市场汇价等于行使价格时，期权处于平价状态；当市场汇价高于行使价格时，期权处于无价状态。

【例 7－26】 某外汇交易者买入 1 份 GBP 看跌期权，协定价格为 GBP 1 = USD 1.8700，期权费 GBP 1 = USD 0.0900，一个标准合同为 GBP 25 000。那么，该交易者什么时候会行使期权？什么时候会放弃期权？其损益线是怎样的？

分析：

（1）当市场汇价≥1.8700 时，交易者不行使期权，因为此时在现汇市场上卖出 1 英镑可以得到更多的美元；但损失期权费 2 250（25 000 × 0.0900）美元。此时，该期权处于无价状态。

（2）当 1.7800≤市场汇价＜1.8700 时，交易者会行使期权，但扣除期权费后仍发生损失。例如，当市场汇价为 1.7900 时，损失为 1.7900 － 1.7800 = 0.01。此时，该期权处于有价状态，盈亏平衡点为 1.8700 － 0.09 = 1.7800。

（3）当市场汇价＜1.7800 时，交易者会行使期权，并且扣除期权费后仍盈利。此时，该期权处于有价状态。

外汇交易者的损益情况如图 7－3 所示。

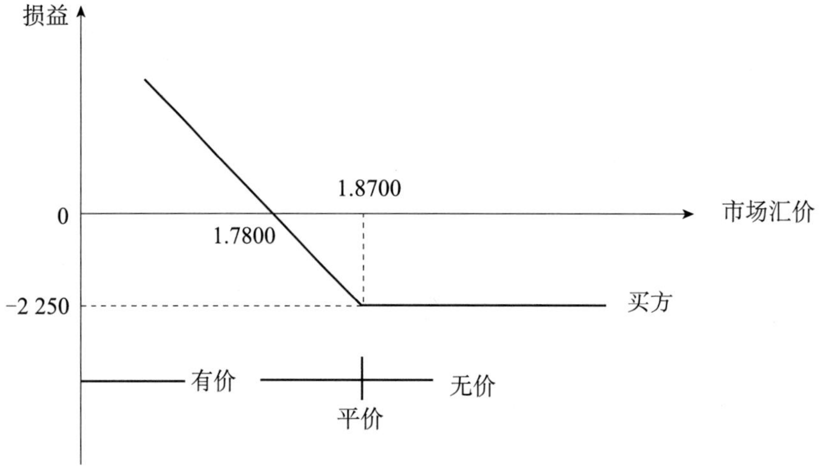

图 7－3 看跌期权买方的损益

（四）看跌期权卖方的损益

看跌期权卖方的收益和风险与买方正好相反，形成一种"镜像效应"，如图 7－4 所示。看跌期权卖方的损益呈现出"有限收益、无限损失"的特点。

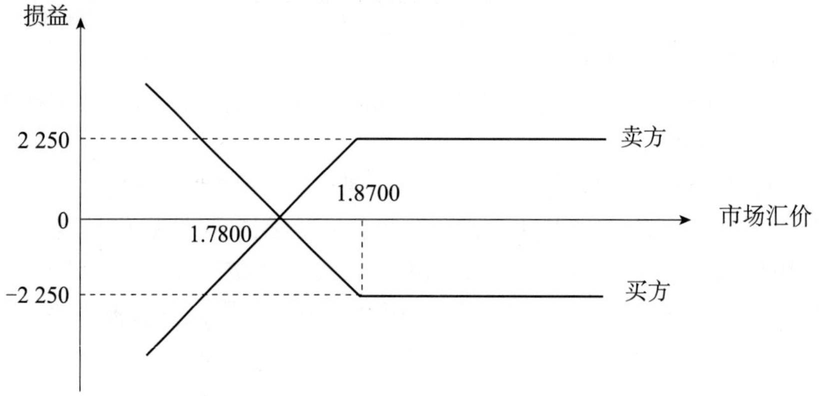

图 7－4 看跌期权买方和卖方的损益

四、外汇期权组合交易策略

（一）跨式期权

跨式期权（straddle）是指以相同的执行价格同时买入或卖出相同标的资产的看涨期权和看跌期权，可以分为多头跨式期权交易和空头跨式期权交易。

1. 多头跨式期权交易

多头跨式期权是指以相同的执行价格同时买入相同标的资产的看涨期权和看跌期权。之所以做这样的组合交易，是因为交易者预期市场价格会有显著的波动，但方向不明确。在这一交易策略下，如果市场价格上升就执行看涨期权，收益具有无限潜力；如果市场价格下降就执行看跌期权，收益具有无限潜力。而多头跨式期权购买者的风险，则完全限制在交易者支付的两份期权费的范围之内。

【例 7-27】 某交易者买入 1 份 3 个月期、执行价格为 EUR 1 = USD 1.30 的欧元看涨期权(期权 1),期权费为 EUR 1 = USD 0.10;同时,买入 1 份 3 个月期、执行价格为 EUR 1 = USD 1.30 的欧元看跌期权(期权 2),期权费也为 EUR 1 = USD 0.10。于是,交易者的损益情况如图 7-5 中的粗线所示。

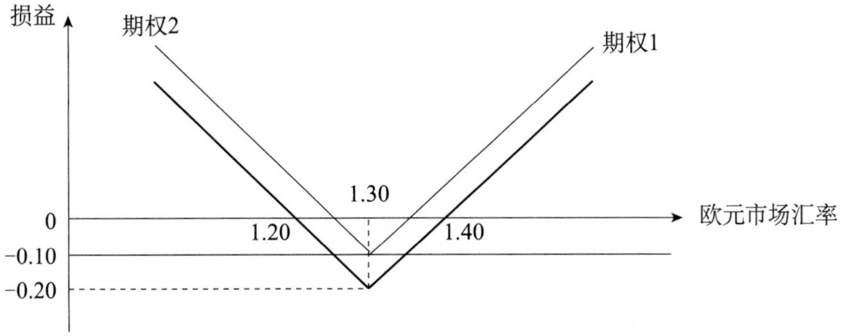

图 7-5　多头跨式期权交易的损益

2. 空头跨式期权交易

空头跨式期权是指以相同的执行价格同时卖出相同标的资产的看涨期权和看跌期权。之所以做这样的组合交易,是因为交易者预期市场价格的变动不大或者保持不变。在这一交易策略下,如果市场价格不变,空头跨式期权交易组合的购买者就将获得两份期权费收入;但是,如果市场价格大幅上涨或下跌,购买者的损失就会变得无限大。

【例 7-28】 某交易者卖出 1 份 3 个月期执行价格为 EUR 1 = USD 1.30 的欧元看涨期权(期权 1),期权费为 EUR 1 = USD0.10;同时,卖出 1 份 3 个月期、执行价格为 EUR 1 = USD 1.30 的欧元看跌期权(期权 2),期权费也为 EUR 1 = USD0.10。于是,交易者的损益情况如图 7-6 中的粗线所示。

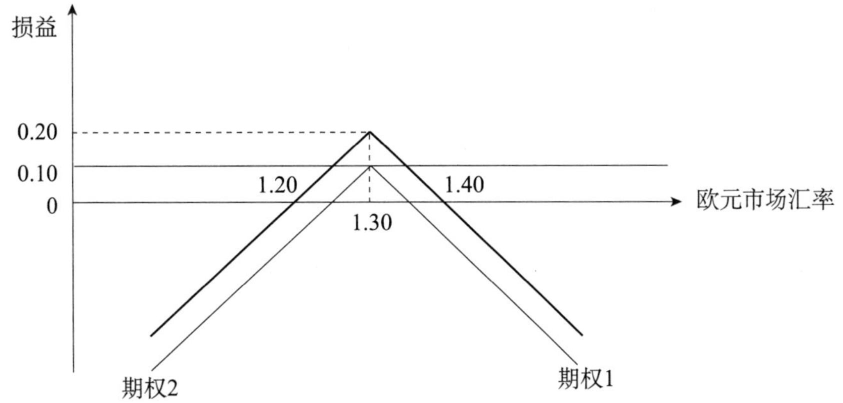

图 7-6　空头跨式期权交易的损益

(二) 宽跨式期权

宽跨式期权(strangle)是指以不同的执行价格同时买入或卖出相同标的资产的看涨期权和看跌期权,可以分为多头宽跨式期权交易和空头宽跨式期权交易。

1. 多头宽跨式期权交易

多头宽跨式期权交易是指交易者同时买入 2 份期权,1 份是执行价格较低的看跌期权,1 份是执行价格较高的看涨期权。之所以做这样的组合交易,是因为交易者预期市场价格会有很大的波动,但方向不明确。

【例 7－29】 某交易者买入 1 份 3 个月期:执行价格为 GBP 1 = USD 1. 60 的英镑看跌期权,期权费为 GBP 1 = USD0. 10;同时,买入 1 份 3 个月期执行价格为 GBP 1 = USD 1. 80 的英镑看涨期权,期权费也为 GBP 1 = USD 0. 10。于是,交易者的损益情况如图 7－7 所示(注意:这里未分别显示两个期权的损益线,请读者自己在图中画出)。

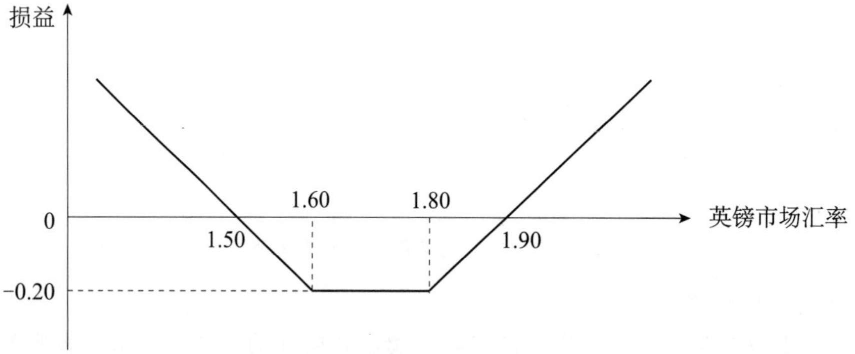

图 7－7　多头宽跨式期权交易的损益

2. 空头宽跨式期权交易

空头宽跨式期权交易是指交易者同时卖出 2 份期权,1 份是执行价格较低的看跌期权,1 份是执行价格较高的看涨期权。之所以做这样的组合交易,是因为交易者预期市场价格的变动不大或者保持不变。

【例 7－30】 某交易者卖出 1 份 3 个月期、执行价格为 GBP 1 = USD 1. 60 的英镑看跌期权,期权费为 GBP 1 = USD 0. 10;同时,卖出 1 份 3 个月期、执行价格为 GBP 1 = USD 1. 80 的英镑看涨期权,期权费也为 GBP 1 = USD 0. 10。于是,交易者的损益情况如图 7－8 所示(注意:这里未分别显示两个期权的损益线,请读者自己在图中画出)。

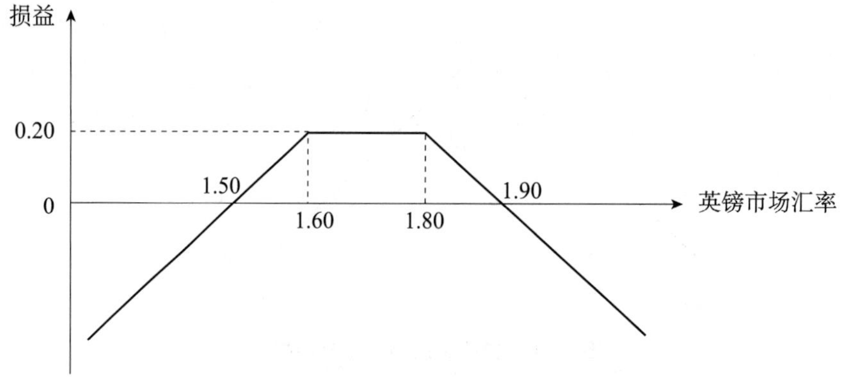

图 7－8　空头宽跨式期权交易的损益

（三）差价期权

差价期权(spreads)是指以不同的执行价格同时买入并卖出相同种类的期权，可以分为多头差价看涨期权交易和多头差价看跌期权交易。

1. 多头差价看涨期权交易

多头差价看涨期权交易是指交易者买入1份执行价格较低的看涨期权，同时卖出1份执行价格较高的看涨期权。之所以做这样的组合交易，是因为交易者预期市场价格将上涨到一定的水平，从而希望能从中盈利，并且卖出看涨期权来降低期权费成本。在这一交易策略下，当市场价格上升时，因为卖出了看涨期权，所以收益潜力不再是无限的；当市场价格下降时，因为买入了看涨期权，所以损失潜力也不会是无限的。

【例7-31】 某交易者买入1份3个月期、执行价格为GBP 1 = USD 1.60的英镑看涨期权(期权1)，期权费为GBP 1 = USD 0.10；同时，卖出1份3个月期执行价格为GBP 1 = USD 1.80的英镑看涨期权(期权2)，期权费为GBP 1 = USD 0.05。于是，交易者的损益情况如图7-9中的粗线所示。

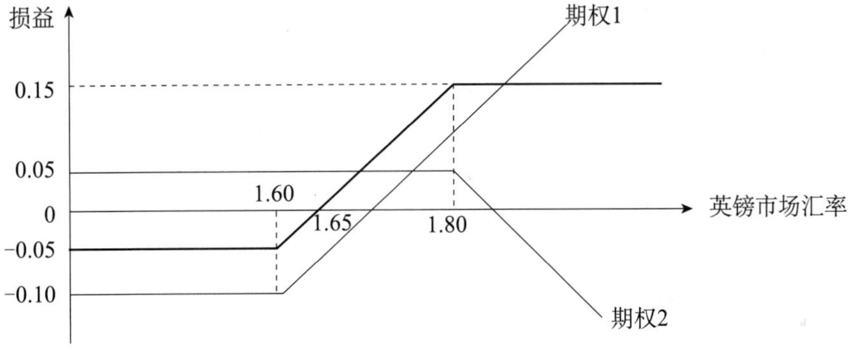

图7-9　多头差价看涨期权的损益

由图7-9可知，进行这一多头差价看涨期权的损益区间为(-0.05,0.15)，盈亏平衡点为GBP 1 = USD 1.65。

2. 多头差价看跌期权交易

多头差价看跌期权交易是指交易者买入1份执行价格较高的看跌期权，同时卖出1份执行价格较低的看跌期权。之所以做这样的组合交易，是因为交易者预期市场价格将下跌至一定的水平，从而希望能从中获利，并且卖出看跌期权来降低期权费成本。在这一交易策略下，当市场价格上升时，因为买入了看跌期权，所以限制了损失潜力；当市场价格下降时，因为卖出了看跌期权，所以也限制了收益潜力。

【例7-32】 某交易者买入1份3个月期、执行价格为GBP 1 = USD 1.80的英镑看跌期权(期权1)，期权费为GBP 1 = USD 0.10；同时，卖出1份3个月期、执行价格为GBP 1 = USD 1.60的英镑看跌期权(期权2)，期权费为GBP 1 = USD 0.05。于是，交易者的损益情况如图7-10中的粗线所示。

由图7-10可知，进行这一多头差价看跌期权的损益区间为(-0.05,0.15)，盈亏平衡点为GBP 1 = USD 1.75。

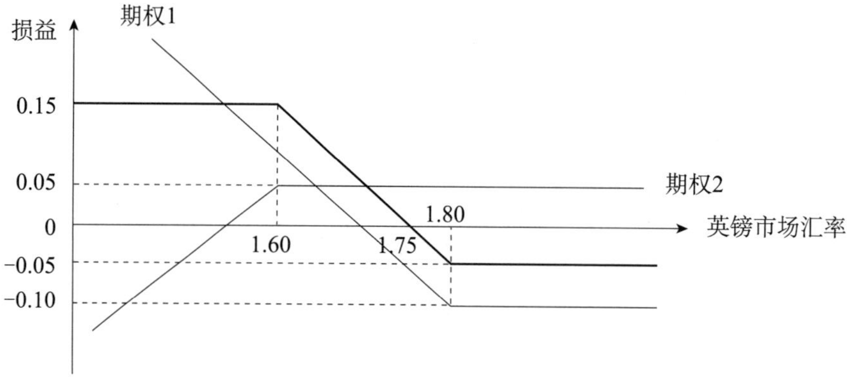

图 7-10 多头差价看跌期权的损益

五、外汇期权交易的应用

与外汇远期交易、外汇期货交易相比，外汇期权交易有着自身特殊的优点：第一，外汇期权交易的不对称性和套期保值的灵活性使其备受企业财务经理与交易商的青睐，期权的买方在汇率行情不利时只损失期权费，从而为外汇资产或头寸提供了有效的保值；第二，外汇期权的买方没有必须履行的义务，对可能发生但不一定实现的资产或收益是最理想的保值方式，如在国际贸易投标中的应用特别重要；第三，外汇期权交易不必逐日清算，到期前无现金流产生，能够为客户提供一系列的协定汇价，这比外汇期货交易要方便得多。但是，外汇期权交易也有一些缺点，如成本较高、缺乏流动性、存在交易对手不履约的风险等。

现实中，外汇期权交易主要应用于以下方面：

（1）对进出口商和其他有外汇收付需求的客户而言，当他们对汇率的未来走势没有把握时可以参与外汇期权交易，这样既可以防止汇率发生不利变动造成的损失，也可获取汇率有利变动带来的收益。

【例 7-33】 英国某公司从美国进口货物，2 个月后需向美国公司支付 90 万美元货款。为避免美元 2 个月后升值，英国公司买进一笔美元看涨期权合约，期权费为 1 500 英镑，协定价格为 GBP 1 = USD 1.8000。

2 个月后，若英镑对美元的汇率低于 1.8000，则英国公司行使期权，按照协定价格 GBP 1 = USD 1.8000 买进所需的 90 万美元，此时花费 50 万英镑；若英镑对美元的汇率高于 1.8000，则不行使期权，按市场汇价买入所需的 90 万美元，此时花费的英镑数额低于 50 万英镑。

（2）可以控制投机失误的损失。对于投机者而言，参与外汇期权交易的目的就是给他们的外汇投机进行保险，控制投机失败带来的损失。如果他们预测某种货币的汇率会上升但又不能十分肯定，就可买入外汇看涨期权，做“多头”投机交易。如果到交割日汇率果然上升了，他们就行使买的权利；如果到交割日汇率下跌了，他们就行使不买的权利，仅损失期权费。相反，如果他们预测某种货币的汇率会下降但没有足够的把握，就可购入外汇看跌期权，做“空头”投机交易，同样能避免汇率预测不准确带来的巨大损失。

（3）帮助国际贸易中的投标方规避外汇风险。

【例 7-34】 一家美国公司参加向瑞士提供计算机系统的投标竞争,日本和法国的公司也加入了竞争。招标结果 2 个月后才知道。如果中标,瑞士将支付 200 万瑞士法郎的现金。那么,美国公司的潜在风险是什么?

美国公司的潜在风险是:一方面,它不知道 2 个月后自己能否中标;另一方面,2 个月后中标将收到 200 万瑞士法郎,若瑞士法郎贬值了,则公司将蒙受损失。

美国公司面临的这种风险,直接利用远期外汇交易或外汇期货交易进行套期保值并不是很好的选择。例如,为了避免外汇风险,美国公司与银行在投标日签订了一笔远期外汇买卖,按既定的汇率 2 个月后卖出瑞士法郎;但是这样一来,如果美国公司未中标,它将因此而产生一个远期瑞士法郎的空头头寸,面临外汇风险。此时,美国公司运用外汇期权是最合适的。美国公司可以在投标日在外汇期权市场上做一笔交易,以固定的协定价格买入瑞士法郎的看跌期权。这样一来,如果美国公司未中标,它将不执行期权,只损失期权费;如果美国公司中标,这一交易可使其避免投标日后瑞士法郎下跌造成的损失。

边学边练(7-8)

假定一家美国企业的德国分公司将在 3 个月后收到 125 万欧元的货款。为了规避欧元贬值风险,购买了 20 份执行价格为 1 欧元 = 0.900 美元的欧式欧元看跌期权,期权费为 0.0216 美元/欧元。

(1) 请画出该公司购买欧元看跌期权的收益曲线,标出盈亏平衡点汇率。

(2) 若合约到期日的现汇汇率为 1 欧元兑换 0.850 美元,计算该公司的损益结果。

知识拓展

我国银行间外汇市场交易品种和交易币种

2005 年以来,银行间市场引入了各类外汇衍生品交易。银行间外汇市场最早只能进行即期交易。2005 年 8 月银行间市场引入了人民币外汇远期交易,2006 年 4 月推出了人民币外汇掉期交易,2007 年 8 月推出了人民币外汇货币互换交易,2011 年 4 启动了人民币外汇期权交易。2014 年,银行间外汇市场衍生品交易量首次超过即期交易量,达到 4.7 万亿美元。银行间外汇市场掉期交易占衍生品交易量的 96%,其中隔夜掉期占掉期交易量的 50% 以上。

银行间外汇市场目前支持人民币对 13 个外币的即期交易,人民币对 11 个外币的远期和掉期交易,人民币对 5 个外币的货币互换和期权交易。美元是银行间外汇市场交易最主要的外币,在 2014 年人民币外汇即期交易中,人民币对美元交易量占 94.9%,人民币对日元、欧元交易量分别占 1.8%、1.2%,人民币对其余外币交易量合计占 2%。此外,银行间外汇市场还开展了九组外币对的即期、远期和掉期交易,包括美元对 8 个外币及欧元对日元外汇交易。

境内人民币期货产品仍在酝酿中。目前境外已经有多个交易所推出了离岸人民币期货产品,但境内还没有正式推出人民币外汇期货。据《中国证券报》报道,中国金融期货交易所设计了包括人民币外汇期货和非人民币交叉汇率期货的两大类产品,并已经在交易所内部上线仿真系统和开展仿真交易。与场外外汇衍生品相比,外汇期货具有合约标准化、信息公开透明、流动性高等特点，推出人民币外汇期货有助于企业尤其是中小企业降低管理外汇风险的成本。

资料来源：刘鎏、梁红，“中金公司详解境内外人民币外汇市场”，中国外汇网，2015 年 11 月 4 日，http://www.chinaforex.com.cn/index.php/cms/item-view-id-38789.shtml。

第八节　互换交易

一、互换交易的基本概念

互换交易（swaps），是指双方当事人同意在预先约定的时间内，直接或通过一个中介机构交换未来一段时间的支付流量的一种金融交易。

互换交易被誉为 20 世纪 80 年代以来最重大的国际金融创新。第一笔互换交易是众所周知的世界银行与 IBM 公司于 1981 年做成的货币互换交易。通过互换交易，交易者可以逃避外汇管制，拓宽筹资渠道，降低筹资成本，规避利率风险或汇率风险等。

根据互换交易双方是否使用不同的货币，互换交易可以分为利率互换和货币互换。

二、利率互换

利率互换（interest rate swap），是指两笔同币种债务以不同利率方式互相调换的一种交易业务，它可以分为息票互换（coupon swap）和基础互换（basis swap）。息票互换是指交易双方在相同外汇币种、等额本金的基础上，一方以固定利率换取对方的浮动利率，或者一方以浮动利率换取对方的固定利率的交易业务。基础互换是指在相同货币的基础上，将利息流从一种浮动利率（如 3 个月 LIBOR）转化成另一种浮动利率（如美国国库券利率、商业票据利率、6 个月 LIBOR 等）。

利率互换交易的基本原理是大卫·李嘉图的比较优势理论。首先，根据比较优势理论，由于筹资双方信用等级、筹资渠道、地理位置及信息掌握程度等方面的不同，在各自的领域存在着比较优势，因此双方愿意达成协议，在各自具有比较优势的市场上筹资；其次，互相交换债务，最终使得互换双方的筹资成本都能够得到一定程度的降低。由于这种互换需要合适的对方，因此一般都是通过银行等中介机构寻找合适的交易对手才能进行。下面举一个例子进行说明。

【例 7－35】　A、B 两公司在欧洲美元市场上固定利率和浮动利率的借款成本如表 7－12所示。

表 7－12　A、B 两公司在欧洲美元市场上的借款成本

项目	A 公司	B 公司	B 公司对 A 公司的利率优势
公司的资信等级	BBB	AAA	
固定利率筹资成本	7.5%	6%	1.5%
浮动利率筹资成本	LIBOR＋0.5%	LIBOR	0.5%
潜在的互换套利利润空间			1.5%－0.5%＝1%

分析:B公司在固定利率筹资和浮动利率筹资方面都具有"绝对优势";但从比较优势来看,A公司在浮动利率市场上筹资具有比较优势(两害相权取其轻),B公司在固定利率市场上筹资具有比较优势。两公司在不同市场上的比较优势,形成了利率互换可产生的套利利润1%(1.5% -0.5%)。所以,安排A公司借浮动利率为LIBOR+0.5%的借款,安排B公司借固定利率为6%的借款,然后通过一个中间人进行互换交易。

A公司为了获得固定利率资金,愿意支付的成本在7.5%以下的任何水平;B公司为了获得浮动利率资金,愿意支付的成本在LIBOR以下的任何水平。假设在整个1%的互换套利利润空间中,银行要收取0.2%的中介费用,A公司与B公司则平分其余的部分。这样,每家公司可节省0.4%的借款成本,互换交易的具体操作过程如图7-11(注意,图中的箭头表示利率支付的方向)所示。

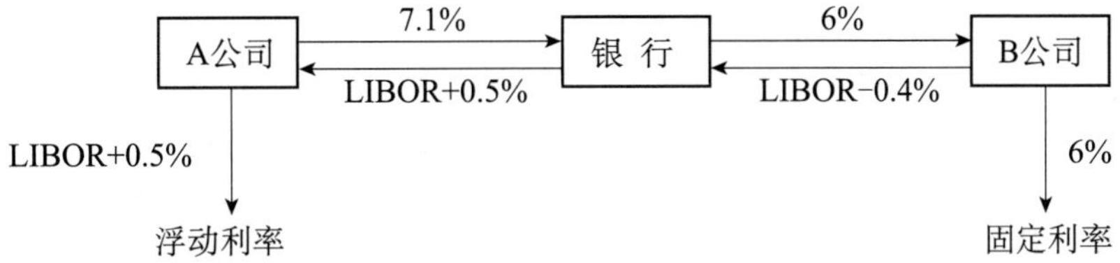

图7-11　A、B两公司利率互换流程

由图7-11可以看出,经过利率互换交易后,A公司获得固定利率资金的实际成本为7.1%,比自己去借固定利率资金的成本(7.5%)节省了0.4%;B公司获得浮动利率资金的成本为LIBOR-0.4%,比自己去借浮动利率资金的成本(LIBOR)节省了0.4%;银行因承担了A、B两公司的风险,获得了0.2%的回报。

边学边练(7-9)

甲公司借入固定利率资金的成本为10%,浮动利率资金的成本为LIBOR+0.25%;乙公司借入固定利率资金的成本为12%,浮动利率资金的成本为LIBOR+0.75%。假定甲公司希望借入浮动利率资金,乙公司希望借入固定利率资金。(1)甲、乙两公司之间有没有达成利率互换交易的可能性?(2)如果两者的利率互换交易是通过中介(如商业银行)达成的,并假定三者均分互换套利利润,那应如何操作?各自承担的利率水平是多少?

三、货币互换

货币互换(currency swap),是指交易双方互相交换不同币种、相同期限、等值资金债务的货币及利率的一种交易业务,交易目的是降低融资成本或规避汇率风险。

货币互换交易一般有以下三个步骤:(1)本金的初始互换。在互换交易的初期,双方当事人按照商定的汇率交换互换的本金;汇率通常以即期汇率为依据,有时也可以使用在互换开始之前确定的远期汇率。(2)连续的利息交换。交易双方按照协定的利率,在商定的日期交换利息支付。(3)本金的最终互换。在合约到期日,交易双方按约定的汇率换回期初交换的本金。

【例 7-36】 法国A公司要筹集一笔5年期的固定利率美元资金，而美国B公司要筹集一笔5年期的固定利率欧元资金。A、B两公司筹集美元资金和欧元资金的成本如表7-13所示。

表7-13 A、B两公司筹集美元和欧元的成本

项目	法国A公司	美国B公司	A公司与B公司的利率差异
固定利率美元筹资成本	7.75%	7.5%	7.75% -7.5% =0.25%
固定利率欧元筹资成本	8%	8.35%	8% -8.35% = -0.35%
潜在的互换套利利润空间			0.25% -(-0.35%) =0.6%

分析：由表7-13可以看出，法国A公司在筹集欧元固定利率资金上比美国B公司更有优势，而美国B公司在筹集美元固定利率资金上比法国A公司更有优势。但是，法国A公司需要美元资金，而美国B公司需要欧元资金。所以，可以安排法国A公司借欧元资金，安排美国B公司借美元资金，然后通过银行进行货币互换交易。

(1)本金的初始交换。假定法国A公司以8%的利率筹集了500万欧元的资金，美国B公司以7.5%的利率筹集了等量的美元资金——550万美元(按当时的即期汇率EUR 1 = USD 1.1000计算得出)；然后双方交换本金，法国A公司获得了美元资金，美国B公司获得了欧元资金。

(2)利息交换。法国A公司为了获得美元资金，愿意支付的成本在7.75 %以下的任何水平；美国B公司为了获得欧元资金，愿意支付的成本在8.35%以下的任何水平。假设在整个0.6%的互换套利利润空间中，银行要收取0.2%的中介费用，A公司与B公司则平分其余的部分，每家公司可节省0.2%的借款成本，则利息交换的具体操作过程如图7-12(注意，图中的箭头表示利率支付的方向)所示。

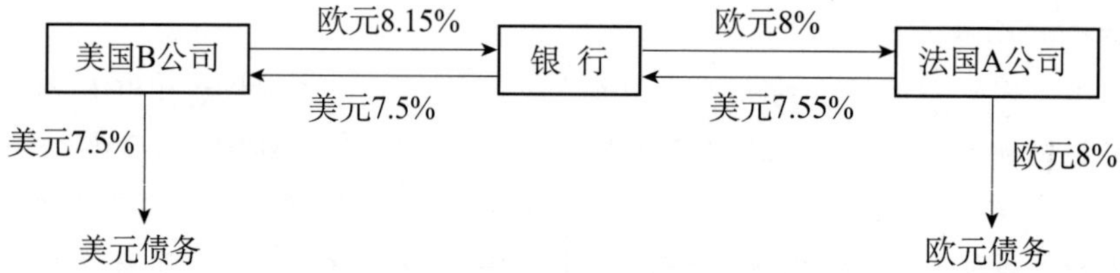

图7-12 A、B两公司的利息交换

由图7-12可以看出：经过货币互换交易后，法国A公司获得了固定利率的美元资金，成本为7.55%，比自己去借固定利率的美元成本(7.75%)节省了0.2%；美国B公司获得了固定利率的欧元资金，成本为8.15%，比自己去借固定利率资金的欧元成本(8.35%)节省了0.2%；银行因承担了A、B两公司的风险，获得了0.2%的回报。

(3)本金的最终交换。在到期日，本金按最初交换时的汇率EUR 1 = USD 1.1000进行再交换。

值得说明的是，在互换交易起步发展时，银行担任的是经纪人的角色，由其将交易双方联系起来安排成交，并收取佣金作为收入。随着互换市场的发展，银行在一时无法找到相对应的交易当事人时，便自己参与互换交易，担当起交易一方的角色，希望在将来找到合适的交易对象后再转让互换头寸。另外，银行还为融资需求不完全对应的两个客户牵线搭桥，由自己承担不吻合部分的头寸,并对其进行套期保值。这样,银行由经纪人逐渐演变为交易商,银行赚取报酬的方式也从收取佣金转变为通过报出不同的买入价与卖出价来赚取买卖价差收益,互换市场的流动性因此得到了很大的改善与提高。

边学边练(7－10)

假设A公司希望借入3年期的100万英镑,B公司希望借入3年期的150万美元,而外汇银行向A公司提供美元和英镑的贷款利率分别为8%和11.6%,向B公司提供美元和英镑的贷款利率分别为10%和12%,美元与英镑的汇率为GBP 1 = USD 1.5。(1)A、B两公司之间有没有达成货币互换交易的可能性?(2)如果两者之间的货币互换交易是通过商业银行达成的,而银行要收取0.4%的中介费用,A公司与B公司平分互换套利利润其余的部分,则应如何操作?

本章小结

1. 外汇市场是指从事外汇交换、买卖和投机的场所,是全球金融业交易量最大的金融市场。其参与者主要包括外汇银行、外汇经纪商、中央银行和客户等。外汇市场的功能主要有:实现购买力的国际转移、提供资金融通、提供外汇保值和投机的机制等。

2. 银行间的外汇交易可以通过全球外汇交易终端进行,交易程序主要包括询价、报价、成交或放弃、证实、交割。

3. 即期外汇交易是指外汇买卖成交后,于当日或在两个营业日内办理交割的外汇业务。基于商业性需要的银行与客户之间的即期外汇交易主要有汇出汇款、汇入汇款、出口收汇、进口付汇等。外汇投资包括外汇实盘交易和外汇保证金交易。即期外汇交易可以满足客户临时性的支付需要,帮助客户调整外汇头寸、规避汇率风险,也可以进行外汇投机。

4. 远期外汇交易是指外汇买卖双方先签订远期合约,然后在未来的约定日期办理交割的外汇交易。远期汇率取决于即期汇率水平和两国的利率水平,其报价有两种方式:一是直接报价;二是点报价。远期外汇交易的类型有:固定交割日的远期交易、选择交割日的远期交易、无本金交割的远期外汇交易。人们利用远期外汇交易主要是为了保值和投机。

5. 外汇掉期交易是指买进或卖出某种货币的同时,卖出或买进期限不同的同种货币,主要有即期对即期、即期对远期、远期对远期三种类型。掉期率是掉期交易的价格,通常采用双向报价,并且以"基本点"的方式报价。外汇掉期交易可以帮助进出口商规避汇率波动的风险,有利于投资者进行短期对外投资,可以帮助银行轧平外汇头寸,调整远期合约的履约期限(提前履约或展期)等。

6. 套汇是指利用同一时刻不同外汇市场上的汇率差异,通过低买高卖来赚取无风险利润的行为,分为直接套汇和间接套汇两种。在间接套汇时,运用汇价积数判断法来判断是否存在套汇机会,并可以根据乘积是大于1还是小于1判断套汇方向。

7. 套利交易分为非抛补套利和抛补套利。非抛补套利是指套利者在套利的过程中,对外汇风险不进行抵补,是一种纯粹的套利行为。抛补套利是指套利者在套利的同时,通过远期外汇交易对外汇风险进行抵补。当利率平价定理成立时,不存在套利机会;当两国的短期利率之差大于两国货币的远期升水或贴水年率时，可以正向套利；当两国的短期利率之差小于两国货币的远期升水或贴水年率时，只能反向套利。

8. 外汇期货交易是指交易双方在交易所内通过公开叫价的拍卖方式，买卖在将来某一日期以既定汇率交割一定数量外汇的期货合约的外汇交易。虽然外汇期货交易和远期外汇交易具有相似之处，但存在许多不同点。外汇期货交易可用于套期保值，包括多头套期保值和空头套期保值，也可以应用于投机活动。

9. 外汇期权是指期权合同的买方具有在到期日或到期日以前按合约规定的汇率买入或不买入、卖出或不卖出约定数量的某种外汇的权利。外汇期权按照期权的性质分为看涨期权和看跌期权。看涨期权买方的收益是无限的、损失是有限的，看涨期权卖方的收益和风险与买方正好相反；看跌期权买方的收益也是无限的、损失是有限的，看跌期权卖方的收益和风险与买方正好相反。外汇期权可以进行组合交易，如跨式期权、宽跨式期权、差价期权等。外汇期权交易有利于进出口商、国际贸易中的投标方及其他有外汇收付需求的客户规避汇率风险，可以控制投机失误的损失。

10. 互换交易是指双方当事人同意在预先约定的时间内，直接或通过一个中介机构来交换未来一段时间的支付流量的一种金融交易。它可以分为利率互换和货币互换。利率互换是指两笔同币种债务以不同利率方式互相调换的一种交易业务。货币互换是指交易双方互相交换不同币种、相同期限、等值资金债务的货币及利率的一种交易业务。通过互换交易，投资者可以降低筹资成本，规避利率风险或汇率风险。

思考题

1. 简述现代外汇市场的主要特征。
2. 抛补套利和非抛补套利的主要区别是什么？
3. 如何运用利率平价理论判断有无套利的机会？
4. 外汇期货交易和远期外汇交易有何异同？

参考文献

1. 刘玉操：《国际金融实务》，东北财经大学出版社，2001。
2. 杨楠楠："我国外汇保证金交易的现状研究"，《南方金融》，2009 年第 12 期。
3. 刘园：《国际金融学》，机械工业出版社，2014。
4. 陈雨露：《国际金融》（第三版），中国人民大学出版社，2008。
5. 吕随启、王曙光、宋芳秀：《国际金融教程》（第三版），北京大学出版社，2013。
6. BIS，"Triennial Central Bank Survey: Foreign Exchange Turnover in April 2013: preliminary global results"，2013 年 3 月 8 日。

第八章

外汇风险管理实务

本章要点

外汇风险是国际金融风险的重要类型之一。自布雷顿森林体系崩溃以来,主要货币的汇率经常大幅度地波动。汇率的波动使得从事国际经济交易的企业面临外汇风险,如何识别风险、计量风险和管理风险是涉外企业关注的焦点问题。在本章中,我们将介绍外汇风险的含义及类型,阐述企业外汇风险管理的原则与程序,详细分析涉外企业交易风险、折算风险与经济风险的识别、计量和管理。

学习目标

◆ 掌握外汇风险的含义与构成要素,熟悉外汇风险的三种类型。
◆ 理解外汇风险的微观经济影响,熟悉企业外汇风险管理的原则与程序。
◆ 掌握企业外汇交易风险、折算风险、经济风险的识别、计量与管理手段。

第一节 外汇风险概述

一、外汇风险的含义

外汇风险(foreign exchange risk)又称汇率风险,是指经济主体在国际经济、贸易与金融活动中,汇率的波动使得以外币计值的资产、负债、收入与支出,以及未来经营活动中可能产生的净现金流量的本币价值发生变动而给经济主体带来的不确定性。

这种不确定性是双面的，既有损失的可能性，又有收益的可能性。一般来说，预测到的汇率变化会被企业决策者事先考虑并加以处理，只有预料之外的汇率变动会产生外汇风险。

在理解外汇风险的概念时，要弄清楚外汇风险的对象和外汇风险的构成要素这两个问题。

（一）外汇风险的对象

从外汇风险的定义可知，企业或者个人持有的外币资产和负债都存在因汇率变动而受损失的可能性，是不是所有的外币资产和负债都要承担外汇风险呢？其实不然，只有其中一部分会承担外汇风险，这部分承担外汇风险的外币资金通常被称为“受险部分”“敞口”（exposure）或“风险头寸”（exposure position）。具体地讲，在外汇买卖中，风险头寸表现为外汇持有额中“超买”（overbought）或“超卖”（oversold）的部分；在企业经营中，风险头寸则表现为其外币资产与外币负债不相匹配的部分。例如，外币资产大于或小于外币负债；或者外币资产与外币负债虽然在金额上相等，但是在长短期限上不一致。

（二）外汇风险的构成要素

涉外企业的业务一般要涉及两种货币——本币和外币或者两种不同的外币。从国外进口或对外投资时需要支付外汇，要用本币（或者某种外币）向银行购买特定的外汇；向国外出口或引进外资时要接受外汇，并通过银行结汇换成本币（或者另一种外币），用以核算企业的经济效益。由于国际贸易信贷的发展及外汇结算方式的特点，外汇收支结算需要或长或短的一段时间，即使是即期交易也有两天的时间间隔；而这段时间里汇率完全可能发生变化，造成风险损失。因此，风险头寸、两种以上的货币兑换及时间共同构成外汇风险因素，三者缺一不可。例如，我国某企业与国外开展进出口业务，只用人民币计价并进行结算，根本不涉及货币兑换问题，因此不可能出现外汇风险。再如，某企业因进出口业务需要同一天收入一笔外汇并支出币种相同、金额相同、期限相同的另一笔外汇，因为既不存在风险头寸也没有时间间隔，所以没有外汇风险。

二、外汇风险的类型

（一）交易风险

交易风险（transaction risk）是指在以外币计价收付的交易中，自合同签订之日到债权、债务清偿这段时间内，由于汇率波动而使这项交易的本币价值发生变动的可能性。交易风险又可分为外汇买卖风险和交易结算风险。

1. 外汇买卖风险

外汇买卖风险又称金融性风险，产生于本币和外币之间的反复兑换。这种风险产生的前提条件是交易者一度买进或卖出外汇，后来又反过来卖出或买进外汇。外汇银行所承担的外汇风险主要就是这种外汇买卖风险；工商企业所承担的外汇买卖风险主要存在于以外币进行借贷或伴随外币借贷而进行的外贸交易中。

【例 8－1】 某家美国公司在国际金融市场上以 3% 的年利率借入 1 亿日元，期限 1 年。借到款项后，该公司立即按当时的汇率 USD 1 = JPY 100，将 1 亿日元兑换成 100 万美元。1 年后，该公司为归还贷款的本息必须在外汇市场上买入 1.03 亿日元，而如果美元对日元的汇率发生变动，则该公司将面临外汇买卖风险。假设此时的汇率已变为 USD 1 = JPY 90，则该公司购买 1.03 亿日元须支付 114.44 万美元，虽然该公司以日元借款的名义利率为 3%，但实际利率却高达 14.44%［(114.44 - 100) ÷ 100 × 100%］。

2. 交易结算风险

交易结算风险又称商业性风险，当进出口商以外币计价进行贸易或非贸易的进出口业务时，就面临着交易结算风险。

进出口商从签订进出口合同到债权、债务的最终清偿，通常要经历一段时间，而在这段时间内，汇率可能发生变化，于是以外币表示的未结算的金额就成为承担风险的受险部分。因此，交易结算风险是由进出口商承担的，基于进出口合同而在未来通过外汇交易将本币与外币或外币与本币进行兑换，未来进行外汇交易时汇率的不确定性所带来的风险。

【例 8-2】 德国出口商输出价值 10 万美元的商品，在签订出口合同时，美元与欧元的汇价为 USD 1 = EUR 0.9524，出口 10 万美元的商品可换回 9.524 万欧元；但当货物装船时，美元汇价下跌、欧元上升，汇价变为 USD 1 = EUR 0.950。这样，德国出口商结汇时的 10 万美元只能兑换 9.5 万欧元。于是，汇率波动使得出口商损失了 240 欧元，结果他不能获得预期利润或只能获得较少的利润。在这里，签订合同时的 10 万美元金额便是该德国出口商的受险部分。同样，进口商从签订合同到结算为止也要承担外汇风险，原理与出口商相同，只是承担的因汇率变动而产生的风险与出口商刚好相反。

如果进出口商在签订合同时，不采用交易双方国家的货币结算，而采用第三国货币进行结算，那么第三国货币汇率的变动也同样使进出口商承担了交易结算风险。

【例 8-3】 英国某进口商从德国进口机器零件，双方商定以美元计价结算。每个零件价格 1 000 美元，签订合同时的汇价为 GBP 1 = USD 2，英国进口商应支付 500 英镑方能兑换到 1 000 美元。如果进口商将零件的国内销售价定为 550 英镑，那么每个零件可获 50 英镑利润。但是合同到期结算时，英镑的汇价下跌，变为 GBP 1 = USD 1.9，1 000 美元的零件就要支付 526.3 英镑。如果按原定销售价在国内销售，英国进口商只能获得 23.7 英镑的利润，结果其预期利润因汇价变动而减少。这里，每个零件 1 000 美元便是英国进口商承担外汇风险的受险部分。

（二）折算风险

折算风险（translation risk）又称会计风险（accounting risk）、账面风险、转换风险，是指跨国公司在会计年末将境外子公司或其他附属机构以外币记账的财务报表，合并到母公司或总公司以本币记账的财务报表时，由于入账时的历史汇率与合并报表时使用的现行汇率不同，致使有关会计项目出现账面上的外汇损益。

虽然折算风险与交易风险不同，它仅仅是一种账面上的损益，但会影响企业向股东和公众公布财务报表的数值，可能招致股价和利润率的下跌，从而给企业带来融资等方面的障碍。

（三）经济风险

经济风险（economic risk）又称经营风险（operating risk），是指由于汇率的意外变动而导致的公司预期现金流量和公司价值发生的变化。经济风险的期限超过折算风险和交易风险的状况，对公司的影响是持续的、长久的。例如，当一国货币贬值时，一方面，出口商因出口货物的外币价格下降有可能刺激出口,使其出口额增加而获益;另一方面,如果出口商在生产中使用的主要原材料为进口品,本国货币贬值会提高本币表示的进口品的价格,出口品的生产成本就会增加。结果,该出口商在将来的纯收入可能增加也可能减少,其市场竞争能力及市场份额也将发生相应的变化,进而影响该出口商的生存与发展潜力。

(四)三种外汇风险的比较

虽然交易风险、折算风险与经济风险都是由于未预期的汇率变动引起的企业或个人的外汇资产或负债在价值上的变动,但侧重点各有不同。

从损益结果的计量上看,交易风险可以从会计程序中体现,是用一个明确的数字表示的,既可以从单笔独立的交易,也可以从子公司或母公司经营的角度来测量其损益结果,具有静态性和客观性的特点。而经济风险的测量不是来自会计程序,而是来自经济分析,侧重于企业的全局,从企业整体经济上进行预测、规划和分析,它涉及企业财务、生产、价格、市场等各方面,因而具有一定的动态性和主观性的特点。

从测量时间来看,交易风险与折算风险的损益结果,只突出了企业过去已经发生的交易在某一时点的外汇风险的受险程度;而经济风险则要测量将来某一时间段出现的外汇风险。不同时间段的汇率波动,对各期的现金流量、经济风险受险程度,以及企业资产价值的变动将产生不同的影响。

因此,能否避免经济风险在很大程度上取决于企业的预测能力。预测的准确程度将直接影响该企业在生产、销售和融资等方面的战略决策。它对企业的影响比交易风险和会计风险大,不但影响公司在国内的经济行为与效益,还直接影响公司的涉外经营效益或投资效益。在各种外汇风险中,交易风险和经济风险是企业最主要的外汇风险。

三、外汇风险的微观影响

外汇风险对国民经济的影响主要表现在宏观和微观两个层次上。从宏观上看,外汇风险对一国国际贸易条件、国际收支、物价水平、外汇储备和就业等总量因素产生影响;从微观上看,外汇风险主要对企业的营运资金、收益、成本和经营战略产生影响。下面从企业的角度介绍外汇风险的微观影响。

外汇风险对涉外企业的影响集中表现在企业经营战略、企业业务安排和企业信用三个方面。

(一)企业经营战略

企业经营战略是指企业人力、物力、财力的合理配置及产供销的总体安排。企业经营战略决定着企业的筹资与投资安排、生产布局、生产规模、销售渠道及利润分配。外汇风险给企业的产供销活动带来成本核算的不确定性,企业正常经营活动的预期收益因汇率波动而面临预料之外的损益,同时造成企业现金流量的增减变化,这些都会影响企业管理者的经营决策。如果汇率变动有利于企业的资金营运,企业就会采取大胆、开拓、冒险的经营战略,如扩大海外投资、生产规模,开辟新产品、新市场;相反,如果汇率变动不利于企业的资金营运,企业就会采取保守、稳妥、谨慎的经营战略,尽量避免使用多种外汇,把海外市场、海外投资和筹资缩小到一定的范围,扩大生产规模、产品创新等增强企业实力、提高其国际竞争地位的活动也不会贸然进行。实际上,外汇风险对企业经营战略的影响关系到企业的兴衰成败。

（二）企业业务安排

汇率波动对企业业务活动的正常运行有着较大的影响。对进出口企业来讲，当汇率波动剧烈时，由于难以确定成本核算，企业或者观望或者争取有利于自己的计价货币，造成谈判时间延长，签约成交额下降；甚至在签约后，如果汇率变动超出预计的成本而导致企业可能亏损，进出口企业往往寻找各种借口毁约，使外贸业务受损。对商业银行、国际信托投资公司等金融机构来讲，当汇率波动出现一边倒的趋势时，外汇买卖将减少，银行业务量会下降；汇率波动还会造成银行的债务人因额外增加的债务负担而无力偿债或破产，银行呆账、坏账就可能增加；汇率波动会引发大量投机和套期保值，要求银行具有更高超的风险头寸管理技巧，否则银行就会面临灭顶之灾。1995 年，英国具有一百多年历史的巴林银行因衍生金融工具投机失败而倒闭就是一个典型的例子。

（三）企业信用

信用是企业的无形资产，它取决于企业的规模、经营能力、盈利能力等因素。企业信用等级越高，与之往来的客户对其的信任程度越高，企业受益就越多。信用等级高的企业能够以较低成本筹集到所需的资金，能够获得较高的投资收益，还能够在商品买卖中赢得有利的交易条件。因此，企业信用如同企业的生命，是十分宝贵的财富。

外汇风险对企业资产负债表和损益表的影响很大，因为涉外企业的业务一般涉及多种货币，而会计报表却只能使用一种货币记账，需要将其他货币折算成记账货币，而这种折算完全依赖于汇率的变动，所以汇率变动对账面反映的企业经营能力影响巨大。虽然账面反映并不等于实际经营，而且汇率的变动有涨有跌，账面资产负债状况不断变化，但是一定时期的财务报表却是公众审查企业经营状况的手段，也是评定企业信用等级的标准，不能不对此高度重视。例如，1979 年上半年，日本索尼公司因在美国发行股票，而必须用美元报告资产负债和损益状况，尽管其实际经营利润比上年同期增加了 98%，但其报表净收益却减少了 36%。这是因为，1979 年受汇率剧烈波动的影响，其折算损失为 5 940 万美元，而索尼公司一年前有折算利润 2 640 万美元，里外相差 8 580 万美元，如果按公司的账面盈利能力评定其信用等级，索尼公司的信用就会下降，进而影响到该公司的筹资及交易业务。

与折算风险相关的另一个影响企业信用的因素是税收。企业因汇率变动而在账面上发生折算收益时，所得税就会相应地增加；出现折算损失时，所得税也会相应地减少。在累进制所得税下，应税收入变动对企业的盈利水平有着很大的影响。因此，汇率波动通过税收增减间接地影响企业的信用等级。

四、外汇风险管理的原则与程序

外汇风险是涉外经济中不可避免的一种市场风险，对一国政府、企业乃至个人都会产生很大的影响，因此外汇风险管理是企业经营管理的重要组成部分。外汇风险管理的目标是充分利用有效的信息，力争减少汇率波动带来的现金流量的不确定性，控制或者消除业务活动中可能面临的由汇率波动带来的不利影响。

（一）外汇风险管理的原则

1. 全面重视原则

全面重视原则要求企业首先要有风险管理意识，从管理战略上对外汇风险管理给予高度的重视。外汇风险有不同的种类,不同的风险对企业的影响有差异,有的是有利的影响,有的是不利的影响。因此,涉外企业和跨国公司必须对外汇买卖、国际结算、会计折算、企业未来资金运营、国际筹资成本及跨国投资收益等项目下的外汇风险保持清醒的头脑,做到胸有成竹,避免顾此失彼、造成重大的损失。

2. 管理多样化原则

管理多样化原则要求涉外企业或跨国公司灵活多样地进行外汇风险管理。企业的经营范围、经营特点、管理风格各不相同,涉及的外币的波动性、外币的净头寸、外币之间的相关性、外汇风险的大小都不一样。因此,每家企业都应该具体情况具体分析,综合考虑企业发展战略、风险头寸的规模和结构、涉外业务的范围和性质、相关国家的外汇管理政策、金融市场发达程度等约束因素,寻找最适合于自身风险状况和管理需要的外汇风险管理战术及具体的管理方法。同时,随着时间的推移,企业的外汇风险管理战略也应相应地更改,企业不能抱残守缺,长期只采用一种外汇风险管理方法。

3. 收益最大化原则

收益最大化原则要求涉外企业或跨国公司精确地核算外汇风险管理的成本和收益,在确保实现风险管理预期目标的前提下,支出最少的成本,追求最大化的收益。这是企业进行外汇风险管理的基石和出发点,也是企业确定具体的风险管理战术、选择外汇风险管理方法的准绳。本质上,外汇风险管理是一种风险的转移或分摊,采用远期外汇交易、期权、互换、期货等金融工具进行保值,都要支付一定的成本。一般来说,外汇风险管理支付的成本越少,进行风险管理后得到的收益越大,企业对外汇风险进行管理的积极性就越高;反之亦然。

(二) 外汇风险管理程序

通常,外汇风险管理包括以下几个关键程序:风险识别、风险衡量、风险管理方法选择、风险管理实施、监督与调整。

1. 风险识别

风险识别即识别各种可能减少企业价值的外汇风险类型。不同的企业面临不同种类的风险,企业必须根据自己的业务活动判别可能面临的风险状况,以便对症下药。例如,在交易风险的识别中,多采用外汇头寸分析方法。企业根据自己的交易活动,测算公司的现金流入量和现金流出量,以此得出净头寸,进而识别公司拥有外汇风险的现金流量、币种和业务。

2. 风险衡量

风险衡量即衡量外汇风险带来潜在损失的概率和损失程度。识别出公司可能面临的各类外汇风险种类后,需要对所涉及的不同外币未来的汇率波动进行预测,并对不同种类的外汇风险进行计算和评价。由于外汇风险对企业的影响是双向的,有利有弊,因此最重要的是推算外汇风险造成企业损失的概率,以及将各类风险综合后企业价值可能损失的范围和程度。通过外汇风险衡量,企业可以比较准确地知道外汇风险带来损失的概率和损失程度,从而为企业选择风险管理方法奠定基础。

3. 风险管理方法选择

风险管理方法选择即选择适当的风险管理方法,以达到最有效地实现企业预定的外汇风险管理目标。处于全球经济一体化的跨国公司具有强烈的外汇风险管理需求,一系列的金融创新工具因此应运而生,出现了种类繁多的外汇风险管理方法,需要企业根据自己所处的风险状况进行甄别和筛选。同时,不同的外汇风险管理战略在一定程度上决定了不同的风险管理方法。

4. 风险管理实施

风险管理实施即通过具体的安排,落实所选定的外汇风险管理方法。企业需要进行内部的业务调整、资金调整、币种调整,以及在外部寻找合作伙伴、交易对手、签订外汇交易合同等,具体实施风险的转移和控制。

5. 监督与调整

监督与调整即对外汇风险管理方法实施后的效果进行监督和评估,并根据每种方法的评估依据进行监督。例如,根据成本—收益准则做出判断,选择收益最大化的方法。另外,外汇市场时刻风云变化,没有哪种方法可以拿来便一劳永逸。企业必须持续地对公司风险管理方法和风险管理战略的实施状况与适用性进行监督,并根据市场和自身的情况对战略、战术进行监控管理,适时做出调整。

不管是何种外汇风险的管理,也不管选用何种管理战略或战术,基本的程序和步骤都遵循上述法则。

第二节　企业交易风险管理

一、企业交易风险的识别与来源

企业交易风险的识别包括四个方面:首先,企业是否进行了以外币结算的商品或服务的进出口;其次,企业是否拥有借入或贷出的外币资金;再次,企业是否拥有以外币表示的资产或负债;最后,企业是否存在外汇金融资产交易,如远期外汇交易合约等。

具体来看,企业交易风险的来源主要有以下三种:

(1) 在以外币表示的应收账款与应付账款的交易中,如果合同签订时的汇率不同于将来结算时的汇率,就会产生交易风险。

(2) 在以外币表示的资金借贷中,如果借入日或者贷出日的汇率与偿还日或者收款日的汇率发生差异,则企业用本币表示的支付或收回的本金和利息金额就有可能不同于汇率不变时的预算,从而产生交易风险。

(3) 在企业进行期货、期权、远期交易,或者外汇银行在即期交易市场上持有各种货币的多头或空头头寸时,也会面临交易风险。

二、企业交易风险的计量

企业交易风险头寸的计算公式为:

风险净头寸 = 外汇流入 - 外汇流出

= (出口应收货款 - 进口应付货款) + (借入外汇 - 贷出外汇) + (外汇资产 - 外汇负债) + (买入外汇 - 卖出外汇)

根据风险净头寸,求出外汇风险,即:

以本币计价的某种外币交易的亏损或盈利 = 风险净头寸 × 汇率的变动值

运用上述公式时，应注意各外汇项目的到期日是否匹配。若外汇项目的到期日不同，应经远期利率调整后加总。

【例 8－4】　中国某企业以外币进行的交易为：①出口应收货款有 1 个月到期的 20 000 美元，2 个月到期的 10 000 美元；②进口应付货款有 1 个月到期的 10 000 美元，2 个月到期的 12 000 美元；③为保值需要而买入 1 个月远期 5 000 美元，卖出 2 个月远期 8 000 美元。假定 1 个月后的 1 个月远期利率水平为 1%。该企业咨询有关汇率预测机构，预期 2 个月后人民币仍将升值，由 1 美元兑 6.8 元人民币升值为 6.7 元人民币。请衡量该企业面临的交易风险。

（1）1 个月期的风险净头寸 = 20 000 － 10 000 + 5 000 = 15 000（美元）；

（2）2 个月期的风险净头寸 = 10 000 － 12 000 － 8 000 = －10 000（美元）；

（3）将 1 个月期的风险净头寸按远期利率换算成 2 个月期的风险净头寸：15 000 ×（1 + 1%）= 15 150（美元）；

（4）2 个月期的风险净头寸合计 = －10 000 + 15 150 = 5 150（美元）；

（5）以人民币计价的美元交易损失 = 5 150 ×（6.8 － 6.7）= 515（元）。

三、企业交易风险的管理

（一）金融市场交易法

金融市场交易法是指进出口商利用金融市场，尤其是外汇市场和货币市场的交易防范外汇风险的方法。

1. 即期外汇交易法

即期外汇交易法是指进出口商通过与外汇银行签订即期外汇交易合同的方式来防范外汇风险的方法。由于即期外汇交易只是将第三天交割的汇率提前固定下来，因此它的避险作用十分有限。

2. 远期外汇交易法

远期外汇交易法是指进出口商通过与外汇银行签订远期外汇交易合同的方式来防范外汇风险的方法。此法可把未来任何一天的汇率提前固定下来，比即期外汇交易法更广泛地被运用于防范外汇风险。但是，远期外汇交易的交易成本较高，固定日期的远期外汇交易缺乏灵活性，而且对客户信誉有较高的要求。

3. 掉期交易法

掉期交易法是指进出口商通过与外汇银行签订掉期交易合同的方式来防范外汇风险的方法。它要求进出口商同时进行两笔金额相同、方向相反、交割期限不同的外汇交易。它是国际信贷业务中典型的套期保值手段。

4. 外汇期货交易法和外汇期权交易法

外汇期货交易法是指进出口商通过签订外汇期货交易合同的方式来防范外汇风险的方法。外汇期权交易法是指进出口商通过签订外汇期权交易合同的方式来防范外汇风险的方法。由于期货价格和现货价格存在平行变动趋势，外汇期货交易可通过套期保值来规避外汇风险。外汇期权交易通过期权合同提前将协定汇率固定下来，这也是外汇风险管理的常用手段。由于存在保证金制度，它们对客户信誉的要求较低，但是其交易成本一般高于远期外汇交易。

【例 8-5】 2002 年 5 月某日,我国一家公司招标进口一批设备。参加投标的英国公司中标的可能性较大,但是招标要到 3 个月后才开标。3 个月后,如果英国公司中标,我国公司就要支付 120 万英镑的货款。在此期间,如果人民币兑换英镑的成本上升,这笔远期英镑支付就会使我国公司承受外汇风险。我国公司有以下几种选择:

(1) 不采取任何保值措施。等待 3 个月,看看是否需要支付这笔英镑。如果需要,届时在现汇市场上买入英镑。

(2) 现在签订一份远期合同,委托银行买入 3 个月的英镑远期外汇。

(3) 现在买进一份英镑期货合同。

(4) 买进一笔英镑看涨期权。

第一种选择:等到支付日采取行动,在必须支付英镑货款的情形下,该公司承担这 3 个月的汇率风险。如果英镑对人民币升值,公司支付的人民币成本就将高于现行汇率下的成本。

第二种选择:签订一份远期合同,确定 3 个月的远期汇率。但是,如果英镑对人民币贬值,该公司就不能得到英镑"便宜"的好处,仍然要支付较高的汇率。更不幸的是,如果英国公司没有中标,我国公司就不用支付英镑,远期合同使该公司额外承担了英镑多头的风险。

第三种选择:买进一份期货合同。买进期货合同有种种不便之处:首先,期货合同是标准化合同,有确定的合同金额、期限,合同到期日与合同金额不可能与公司的实际需求完全匹配,结果将产生到期日和金额的剩余风险;其次,外汇期货合同在交易所"按市定价"——按每天基准重新估价,头寸的损失由公司存放在交易所的保证金补偿,这就意味着该公司可能会受到今后 3 个月现金流量的制约。

第四种选择:购入一笔英镑看涨期权。这可以确保:若英镑的市场汇率上升,则按期权合同的协定汇率买入英镑,成本不会增加;若英镑的市场汇率下降,则放弃行使期权,按市场价格买入英镑,从而使公司的支付成本下降。除期权费外,不管汇率是否变动,交易都不会涉及今后 3 个月的现金流量。另外,如果该公司从一家银行的柜台交易市场买进期权,合同的条款可以专门制定,使其适合公司的特殊需要。如果英国公司没有中标,期满时可以不行使期权,最多花费这笔期权费;如果它仍然有时间价值,就可以收回部分期权费。

5. 国际信贷法

国际信贷法是指在中长期国际收付中,企业利用国际信贷形式,在获得资金融通的同时转嫁或抵消外汇风险,主要有以下三种形式:

(1) 出口信贷。出口信贷是指一国为了支持和扩大本国大型设备的出口,以对本国的出口给予利息补贴并提供信贷担保的方法,由本国银行向本国的出口商或外国的进口商(或其往来银行)提供低利率贷款的融资方法,包括买方信贷和卖方信贷。

(2) 福费廷(forfaiting)。福费廷又称包买票据或买单信贷,是指出口商将经过进口商承兑的、由进口商的往来银行担保的、期限在半年以上的远期票据,无追索权地向进口商所在地的包买商(通常为银行或银行的附属机构)进行贴现,提前取得现款的融资方式。由于福费廷对出票人无追索权,出口商在办理此业务后,就把外汇风险和进口商拒付的风险转嫁给了银行或贴现公司。

(3)保付代理(factoring)。保付代理简称保理，是指出口商以延期付款的形式出售商品，在货物装运后立即将发票、汇票、提单等有关单据，卖断给保理机构以收进全部或一部分货款，从而取得资金融通。由于出口商提前拿到了大部分货款，可以减轻其外汇风险。

6. 投资法

投资法(BSI法)又称货币市场保值法，是指进口商在签订贸易合同后，按合同中规定的币种、金额先借入本币资金，然后将本币资金在即期外汇市场上兑换成外汇，再将这笔外汇在货币市场进行投资(如存入银行定期存款，购买国库券、银行承兑汇票、商业票据等)，投资到期日安排在货款支付日，最后以投资到期的外汇款项支付贸易货款。该方法将借款(borrow)、现汇交易(spot)、投资(investment)三种方法综合起来运用，简称BSI法。

【例8-6】 我国某企业3个月后将有一笔10万港币的货款需要支付，当时的汇率为HKD 1 = CNY 1.0645/65。为了防范外汇风险，该企业可先借入10.665万元人民币，期限3个月，并以此购买10万港币的现汇；由于付款日是在3个月后，因此该企业可将10万港币在货币市场投资3个月，3个月后再以投资到期的港币支付货款，并偿还其从银行借入的人民币贷款。

投资法将本应在将来支付货款时才进行的本币兑换成外币的交易，提前到现在就进行，剔除了外汇风险构成中的时间要素，使外汇风险得以消除。

7. 货币互换法

货币互换(currency swap)是指交易双方通过互相交换币种不同但期限相同、金额相当的两种货币，以降低筹资成本和防范外汇风险的创新金融业务。货币互换业务实际上是以两种货币之间的交换和换回取代外汇交易中的两种货币之间的买进和卖出，从而达到防范外汇风险的目的。

8. 投保汇率变动险法

汇率变动险是一国官方保险机构开办的、为本国企业防范外汇风险而提供服务的一种险种。具体做法是，企业作为投保人，向承保机构缴纳规定的保险费，承保机构则承担全部或部分的外汇风险。企业在投保期间发生的外汇风险损失由承保机构给予合理的赔偿，但外汇风险收益也由承保机构享有。目前，许多国家(如美国、日本、法国、英国等)，为了鼓励本国产品的出口，都开办了外汇风险的保险业务。

边学边练(8-1)

假设一家美国公司180天后收到400 000英镑，那么该公司是运用远期套期保值好，还是运用货币市场套期保值好？分别采用这两种套期保值估计收入，具体说明你的答案。(180天美国利率为8%，180天英国利率为9%，180天英镑远期汇率为GBP 1 = USD 1.5，英镑即期汇率为GBP 1 = USD 1.48)

(二) 贸易策略法

贸易策略法是指企业在进出口贸易中，通过和贸易对手的协商与合作所采取的防范外汇风险的方法。此方法具体分为以下六种：

1. 币种选择法

币种选择法是指企业通过选择进出口贸易中的计价结算货币来防范外汇风险的方法。

(1) 本币计价法。选择本币计价可使经济主体避开货币兑换问题,从而完全避免外汇风险。但是本币对外国人来说是外币,这意味着该方法的前提是对方能够接受,从而不至于使企业丧失贸易机会。

(2) 出口时选用硬币计价结算,进口时选用软币计价结算。所谓硬币(hard money)是指汇率稳定且具有升值趋势的货币;软币(soft money)是指汇率不稳定且具有贬值趋势的货币。出口商以硬币计价,可以使自己得到汇率变动带来的收益;进口商以软币计价,可使自己避免汇率波动可能带来的损失。但是硬币和软币是相对的,因此此法要求对汇率走势有比较准确的预测,它并不能完全避免外汇风险。

(3) 选用"一篮子"货币计价结算。所谓"一篮子"货币是指由多种货币分别按一定的比重所构成的一组货币。由于"一篮子"货币中既有硬币也有软币,硬币升值所带来的收益或损失与软币贬值所带来的损失或收益大致相抵,因此"一篮子"货币的币值比较稳定,交易双方都可借此减少外汇风险;但"一篮子"货币的组成及货款的结算较为复杂。

2. 货币保值法

货币保值法是指企业在进出口贸易合同中订立适当的保值条款,以防范外汇风险的方法。

(1) 黄金保值条款。在贸易合同中规定黄金为保值货币,签订合同时,按当时计价结算货币的含金量将货款折算为一定数量的黄金;货款结算时,再按彼时的含金量将黄金折回计价结算货币进行结算。

(2) 硬币保值条款。在贸易合同中规定某种软币为计价结算货币、某种硬币为保值货币,签订合同时,按当时软币与硬币的汇率将货款折算为一定数量的硬币;货款结算时,再按彼时的汇率将硬币折回软币进行结算。

此方法一般同时规定软币与硬币之间汇率变动的幅度,在规定的波动范围内,货款不做调整;超过规定的波动幅度范围,货款则要做调整。

(3) "一篮子"货币保值条款。在贸易合同中,规定某种货币为计价结算货币,并以"一篮子"货币为保值货币。具体做法是:签订合同时,按当时的汇率将货款分别折算为各保值货币;货款支付日,再按彼时的汇率将各保值货币折回计价结算货币进行结算。在实际操作中,通常选用特别提款权等"一篮子"货币作为保值货币。

边学边练(8-2)

某笔货款为500万美元,贸易合同中规定用美元、日元、英镑组成"一篮子"货币对货款进行保值。其中,美元占30%、日元占30%、英镑占40%。签订合同时的汇率为USD 1 = JPY 120,USD 1 = GBP 0.6667;货款支付日的汇率为USD 1 = JPY 130,USD 1 = GBP 0.7。货款支付日进口商应向出口商支付多少货款?

3. 价格调整法

价格调整法是指当出口用软币计价结算、进口用硬币计价结算时,企业通过调整商品的价格来防范外汇风险的方法。它可分为以下两种情况：

(1)加价保值。为出口商所用,实际上是出口商将用软币计价结算所带来的汇价损失摊入出口商品的价格中,以转嫁外汇风险。加价的幅度相当于软币的预期贬值幅度,公式为：

加价后的单价 = 原单价 ×(1 + 货币的预期贬值率)

(2)压价保值。为进口商所用,实际上是进口商将用硬币计价结算所带来的汇价损失从进口商品价格中剔除,以转嫁外汇风险。压价的幅度相当于硬币的预期升值幅度,公式为：

压价后的单价 = 原单价 ×(1 - 货币的预期升值率)

【例 8-7】 某英国出口商的出口以软货币(美元)计价,如果按签订合同时 1 英镑兑换 1.8500 美元计算,其价值 100 万英镑的货物的美元报价就应为 185 万美元。考虑到 6 个月后美元对英镑要贬值,英国出口商要做一笔卖出美元的远期外汇交易予以防范。当时 6 个月远期汇率中,美元对英镑的贴水为 0.0060,贴水率为 0.3243%(即 0.0060/1.8500)。到期收汇时,按远期汇率(1 英镑 = 1.8560 美元)交割,其 185 万美元仅能兑换到 99.68 万英镑,亏损 0.32 万英镑。有鉴于此,英国出口商应将美元贴水率计入美元报价,则美元报价应为 185 ×(1 + 0.3243%) = 185.6 万美元。按照这个报价,到期英国出口商就可兑换到 100 万英镑而不至于亏损。

一般来说,企业对销售价格的调整不可能与汇率的变动保持同一幅度和同一频率。通常的做法是:交易双方经过协商,为了达成商品与服务的交易,各自分担一部分外汇交易风险,以避免其中一方承担过多的风险,这种方法被称为外汇风险分担法。交易各方通常在合同中订立“价格调整条款”,通过调整基本价格来反映汇率的变动。双方在合同中确定了一个汇率波动区间,作为双方不分担风险的“中立区”;一旦汇率波动超出这个“中立区”,双方将调整价格,共同分担外汇交易风险。

【例 8-8】 美国通用电气公司向德国汉莎航空公司出售飞机发动机叶片,合同的基本价格为 2 000 万欧元,双方确定的汇率“中立区”为 EUR 1 = USD 1.13—1.15,基本汇率为 EUR 1 = USD 1.14。它意味着当汇率跌至 EUR 1 = USD 1.13 或升至 1.15 时,合同价格仍然保持不变。

(1) 在“中立区”内,汉莎航空公司必须按照基本汇率 EUR 1 = USD 1.14 向通用电气公司支付 2 000 万欧元或 2 280 万美元,因而汉莎航空公司的成本可能处于 1 983 万欧元(2 280 万美元/1.15)和 2 018 万欧元(2 280 万美元/1.13)之间。

(2) 如果欧元从 1.14 美元贬值至 1.09 美元,实际汇率超出“中立区”下限 0.04 美元(1.13 - 1.09),这部分就由双方共同分担。因此,结算这笔交易的实际汇率就是 EUR 1 = USD 1.12(1.14 - 0.04/2),发动机叶片的新价格变为 2 240 万美元(2 000 万欧元 × 1.12),德国汉莎航空公司的成本升至 2 055 万欧元(2 240 万美元/1.09),增加了 37(2 055 - 2 018)万欧元。如果没有这个风险分担协议,美国通用电气公司的合同价值应为2 280万美元,价格调整使得通用公司的收入减少了 40 万美元。

(3) 如果欧元从 1.14 美元升值至 1.19 美元,超过“中立区”上限 0.04(1.19 - 1.15)美元,通用电气公司也不能独吞欧元升值带来的利益,应由双方共同分享。因此,交易的结算汇率将调整为 EUR 1 = USD 1.16(1.14 + 0.04/2),美国通用电气公司收到 2 320 万美元(2000 万欧元 × 1.16),销售收入增加 40(2 320 - 2 280)万美元,德国汉莎航空公司支付的货款为 1 950 万欧元(2 320 万美元/1.19),成本节约了 33(1 983 − 1 950)万欧元。

4. 期限调整法

期限调整法是指进出口商根据计价结算货币汇率走势的预测,将贸易合同中规定的货款收付日期提前或延期,以防范外汇风险、获取汇率变动的收益的方法。按照"出口用硬币计价结算,进口用软币计价结算"的原则,当预测计价结算货币将升值时,出口商应争取对方的同意,延期收进外汇,以获得所收进的外汇能够兑换更多本币的好处;而进口商则应争取对方的同意,提前支付外汇,以避免日后需要用更多本币才能够兑换到同样数量的外汇。当预测计价结算货币将贬值时,做法则与上述过程相反。

严格地说,期限调整法中只有提前结清外汇才能彻底消除外汇风险,延期结清外汇具有投机性质。一旦企业汇率预测失误,延期结清外汇就会蒙受更大的损失。

边学边练(8−3)

某年某日本商社有一笔 3 个月美元应付款,若预测付款日日元对美元的汇率将下降,为了减少汇率风险损失,该商社应该提前结汇还是推迟结汇?

5. 对销贸易法

对销贸易法是指进出口商利用易货贸易、配对、签订清算协定和转手贸易等进出口相结合的方式,以防范外汇风险的方法。

(1) 易货贸易。贸易双方直接、同步地进行等值货物的交换。因这种交易的双方均无须收付外汇,故不存在外汇风险。

(2) 配对。进出口商在一笔交易发生时或发生之后,再进行一笔与该笔交易在币种、金额、货款收付日期完全相同,但资金流向正好相反的交易,使两笔交易所面临的外汇风险相互抵消的方法。

(3) 签订清算协定。双方约定在一定时期内,所有的经济往来都用同一种货币计价,每笔交易的金额先在指定银行的清算账户上记载,到规定的期限再清算贸易净差的方法。采用这种交易方式,交易额的大部分都可以相互轧抵,只有差额部分才用现汇支付,外汇风险很小。

(4) 转手贸易。转手贸易是在签订清算协定的基础上发展起来的,用多边货物交换、用双边账户进行清算结算的贸易方式。转手贸易能够有效地解决在清算协定贸易下,由于一方所提供的货物令对方不满意而产生的对方贸易出超问题。

6. 国内转嫁法

国内转嫁法是指进出口商向国内交易对象转嫁外汇风险的方法。外贸企业进口原材料卖给国内制造商,以及向国内制造商购买出口商品时,以外币计价,将外汇风险转嫁给国内制造商;进口商也可通过提高国内售价的方式,将外汇风险转嫁给国内的用户和消费者。

【例 8−9】 爱德华兹公司外汇风险规避案例分析

背景介绍 爱德华·爱德华兹公司是爱德华兹先生于 1976 年创立的,最初该公司只是代理销售国内厨房设备和其他家用物品。近年来,该公司进口业务大幅增长。在增加其销售的家庭装饰系列产品的品种时,董事长爱德华兹先生意识到日本一些中等规模生产商的产品具有很大的市场潜力,因而他向这些公司购买产品的次数和数量也在增多。

1. 交易的结算货币

与许多日本出口商一样,爱德华·爱德华兹公司的供应商也要求以日元支付货物价款。贸易条件比较宽松,爱德华兹公司使用远期汇票信用证进行结算,见票后120天支付结算金额;出口商报价单上的汇率以爱德华兹公司订购货物那个月最后一天的即期汇率为准。尽管爱德华兹公司可以充分利用宽松的贸易条件,但爱德华兹先生还是对汇票所允许的120天付款宽限期内的日元汇率风险感到担心。爱德华兹先生知道,如果日元在公司持有大量应付头寸的期间内大幅走强,到期时为了支付固定金额的日元,公司将花费更多的美元。

一直以来,爱德华·爱德华兹公司都是比较幸运的,因为1995—1998年他从日本购买货物的金额是大量增加的,然而此期间的日元汇率一直走弱。在这段时间内,美国和日本的领导人一致认为,日元贬值能减轻金融危机对日本银行业的影响,并有助于日本经济的恢复。另外,自1997年7月以来,外界普遍认为东南亚金融危机给日本带来了极大的风险。从1995年春开始,日元汇率创了历史性新高 USD 1 = JPY 81;其后,日元汇率就开始平缓下跌,直至1998年年初的 USD 1 = JPY 134 的汇率水平。在这段时间内,爱德华兹先生总能以比订货时的日元汇率更有利的价格购买日元以支付货款;但是现在(1998年3月),爱德华兹先生知道日元汇率可能发生逆转。这样就会给公司的未来支付带来较大的额外成本,而且由于日本国内经济问题正逐渐明朗化,日元看起来会走强。

2. 可供运用的汇率风险规避方案

爱德华兹先生与达拉斯第三银行的国际业务专家简诺斯·克拉斯进行了一次会面,商讨他所担心的问题。他告诉克拉斯,一旦他的公司与美国一些全国性的零售商订立协议,爱德华兹公司的进口规模将急剧扩大。他指出,根据近来的业务经验,这些交易只能赚取少许的差价,因而在日元头寸上的损失很有可能使该项业务的利润荡然无存。

克拉斯向爱德华兹先生介绍了防范这种风险的几种方式。爱德华兹公司继续在支付日以即期汇率(当前汇率为 USD 1 = JPY 127.43)购买日元,以支付货款。假设爱德华兹公司今天做成一笔120天后支付12 500 000日元的交易。在将来的支付日即期汇率为 USD 1 = JPY 123.00,由于日元在支付期内升值,爱德华兹公司将不得不支付101 626(12 500 000/123.00)美元而不是98 093(12 500 000/127.43)美元,也就是说他得多付出3 533(101 626 - 98 093)美元。

在此种情境下,爱德华兹公司有以下几种规避日元汇率风险的方案可供选择:

第一种方案是外汇市场套期保值,它可以有效地将汇率锁定在当前的日元汇率上。爱德华兹公司只需在订货日以即期汇率向银行购买日元,并将其存入欧洲日元存款账户,持有到支付日为止,存款利率约为1.75%。银行可以借给爱德华兹公司所需的金额,为其购买日元进行融资,利率约为8.5%,略高于基准利率。

第二种方案为购买远期合约,它可以在现在将未来交易时的汇率锁定。在当前的远期市场上,银行愿意提供的120天远期汇率为 USD 1 = JPY 125.27 或 JPY 1 = USD 0.00789。

第三种方案是购买日元期货合约。例如,芝加哥国际货币市场的期货合约,它们的避险机制与由银行提供的远期合约的避险方式极为类似。在理想状态下,爱德华兹公司现在可以购买合适数量的期货合约以规避既定交易的风险,每张合约可使参与者以现在的期货交易价格,在合约的到期日交割1 250万日元。但是,实际的操作面临一些复杂的问题,期货合约的交割日不可能与爱德华兹公司的支付日绝对一致。按惯例,避险者只好购买到期日在所需避险的期限之外的期货合约。期货合约在合约金额和到期日方面都高度标准化:国际货币市场的期货合约每年的到期日只有四个,分别在3月、6月、9月和12月,因而它们的到期日通常不会与使用者避险期限的最后一天相匹配。避险者仍然面临避险期最后一天的即期汇率与到期日期货合约的价格存在差异的风险。在爱德华兹公司这个例子中,如果货物是在3月10日订购的,支付日就是7月8日。一个期货合约避险方案是:持有9月日元期货的多头,期货将在7月8日售出平仓;同时,爱德华兹公司进入外汇市场购买即期日元,期货交易上的所得或损失将抵消在那一天日元较订货日升值或贬值所带来的影响。

第四种方案是外汇期权合约避险方案,爱德华兹公司可以从银行或交易所购买日元期权合约以规避汇率风险。期权给买方提供了购买(看涨期权情形下)和出售(看跌期权情形下)的权利而非一种义务,即在既定的到期日以预定价格(执行价格)购买或出售某种货币的权利。通过银行购买的期权合约一般是欧式期权,它只能在到期日才可以被执行。在交易所(如芝加哥国际货币市场)内交易的期权一般是美式期权,它可以在到期日之前任何交易日内被执行。大多数外汇期权,就与在国际货币市场和伦敦国际金融期货交易所内交易的货币期权一样,实际上是外汇期货期权。例如,1998年3月,编号为7 900、金额为1 250万日元的7月日元看涨期权的价格为2.78。该期权的价格表示单位为1美分/100日元,因而汇率为JPY 1 = USD 0.00790的7月日元期货看涨期权可以以3 475美元(0.0278/100日元×12 500 000)购买到。

3. 避险的效果评估

克拉斯解释,任何规避风险方案的效果只有在事后才知道,即当避险期限终止和日元债务已被支付时。各种方案各有利弊。在避险头寸建立后,避险的效果将由汇率的波动方向决定。当然,如果日元汇率在将来持续走弱,一个完全未避险的头寸的收益就是最大的;如果日元在这段时间内走强,未避险的头寸的代价就是最高的。就避险方案的特殊性来说,每种避险方案都缩小了与未避险头寸相关的潜在收益或损失的波动范围。

爱德华兹先生一下子被克拉斯提供的这些信息搞糊涂了。他决定模拟一系列假定交易的数量结果。他假定在1998年3月10日向一家日本出口商订购价值为1 250万日元的货物(预计将来的交易金额更大),并且在7月8日支付这笔货款;接着在假定日元对美元汇率某种可能的运动方向下,他将计算和比较各种避险方案的效果;在计算中,他忽略了衍生工具合约销售佣金的因素。各种方案列示如下:

(1) 不避险(按目前状况继续进行)。

(2) 与第三银行进行一项外汇市场套期保值交易。

(3) 从第三银行购买120天远期合约。

(4) 购买1998年9月的期货合约,合约金额为1 250万日元,合约价格为0.8055美分/日元。

(5) 购买7 900号9月日元期货看涨期权,合约金额为1 250万日元,期权价格为2.78

美分/每 100 日元,协定价格为 JPY 1 = USD 0.00790。

爱德华兹先生假定公司的资本成本为 10%,7 月 8 日的日元即期汇率和 9 月的日元期货在 7 月 8 日的价格的两种情形为:

第一种情形,7 月 8 日的即期汇率为 USD 1 = JPY 139.00,9 月期货合约在 7 月 8 日的汇率为 USD 1 = JPY 137.00。

第二种情形,7 月 8 日的即期汇率为 USD 1 = JPY 115.00,9 月期货合约在 7 月 8 日的汇率为 USD 1 = JPY 113.00。

爱德华兹先生相信,计算结果将揭示这几种方案的避险效果,从而为他在将来向日本出口商进口商品时怎样处理大量交易提供指导。

案例分析 我们根据爱德华兹先生假定的两种情形分别计算出每个方案的最终盈亏情形。

对于第一种情形:

(1) 如果不避险,等到 7 月 8 日付款时按照 USD 1 = JPY 139.00 的汇率购入日元,实际支付金额为 89 928.06(12 500 000 ÷ 139)美元。

(2) 如果与第三银行进行一项外汇市场套期保值交易,在 3 月 10 日购入日元就须支付 12 500 000 ÷ 127.43 = 98 093.07 美元,应支付的美元贷款本金和利息共 98 093.07 × (1 + 8.5% × 120/360) = 100 872.37 美元,日元存款所得利息折合美元 12 500 000 × 1.75% × 120/360 ÷ 139 = 524.58 美元。实际的最终支付美元数为 100 872.37 − 524.58 = 100 347.79 美元。

(3) 如果从第三银行购买 120 天远期合约,就须支付 12 500 000 × 0.00789 = 98 625 美元。

(4) 如果购买 1998 年 9 月的期货合约,则购入期货就须支付 12 500 000 × 0.008055 = 100 687.5 美元;在 7 月 8 日平仓,得到 12 500 000 ÷ 137 = 91 240.88 美元,在即期外汇市场买入日元应支付 12 500 000 ÷ 139 = 89 928.06 美元;故最终实际支付了 100 687.5 + 89 928.06 − 91 240.88 = 99 374.68 美元。

(5) 如果购买 7 900 号 9 月日元期货看涨期权,3 月 10 日支付期权费为 12 500 000 × 0.000278 = 3 475 美元,这笔期权费根据公司的资本成本 10% 计算;到 7 月 8 日时的价值为 3 475(1 + 10% × 120/360) = 3 590.83 美元。到 7 月 8 日时不执行期权,按当时的即期汇率购入日元,应支付 12 500 000 ÷ 139 = 89 928.06 美元,共花费 89 928.06 + 3 590.83 = 93 518.89美元。

对于第二种情形:

(1) 如果不避险,等到 7 月 8 日付款时按照 USD 1 = JPY 115.00 的汇率购入日元,实际支付 12 500 000 ÷ 115 = 108 695.65 美元。

(2) 如果与第三银行进行一项外汇市场套期保值交易,在 3 月 10 日购入日元就须支付 12 500 000 ÷ 127.43 = 98 093.07 美元,所需支付的美元贷款本金和利息共 98 093.07 × (1 + 8.5% × 120/360) = 100 872.37 美元,日元存款所得利息折合 12 500 000 × 1.75% × 120/360 ÷ 115 = 634.06 美元。最终实际支付了 100 872.37 − 634.06 = 100 238.31 美元。

(3) 如果从第三银行购买 120 天远期合约,就须支付 12 500 000 × 0.007 89 = 98 625 美元。

(4) 如果购买1998年9月的期货合约,则购入期货就须支付12 500 000×0.008055=100 687.5美元;在7月8日平仓,得到12 500 000÷113=110 619.47美元;在即期外汇市场买入日元应支付12 500 000÷115=108 695.65美元,故最终实际支付了100 687.5+108 695.65-110 619.47=98 763.68美元。

(5) 如果购买7 900号9月日元期货看涨期权,3月10日支付期权费为12 500 000×0.000278=3 475美元,这笔期权费根据公司的资本成本10%计算;到7月8日时的价值为3 475(1+10%×120/360)=3 590.83美元。到7月8日时执行期权,期权中的执行价格为JPY 1=USD 0.00790,付出12 500 000×0.00790=98 750美元,共花费98 750+3 590.83=102 340.83美元。

我们可以发现,在第一种情形下,不避险对爱德华兹公司最有利,外汇市场套期保值交易对爱德华兹公司最不利;在第二种情形下,购买120天远期合约对爱德华兹公司最有利,不避险对爱德华兹公司最不利。

边学边练(8-4)

假设在2007年1月1日,美国波音公司和法国航空公司签订了一份出售波音737飞机的合同,合同金额为15 000万欧元,6个月后付款。

两家公司签订合同时:

即期汇率为EUR 1=USD 1.2640,6个月远期汇率为EUR 1=USD 1.2540。法国年贷款利率为10%,法国年投资回报率为8%;美国年贷款利率为8%,美国年投资回报率为6%。

美国费城股票交易所6月看跌期权的合约金额为每份5万欧元,协定价格为EUR 1=USD 1.2500,期权费为2.5美分/欧元。场外交易市场上的6月看跌期权,每份合约金额为100万欧元,协定价格为EUR 1=USD 1.2500,期权费为1.5%。

美国波音公司汇率咨询服务部门提供的汇率走势预测是:6个月后即期汇率将为EUR 1=USD 1.2500。美国波音公司的资本成本为10%。

美国波音公司有以下四种选择方案:(1)不采取抵补措施;(2)远期市场抵补;(3)货币市场抵补;(4)期权市场抵补。请比较这四种方案。

第三节　企业折算风险管理

一、企业折算风险的计量

折算风险来自会计制度的规定,并受不同国家会计制度的制约。由于汇率的变化,公司资产负债表中某些外币项目金额也会发生变动。公司在编制报表时,为了把原来用外币计量的资产、负债、收入和费用合并到本国货币账户内,必须把这些用外币计量项目的发生额用本国货币重新表述。这种称作折算的重新表述,要按照公司所在国政府、会计协会和公司确定的有关规定进行。

【例8－10】 中国某公司持有银行往来账户余额为100万美元，年初汇率为USD 1 = CNY 6.5，折成人民币为650万元。年末美元贬值、人民币升值，汇率变为USD 1 = CNY 6.3，该公司100万美元的银行往来账户余额折合人民币后就只有630万元了。在两个折算日期之间，该公司这100万美元的价值按人民币折算减少了20万元。

折算风险表现的方式较多，主要有以下三类：

第一类，存量会计风险。它是指企业在海外持有和销售的库存，在汇率变化时，其相应价值和成本折算成母公司所在地货币时发生变化的可能性。

第二类，固定资产会计风险。它是指企业购置、折旧和更新资产时，因汇率变化而产生的风险。

第三类，长期债务会计风险。它包括各种应偿还而未偿还的长期借款（如公司债、长期票据、长期借款），因汇率变化而产生的风险。

企业折算风险的大小涉及折算方式，历史上西方各国曾先后出现过四种折算方法（见表8－1）。

表8－1 四种折算方法比较

项目		流动/非流动折算法	货币/非货币折算法	时态法	现行汇率法
现金		CE	CE	CE	CE
应收账款		CE	CE	CE	CE
存货	按成本	CE	HE	HE	CE
	按市价	CE	HE	CE	CE
投资	按成本	HE	HE	HE	CE
	按市价	HE	HE	CE	CE
固定资产		HE	HE	HE	CE
无形资产		HE	HE	HE	CE
应付账款		CE	CE	CE	CE
长期负债		HE	CE	CE	CE
实收资本		HE	HE	HE	HE

注：HE表示历史汇率，CE表示现行汇率。

1. 流动/非流动折算法

流动/非流动折算法将跨国公司海外分支机构的资产负债划分为流动资产、流动负债和非流动资产、非流动负债。根据该方法，在编制资产负债表时，流动资产和流动负债按编制时的现行汇率折算，面临折算风险；非流动资产和非流动负债则按资产负债发生时的原始汇率折算，没有折算风险。

流动资产主要包括银行存款、库存现金、应收账款、有价证券持有额、存货等；流动负债主要包括短期负债（如银行短期贷款、应付账款、应付税费、应付利息等）；非流动资产主要包括土地、房屋、设备、长期证券投资等；非流动负债主要包括长期负债（如长期债券、长期票据等）。

2. 货币/非货币折算法

货币/非货币折算法将跨国公司海外分支机构的资产负债划分为货币性资产负债和非货币性资产负债。货币性资产负债包括所有的金融资产和负债，按现行汇率折算，面临折算风险;非货币性资产负债则只包括真实资产,按原始汇率折算,没有折算风险。

货币性资产主要包括现金、有价证券、各种应收款等;货币性负债主要包括应付款、长期负债等;非货币性资产主要包括存货、固定资产、长期投资等;非货币性负债主要指递延款项等。

3. 时态法

时态法是货币/非货币折算法的变形,只是对真实资产做出更细致的处理。如果真实资产以现行市场价格表示,则按现行汇率折算,面临折算风险;如果真实资产按原始成本表示,则按原始汇率折算,没有折算风险。当全部真实资产均按原始成本表示时,时态法与货币/非货币折算法就完全一致了。

4. 现行汇率法

现行汇率法仅对资产负债表中的普通股股东权益(实收资本)按历史汇率进行折算,其他资产和负债项目均按现行汇率进行折算。目前,该方法已成为美国公认的会计习惯做法,并逐渐为西方其他国家所采纳。

【例 8-11】 美国某公司在中国设有一家子公司,子公司所在国用人民币表示,母公司的报告货币用美元表示。当汇率从 USD 1 = CNY 8.0(历史汇率)上升到 USD 1 = CNY 8.5(现行汇率),其结果如表 8-2 所示。最后一行为折算损益,代表会计风险的大小。

表 8-2 四种折算方法下的折算损益

项目		当地货币 CNY(元)	按历史汇率折算(美元)	现行汇率法(美元)	流动/非流动法(美元)	货币/非货币法(美元)	时态法(美元)
流动资产	现金	8 000	1 000	941	941	941	941
	应收账款	2 050	256.25	241	241	241	241
存货(按成本)		12 000	1 500	1 412	1 412	1 500	1 500
固定资产净值		36 000	4 500	4 235	4 500	4 500	4 500
资产合计		58 050	7 256.25	6 829	7 094	7 182	7 182
负债	应付账款	14 000	1 750	1 647	1 647	1 647	1 647
	长期借款	5 500	687.5	647	687.5	647	647
负债合计		19 500	2 437.5	2 294	2 334.5	2 294	2 294
股东权益	实收资本	30 200	3 775	3 775	3 775	3 775	3 775
	留存收益	8 350	1 043.75	902	1 055	1 088	1 100
股东权益合计		38 550	4 818.75	4 677	4 830	4 863	4 875
负债与股东权益合计		58 050	7 256.25	6 971	7 164.5	7 157	7 169
折算损益				(142)	(70.5)	25	13

注:留存收益来自利润表各项目。

由表 8-2 可知,选择不同的折算方法,折算损益存在较大的差异,其中现行汇率法的折算损益最高。

二、企业折算风险的管理

1. 资产负债匹配保值法

涉外经济主体对折算风险的管理,通常是实行资产负债匹配保值法。这种方法要求,在资产负债表上,以各种功能货币表示的受险资产与受险负债的数额相等,使其折算风险头寸(受险资产与受险负债的差额)为零。只有这样,汇率变动才不至于带来任何折算上的损失。

实行资产负债匹配保值,一般要做到以下三点:

第一,弄清资产负债表中各账户、各科目上各种外币的规模,并明确综合折算风险头寸的大小。

第二,根据风险头寸的性质确定受险资产或受险负债的调整方向。如果以某种外币表示的受险资产大于受险负债,就要减少受险资产,或者增加受险负债,或者双管齐下;反之,如果以某种外币表示的受险资产小于受险负债,就要增加受险资产,或者减少受险负债,或者双管齐下。

第三,在明确调整方向和规模后,要进一步确定对哪些账户、哪些科目进行调整。这正是实施资产负债匹配保值的困难所在,因为有些账户或科目的调整可能会带来相对于其他账户、科目调整更大的收益性和流动性的损失,或者造成新的其他性质的风险(如信用风险、市场风险等)。从这一意义上来说,通过资产负债匹配保值来获得折算风险的消除或减轻,是以经营效益的牺牲为代价的。因此,需要认真对具体情况进行分析和权衡,决定科目调整的种类和数额,才能使调整的综合成本最小。

2. 远期合约保值法

远期合约保值法要先确定企业可能出现的预期折算损失(由资产负债表而来),再采取相应的远期交易避免风险。这一方法是利用远期合约交易中的收益来弥补预期的折算损失,公式为:

预期折算损失 = 远期合约上的收益 = 远期合约金额 ×(期初远期汇率 - 预期期末即期汇率)

所以,我们将要进行交易的远期合约金额为:

远期合约金额 = 以报告货币计价的预期折算损失/(期初远期汇率 - 预期期末即期汇率)

注意,公式中的汇率是以“1 单位当地货币相当于多少单位报告货币”的形式表示的。

【例 8-12】 某公司的法国子公司的净受险资产为 400 万欧元(当地货币),编制合并资产负债表会导致 100 万美元(报告货币)的账面折算损失。通过远期合约对冲折算风险的具体做法如下:

如果市场上美元对欧元的远期汇率为 1 美元兑换 0.9 欧元,而合并资产负债表日的预期即期汇率为 1 美元兑换 1 欧元,将其代入上述公式,则远期合约金额 = 100 ÷ (1/0.9 - 1) = 900 万欧元。

通过在远期市场上卖出 900 万欧元的远期合约,到期交割时只要在即期市场上花费 900 万美元便可购买到 900 万欧元;再按远期汇率履行合约,可以得到 1 000 万美元,该过程盈利 100 万美元。如果一切都在意料之内,通过远期合约进行套期保值得到的 100 万美元盈利将弥补合并资产负债表所发生的折算损失。但是由于远期头寸的大小取决于预期的未来即期汇率,因此套期保值的结果就存在不确定性。如果到期的即期汇率不是 1 美元兑换 0.9 欧元而是 1 美元兑换 0.8 欧元,那么套期保值不仅不会产生弥补折算风险的盈利,还会出现损失。

在外汇风险的管理中，交易风险的防范要求与折算头寸的防范要求可能会发生冲突，从而加深风险管理的难度。譬如，对于跨国公司来说，最容易防范折算风险的办法是要求所有在国外的分支机构都使用母国货币进行日常核算，使其受险资产额和受险负债额都保持为零，以避免编制合并财务报表时的折算风险。但如此一来，各分支机构一定会面临更多的交易风险，因为分支机构日常使用最多的是东道国货币，使用母国货币作为核算货币便不可避免地会承受交易风险。同样，假定分支机构要避免交易风险，则又会面临折算风险。

第四节　企业经济风险管理

一、企业经济风险的计量

计量经济风险应以企业持续经营为前提，要在相当长的一个时期内进行考察。经济风险的计量是指核算外汇风险对企业现金流量的影响。为了避免不必要的重复计算，一般以企业未来现金净流量计量。由于企业未来现金流量发生在不同的时间点上，因此用现金流量的净现值进行计算，以消除时间因素的影响。假设企业未来若干时期内因连续追加投资而有连续的现金流量，CO_t表示第 t 年净流出量；CI_t表示第 t 年的现金流入量；t 表示年度；r 表示折现率（无风险收益率加风险报酬），它由市场上的平均收益率决定，并根据特定项目的风险大小加以调整。

现金流量的净现值用 NPV_0表示。如果用当期外汇汇率 R_t折算，则：

$$NPV_0 = \sum_{t=1}^{n} \frac{(CI_t - CO_t)R_t}{(1+r)t} \tag{8-1}$$

现在考虑外汇风险变动对 NPV_0的影响。外汇汇率变动后，最直接的经济后果就是原来的现金净流入量在折算成本币时发生的变化；其间接经济后果是通过市场物价、金融市场利率（利率平价效应表明外汇汇率与利率之间存在紧密的关系）来影响企业的生产成本和销售价格，进而影响现金流量。用 NPV_1表示汇率变动后企业的现金流量，则：

$$NPV_t = \sum_{t=1}^{n} \frac{(CI_t^* - CO_t^*)R_t^*}{(1+r)t} \tag{8-2}$$

其中，CI_t^* 表示外汇汇率变动后的现金流入量（t 年度），CO_t^* 表示外汇汇率变动后的现金流出量（t 年度），R_t^* 表示第 t 个年度的外汇汇率。

上述计算方法对跨国公司在海外子公司的经营同样有效。在现实经济生活中，投资主体一般在连续追加投资若干年后，会在最后一年年末（比如第 N 年）收回全部投资，这样在第 N 年年末就有一个净现金流入量。尤其对跨国公司而言，大多数东道国政府对此都会采取一些管制措施，如只允许子公司将投资利息和红利收入汇回母公司并向母公司支付一定的管理费和特许权使用费。此外，东道国一般还允许在项目结束时汇出一个额外的资本。

考虑到这些因素，用 DIV_t、DIV_t^* 分别表示汇率波动前后子公司汇回母公司的股息、红利收入；POF_t、OPF_t^* 分别表示汇率波动前后子公司向母公司支付的管理费、特许权使用费和其他有关费用等；TV、TV^* 分别表示汇率波动前后子公司的额外资本汇出。这样，可将子公司的现金净流量公式调整为：

$$\mathrm{NPV}_0 = \frac{\sum_{t=1}^{n}(\mathrm{DIV}_t + \mathrm{OPF}_t - \mathrm{CO}_t)R_t}{(1+r)t} + \frac{\mathrm{TV} \times Rn}{(1+r)n} \tag{8-3}$$

考虑到汇率变动的影响，则：

$$\mathrm{NPV}_t = \frac{\sum_{t=1}^{n}(\mathrm{DIV}_t^* + \mathrm{OPF}_t^* - \mathrm{CO}_t^*)R_t^*}{(1+r)t} + \frac{\mathrm{TV} \times Rn^*}{(1+r)n} \tag{8-4}$$

由此，可以得出因汇率波动而使投资项目遭受的经济风险大小 E（以本币计量的经济风险），用公式表示为：

$$E = \mathrm{NPV}_0 - \mathrm{NPV}_t \tag{8-5}$$

【例 8－13】 假设英国 TT 公司在美国设有一子公司 M，子公司所在地货币用 USD 表示，预期汇率为 GBP 1 = USD 1.55。由于某种因素发生变动，M 所在国货币贬值，贬值后汇率为 GBP 1 = USD 1.62。贬值前 M 公司每年净现金流量为 2 800 万美元，贬值后 M 公司第一年净现金流量为3 000万美元；因贬值增强了 M 公司产品的竞争力，该公司追加投资扩大再生产，第二年净现金流量为 2 600 万美元；第三年净现金流量为 3 060 万美元。如果 M 公司的投资收益率为 10%，此时 M 公司的经济风险如表 8－3 所示。

表 8－3　M 公司在美元贬值情形下的经济风险计量　　单位：万

年份	贬值前净现金流量 GBP 1 = USD 1.55		贬值后净现金流量 GBP 1 = USD 1.62		现金流量变动	10% 的折现因子	净现值
	USD	GBP	USD	GBP			
1	2 800	1 806	3 000	1 852	－46	0.909	－50.6
2	2 800	1 806	2 600	1 605	201	0.826	243.0
3	2 800	1 806	3 060	1 889	－83	0.751	－110.5
合计	经济风险为＋81.9 万英镑（243.0－50.6－110.5）						

二、企业经济风险的管理

经济风险涉及生产、销售、原料供应及区位等经营管理的各方面。20 世纪八九十年代，美国、日本、欧盟国家的跨国公司都进行了重大的全球经营战略调整。在控制货币波动带来的经济风险时，跨国企业有针对性地调整其营销管理策略、生产管理策略和财务管理策略。有时企业只需调整三大经营策略中的一个即可，有时企业则需要同时调整三大经营策略（见表 8－4）。

表 8－4　跨国企业的经营策略

营销管理策略	生产管理策略	财务管理策略
市场选择	生产要素组合	资产、债务匹配
产品战略	转移生产	业务分散化
定价战略	工厂区位	融资分散化
促销战略	提高生产率	营运资本管理

（一）营销管理策略

在货币汇率频繁波动的情境下，根据汇率波动的趋势调整企业的营销战略，可以确保企业获得较大的国际竞争优势。国际营销经理的主要任务之一就是分析和确定货币汇率变动可能带来的利弊，并据此调整企业的定价策略和产品策略。企业采用的营销策略调整措施包括市场策略、定价策略、促销策略和产品策略调整。

1. 市场策略调整

如果出现长期的汇率变动态势，企业应该考虑调整其进出口商品的市场策略。

（1）本币趋硬，具有长期升值趋势时的管理调整策略。本国企业将不得不从一些国外出口市场撤离，转向那些与本币汇率同方向变动或者与本币汇率基本保持不变的国家，因为当地市场上其他国家出口商品较强的竞争力使得本国的出口商品无利可图。在这种情境下，其他国家的竞争者无疑获得了一个夺取市场份额的绝好机会。当然，撤出一个市场容易，开拓一个新的市场却很困难，市场调整策略的成效取决于企业的营销费用以及产品适应新市场的努力。

相反，本币升值增强了企业进口采购的竞争力。那些以国内销售市场为主的企业，应该扩大中间产品或者替代品的进口力度，以便降低产品的投入成本和销售成本。那些以国外销售市场为主的企业，更应该调整中间产品的采购市场，将中间产品的采购尽可能地转向货币贬值国，降低产品的投入成本，冲销本币升值对出口商品的不利影响 .

（2）本币趋软，具有长期贬值趋势时的调整策略。本国企业在确定其产品的销售市场时，应该加大力度拓展货币升值国的市场，因为选择这类市场有利于增强企业的价格竞争力，扩大产品的销售。与此同时，本币对外贬值也会导致外国企业在本国市场上的竞争地位下降，国内企业开拓本国市场的同时，还可以挤占外国同类产品的市场。因此，在本币对外贬值时，国内企业不仅在国外市场上的定价策略调整中占有优势，在国内市场上也占有优势。例如，2001 年“9・11”事件后，美元对日元贬值，由于人民币钉住美元，这意味着人民币对日元也贬值了，清华紫光公司及时做出市场策略调整，进军日本市场，充分利用汇率变动的优势，在与国外诸多企业的竞争中胜出。

2. 定价策略调整

在货币汇率波动频繁的情境下，制定价格策略时必然面临着两种选择：市场份额或利润率；价格调整频率。

在本币升值的情境下，本国的出口企业以及与外国进口商品激烈竞争的企业面临着进退两难的选择：是保持本币价格不变以维持其原有利润率，从而损失销售量、缩小市场份额；还是降低本币价格以保住市场份额，从而降低其原有利润率呢？

在做出选择时，企业必须遵循经济学的基本原理——产品的价格应该是本币利润最大化的价格（边际收益等于边际成本）。

（1）定价调整的一般方法。在本币升值的情境下，企业出口商品的外币价格可以有所提高，但是为了保持国际市场的份额，提价的幅度一般应该低于外币贬值的幅度，企业将通过降低其出口利润率的方式来承担其余部分外汇风险损失。在本币贬值的情境下，企业的出口商品在世界市场上拥有价格优势。出口商可以提高出口商品的本币价格，而保持外币价格不变，从而提高单位利润率；或者通过渗透定价法，降低出口商品的外币价格，而同时保持本币价格不变以扩大市场占有率。具体采取哪种策略取决于许多相关因素。例如,汇率的变动是否具有长期性?规模经济、扩大产出的成本结构如何?消费者对价格的敏感度如何?在单位利润率较高的情境下,竞争加剧的可能性如何?

另外需要注意的是:需求的价格弹性越大,出口企业降低价格、扩大销售的积极性就越高。同样,如果存在规模经济效益,一般可以降低价格以扩大需求,从而降低单位生产成本。需求的价格弹性越小,企业越无必要降低出口产品的外币价格。

【例 8-14】 从历史情况来看,美国跨国公司出口产品的需求价格弹性较低,因为它们大多是技术性较强或者差异性较大的产品,而且通常没有替代品。所以,美国企业在20世纪70年代美元贬值期间,普遍的做法是不降低价格。20世纪80年代初美元升值后,欧洲和日本的汽车制造商在向美国出口时能够保持它们产品的美元价格居高不下。因为欧洲汽车定位于豪华汽车市场,对价格波动不敏感。进口配额使日本汽车制造商们避开了高度竞争的国内市场,加之美元币值强劲,日本主要汽车制造商1984年全球利润的80%来自美国。到20世纪80年代后期,美国在新技术方面已经不再独占鳌头,其技术优势有所削弱。美国企业面临着来自其他工业国家企业的竞争,对外汇风险日趋敏感,也开始更多地使用价格调整方法控制外汇风险。

(2) 价格调整频率。受企业在国际竞争中的地位的限制,在外汇汇率发生变动时,企业调整价格的能力和意愿各不相同。竞争能力较强的企业具有更大的跟随汇率变动而频繁地调整价格的可能性;而竞争能力较弱的企业则更多地保持价格稳定,通过自己让利来保持客户的稳定性。实际上,经常变动价格对出口企业的海外经销商也会产生消极的影响,因为经销商也必须不断地调整其利润率以适应新的价格。很多企业向国内客户和国外客户报出两套不同的价格,以保证其国外客户不必经常受价格变动的影响。

本币升值后,企业决定是否提高商品与服务的外币价格时,应当考虑的不仅是现在可能失去的销售额,同时也要考虑将来可能失去的销售额。在激烈的国际竞争中,失去国际市场易而维持国际市场难,企业一旦在国外市场上争取了一定的份额,就应该尽力维护这个份额。本币贬值后,企业在制定产品的国内价格时,可以考虑将价格提高到同类进口商品的价格水平,以便获得更高的利润率;或者保持价格不变,以便扩大市场占有率。这一策略还取决于企业的规模经济效益和消费者对价格的敏感度。

【例 8-15】 1978年年初,美国通用汽车公司和福特汽车公司利用外国进口汽车价格上涨的机会,提高了两种小型车在美国国内市场的售价。这些小型车的价格原来一直偏低,后来为了击败德国和日本的竞争对手,占领市场,又再次降低价格。在美元相对于欧元和日元贬值后,德国和日本的汽车制造商们为了获得一定的利润率,不得不提高它们汽车的美元售价。美国汽车制造商也乘机提高其小型车的价格,但是提价幅度低于进口汽车的涨价幅度。通过这次价格调整策略,美国汽车制造商既提高了利润率,又保证了其汽车的市场竞争地位。

3. 促销策略调整

促销战略的效力,相当程度上取决于广告、人员推销等的促销预算规模。由于汇率变动,促销预算用外币表示时将出现增加或减少,可能使得预期的促销计划因预算资金不足而不能顺利地完成。因此,企业在制定促销策略时,应该考虑汇率的预期变动,根据汇率的波动趋势,在不同国家之间更有效、更科学地分配促销预算。而且,一旦遇到汇率变动与企业自身预期不一致的情况,企业就应该及时地调整促销预算。

如果本币贬值,只要出口产品的外币价格保持不变,企业促销开支的单位利润就会因价格优势而上升,企业应该扩大促销开支;相反,本币升值可能降低促销开支的利润率,从而要求企业对其产品策略进行根本性的改变。例如,20 世纪 80 年代初,美元巨幅升值,欧洲国家的滑雪场纷纷进行了促销策略的调整,增加对美国的促销预算,展开强大的促销攻势,大力宣传美元升值后阿尔卑斯山滑雪场的开支变得如何低廉,因此吸引了众多美国落基山脉滑雪场的滑雪者,使他们转而选择阿尔卑斯山滑雪场。

4. 产品策略调整

企业常常通过调整产品战略来应对外汇经济风险,主要的措施包括推出新产品、产品生产线调整及产品创新。

企业在国际市场上推出新产品时,必须考虑汇率波动,以便选择一个最有利的时机,使得新产品容易立脚。通常,本币贬值后的阶段,由于产品具有贬值带来的价格竞争优势,是企业推出新产品、争取国外市场份额的理想时机。

汇率波动也会影响产品生产线的决策。本币贬值后,企业可以扩大其产品生产线以覆盖国内外更广泛的消费者;相反,本币升值后,企业必须对其产品线进行重新定位,将产品瞄准高收入、质量敏感度高而价格敏感度低的阶层。例如,德国大众汽车公司当初是通过生产低价格、低维修费用的汽车而建立其出口地位的。然而,20 世纪 70 年代初马克的升值,结束了大众汽车公司靠价格进行竞争的历史,仅 1974 年一年,该公司就因降低产品的马克价格以维持市场份额而损失了 3.1 亿美元。为了进行长期竞争,大众汽车公司改变其产品线,扩大产品线,以质量和车型为优势,向中等收入阶层推出了较为昂贵的汽车。

出口工业品的企业在本币升值的情境下,可以增加研究和开发费用,采用产品创新战略,以产品的新颖、奇特和先进赢得市扬。

(二)生产管理策略

当汇率波动太剧烈,以至于采用定价和其他营销策略都无济于事时,企业必须从降低生产成本方面着手,对外汇经济风险进行有效的管理。针对经济风险,企业可采用的生产管理调整策略有以下几种:

1. 生产要素重组

在本币升值的情境下,国内生产要素的成本相对上升。为了降低生产成本、维持或加强产品的竞争地位,企业应当设法利用国外相对便宜的生产要素进行生产。利用国外生产要素的方法很多,其中最为常用的是直接在海外建立生产基地,利用当地劳动力、原材料和能源进行生产。另一个更为灵活的方法是从国外采购零部件在国内组装。

【例 8-16】 20 世纪 80 年代初美元升值后,大多数美国公司增加了它们在全球范围内的零部件采购。卡特皮勒公司在美元升值和面临日本企业竞争的情境下,零部件的来源从国内生产转向国外采购。该公司在美国国内生产中使用的活塞,其中 50% 来自国外,主要是巴西。1985—1990 年日元升值时,日本的汽车制造商也加大了国外采购量,其生产要素投入来自那些生产成本不受外汇风险影响的供应商,如实行钉住美元制度的韩国和中国。尽管这些采购的中间产品不以美元计价,但是其日元价格大大低于美元价格,从而减轻了美元贬值对日本销美汽车成本的影响。

2. 转移生产

在世界不同国家和地区拥有工厂的跨国企业,可以根据本币生产成本的变化,将生产任务分配给不同国家的工厂完成。转移生产的原则是尽量增加在货币贬值国的生产,减少在货币升值国的生产。正是由于跨国企业可以根据相对生产成本的变化在全球范围内调整其生产任务的分配,进行生产转移,因此跨国企业比一般单纯的出口企业面临更小的外汇风险。

当然,转移生产说起来容易,做起来很难。在实际中,转移生产可能会受到很多限制,如政府干预、当地工会组织反抗、技术和人才缺乏等。

3. 工厂选址

当本币升值或预期将要升值从而削弱了公司的竞争地位、将产生经济风险时,跨国企业可以将工厂建立在币值被低估或生产原材料价格低的国家,因为这些国家的生产成本相对较低。

企业在选择厂址时,需要综合考虑各种相关因素。尽管汇率波动会改变生产成本,但是人力资源也是不容忽略的重要因素,将劳动密集型的产业放在劳动力成本低廉的国家进行生产,成本就会得到明显节约。在很多情境下,综合考虑生产的劳动密集程度和未来的货币变动趋势,跨国企业往往在出口市场所在国以外的第三国设厂。

【例 8-17】 韩国、中国在20世纪八九十年代持续保持着较高的经济增长率,引进了大量的世界一流设备,不断提高生产技术。日元对美元升值,在韩元和人民币(以及新台币、港币)实行钉住美元的货币制度下,日元必然同幅度地对这些货币升值,导致日本与这些国家(地区)的成本差距越来越大,与韩国和中国(包括香港和台湾地区)相比,日本企业的国际竞争地位被严重削弱。因此,日本企业积极将生产地点转移到韩国和中国(包括香港和台湾地区)。许多敏感的日本企业早在1986年春就陆续开始派遣技术人员到这些国家(地区)。特别是音响行业、照相机行业等以廉价竞争为关键因素的商品,为了降低成本,在日元升值以前,企业就将生产地点转移到了亚洲的新兴工业化国家(地区)。

4. 提高劳动生产率

面对汇率波动,跨国企业可以努力提高生产率,降低生产成本,从而维持正常的净现金流量水平。例如,关闭效益差的工厂,提高生产自动化程度,与工会就降低工资和福利或者放宽劳动标准进行协商等。

【例 8-18】 在日元对美元大幅度升值时,日本的丰田汽车公司仍然将其零部件主要安排在距离供应商和组装厂较近的国内工厂生产,加强设计部门和生产部门的协调,强化质量管理,通过生产的高效率和大批量来降低成本。日本的东芝公司则将技术含量较低的产品转移到发展中国家(地区),而把国内的生产集中于高附加值产品,并通过裁减生产线工人、降低库存和简化业务程序等措施来降低成本、提高生产率,结果是,其国际竞争地位没有受到太大的不利影响。

(三) 财务管理策略

营销管理和生产管理有一个共同的特征就是,要有效地实施这些策略必须花费很长的时间。财务管理策略调整是对企业的债务结构进行重新调整,利用发达的资本市场和丰富的金融工具,并在很短的时间内完成。通常,跨国企业在进行营销和生产策略调整时,必须同时进行财务管理策略调整，以便使营销和生产策略调整引起的资产收益下降被相应的清偿债务的成本下降抵消。财务管理策略调整的具体措施包括以下四个方面：

1. 资产负债匹配

动态的资产债务匹配管理，是指企业将负债与未来的收益进行现金流量上的合理搭配，以消除汇率波动可能造成的损失。以德国大众汽车公司为例。20 世纪 80 年代，该公司为了加强外汇经济风险管理，对资产负债表进行动态管理，力求使美元债务与其得自美国销售的美元现金流量相匹配。这一策略在德国马克升值时，极大地缓解了美元收入下降的消极影响。

然而，在实际操作中很难做到将资产负债完全匹配，因为国际经济活动具有许多的不确定性，很难预测特定货币能够实现的现金流量。此外，汇率波动是无常的，如果企业对汇率波动过于敏感，对每一次汇率变动都做出反应，财务管理工作量就太大了，风险管理费用也会大幅提高。因此，只有当预期的汇率变动足够大时，企业才值得调整资产负债，采取必要的匹配措施。

2. 业务分散化

应对外汇经济风险的一个有效措施是业务分散化，将业务在国际范围内分散化，企业可以在外汇经济风险产生以前就及时进行准确判断，并做出相应的积极反应。企业的决策者应该密切关注企业位于世界不同国家和地区的工厂的相对成本、利润率和销售额的变化，判断外汇风险的产生及其影响，针对企业在世界范围内竞争条件的变化，适时调整企业的经营战略，在原材料、零部件或制成品的来源方面进行微调，以改变业务收入和支出的币种结构，达到控制外汇经济风险的目的。

3. 融资分散化

企业的融资策略必须考虑汇率波动因素。在资产负债大体匹配的前提下，企业还应该在国际范围内对其融资来源实行分散化，利用不同货币的升跌方向、幅度的差异，冲销企业融资成本的增减变化，以降低融资成本的波动程度。

4. 营运资本管理

针对汇率波动对跨国营运资本的影响，企业可以采用一些营运资本管理手段消除不利的影响，最常用的就是通过转移价格来调整营运资本的规模和结构。所谓转移价格，就是一个企业内部各部门，特别是跨国公司各分支机构之间以及关联企业之间转移商品和服务时使用的价格。在跨国经营中，母公司和相关子公司之间确定转移价格是一个很敏感的问题，因为存在诸多的不确定因素，很难确定最佳的转移价格。为此，可以遵循以下原则：第一，母公司为了从特定国家转移资金，可以提高销售给该国子公司的商品价格，以便将资金聚集到母公司；第二，母公司为了将资金转移到特定国家，可以降低销售给该国子公司的商品价格，从而向子公司提供融资；第三，利用转移价格转移资金，既可以运用于母公司和子公司之间，也可以运用于两个子公司之间，甚至互不相关的两家企业之间。当汇率出现变动（如当子公司所在国货币发生贬值）时，在其他条件不变的情境下，应当设法及早将子公司以当地货币表示的利润汇回母国；当子公司所在国货币发生升值时，在其他条件不变的情境下，可以将母公司或其他子公司的利润汇往该子公司。

知识拓展

中石油的汇率风险管理

中国石油天然气集团公司(以下简称“中石油”)2015年财务报告显示,全年实现汇兑净收益125亿元,而2014年同期汇兑净损失29亿元;股份公司汇兑净损失5亿元,比2014年同期净损失(19亿元)下降了74%。面对动荡的外部市场环境,这一成绩实属来之不易。

2014年,中石油修订并下发了《汇率风险管理实施细则》,在原主要管控汇率交易风险的基础上,增加了对汇率会计风险的管控,梳理了不同业务类型企业的汇率风险状况,强调对汇率风险进行事前、事中、事后的全过程管理;同时,要求下属企业对非主要货币设置存量限额,鼓励企业使用贸易融资工具或外汇衍生工具规避汇率风险。

集团总部将年度汇兑损益考核指标分解到各企业,强化企业汇率风险管理的意识和责任;同时,密切跟踪汇率走势,多次提前发布汇率风险提示。例如,2014年2月11日,哈萨克斯坦中央银行宣布坚戈对美元汇率一次性贬值19.3%,而公司总部则于2013年12月30日就发布了坚戈贬值风险提示,这为企业规避汇率风险而进行相关操作争取了时间。由于提前采取了降低企业坚戈存量、将存量坚戈兑换为美元等措施,规避了汇兑损失2 600多万美元。

集团要求各所属企业合理选择计价结算货币、附加合同条款、及时分红或换汇转回等方法,自然抵消汇率变化的影响,积极主动地规避汇率交易风险。例如,海洋工程公司与某国当地公司签订了美元计价的两年期海洋钻井服务合同,并约定了1美元兑换6.57453元人民币的固定汇率,提前锁定了合同收入金额。国际事业公司将某国原油购销合同的账期业务结算币种调换为欧元,降低了运营成本,操作远期、掉期交易创造了446万美元的汇兑收益。东方物探公司及时将境外单位的利润及盈余资金转回国内,有效地控制了汇率交易风险,2011年以来累计减少汇兑损失5 500万元。

2015年8月11日人民币“汇改”以来,在人民币汇率大幅波动之际,中石油通过提前购汇、延期结汇、偿还美元债务,以及调换结算币种并结合远期、掉期交易等手段,有效地控制了汇率风险,避免了账面汇兑损失,部分下属企业还获得了汇兑收益。

资料来源:“汇率风险管理‘迎浪而上’”,http://business. sohu. com/20160205/n436999820. shtml。

本章小结

1. 外汇风险是指一定时期的国际经济交易中,以外币计价的资产(或债权)与负债(或债务)因汇率的波动而引起其价值涨跌的可能性。风险头寸、两种以上的货币兑换和时间共同构成外汇风险因素,三者缺一不可。

2. 外汇风险管理要遵循全面重视原则、管理多样化原则、收益最大化原则,包括以下几个关键的程序:风险识别、风险衡量、风险管理方法选择、风险管理实施、监督与调整。

3. 外汇风险分为交易风险、折算风险、经济风险。交易风险是指在以外币计价的交易中,由于外币和本币汇率的波动使交易者蒙受损失的可能性。折算风险又称会计风险,是指跨国企业编制统一的财务报表、将以外币表示的财务报表用母公司的货币进行折算或合并时，因汇率变动而产生的账面上的损益差异。经济风险又称经营风险，是指因外汇汇率变动，企业在将来特定时期的收益发生变化的可能性，即企业未来现金流量的现值的损失程度。

4. 企业外汇交易风险管理的方法有金融市场交易法和贸易策略法。金融市场交易法是指进出口商利用金融市场尤其是外汇市场和货币市场的交易，防范外汇风险的方法，包括即期外汇交易法、远期外汇交易法、掉期交易法、外汇期货和期权交易法、国际信贷法、投资法、货币互换法、投保汇率变动保险等。贸易策略法是指企业在进出口贸易中，与贸易对手协商和合作所采取的防范外汇风险的方法包括币种选择法、货币保值法、价格调整法、期限调整法、对销贸易法、国内转嫁法等。

5. 企业外汇折算风险的管理主要实行资产负债匹配保值法和远期合约保值法。资产负债匹配保值法要求，在资产负债表上以各种功能货币表示的受险资产与受险负债的数额相等，以便使其折算风险头寸为零。远期合约保值法要先确定企业可能出现的预期折算损失，再采取相应的远期交易，以避免风险。

6. 企业外汇经济风险的管理涉及生产、销售、原材料供应，以及区位选择等经营管理的各方面。如果企业在国际范围上使其经营活动和财务活动多样化，就有可能避免风险、减少损失。

思考题

1. 什么是外汇风险？如何理解外汇风险的经济影响？
2. 试述外汇风险的不同类型。
3. 如何对企业的外汇交易风险进行管理？
4. 简述企业外汇折算风险和经济风险的管理手段。
5. 是信誉良好的跨国公司还是普通的跨国公司更能有效地对一定水平的折算风险套期保值？为什么？

参考文献

1. 涂永红：《外汇风险管理》，中国人民大学出版社，2010。
2. 刘玉操：《国际金融实务》，东北财经大学出版社，2001。
3. 徐晓萍、程庆生：《跨国公司金融》，上海财经大学出版社，2007。
4. 王爱俭：《国际金融》（第三版），中国金融出版社，2014。
5. 杨胜刚、姚晓义：《国际金融》，高等教育出版社，2012。
6. 刘园：《国际金融》，北京大学出版社，2012。

第四篇

政策与管理篇

第九章

开放经济条件下的宏观经济政策

本章要点

开放经济条件下的宏观经济均衡既包括以经济增长、物价稳定和充分就业为主要特征的内部均衡,还增加了以国际收支平衡为表现的外部均衡。本章主要介绍开放经济条件下内外均衡冲突的含义和政策配合理论,阐述开放经济条件下宏观经济均衡分析的常用工具IS-LM-BP 模型,介绍蒙代尔-弗莱明的小国模型、大国模型与两国模型,分析在不同的汇率制度下、不同的资本流动条件下财政政策和货币政策的效应。

学习目标

- 熟悉内部均衡与外部均衡的含义,支出增减型政策与支出转换型政策的含义。
- 掌握丁伯根法则与米德冲突,蒙代尔-弗莱明小国模型、大国模型与两国模型的主要内容。
- 理解斯旺模型,蒙代尔的有效市场分类原则,IS-LM-BP 模型分析框架,三元悖论原则。

第一节　政策配合理论

政策配合理论(policy mix approach)是研究一国如何利用宏观经济政策同时实现内部均衡与外部均衡的理论。

一、内部均衡、外部均衡与政策工具

在开放经济中,政府应关注四个经济目标:经济增长、物价稳定、充分就业和国际收支平

衡。这四个目标又可以归纳为两大经济目标:内部均衡与外部均衡。所谓内部均衡,是指一国在保持国内物价稳定的同时实现充分就业和经济增长;所谓外部均衡,是指一国国际收支的平衡。

为了实现内部均衡和外部均衡这两个目标,一国可供选择的政策工具有:(1)支出增减型政策(expenditure-changing policies),是指通过改变总支出水平(社会总需求)的大小来调节内外均衡的政策,主要包括财政政策和货币政策;(2)支出转换型政策(expenditure-switching policies),是指通过改变总支出水平(社会总需求)的方向来调节内外均衡的政策,主要包括汇率政策;(3)直接管制,是指政府以行政命令的方式直接干预对外经济往来以调节国际收支失衡的政策,包括外汇管制、贸易管制和财政管制。这些管制措施在本质上属于支出转换型政策,但不同之处在于:直接管制属于选择性控制(selective control),而汇率政策属于普遍性控制(general control)。

由于直接管制损害国际贸易,不利于资源的合理配置,并容易遭到其他国家的反对与抵制,激化国际矛盾,因此有效调节内部均衡与外部均衡的政策主要是支出增减型政策和支出转换型政策。

二、斯旺模型、丁伯根法则与米德冲突

(一)斯旺模型

斯旺模型是澳大利亚经济学家特雷弗·斯旺提出的,其观点可以用斯旺图形加以说明。如图 9-1 所示:横轴 A 代表国内的实际吸收额(国内总支出),包括消费、投资、政府支出;纵轴 R 代表实际汇率(直接标价法);IB 曲线为内部平衡线,线上的任意一点都代表使国内均衡得以实现的实际汇率和国内总支出的一定组合,在这条线上的点都意味着充分就业和物价稳定;EB 曲线为外部平衡线,线上的任意一点都代表使外部均衡得以实现的实际汇率和国内总支出的一定组合,在这条线上的点都意味着国际收支平衡。

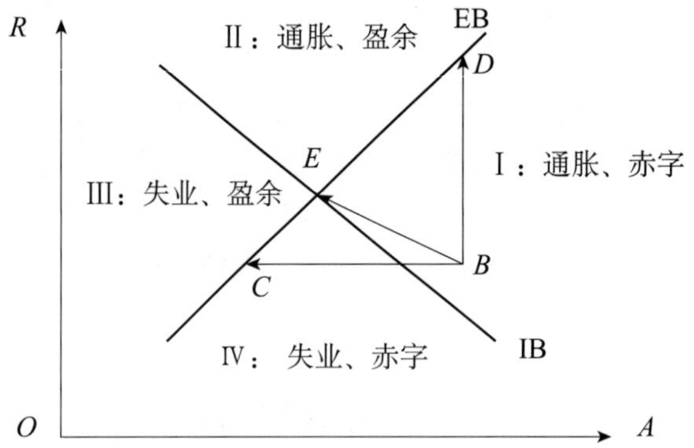

图 9-1　斯旺模型

IB 曲线之所以向右下方倾斜,是因为本币实际汇率的升值(直接标价法下 R 下降)会造成出口的减少和进口的增加,为了保持充分就业状态,政府必须增加国内支出 A。IB 曲线右边的点表示经济中存在通货膨胀,因为在相同的汇率水平下,右边的点所代表的国内支出大于实现内部均衡时的国内支出;IB 曲线左边的点表示经济中存在失业,因为在相同的汇率水

平下，左边的点所代表的国内支出小于实现内部均衡时的国内支出。

EB 曲线之所以向右上方倾斜，是因为本币实际汇率的贬值（直接标价法下 R 上升）会导致出口的增加和进口的减少，为了保持国际收支平衡，政府必须增加国内支出 A，以刺激对进口的需求。EB 曲线右边的点表示国际收支赤字，因为在相同的汇率水平下，右边的点所代表的国内支出大于实现外部均衡时的国内支出；EB 曲线左边的点表示国际收支盈余，因为在相同的汇率水平下，左边的点所代表的国内支出小于实现外部均衡时的国内支出。

这样一来，斯旺图形可以划分为四个区域（图 9－1 所示的Ⅰ、Ⅱ、Ⅲ、Ⅳ），不同的区域代表了不同的内部经济和外部经济状态。只有在 IB 曲线和 EB 曲线的交点 E，经济才同时实现了内部均衡和外部均衡。假设一国经济最初处于 B 点的状态，即经济中存在通货膨胀和国际收支赤字。若该国实行固定汇率制度，并采取减少国内支出的措施来减少赤字，该国经济就会向 C 点移动，在 C 点，虽然该国经济实现了外部均衡，但国内支出的减少使经济陷入了衰退；若该国通过汇率贬值（R 上升）来减少赤字，则该国经济会向 D 点移动，在 D 点，虽然该国经济实现了外部均衡，但离内部均衡的距离更远了。这说明，只使用一种政策工具来实现内部均衡和外部均衡这两大目标是很难做到的。为了使经济从 B 点移动到 E 点，必须同时采取适当的通货紧缩政策和货币贬值政策。

（二）丁伯根法则

丁伯根法则（Tinbergen's Rule）是由荷兰经济学家丁伯根于 1952 年提出的，他是第一位经济学诺贝尔奖的得主（1969 年），最早提出了将政策目标和工具联系在一起的正式模型，其基本内容是：实现 n 种目标需要有 n 种相互独立的、有效的政策工具。

（三）米德冲突

根据丁伯根法则，一国要同时实现内部均衡和外部均衡这两大目标，就需要两大类政策工具——支出增减型（调整型）政策和支出转换型政策。当一国实行浮动汇率制度时，可以运用财政政策、货币政策完成内部均衡目标，运用汇率变动作为政策工具完成外部均衡目标。而当一国实行固定汇率制度时，由于难以运用汇率变动作为政策工具调节外部均衡，因此政府只能使用支出增减型政策，以同时完成内部均衡和外部均衡的目标。但财政政策和货币政策有时不能同时完成两个目标，如表 9－1 所示的第Ⅰ种情形（当外部均衡要求实行紧缩性政策时，内部均衡却可能要求实行扩张性政策）和第Ⅲ种情形（当外部均衡要求实施扩张性政策时，内部均衡却可能要求实施紧缩性政策）。这种情形被称为米德冲突（Mead's Conflict）。米德冲突是英国经济学家詹姆斯·米德于 1951 年在其著作《国际收支》中提出的。

表 9－1　固定汇率制度下内外均衡的一致与冲突

情形	内部经济状况	财政政策/货币政策	外部经济状况	财政政策/货币政策
Ⅰ	经济衰退/失业增加	扩张性政策	国际收支逆差	紧缩性政策
Ⅱ	经济衰退/失业增加	扩张性政策	国际收支顺差	扩张性政策
Ⅲ	经济过热/通货膨胀	紧缩性政策	国际收支顺差	扩张性政策
Ⅳ	经济过热/通货膨胀	紧缩性政策	国际收支逆差	紧缩性政策

知识拓展

政策搭配如何应对中国米德冲突

过去10年，中国在大多数时候面临的是通货膨胀与经常账户顺差的组合。尽管过去10年内人民币汇率升值的幅度并不小，但由于中央银行依然积极干预外汇市场，导致人民币汇率机制仍然缺乏弹性。因此，在实施宏观经济政策时，中国政府就会面临以下两难：如果采用紧缩性财政货币政策抑制经济过热，由于进口需求下降，经常账户顺差就会进一步放大；如果采用扩张性财政货币政策抑制经常账户顺差，经济过热就会加剧。

2013年上半年，中国转为面临经济增长率下滑与经常账户盈余缩小的格局。按照逻辑推演，合理的政策组合应该是通过扩张性财政货币政策来应对经济增长率下滑，同时通过人民币升值幅度的放慢（甚至贬值）来应对经常账户的变动。然而，由于国内制造业存在显著的产能过剩，加之房地产价格的上涨压力，使得中央银行对扩张性货币政策投鼠忌器。上一轮经济刺激计划遗留的地方政府债务问题，也使得中国政府在扩张性财政政策方面有所掣肘。同时，美日的量化宽松政策造成大量的短期资本流入，导致人民币有效汇率快速升值。这意味着，中国政府当前面临着比传统的米德冲突更为复杂的痛苦权衡。

中国政府应当如何应对当前复杂化的米德冲突呢？笔者认为，中国政府必须强化另一些非常规政策工具的运用：第一，加强资本账户管制以抑制短期套利资本的流入，从而平抑人民币汇率升值的压力，实现经常账户余额的大致稳定；第二，考虑到过剩产能的存在与资产价格的上涨压力，当前中国政府不宜显著地放松货币政策；第三，结构性财政政策的放松仍应继续，如通过结构性减税政策，扩大对教育、医疗、社保的公共投入来刺激居民消费等；第四，中国政府应该推动收入再分配、打破国有企业垄断、要素价格市场化等结构性改革，提振全要素生产率增速，重塑中国经济的潜在增长率。

总之，传统意义上的米德冲突仅仅是对相机抉择的财政、货币与汇率政策组合的讨论，而要突破当前的中国经济困局，中国政府必须突破传统的宏观调控思维的桎梏，创造性地使用国内结构性改革与资本流动管理等工具，以应对当前的内忧外困，推动中国经济的可持续增长。

资料来源：张明，“政策搭配如何应对中国米德冲突”，《金融博览》，2013年第7期。

三、蒙代尔的有效市场分类原则

米德冲突是20世纪50年代被广泛接受的理论，但是到了20世纪60年代，蒙代尔打破了这一教条。他指出：在固定汇率制度下，对财政政策和货币政策进行适当的搭配，也能同时实现内部均衡和外部均衡。蒙代尔认为，应该将每一种政策实施在它最有影响力的目标上，这就是“蒙代尔的有效市场分类原则”（Mundell's Assignment Rule）。

如图9－2所示，横轴表示财政政策，N_f 为政策中性，向左为财政紧缩，向右为财政扩张；纵轴表示货币政策，N_m 为政策中性，向下为货币紧缩，向上为货币扩张。

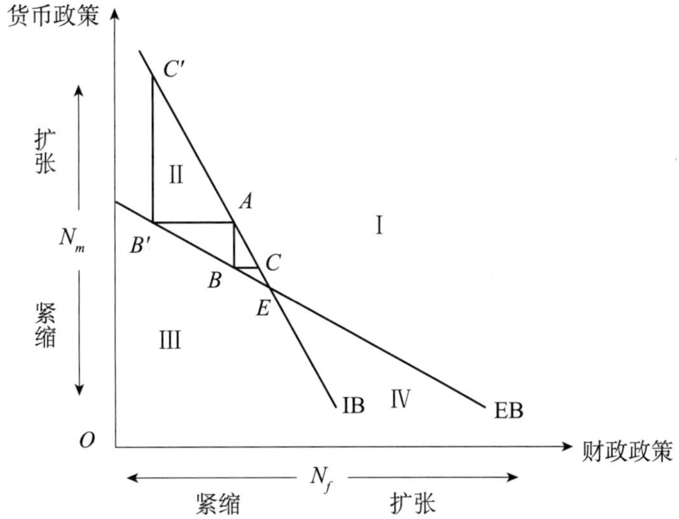

图 9-2　蒙代尔的有效市场分类原则

IB 曲线为内部均衡线，表示能够维持充分就业的财政政策和货币政策的组合。IB 曲线的斜率为负，因为在充分就业条件下，如果实行紧缩性货币政策，就必须采取相应的扩张性财政政策才能保持国内充分就业的均衡。IB 曲线右边的财政政策和货币政策的搭配会产生通货膨胀，左边的政策搭配则会产生失业。

EB 曲线为外部均衡线，表示能够维持国际收支平衡的财政政策和货币政策的组合。EB 曲线的斜率既可能为正也可能为负，因为财政政策对国际收支的影响有两方面：一方面，财政扩张可导致收入提高（在 IS-LM 模型中，财政扩张使 IS 曲线向右移动，若其他因素不变，则收入提高、利率上升），从而恶化经常账户；另一方面，财政扩张可提高利率水平，从而吸引外部资金流入而改善资本账户。图 9-2 中的 EB 曲线是负斜率的，这是假定扩张性财政政策对国际收支的净影响是负的，说明经常账户的恶化程度超过资本账户的改善程度。于是扩张性的财政政策恶化国际收支，政府必须紧缩货币政策，通过提高利率以吸引资金流入来保持国际收支平衡。EB 曲线右边的财政政策和货币政策的搭配导致国际收支逆差，左边的政策搭配表示国际收支顺差。

IB 曲线比 EB 曲线陡峭，这是因为：在财政政策和货币政策都导致收入增长相同百分比的情形下，前者引起的国际收支恶化的程度会更轻一些。财政政策的扩张会导致利率的升高和资本的流入，这将改善资本项目状况，并抵消部分经常项目赤字；而货币政策的扩张会导致利率的降低（在 IS-LM 模型中，货币政策扩张使 LM 曲线向右移动，若其他因素不变，则收入提高、利率下降），导致资本项目和经常项目同时恶化。因此，与财政政策相比，货币政策对外部均衡的影响更大一些。也就是说，财政政策在内部均衡方面相对有效。

这样一来，图 9-2 可以划分为四个区域：区域Ⅰ为通货膨胀、国际收支赤字；区域Ⅱ为失业、国际收支赤字；区域Ⅲ为失业、国际收支盈余；区域Ⅳ为通货膨胀、国际收支盈余。在区域Ⅱ和Ⅳ会出现米德冲突。假定该国经济的状态处于 A 点（实现了内部均衡），但经济中存在国际收支赤字，这时有两种政策搭配方式可以选择：方式一，用财政政策解决内部均衡问题,用货币政策解决外部均衡问题,因此在 A 点可以实施紧缩性的货币政策以实现外部均衡,于是经济会从 A 点移到 B 点;B 点在外部均衡线上,但此时经济中存在失业,因此政府采取扩张性的财政政策以解决失业问题,于是经济会从 B 点移到 C 点。如此不断地进行下去,在这一过程中,政府对财政政策和货币政策的调整幅度越来越小,最终收敛于均衡点 E,说明政策的分派原则是稳定的。方式二,用财政政策解决外部均衡问题,用货币政策解决内部均衡问题,于是经济会从 A 点移动到 B'点,再移动到 C'点。如此不断地进行下去,在这一过程中,政府对财政政策和货币政策的调整幅度越来越大,逐渐远离均衡点 E,说明政策的分派原则是不稳定的、错误的。

由上述分析可以看到,第一种政策搭配方式更有效,即把财政政策分派给内部均衡目标,把货币政策分派给外部均衡目标。这样的政策搭配,即使是在固定汇率制度下,也能同时实现内部均衡和外部均衡。

第二节 IS-LM-BP 模型

一、IS 曲线:产品市场的均衡

IS 曲线是描述产品市场达到均衡时,利率与国民收入之间关系的曲线。所谓产品市场均衡,是指产品市场上总供给与总需求相等。在开放的四部门经济中,产品市场达到均衡的条件是,国民收入 y 等于消费 c、投资 i、政府购买 g 和净出口 $(x-m)$ 的总和,公式为:

$$y = c + i + g + x - m \tag{9-1}$$

消费 c 可以用消费函数表示为:

$$c = \alpha + \beta \times y_d = \alpha + \beta \times (y - t + t_r) \tag{9-2}$$

式(9-2)中,α 表示自发消费,β 表示边际消费倾向($0 < \beta < 1$),y_d 表示可支配收入,t 表示定量税,t_r 表示转移支付。

投资 i 可以用投资函数表示为:

$$i = e - dr \tag{9-3}$$

式(9-3)中,e 表示自发投资,r 表示利率,d 表示投资对利率的敏感度($d > 0$)。

定义:

$$g = g_0, x = x_0 \tag{9-4}$$

进口 m 可以用进口函数来表示为:

$$m = m_0 + \gamma y \tag{9-5}$$

式(9-5)中,m_0 表示自发进口,γ 表示边际进口倾向($\gamma > 0$)。

将式(9-2)、(9-3)、(9-4)、(9-5)代入式(9-1),整理可得:

$$r = -\frac{1 - \beta + \gamma}{d}y + \frac{\alpha - \beta t + \beta t_r + e + g_0 + x_0 - m_0}{d} \tag{9-6}$$

式(9-6)表明:将国民收入 y 视为自变量,r 视为因变量,其他都视为既定不变的常数,当产品市场均衡时,利率 r 和国民收入 y 呈反方向变动关系,IS 曲线向右下方倾斜。

二、LM 曲线:货币市场的均衡

LM 曲线是描述货币市场达到均衡时,利率与国民收入之间关系的曲线。所谓货币市场均衡,是指货币供给等于货币需求。在简单的模型中,我们假定货币需求的动机只有两个,即交易动机和投机动机。出于交易动机产生的货币需求是收入的增函数,出于投机动机产生的货币需求是利率的减函数,于是货币需求函数为:

$$m_d = ky - hr \tag{9-7}$$

式(9-7)中,m_d 表示实际的货币需求,y 表示收入,r 表示利率,k 表示货币需求对收入的敏感度($k > 0$),h 表示货币需求对利率的敏感度($h > 0$)。

货币供给是由货币当局控制的,因而假定它是一个外生变量。用 M_s 表示名义货币供应量,m_s 表示实际货币供应量,P 表示价格水平,则:

$$m_s = \frac{M_s}{P} \tag{9-8}$$

当货币供给等于货币需求时,有:

$$\frac{M_s}{P} = ky - hr \tag{9-9}$$

对式(9-9)进行整理可得:

$$r = \frac{k}{h}y - \frac{M_s}{Ph} \tag{9-10}$$

式(9-10)表明:将国民收入 y 视为自变量,r 视为因变量,其他都视为既定不变的常数,当货币市场均衡时,利率 r 和国民收入 y 呈同方向变动关系,LM 曲线向右上方倾斜。

三、BP 曲线:国际收支的均衡

BP 曲线表示当一国的国际收支平衡时,利率与国民收入的各种组合。国际收支一般分为两个部分,即经常项目和资本与金融项目。我们用净出口函数代表经常项目,用净资本流出函数代表资本与金融项目,然后构建 BP 曲线方程。

(一)净出口函数

影响净出口的因素有很多,在宏观经济学中,实际汇率和一国的收入水平是两个最重要的影响因素。一般来说,净出口正向地取决于实际汇率。当实际汇率上升时(直接标价法下意味着本币贬值),国外商品相对于国内商品变得更加昂贵,这使得本国商品的出口变得相对容易而进口变得相对困难,于是净出口增加;反之,当实际汇率下降时(直接标价法下意味着本币升值),国外商品相对于国内商品变得更加便宜,这使得本国商品的出口变得相对困难而进口变得相对容易,于是净出口减少。

净出口反向地取决于一国的收入水平。一般来说,当一国的收入水平提高时,该国的进口支出会相应地增加,而出口取决于外国的收入水平而非本国的收入水平,这样一来净出口是减少的;反之,当一国的收入水平降低时,净出口是增加的。

基于以上考虑,净出口函数可以简化地表示为:

$$\mathrm{nx} = q - \gamma y + n\frac{EP_f}{P} \quad (9-11)$$

式(9-11)中,nx 表示净出口,y 表示国民收入水平,E 表示名义汇率(直接标价法),P_f 表示外国的价格水平,P 表示本国的价格水平,$\frac{EP_f}{P}$ 表示实际汇率,q、γ、n 都是大于 0 的参数,γ 表示边际进口倾向($\gamma > 0$)。

(二) 净资本流出函数

为了简化分析,将从本国流向外国的资本量与从外国流向本国的资本量的差额定义为净资本流出,并用 F 表示。如果本国利率高于国外利率,则净资本流出减少;反之,若本国利率低于国外利率,则净资本流出增加。因此,可以将净资本流出定义为本国利率与国外利率之差的函数,并且假定这一函数是线性的,则有:

$$F = \sigma(r_w - r) \quad (9-12)$$

式(9-12)中,F 表示净资本流出,r_w 表示国外利率,r 表示本国利率,σ 表示资本流出对利率的敏感度($\sigma > 0$)。

(三) BP 曲线方程

现将净出口和净资本流出的差额定义为国际收支差额并用 BP 表示,则有:

$$\mathrm{BP} = \mathrm{nx} - F \quad (9-13)$$

当国际收支平衡(BP=0)时,有:

$$\mathrm{nx} = F \quad (9-14)$$

将式(9-11)和式(9-12)代入式(9-14),则有:

$$q - \gamma y + n\frac{EP_f}{P} = \sigma(r_w - r) \quad (9-15)$$

将式(9-15)整理可得:

$$r = \frac{\gamma}{\sigma} \times y + (r_w - \frac{n}{\sigma} \times \frac{EP_f}{P} - \frac{q}{\sigma}) \quad (9-16)$$

式(9-16)表明,将国民收入 y 视为自变量,r 视为因变量,其他都视为既定不变的常数,当国际收支均衡时,利率 r 和国民收入 y 呈同方向变动关系,BP 曲线视右上方倾斜向,如图 9-3 所示。在 BP 曲线的右边,同等利率水平下有更高的国民收入水平,于是进口会增加,形成国际收支逆差;而在 BP 曲线的左边,同等利率水平下有较低的国民收入水平,于是进口会减少,形成国际收支顺差。

由式(9-16)可以看到,BP 曲线的斜率取决于两个因素:一是边际进口倾向 γ,边际进口倾向越强,BP 曲线越陡峭;边际进口倾向越弱,则 BP 曲线越平坦。二是国际资本流动对利率的敏感度 σ,国际短期资本流动对利率变动的敏感度越高,BP 曲线越平坦;国际短期资本流动对利率变动的敏感度越低,则 BP 曲线越陡峭。在简单经济模型中,通常假定一国的

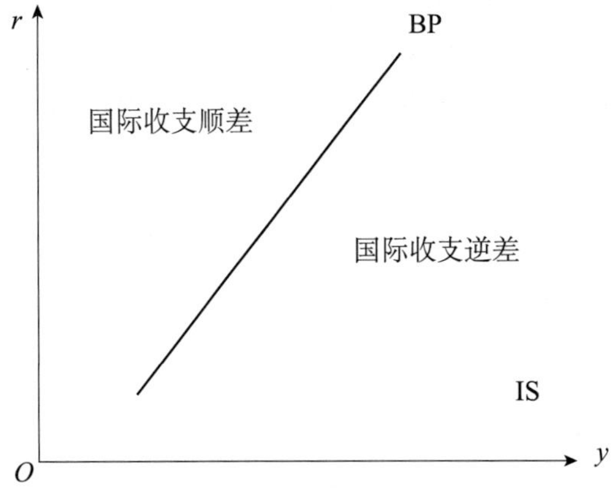

图 9-3 BP 曲线

边际进口倾向是常数,所以 BP 曲线的斜率主要取决于资本流动对利率的敏感度。国际资本流动对利率的敏感度也表明一国资本市场的对外开放程度——资本流动自由化的程度。在极端情境下,水平的 BP 曲线表示国际资本流动的完全自由化;而垂直的 BP 曲线则表示资本完全不流动,说明一国的资本市场完全不开放。

由式(9-16)还可以看到:名义汇率 E 是 BP 曲线的截距项。当其他因素都不变而 E 发生变化时,BP 曲线将发生移动。E 上升(直接标价法下意味着本币贬值),BP 曲线向右移动;E 下降(直接标价法下意味着本币升值),BP 曲线向左移动。

四、IS-LM-BP 模型的一般均衡

我们将 IS 曲线、LM 曲线、BP 曲线画在一个坐标空间,如图 9-4 所示:横轴代表国民收入水平 y,纵轴代表利率水平 r,三条曲线交于 E 点。注意,在图 9-4 中,BP 曲线的斜率比 LM 曲线陡峭;但实际上,两者的斜率关系是不确定的,BP 曲线的斜率可以大于、等于或小于 LM 曲线的斜率。

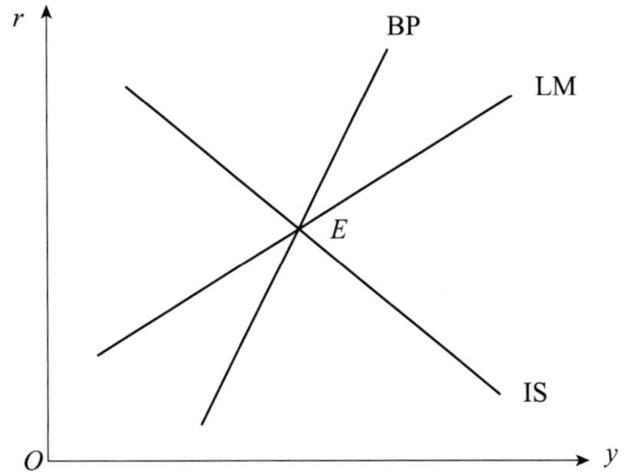

图 9-4 IS-LM-BP 模型的一般均衡

在开放经济条件下，IS 曲线和 LM 曲线的交点所对应的状态被称为内部均衡，BP 曲线上每一点所对应的状态被称为外部均衡。因此，E 点反映的是内部均衡与外部均衡同时得以实现的状态。有了 IS-LM-BP 模型，我们就能从理论上分析开放经济条件下的若干宏观经济问题，特别是一些政策问题。

第三节　蒙代尔-弗莱明模型之小国模型

蒙代尔-弗莱明模型（简称"M-F 模型"）①是由美国经济学家罗伯特·蒙代尔和英国经济学家马库斯·弗莱明于 20 世纪 60 年代提出的，他们运用凯恩斯主义的 IS-LM-BP 曲线，着重分析了在不同的资本流动状况及汇率制度下财政政策和货币政策的效应。这种效应分析可以分为"小国模型""大国模型""两国模型"。

所谓小国，是指经济体的生产能力相对较弱，于是该国实际收入和名义利率的变化对其他国家的影响可以忽略不计。换言之，对于开放小国来说，国外的收入和利率水平是给定的。

一、固定汇率制度下，小国财政政策和货币政策的效应

（一）固定汇率制度下，不同资本流动状况下的小国财政政策效应

以政府的扩张性财政政策为例进行分析。当政府增加对商品与服务的支出时，社会总需求上升，IS 曲线向右移动，此时国民收入提高，利率也相应地上升。国民收入的提高会使进口增加，从而经常账户恶化；但利率上升会吸引资本流入，从而改善资本与金融账户。因此，此时国际收支状况是需要分不同情形进行讨论的，这主要取决于国际资本流动对利率的敏感度。国际资本的利率敏感度越高，财政扩张引起的利率上升能够吸引更多的资本流入，在抵消由于国民收入提高形成的经常账户恶化的效应之后，国际收支的净效应得到改善，从而最终形成国际收支顺差；反之，若国际资本的利率敏感度越低，则最终越容易形成国际收支逆差。而国际资本对利率的敏感度又体现在 BP 曲线的斜率上，因此可以根据 BP 曲线斜率的不同分别进行分析。

1. 固定汇率制度下，资本完全不流动时的小国财政政策效应

当资本完全不流动时，BP 曲线的斜率为无穷大，垂直于横轴。如图 9－5 所示，假设经 $Y=$ 济最初均衡于 E 点，此时对应的国民收入水平 Y_0 并不是充分就业时的国民收入水平 Y_f，于是政府采取扩张性的财政政策，IS 曲线移动到 IS′。在 IS′曲线与 LM 曲线的交点 E'，国民收入水平提高，利率也上升，但因为 E' 点位于 BP 曲线的右侧，所以国际收支处于逆差状态，本币有较大的贬值压力。政府为了维持固定汇率制度、化解本币贬值的压力，于是在外汇市场上抛售外汇、购进本币，这导致本国货币供应量减少，造成 LM 曲线向左移动到 LM′，直到 E'' 的水平。在 E'' 点，三个市场又同时实现均衡，但与最初的均衡点 E 相比，国民收入水平并没有提高，但利率水平却提高了。由此可见，在固定汇率制度和资本完全不流动的情形下，财政政策是无效的。

---

① 实际上，IS-LM-BP 模型的原理是蒙代尔-弗莱明模型的内容之一，但鉴于篇幅，将其单独列为一节。

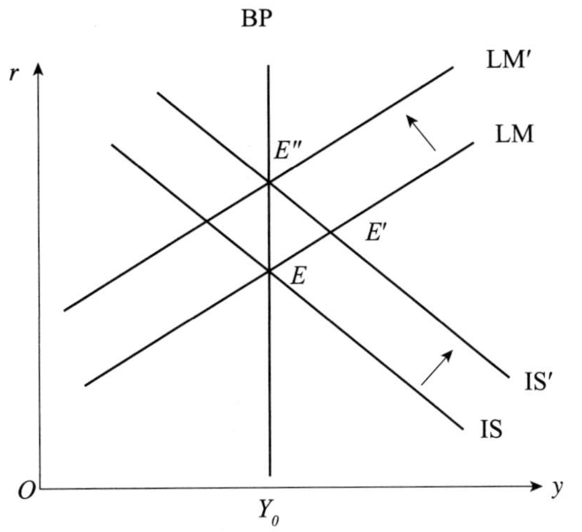

图 9－5　固定汇率制度下资本完全不流动时的小国财政政策效应

2. 固定汇率制度下，资本不完全流动时的小国财政政策效应

（1）BP 曲线的斜率大于 LM 曲线的斜率。如图 9－6 所示，当政府采取扩张性的财政政策时，IS 曲线移动到 IS′。在交点 E'处，国民收入水平提高，利率也上升，但因为 E′点位于 BP 曲线的右侧，所以国际收支处于逆差状态，本币有较大的贬值压力。政府为了维持固定汇率制度、化解本币贬值的压力，于是在外汇市场上抛售外汇、购进本币，这导致本国货币供应量减少，造成 LM 曲线向左移动到 LM′，直到 E''的水平。在 E''点，三个市场又同时实现均衡，但与最初的均衡点 E 相比，国民收入水平少量地提高，同时利率水平较多地提高。此时，财政政策有一定的效果。

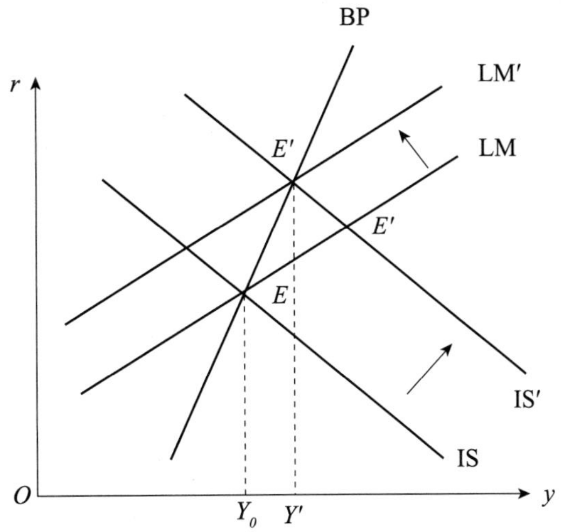

图 9－6　固定汇率制度下资本不完全流动时的小国财政政策效应(BP 曲线的斜率大于 LM 曲线的斜率)

（2）BP 曲线的斜率等于 LM 曲线的斜率。如图 9－7 所示，当政府采取扩张性的财政政策时，IS 曲线移动到 IS′，IS′曲线与 LM 曲线和 BP 曲线相交于 E'点。在交点 E'，三个市场又

同时实现均衡,但与最初的均衡点 E 相比,国民收入水平提高,利率水平也提高。此时,财政政策是有效的。

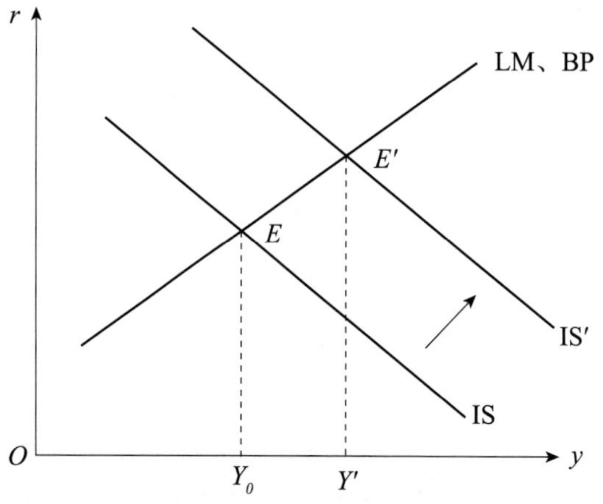

图 9-7 固定汇率制度下资本不完全流动时的小国财政政策效应(BP 曲线的斜率等于 LM 曲线的斜率)

(3)BP 曲线的斜率小于 LM 曲线的斜率。如图 9-8 所示,当政府采取扩张性的财政政策时,IS 曲线移动到 IS′,与 LM 曲线相交于 E'点。在 E'点,国民收入水平提高,利率也上升,但因为 E'点位于 BP 曲线的左侧,所以国际收支处于顺差状态,本币有较大的升值压力。政府为了维持固定汇率制度、化解本币升值的压力,于是在外汇市场上抛售本币、购进外汇,如果不采取冲销政策,这会导致本国货币供应量增加,造成 LM 曲线向右移动到 LM′,直到 E'' 的水平。在 E''点,三个市场又同时实现均衡,与最初的均衡点 E 相比,国民收入水平较大地提高,利率水平少量地上升。此时,财政政策比较有效。

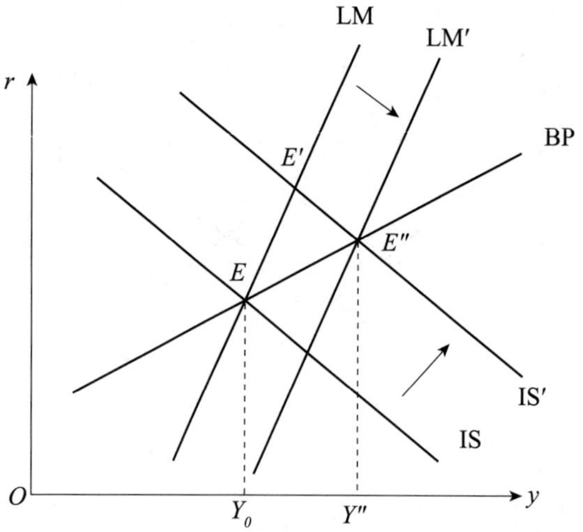

图 9-8 固定汇率制度下资本不完全流动时的小国财政政策效应(BP 曲线的斜率小于 LM 曲线的斜率)

3. 固定汇率制度下,资本完全流动时的小国财政政策效应

当资本完全流动时,BP 曲线是一条水平线。如图 9-9 所示,假设经济最初均衡于 E 点,当政府采取扩张性的财政政策,IS 曲线移动到 IS′。在 IS′曲线与 LM 曲线的交点 E'处,

国民收入水平提高，利率也上升，但因为 E' 点位于 BP 曲线的左侧，所以国际收支处于顺差状态，本币有较大的升值压力。政府为了维持固定汇率制度、化解本币升值的压力，于是在外汇市场上抛售本币、购进外汇，如果不采取冲销政策，这会导致本国货币供应量增加，造成 LM 曲线向右移动到 LM′，直到 E'' 的水平。在 E'' 点，三个市场又同时实现均衡，与最初的均衡点 E 相比，国民收入水平提高，但利率水平并没有改变。由此可见，在固定汇率制度和资本完全流动的情形下，财政政策是完全有效的。

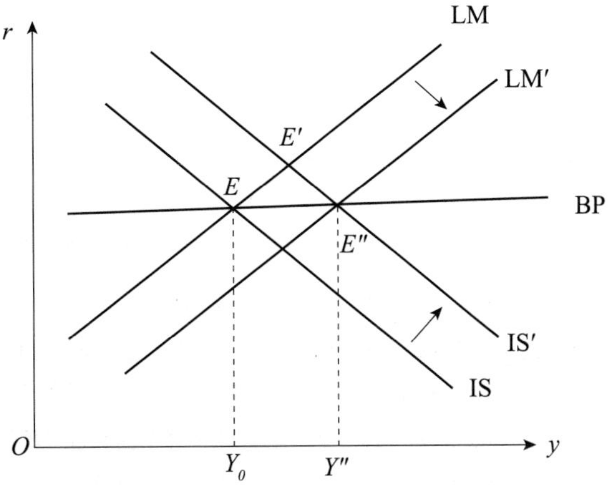

图 9－9　固定汇率制度下资本完全流动时的小国财政政策效应

综上所述，在固定汇率制度下，除了国际资本完全不流动的情形，财政政策在影响国民收入或就业方面是有效的，而且其政策效果随着国际资本流动性的增大而提高；特别是在资本完全自由流动时，财政政策是完全有效的。

（二）固定汇率制度下，不同资本流动状况下的小国货币政策效应

以中央银行实行扩张性货币政策为例。当中央银行增加货币供应量时，LM 曲线向右移动，此时国民收入提高，利率降低。国民收入的提高会使进口增加，从而经常账户恶化；而利率的下降会使资本流出，从而资本与金融账户也恶化。因此，此时国际收支状况处于赤字状态，本币有贬值压力。下面根据 BP 曲线斜率的不同情形分别进行分析。

1. 固定汇率制度下，资本完全不流动时的小国货币政策效应

当资本完全不流动时，BP 曲线的斜率为无穷大，垂直于横轴。如图 9－10 所示，假设经济最初均衡于 E 点，政府采取扩张性的货币政策，LM 曲线向右移动到 LM′。在 LM′曲线与 IS 曲线的交点 E'，国民收入水平提高，利率下降。因为 E' 点位于 BP 曲线的右侧，所以国际收支处于逆差状态，本币有较大的贬值压力。政府为了维持固定汇率制度、化解本币贬值的压力，于是在外汇市场上抛售外汇、购进本币，这导致本国货币供应量减少，造成 LM′曲线又向左移到 LM 的水平，此时三个市场又同时实现均衡。由此可见，在固定汇率制度和资本完全不流动的情形下，货币政策短期有效但长期无效；经济恢复原状，但中央银行基础货币的构成发生变化——外汇储备降低了。

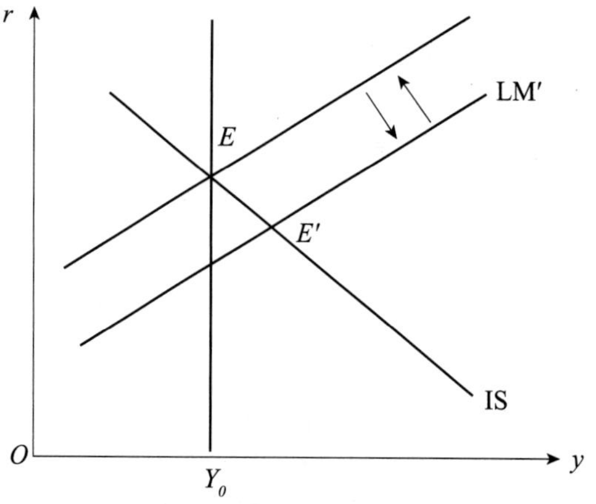

图 9－10 固定汇率制度下资本完全不流动时的小国货币政策效应

2. 固定汇率制度下,资本不完全流动时的小国货币政策效应

这可以分三种情形讨论:BP 曲线的斜率大于 LM 曲线的斜率;BP 曲线的斜率等于 LM 曲线的斜率;BP 曲线的斜率小于 LM 曲线的斜率。这里以第三种情形为例进行分析,其他两种情形请读者自行画图分析。如图 9－11 所示,扩张性的货币政策使 LM 曲线向右移动到 LM′。在 LM′曲线与 IS 曲线的交点 E',国民收入水平提高,利率下降。因为 E'点位于 BP 曲线的右侧,所以国际收支处于逆差状态,本币有较大的贬值压力。政府为了维持固定汇率制度、化解本币贬值的压力,于是在外汇市场上抛售外汇、购进本币,这导致本国货币供应量减少,造成 LM′曲线又向左移到 LM 的水平。由此可见,在固定汇率制度和资本不完全流动的情形下,货币政策短期有效但长期无效;经济中其他变量均与货币扩张前的状况相同,但中央银行基础货币的构成发生变化——外汇储备降低了。

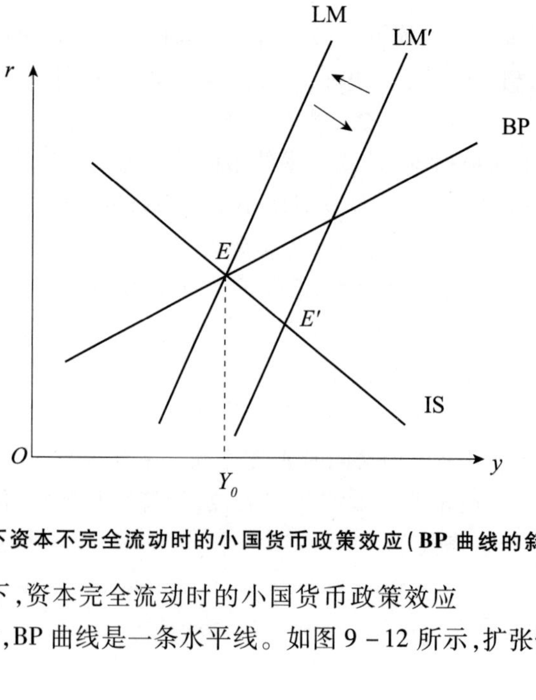

图 9－11 固定汇率制度下资本不完全流动时的小国货币政策效应(BP 曲线的斜率小于 LM 曲线的斜率)

3. 固定汇率制度下,资本完全流动时的小国货币政策效应

当资本完全流动时,BP 曲线是一条水平线。如图 9－12 所示,扩张性的货币政策使 LM 曲

线向右移动到 LM′。在 LM′曲线与 IS 曲线的交点 E'，国民收入水平提高，利率下降。由于国际资本流动对利率高度敏感，因此本国利率微小的下降都会导致资金迅速流出本国，致使国际收支处于逆差状态，本币有贬值压力。政府为了维持固定汇率制度、化解本币贬值的压力，于是在外汇市场上抛售外汇、购进本币，这导致本国货币供应量减少，造成 LM′曲线迅速向左移到 LM 的水平。由此可见，在固定汇率制度和资本完全流动的情形下，货币政策在短期内是无效的(因为在 E'点的均衡时间极其短暂)；但中央银行基础货币的构成发生变化——外汇储备降低了。

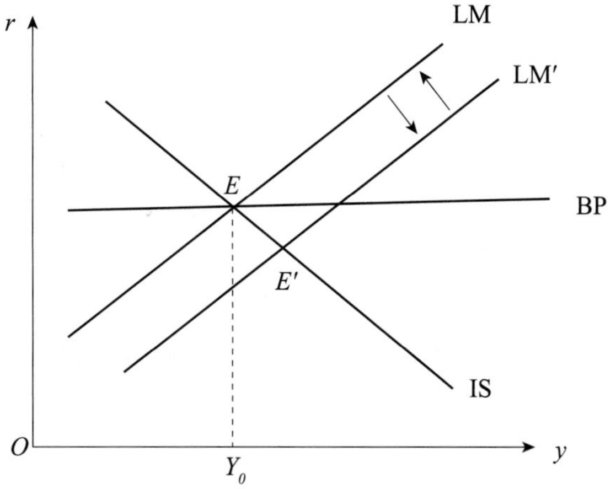

图 9－12　固定汇率制度下资本完全流动时的小国货币政策效应

综上所述，在固定汇率制度下，扩张性的货币政策在短期内能降低利率和增加国民收入，但在长期货币政策都是无效的；特别是在资本完全流动的情形下，即便在短期内，货币政策也不能发挥作用。

二、浮动汇率制度下，小国财政政策和货币政策的效应

在浮动汇率制度下，研究财政政策和货币政策的分析方法与固定汇率制度下相比有很大的不同，这体现在以下两方面：第一，汇率调节机制成为经济的主要调节机制之一；第二，假定货币贬值能改善一国的贸易收支，提高国民收入水平，即要求马歇尔-勒纳条件成立且边际吸收倾向小于 1。这表现在图形上就是，货币贬值能使 BP 曲线与 IS 曲线右移；反之，若货币升值则会恶化贸易收支，降低国民收入水平，使 BP 曲线与 IS 曲线左移。下面分析在浮动汇率制度下，不同资本流动状况下财政政策和货币政策的效应。

(一) 浮动汇率制度下，不同资本流动状况下的小国财政政策效应

1. 浮动汇率制度下，资本完全不流动时的小国财政政策效应

以政府的扩张性财政政策为例进行分析。当资本完全不流动时，BP 曲线垂直于横轴。如图 9－13 所示，假设经济最初均衡于 E 点，此时对应的国民收入水平 Y_0并不是充分就业时的国民收入水平 Y_f，于是政府采取扩张性的财政政策，IS 曲线向右移动到 IS′。在 IS′曲线与 LM 曲线的交点 E'，国民收入水平提高，利率上升，但因为 E'点位于 BP 曲线的右侧，国际收支处于逆差状态，所以本币会贬值。而本币的贬值，一方面，因改善贸易差额($X-M$ 变大)而提高了总需求水平($C+I+G+X-M$ 增加)，这会使 IS′曲线继续向右移动到 IS″；另一方面，会使 BP 曲线向右移动到 BP′处。在 E''点，三个市场又同时实现均衡，与最初的均衡点 E

相比,国民收入水平提高,利率水平也提高了。由此可见,在浮动汇率制度和资本完全不流动的情形下,财政政策是比较有效的。

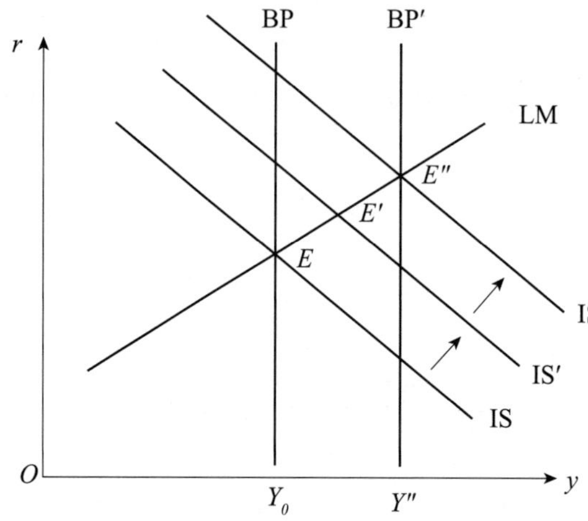

图 9-13　浮动汇率制度下资本完全不流动时的小国财政政策效应

2. 浮动汇率制度下,资本不完全流动时的小国财政政策效应

（1）BP 曲线的斜率大于 LM 曲线的斜率。如图 9-14 所示,当政府采取扩张性的财政政策时,IS 曲线移动到 IS′。在 IS′曲线与 LM 曲线的交点 *E*′处,国民收入水平提高,利率也上升,但因为 *E*′点位于 BP 曲线的右侧,国际收支处于逆差状态,所以本币会贬值。本币的贬值,一方面会使 IS′曲线继续向右移动到 IS″;另一方面会使 BP 曲线向右移动到 BP′处。在 *E*″点,三个市场又同时实现均衡,与最初的均衡点 *E* 相比,国民收入水平提高,利率水平也提高了。由此可见,财政政策是有效的。

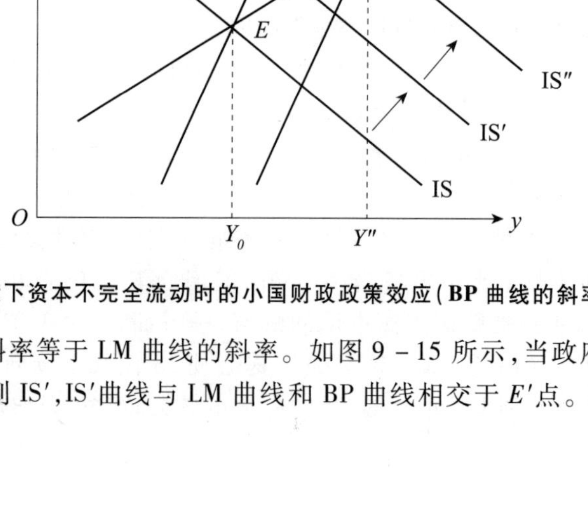

图 9-14　浮动汇率制度下资本不完全流动时的小国财政政策效应(BP 曲线的斜率大于 LM 曲线的斜率)

（2）BP 曲线的斜率等于 LM 曲线的斜率。如图 9-15 所示,当政府采取扩张性的财政政策时,IS 曲线移动到 IS′,IS′曲线与 LM 曲线和 BP 曲线相交于 *E*′点。在交点 *E*′处,三个市

场又同时实现均衡,与最初的均衡点 E 相比,国民收入水平提高,利率水平也提高了。此时,财政政策是有效的。

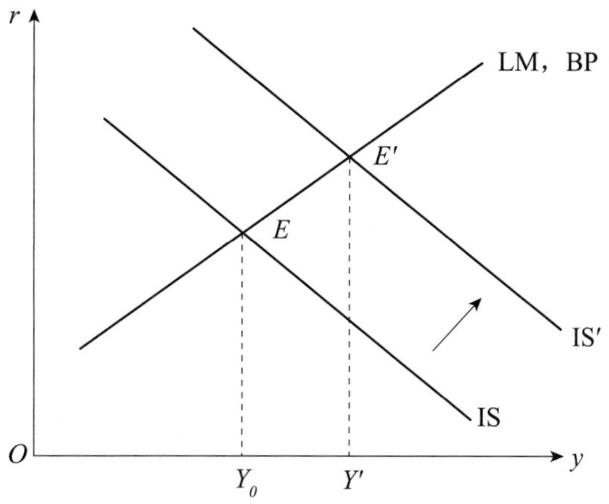

图9-15 浮动汇率制度下资本不完全流动时的小国财政政策效应(BP曲线的斜率等于LM曲线的斜率)

(3) BP曲线的斜率小于LM曲线的斜率。如图9-16所示,当政府采取扩张性的财政政策时,IS曲线移动到IS′,与LM曲线相交于 E' 点。在 E' 点处,国民收入水平提高,利率也上升,但因为 E' 点位于BP曲线的左侧,国际收支处于顺差状态,所以本币会升值。而本币的升值,一方面,因恶化贸易差额($X-M$ 变小)使总需求水平下降($C+I+G+X-M$ 下降),会使IS′曲线继续向左移动到IS″;另一方面,会使BP曲线向左移动到BP′处。在 E'' 点,三个市场又同时实现均衡,与最初的均衡点 E 相比,国民收入水平提高,利率水平也提高了。由此可见,如果财政政策的扩张最终使货币升值,则扩张的效果会受到升值效果的抵消,此时的财政政策仅有一定的效果。

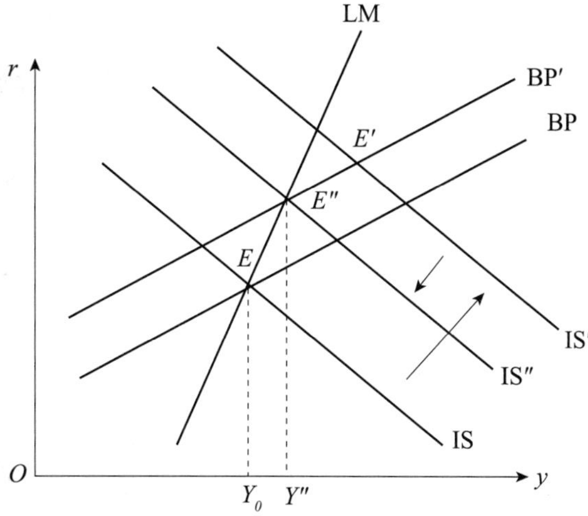

图9-16 浮动汇率制度下资本不完全流动时的小国财政政策效应(BP曲线的斜率小于LM曲线的斜率)

3. 浮动汇率制度下,资本完全流动时的小国财政政策效应

当资本完全流动时,BP曲线是一条水平线。如图9-17所示,假设经济最初均衡于 E

点,当政府采取扩张性的财政政策时,IS 曲线移动到 IS′。在 IS′曲线与 LM 曲线的交点 E' 处,国民收入水平提高,利率也上升,但因为 E'点位于 BP 曲线的左侧,所以国际收支处于顺差状态,本币会升值。而本币的升值会推动 IS′曲线左移,直到返回原有位置。由此可见,在浮动汇率制度和资本完全流动的情形下,财政政策是完全无效的。

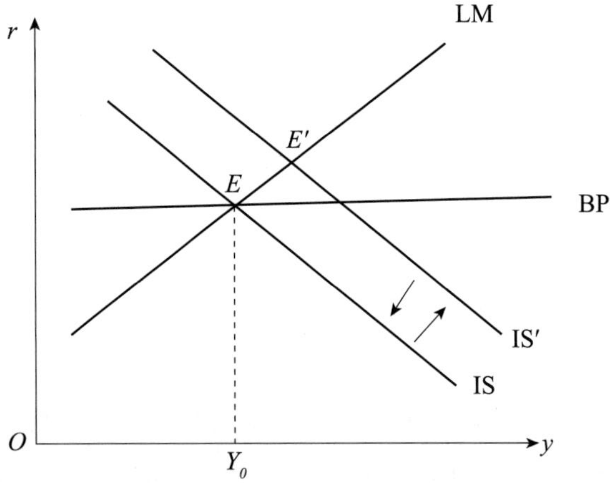

图 9－17　浮动汇率制度下资本完全流动时的小国财政政策效应

综上所述,在浮动汇率制度下,财政政策的效果与国际资本流动对利率的敏感度有关。BP 曲线越陡峭,财政政策的效果越强;反之,则越弱。在资本完全不流动时,财政政策实施后,得到的货币贬值效应达到最大,故财政政策效果也达到最好的状态;在资本完全流动时,财政政策实施的效果被货币升值的效应完全抵消,故财政政策是无效的。

(二) 浮动汇率制度下,不同资本流动状况下的小国货币政策效应

以中央银行实行扩张性货币政策为例。当中央银行增加货币供应量时,LM 曲线向右移动,此时国民收入提高了,利率降低了。国民收入的提高会使进口增加,从而经常账户恶化;而利率的下降会使资本流出,从而资本与金融账户也恶化。因此,此时国际收支状况处于赤字状态,本币会贬值。下面根据 BP 曲线斜率的不同分别进行分析。

1. 浮动汇率制度下,资本完全不流动时的小国货币政策效应

当资本完全不流动时,BP 曲线垂直于横轴。如图 9－18 所示,假设经济最初均衡于 E 点,此时对应的国民收入水平 Y_0并不是充分就业时的国民收入水平 Y_f,于是政府采取扩张性的货币政策,LM 曲线向右移动到 LM′。在 LM′曲线与 IS 曲线的交点 E',国民收入水平提高,利率下降。因为 E'点位于 BP 曲线的右侧,所以国际收支处于逆差状态,本币贬值。而本币的贬值,一方面,因改善贸易差额($X-M$ 变大)而增加了总需求水平($C+I+G+X-M$ 增加),这会使 IS 曲线继续向右移动到 IS′;另一方面,会使 BP 曲线向右移动到 BP′处。在 E'' 点,三个市场又同时实现均衡。在新的均衡点 E''上,汇率贬值导致收入水平不仅高于期初水平,而且高于封闭条件下的收入提高水平(从 E 点到 E'点的收入提高水平),这说明此时的货币政策是比较有效的。

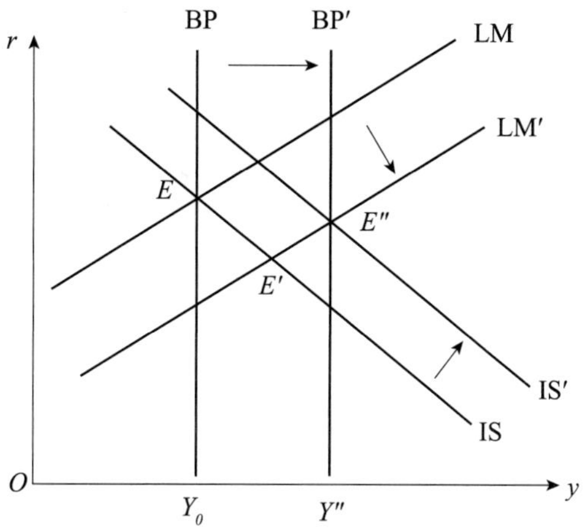

图 9 – 18　浮动汇率制度下资本完全不流动时的小国货币政策效应

2. 浮动汇率制度下，资本不完全流动时的小国货币政策效应

这可以分三种情形讨论：BP 曲线的斜率大于 LM 曲线的斜率；BP 曲线的斜率等于 LM 曲线的斜率；BP 曲线的斜率小于 LM 曲线的斜率。这里以第三种情形为例进行分析，其他两种情形请读者自行画图分析。如图 9 – 19 所示，扩张性的货币政策使 LM 曲线向右移动到 LM′。在 LM′曲线与 IS 曲线的交点 *E*′，国民收入水平提高，利率下降。因为 *E*′点位于 BP 曲线的右侧，所以国际收支处于逆差状态，本币贬值。本币的贬值，使 IS 曲线向右移动到 IS′，使 BP 曲线向右移动到 BP′。在 *E*″点，三个市场又同时实现均衡，收入水平比期初水平有较大的提高，说明此时的货币政策是比较有效的。

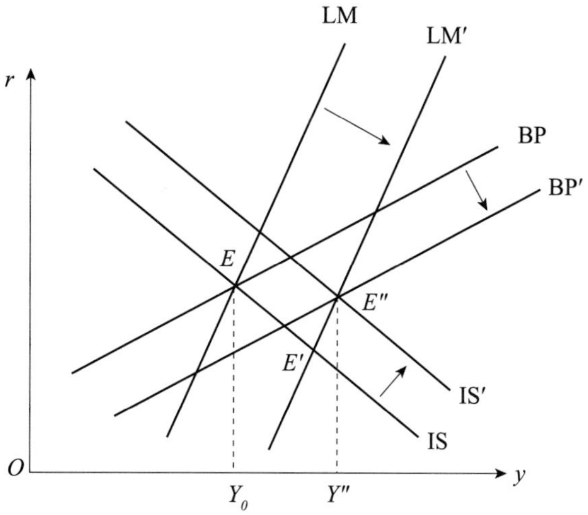

图 9 – 19　浮动汇率制度下资本不完全流动时的小国货币政策效应（BP 曲线的斜率小于 LM 曲线的斜率）

3. 浮动汇率制度下，资本完全流动时的小国货币政策效应

当资本完全流动时，BP 曲线是一条水平线。如图 9 – 20 所示，扩张性的货币政策使 LM 曲线向右移动到 LM′。在 LM′曲线与 IS 曲线的交点 *E*′，国民收入水平提高，利率下降。由于国际资本流动对利率高度敏感，因此本国利率微小的下降会导致资金迅速流出本国，这立即

造成本币贬值,引起 IS 曲线向右移动到 IS′,直到三条曲线重新均衡于 E''点。在新的均衡点上,收入增加、利率不变,说明此时的货币政策是完全有效的。

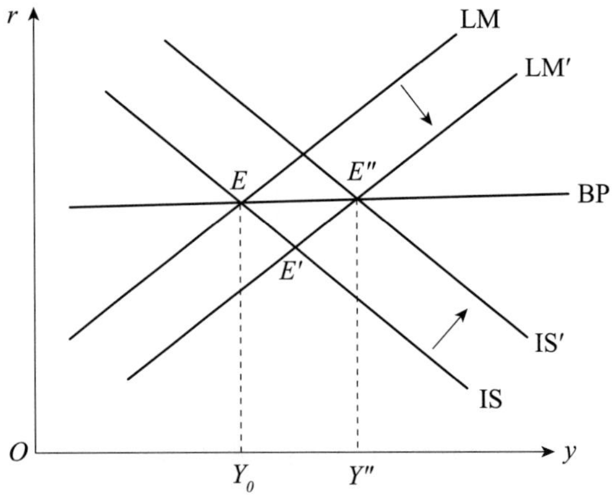

图 9－20 浮动汇率制度下资本完全流动时的小国货币政策效应

综上所述,在浮动汇率制度下,扩张性的货币政策会使货币贬值的政策效应放大,说明单独执行货币政策是强有力的宏观经济调控工具;而且,货币政策的效果不因 BP 曲线的斜率变化而发生较大的差异。这是因为,在完全的浮动汇率条件下,国际收支的状况可以由汇率的波动自动实现平衡,并不影响本国的货币供应量;特别是在资本完全自由流动时,货币政策是完全有效的。资本完全流动情形下的小国模型分析结果如表 9－2 所示。

表 9－2 资本完全流动下小国财政政策与货币政策效应比较

政策类型	固定汇率制度下	浮动汇率制度下
财政政策	财政政策完全有效	财政政策完全无效
货币政策	货币政策完全无效	货币政策完全有效

第四节 蒙代尔-弗莱明模型之大国模型

大国模型假设,大国的财政政策和货币政策不仅能有效地改变本国利率,而且能通过资本输出影响外国利率。尽管在均衡状态下,本国利率仍然与外国利率相等,但重新构建的均衡会导致出现一条新的 BP 曲线。因此,大国的蒙代尔-弗莱明模型得出的结论与小国模型有所不同。下面分析资本完全流动情形下的大国财政政策与货币政策的效应;至于资本完全不流动和资本不完全流动情形下的大国模型,也可以运用类似原理进行分析。

一、固定汇率制度下,资本完全流动下的大国财政政策效应

当资本完全流动时,BP 曲线是一条水平线。如图 9－21 所示,假设经济最初均衡于 E 点,当政府采取扩张性的财政政策时,IS 曲线移动到 IS′。在 IS′曲线与 LM 曲线的交点 E' 处,国民收入水平提高,利率由 i_0上升到 i_1,导致资本流入。资本流入本国,一方面表现为外国资本流出使其货币供给减少、利率上升,从而使本国与外国重建新的由 i_0上升到 i_2的均衡利率及新的 BP′曲线;另一方面导致国际收支出现顺差,本币有较大的升值压力。政府为了

维持固定汇率制度、化解本币升值的压力，于是在外汇市场上抛售本币、购进外汇，如果不采取冲销政策，这会导致本国货币供应量增加，造成 LM 曲线向右移动到 LM′，直到 E''的水平。在 E''点，三个市场又同时实现均衡。由于新的 BP′曲线的位置高于原 BP 曲线，因此国民收入增加的程度不如小国模型大（请读者对比图 9－9 与图 9－21）。也就是说，对实行固定汇率制度的大国来讲，其财政政策的效力不如小国。

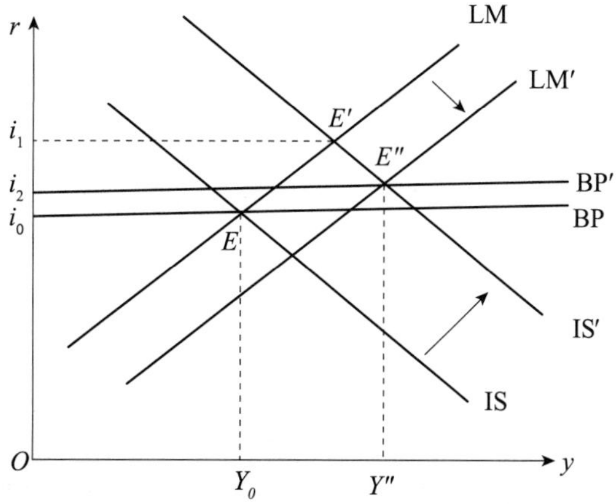

图 9－21　固定汇率制度下资本完全流动时的大国财政政策效应

二、固定汇率制度下，资本完全流动下的大国货币政策效应

如图 9－22 所示，扩张性的货币政策使 LM 曲线向右移动到 LM′。在 LM′曲线与 IS 曲线的交点 E'，国民收入水平提高，利率由 i_0下降到 i_1，导致资本流出。本国资本流出，一方面表现为外国资本流入并使其货币供给增加、利率下降，从而使本国与外国重建新的由 i_0下降到 i_2的均衡利率及新的 BP′曲线；另一方面导致国际收支逆差，本币有较大的贬值压力。政府为了维持固定汇率制度、化解本币贬值的压力，于是在外汇市场上抛售外汇、购进本币，这导致本国货币供应量减少，造成 LM′曲线向左移动到 LM″。在 E''点，三个市场又同时实现均衡。由于 LM 曲线的回移幅度小于小国模型中的幅度（请读者对比图 9－12 与图 9－22），因此对实行固定汇率制度的大国来讲，其货币政策的效力强于小国。

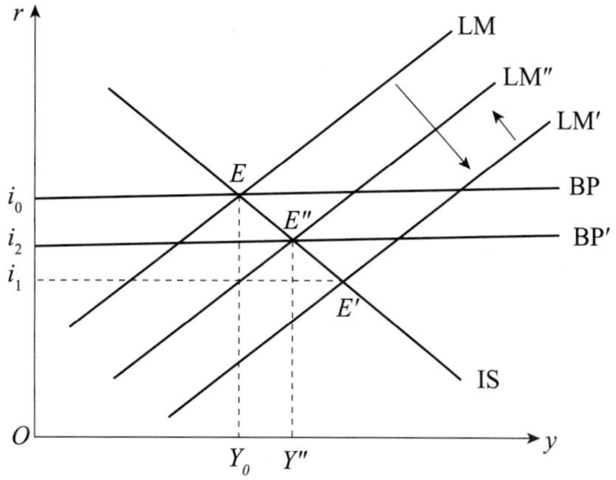

图 9－22　固定汇率制度下资本完全流动时的大国货币政策效应

三、浮动汇率制度下，资本完全流动下的大国财政政策效应

如图 9－23 所示，假设经济最初均衡于 E 点，当政府采取扩张性的财政政策时，IS 曲线移动到 IS′。在 IS′曲线与 LM 曲线的交点 E'处，国民收入水平提高，利率由 i_0 上升到 i_1，导致资本流入。资本流入本国，一方面表现为外国资本流出并使其货币供给减少、利率上升，从而使本国与外国重建新的由 i_0 上升到 i_2 的均衡利率及新的 BP′曲线；另一方面，导致国际收支出现顺差、本币升值。而本币的升值会抑制出口、刺激进口，导致净出口减少，这使得 IS′线又向左回移至 IS″的位置。在 E''点，三个市场又同时实现均衡。由于 IS 曲线的回移幅度小于小国模型中的幅度（请读者对比图 9－17 与图 9－23），因此对实行浮动汇率制度的大国来讲，其财政政策的效力强于小国。

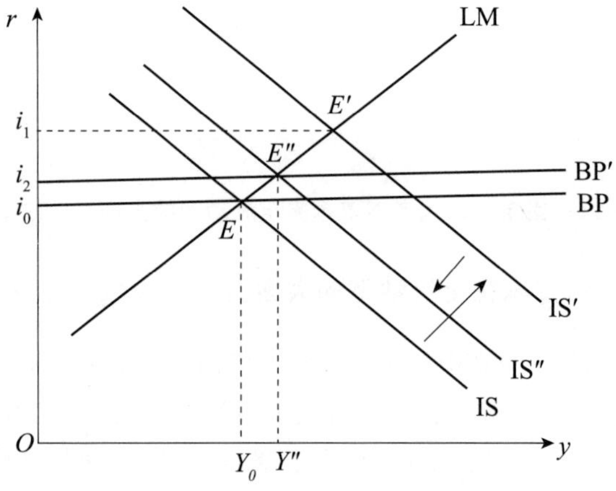

图 9－23　浮动汇率制度下资本完全流动时的大国财政政策效应

四、浮动汇率制度下，资本完全流动下的大国货币政策效应

如图 9－24 所示，扩张性的货币政策使 LM 曲线向右移动到 LM′。在 LM′曲线与 IS 曲线的交点 E'，国民收入水平提高，利率由 i_0下降到 i_1，导致资本流出。本国资本流出，一方面表现为外国资本流入并使其货币供给增加、利率下降，从而使本国与外国重建新的由 i_0下降到 i_2的均衡利率及新的 BP′曲线；另一方面导致国际收支逆差、本币贬值。而本币的贬值会刺激出口、抑制进口，导致净出口增加，这使得 IS 线向右移至 IS′，直到 E''的水平。在 E''点，三个市场又同时实现均衡。由于新的 BP′曲线的位置低于原 BP 曲线，国民收入增加的程度不如小国模型大（请读者对比图 9－20 与图 9－24），因此对实行浮动汇率制度的大国来讲，货币政策的效力不如小国。

将上述大国模型的分析结果总结于表 9－3，并与小国模型进行比较。

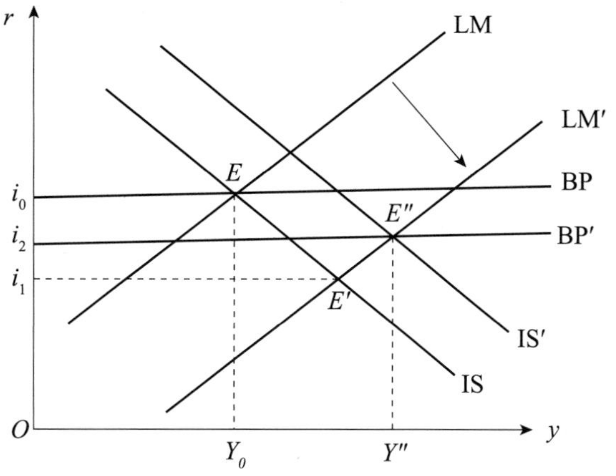

图 9－24　浮动汇率制度下资本完全流动时的大国货币政策效应

表 9－3　资本完全流动下小国与大国财政政策与货币政策效力比较

	固定汇率制度		浮动汇率制度	
政策类型	小国模型	大国模型	小国模型	大国模型
财政政策	财政政策完全有效	财政政策效力较强，但不如小国	财政政策完全无效	财政政策的效力较弱，但强于小国
货币政策	货币政策完全无效	货币政策的效力较弱，但强于小国	货币政策完全有效	货币政策效力较强，但不如小国

第五节　蒙代尔-弗莱明模型之两国模型

两国的蒙代尔-弗莱明模型假设存在着两个相同规模的国家，两国之间的资本能够完全流动，从而宏观经济政策能相互影响。当一国经济内部发生冲击时，根据两国模型，冲击会通过三种机制传导到另一国。

第一，收入机制。当一国国民收入变动时，由于边际进口倾向的存在，会导致该国进口（另一国出口）发生变动，这会通过乘数效应造成另一国国民收入的变动。

第二，利率机制。当一国利率发生变动时，会使资金在国家间流动，造成相应变量（如外汇储备或汇率）的变动，从而对另一国经济产生影响。在资金完全流动的情境下，国际资金流动最终会使得两国利率相同，进而对两国的国内均衡产生影响。

第三，相对价格机制。该机制包含两个方面：一是汇率不变，但一国国内的价格水平发生变动；二是本国名义汇率发生变动。由于实际汇率是由名义汇率和价格水平共同决定的，因此任何一种变动都会引起实际汇率的变动，致使两国商品的国际竞争力发生变化，从而对他国经济产生冲击。

下面分析不同汇率制度下两国财政政策与货币政策的传递效应。为了简化分析，假定两国的物价水平不变，即相对价格机制只有在汇率变动时才有效；只考虑本国变量对外国造成的溢出效应，不考虑外国变量进行调整后又引起本国变量相应地变动的反馈效应；在只有两个国家且资本完全流动的情境下,两国利率相等是国际收支平衡的充要条件。因此,下面的图形分析可以省略 BP 曲线,只要两国最终的利率一致,国际收支就能达到平衡。

一、固定汇率制度下,财政政策效应的传导

假定本国使用扩张性的财政政策,这引起本国的 IS 曲线右移,本国利率上升,国民收入增加,如图 9－25(a)所示。

首先,分析收入机制引起的财政政策效应的传导。本国收入增加引起本国进口增加,即外国的出口增加,外国国民收入增加。一般来说,通过收入机制传递所带来的外国国民收入的增加幅度低于本国因财政扩张而引起的收入增加幅度,在图上表现为 IS_0^* 曲线较小幅度地右移,外国的国民收入与利率也提高了,如图 9－25(b)所示。

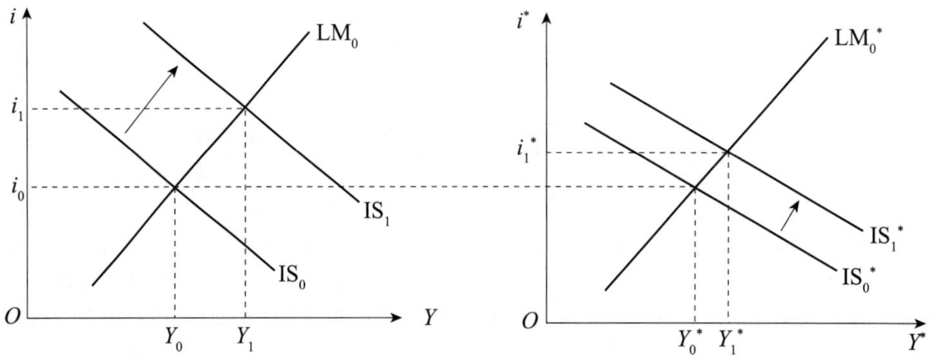

(a) 本国执行财政和政策　　(b) 外国受到冲击

图 9－25　固定汇率制度下财政扩张的收入传导机制

其次,分析利率机制引起的财政政策效应的传导。此时,本国与外国的利率水平都提高了,而且本国利率水平提高得更多。于是,资金从外国流入本国,本国出现国际收支顺差,外国出现国际收支逆差;本币有升值压力,外币有贬值压力。假定两国负有同等的维护固定汇率制度的义务,则两国政府都会在外汇市场上进行干预。本国政府卖出本币、买进外汇,外国政府则买入本币、卖出外汇。于是,本国的货币供给扩张,LM_0曲线右移到 LM_1,本国国民收入从 Y_1增加到 Y_2,本国利率从 i_1 下降到 i_2,如图 9－26(a)所示。① 而外国的货币供给收缩,LM_0^* 曲线左移到 LM_1^*,外国国民收入下降,外国利率水平上升。但是,本国收入从 Y_1 到 Y_2的增加又再一次通过收入机制使外国国民收入有一定的增加,即 IS_1^* 曲线又继续向右移至 IS_2^*,国民收入从 Y_1^* 增加到 Y_2^*,这导致外国利率水平进一步上升,如图 9－26(b)所示。

以上调整过程将一直持续到两国利率水平相等为止。在同等的利率水平 i_2上,本国与外国的收入水平都高于本国财政扩张前的收入水平。

① 图 9－25(a)和图 9－26(a)结合就是大国模型中固定汇率制度下、资本完全流动的财政政策效应,读者可与图 9－21 进行比较。

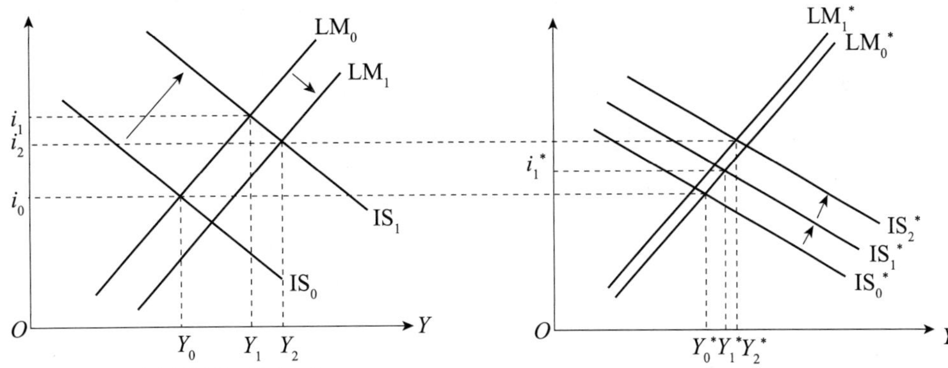

(a) 本国维护固定汇率　　(b) 外国维护固定汇率

图 9－26　固定汇率制度下,财政扩张的收入、利率传导机制

因此,在两国模型中,固定汇率制度下,本国财政政策扩张会导致本国收入增加(效果等同于大国模型中的收入水平,如图 9－21 所示),同时造成外国收入上升,说明国内财政政策对外国经济有正的溢出效应。

二、固定汇率制度下,货币政策效应的传递

假定本国使用扩张性的货币政策,这引起本国的 LM 曲线右移,由 LM_0右移到 LM_1,本国利率下降,国民收入增加,如图 9－27(a)所示。

首先,分析收入机制引起的货币政策效应的传导。本国收入增加引起本国进口增加,即外国的出口增加,外国国民收入增加,在图上表现为外国的 IS_0^* 曲线右移至 IS_1^*,外国的国民收入与利率都提高了,如图 9－27(b)所示。

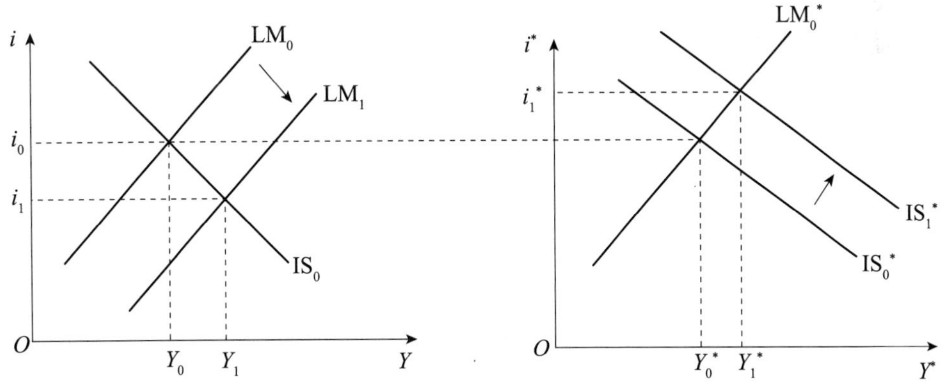

(a)本国执行货币政策　　(b)外国受到冲击

图 9－27　固定汇率制度下,货币扩张的收入传导机制

其次,分析利率机制引起的货币政策效应的传导。本国货币扩张使本国利率水平低于外国利率水平,于是资金从本国流向外国,本国出现国际收支逆差,外国出现国际收支顺差;本币有贬值压力,外币有升值压力。假定两国负有同等的维护固定汇率制度的义务,则两国政府都会在外汇市场上进行干预。本国政府卖出外汇、买进本币,外国政府则卖出本币、买

进外汇。于是，本国的货币供给减少，LM_1线左移到 LM_2，本国国民收入从 Y_1下降到 Y_2，本国利率从 i_1上升到 i_2，如图9－28(a)所示。① 而外国的货币供给增加，LM_0^* 曲线右移到 LM_1^*，外国国民收入增加，外国利率水平下降。但是，本国收入从 Y_1到 Y_2的减少又再一次通过收入机制使外国国民收入有一定的减少，即 IS_1^* 曲线又向左移至 IS_2^*，这导致外国利率水平进一步下降，如图 9－28(b)所示。

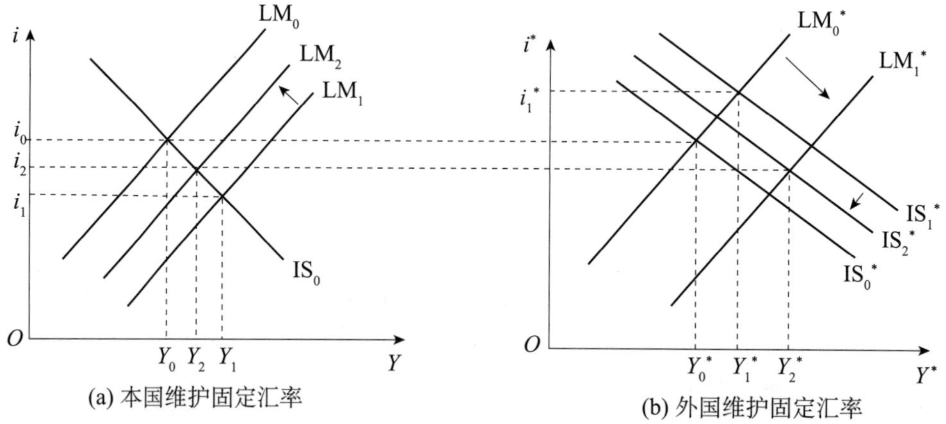

图 9－28　固定汇率制度下，货币扩张的收入、利率传导机制

以上调整过程将一直持续到两国利率水平相等为止。在同等的利率水平 i_2上，本国与外国的收入水平都高于本国货币扩张前的收入水平。

因此，在两国模型中，固定汇率制度下，本国货币政策扩张会导致本国收入增加(效果等同于大国模型中的收入水平，如图 9－22 所示)，同时造成外国收入上升，说明国内货币政策对外国经济有正的溢出效应。

三、浮动汇率制度下，财政政策效应的传导

与固定汇率制度不同，浮动汇率制度下，汇率调节机制发挥作用，经济波动的传导可以通过收入机制、利率机制和相对价格机制(由于假定物价水平不变，因此通过汇率的变化来体现)三条途径进行。

假定本国使用扩张性的财政政策，这引起本国 IS_0曲线右移到 IS_1，本国国民收入增加，本国利率上升，如图 9－29(a)所示。

首先，分析收入机制引起的财政政策效应的传导。本国收入增加引起本国进口增加，即外国的出口增加，外国国民收入一定程度地增加，在图 9－29(b)上表现为 IS_0^* 曲线较小幅度地右移到 IS_1^*。此时，本国与外国的利率水平都提高了，但本国利率水平提高得更多。

其次分析利率机制引起的财政政策效应的传导。由于本国利率高于外国利率，于是资金从外国流入本国，本国出现国际收支顺差；外国出现国际收支逆差，本币升值，外币贬值。

最后，分析相对价格机制引起的财政政策效应的传导。汇率变动使得相对价格机制发

---

① 图 9－27(a)和图 9－28(a)结合起来就是大国模型中固定汇率制度下、资本完全流动的货币政策效应，读者可与图 9－22 进行比较。

生作用。本币升值使本国的净出口下降，IS_1曲线左移到 IS_2的水平，本国均衡利率下降，如图 9－29(a)所示；外币贬值使外国的净出口上升，IS_1^* 曲线右移到 IS_2^*，外国均衡利率上升，如图 9－29(b)所示。以上过程将持续到两国利率水平相等为止，此时的世界利率水平高于期初水平，本国国民收入与外国国民收入较期初增加了。

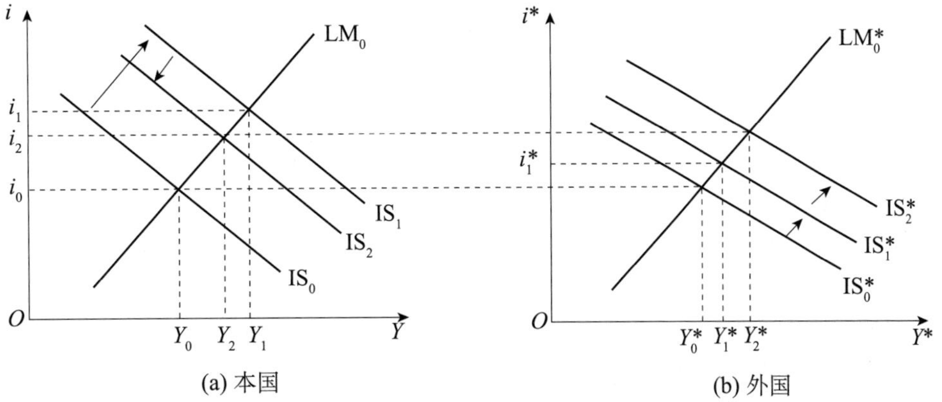

图 9－29　浮动汇率制度下，财政扩张的收入、利率和相对价格传导机制

因此，在两国模型中，浮动汇率制度下，本国财政政策扩张会导致本国收入增加(效果等同于大国模型中的收入水平，如图 9－23 所示)，同时造成外国收入上升，说明国内财政政策对外国经济有正的溢出效应。

四、浮动汇率制度下，货币政策效应的传导

假定本国使用扩张性的货币政策，这引起本国的 LM_0曲线右移到 LM_1，本国国民收入增加，本国利率下降，如图 9－30(a)所示。

首先，分析收入机制引起的货币政策效应的传导。本国收入增加引起本国进口增加，即外国的出口增加，外国国民收入增加，在图上表现为外国的 IS_0^* 曲线右移至 IS_1^*，外国利率水平提高，如图 9－30(b)所示。

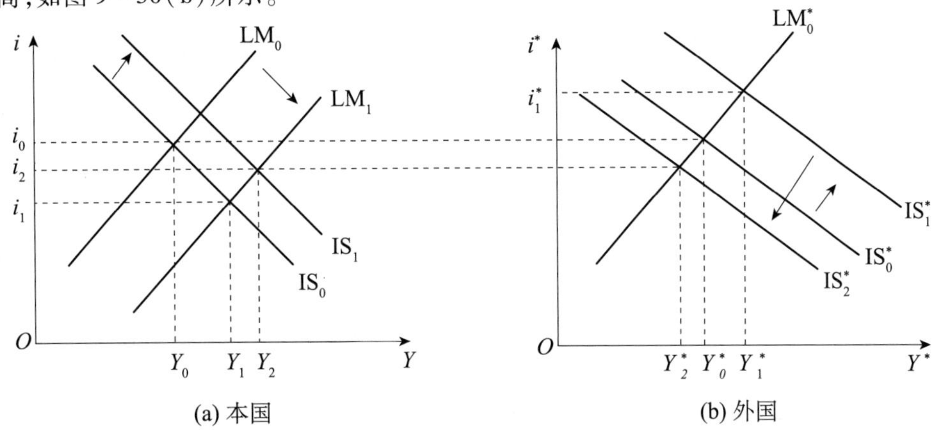

图 9－30　浮动汇率制下，货币扩张的收入、利率和相对价格传导机制

其次,分析利率机制引起的货币政策效应的传导。由于本国利率水平低于外国利率水平,于是资金从本国流向外国,本国出现国际收支逆差,外国出现国际收支顺差;本币贬值,外币升值。

最后,分析相对价格机制引起的货币政策效应的传导。汇率变动使得相对价格机制发生作用。本币贬值使本国的净出口增加,IS_0曲线右移到IS_1的水平,本国均衡利率上升,如图9－30(a)所示;外币升值使外国的净出口下降,IS_1^*曲线左移到IS_2^*,外国均衡利率下降,如图9－30(b)所示。以上过程将持续到两国利率水平相等为止,此时的世界利率水平低于期初水平,本国国民收入较期初增加,但外国国民收入较期初下降。

因此,在两国模型中,浮动汇率制度下,本国货币政策扩张会导致本国收入增加(效果等同于大国模型中的收入水平,如图9－24所示),但造成外国收入下降,说明国内货币政策对外国经济有负的溢出效应。这一现象的原因在于:本国收入增加虽然能通过收入机制使外国国民收入增加,但本国利率的下降通过利率机制使本币贬值、外币升值,而这又通过相对价格机制使外国国民收入更大程度地下降。这是一种"以邻为壑效应"(beggar-the-neighbor effect),即一国实施的政策有利于本国经济却恶化了他国经济。

将上述两国模型的分析结果总结于表9－4,并与小国模型、大国模型进行比较。

表9－4　资本完全流动下小国、大国、两国模型财政政策与货币政策效力比较

政策	固定汇率制度			浮动汇率制度		
类型	小国模型	大国模型	两国模型	小国模型	大国模型	两国模型
财政政策	财政政策完全有效	财政政策效力较强,但不如小国	本国财政政策效力较强,对外国具有正的溢出效应	财政政策完全无效	财政政策的效力较弱,但强于小国	本国财政政策效力较弱,对外国具有正的溢出效应
货币政策	货币政策完全无效	货币政策效力较弱,但强于小国	本国货币政策效力较弱,对外国具有正的溢出效应	货币政策完全有效	货币政策效力较强,但不如小国	本国货币政策效力较强,对外国具有负的溢出效应

第六节　蒙代尔-弗莱明模型的评价与政策启示

一、对蒙代尔-弗莱明模型的评价

蒙代尔-弗莱明模型是开放经济条件下制定宏观经济政策最重要的理论依据之一,其最大的贡献在于分析了资本是否自由流动,以及不同的汇率制度对一国宏观经济政策有效性的影响。但是,该模型也有一定的局限性,主要表现在以下五方面:

(1)模型假定马歇尔-勒纳条件成立,但蒙代尔-弗莱明模型是一个短期模型,在短期内马歇尔-勒纳条件很难成立。

(2)模型假定总供给是一条水平线,产出完全由总需求决定,因此价格水平不变,这忽略了供给因素对经济的影响。

(3)模型忽略了存量与流量的相互作用。模型认为,经常账户的逆差可以由资本账户的顺差弥补，但实际上长期的资本流入意味着本国对其他国家负债存量的增加，而利息的支付必然导致将来经常项目的恶化。

（4）模型认为利率是决定国际资本流动的唯一因素，但实际上资产组合投资中的风险和收益等因素会共同决定资本的存量调整，从而引起国际间的资本流动。

（5）模型忽略了私人部门和政府部门的预算约束，但实际上具有远见的私人部门在政府增加支出时就会意识到政府将增加税收以平衡预算，因而私人部门会相应地增加储蓄，这损害了政府财政政策的有效性。

二、蒙代尔-弗莱明模型的政策启示：三元悖论

三元悖论（the impossible trinity）又称“三难选择”“蒙代尔不可能三角”，是由美国经济学家保罗·克鲁格曼在蒙代尔-弗莱明模型的基础上提出的，其含义是：本国（地区）货币政策的独立性、汇率的稳定性、资本的自由流动不能同时实现，最多只能同时满足两个目标而放弃另外一个目标。三元悖论原则如图 9－31 所示。

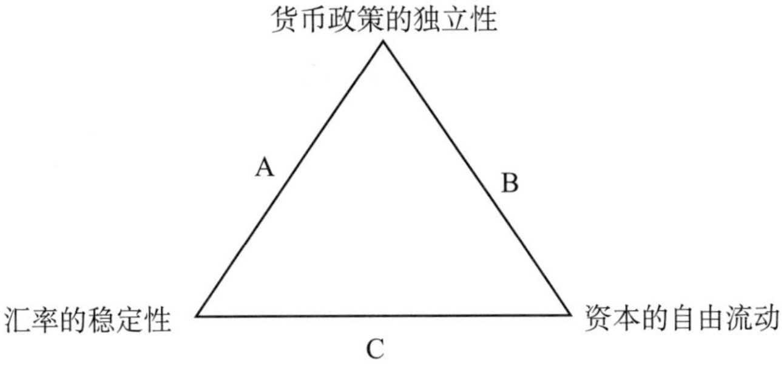

图 9－31　三元悖论

在图 9－31 中，A 区选择了货币政策的独立性和汇率的稳定性，但放弃了资本的自由流动，中国内地在 2005 年人民币汇率制度改革之前就是这种模式；B 区选择了货币政策的独立性和资本的自由流动，但牺牲了汇率的稳定性，即实行自由浮动的汇率制度，这是美国等发达国家选择的模式；C 区选择了汇率的稳定性和资本的自由流动，但放弃了货币政策的独立性，中国香港的货币局制度就是这种模式的代表。

在 1944—1973 年的布雷顿森林体系中，各国（地区）“货币政策的独立性”和“汇率的稳定性”得到实现，但“资本流动”受到严格限制。1973 年以后，“货币政策的独立性”和“资本的自由流动”得以实现，但“汇率的稳定性”不复存在。日本 1985 年之前是独立的货币政策和稳定的汇率，限制资本的充分流动；1985 年《广场协议》之后，则实行独立的货币政策和资本的自由流动，放弃汇率的稳定性。中国香港、新加坡则是放弃货币政策的独立性以获取资本的自由流动和汇率的稳定性。如果三者都想实现，就会像 1998 年亚洲金融危机时的泰国，最终陷入混乱。

知识拓展

货币政策、资本流动与汇率稳定“三元悖论”的修正及其检验

三元悖论被认为是从历史中提炼出的经验总结和对国际货币体系演变历程的理论归

纳,但该理论是高度抽象的,只考虑了极端的情形,并没有论及中间情形。Frankel(1999)指出,在全球经济一体化的趋势下,资本开放度将越来越高,根据三元悖论理论,一国将不得不放弃汇率的稳定性或者货币政策的独立性;但是,这并不意味着一国不可以在货币政策独立和汇率稳定两个目标上各放弃一半,从而实现一半的货币政策独立和一半的汇率稳定,即中间解。易纲和汤弦(2001)扩展了三元悖论研究中间解的理论框架,提出了 $X+Y+M=2$ 公式,三个变量分别表示汇率稳定性、货币政策独立性和资本流动性的大小,标准化后的取值范围为[0,1],将三元悖论形式化。李成和李勇(2009)结合该公式,利用数学模型从理论角度证明一国在资本流动的情形下,汇率政策和货币政策组合的最优解为中间解。

2007 年次贷危机爆发后,众多学者进行了实证研究,主要成果以 Aizenman 等(2008)构造的政策目标指数较为突出。他们计算了 170 个国家 1970 — 2007 年的"货币政策独立性指数""汇率稳定性指数"和"资本开放度指数"。Aizenman 等(2010)继续沿用 2008 年提出的政策目标指数,探讨了 1971—2006 年发展中国家政策目标的选择对其产出波动率、通货膨胀率的影响。Aizenman 等(2010)观察了自 20 世纪 70 年代以来的"悖论指数"的变化状况,假设了三个指数之间的线性相关性,认为某一个指数的变化会引致其他两个指数的加权平均值发生相反的变化,即一个政策目标权重的提高必然会导致另两个政策目标权重的降低。

本文认为,三元悖论中三者线性关系的假设是不全面的,货币政策独立、资本自由流动、固定汇率三个政策目标之间的关系是非线性的,其本身存在发展逻辑且具有方向性,违背发展规律可能造成经济发展紊乱;政策目标间的边际替代率并非恒等于 1,而是随着两个政策目标相对水平变化而变化的;新兴经济体的实践经验表明,三元悖论中三元总效用至多为 2 的约束可以被突破。

资料来源:邹新月、扈震,"货币政策、资本流动与汇率稳定'三元悖论'的修正及其检验",《金融论坛》,2015 年第 9 期。

本章小结

1. 在开放经济中,有效调节内部均衡与外部均衡的政策主要是支出增减型政策和支出转换型政策。斯旺模型说明,只使用一种政策工具来实现内部均衡和外部均衡这两大目标是很难做到的。

2. 丁伯根法则指出,实现 n 种目标需要有 n 种相互独立的有效的、政策工具。根据丁伯根法则,当一国实行浮动汇率制度时,可以用财政政策与货币政策完成内部均衡目标,用汇率的变动完成外部均衡目标。而当一国实行固定汇率制度时,由于难以运用汇率的变动作为政策工具调节外部均衡,因此只能使用支出增减型政策,以同时完成内部均衡和外部均衡的目标;但财政政策和货币政策有时不能同时完成两个目标,从而出现"米德冲突"。然而,蒙代尔提出"有效市场分类原则",认为在固定汇率制度下,对财政政策和货币政策进行适当的搭配,也能同时实现内部均衡和外部均衡,应该将每一种政策实施在它最有影响力的目标上,把财政政策分派给内部均衡目标,把货币政策分派给外部均衡目标。

3. 在开放经济条件下,IS 曲线代表产品市场的均衡,LM 曲线代表货币市场的均衡,BP 曲线则代表国际收支的平衡。三条曲线的交点反映的是内部均衡与外部均衡同时得以实现的状态。

4. 在蒙代尔-弗莱明小国模型中:固定汇率制度下,财政政策效力随着国际资本流动性的增大而提高,在资本完全自由流动时,财政政策完全有效;固定汇率制度下,扩张性的货币政策在短期内能降低利率和增加国民收入,但在长期内货币政策都是无效的。在资本完全自由流动的情形下,即便在短期内,货币政策也不能发挥作用。浮动汇率制度下,财政政策的效力随着国际资本流动性的增大而下降,在资本完全自由流动时,财政政策完全无效;浮动汇率制度下,扩张性的货币政策效力不因 BP 曲线斜率的变化而发生较大的差异,在资本完全自由流动时,货币政策完全有效。

5. 在蒙代尔-弗莱明的大国模型中:在资本完全自由流动的情形下,固定汇率制度下的财政政策效力较强,但不如小国;固定汇率制度下的货币政策效力较弱,但强于小国。浮动汇率制度下的财政政策效力较弱,但强于小国;浮动汇率制度下的货币政策效力较强,但不如小国。

6. 在蒙代尔-弗莱明的两国模型中:在资本完全自由流动的情形下,固定汇率制度下的本国财政政策效力较强,对外国具有正的溢出效应;固定汇率制度下的本国货币政策效力较弱,对外国具有正的溢出效应。浮动汇率制度下的本国财政政策效力较弱,对外国具有正的溢出效应;浮动汇率制度下的本国货币政策效力较强,对外国具有负的溢出效应。

7. 三元悖论表明,本国货币政策的独立性、汇率的稳定性、资本的自由流动性不能同时实现,最多只能同时满足两个目标而放弃另外一个目标。

思考题

1. 内部均衡与外部均衡的基本含义是什么?
2. 解释丁伯根法则和米德冲突。
3. 蒙代尔的有效市场分类原则的主要内容是什么?
4. 请用 IS-LM-BP 模型,分析小型开放经济国家,在固定汇率制度和不同资本流动情境下财政政策的效应。
5. 请用 IS-LM-BP 模型,分析小型开放经济国家,在浮动汇率制度和不同资本流动情境下货币政策的效应。
6. 请利用蒙代尔-弗莱明的两国模型,分析浮动汇率制度下本国货币扩张和财政扩张的效果(只考虑溢出效应,不考虑反馈效应)。
7. 什么是三元悖论?对中国有什么启示?

参考文献

1. 马君潞、陈平、范小云:《国际金融》,高等教育出版社,2011。
2. 吕随启、王曙光、宋芳秀:《国际金融教程》(第三版),北京大学出版社,2013。
3. 姜波克:《国际金融新编》(第四版),复旦大学出版社,2011。
4. 刘园:《国际金融学》,机械工业出版社,2014。
5. 邹新月、扈震:"货币政策、资本流动与汇率稳定'三元悖论'的修正及其检验",《金融论坛》,2015 年第 9 期。
6. 张明:"政策搭配如何应对中国米德冲突",《金融博览》,2013 年第 7 期。

第十章

国际储备管理

本章要点

国际储备管理是国际金融问题研究的重要领域。在本章中,我们将阐述国际储备的概念、特征、构成、来源与作用,分析国际储备的规模管理和结构管理的主要内容与方法,介绍我国黄金储备管理和外汇储备管理的历程与现状等内容。

学习目标

- 熟悉国际储备的作用,国际储备体系的演变,我国黄金储备和外汇储备的积累趋势及其相应的管理措施。
- 理解国际储备的构成与来源,影响一国国际储备需求的主要因素,国际储备结构管理的主要原则,我国高额外汇储备的积极作用和负面影响。
- 掌握国际储备的概念与特征,国际储备规模管理的主要指标和方法,国际储备结构管理的主要内容。

第一节 国际储备概述

国际储备是国际收支平衡表中的一个主要项目,它是衡量一国对外金融和经济实力的一个重要标志,对调节国际收支、保证国家对外支付能力和资信、维持本币汇率稳定起着重要的作用。

一、国际储备的概念与特征

（一）国际储备的概念

国际储备(international reserves)又称官方储备,是指一国货币当局为了平衡国际收支、维持汇率稳定,以及用于其他意外支付而集中持有的一切国际流动资产。

国际储备的定义有广义和狭义之分,通常所讲的国际储备是狭义的国际储备,即自有储备。在经济文献中,常常出现国际清偿能力(international liquidity)的概念。国际清偿能力是广义的国际储备,是指一国政府干预外汇市场的总体能力,包括自有储备和借入储备。一国的国际清偿能力,除包括该国货币当局持有的各种形式的国际储备能力(自有储备)之外,还包括该国在国外筹措资金的能力,即向外国政府或中央银行、国际金融组织和商业银行借款的能力。决定国际清偿能力大小的因素包括:(1)现有国际储备规模;(2)从国际金融机构和国际金融市场体系借款的能力;(3)本国商业银行持有的外汇资产等。

（二）国际储备的特征

国际储备具有以下典型特征:

(1)官方持有性。作为国际储备的资产必须是中央货币当局直接掌握并予以使用的,非官方金融机构、企业和私人持有的黄金、外汇等资产,不能算作国际储备。

(2)自由兑换性。作为国际储备的资产必须可以自由地与其他金融资产相交换。缺乏自由兑换性,储备资产的价值就无法实现,这种储备资产在国际上就不能被普遍接受,也就无法被用于弥补国际收支逆差及发挥其他作用。

(3)充分流动性。作为国际储备的资产必须是能够随时动用的资产,如存放在银行里的活期外汇存款、有价证券等。当一国国际收支失衡或汇率波动过大时,就可以动用这些资产,以平衡国际收支或干预外汇市场,维持本国货币汇率的稳定。

(4)普遍接受性。作为国际储备的资产必须能够为世界各国所普遍认同与接受、使用。如果一种金融资产仅在小范围或区域内被接受、使用,那么尽管它具备可兑换性和充分流动性,但仍不能成为国际储备资产。

二、国际储备的构成与来源

（一）国际储备的构成

1. 黄金储备

黄金储备(gold reserve)是指一国官方持有的货币黄金。在国际金本位制度下,国际储备资产的90%以上是黄金;在布雷顿森林体系时期,黄金占国际储备总额的比例在50%以上;随着布雷顿森林体系的瓦解,黄金在世界总储量中的比重明显下降,但黄金在国际货币体系中仍具有重要影响,各国都持有一定量的黄金储备。

黄金作为储备资产的作用明显减弱,主要有以下四方面的原因:(1)受自然条件的限制,黄金的生产量有限,在私人储藏和工业用量不断增长的情形下,作为国际储备资产的黄金数量已不能满足日益发展的国际贸易和国际投资的需求;(2)国际货币基金组织人为地降低黄金在货币体系中的作用,1976年的《牙买加协定》废除了国际货币体系的黄金条款,取消黄金官价,允许成员国在黄金市场自由买卖黄金,取消了黄金的货币作用,使黄金成为了普通商品;(3)黄金作为国际储备资产有着自身的局限性,黄金本身不能生息,但保管和运输费用高昂;(4)黄金不能直接作为流通手段和支付手段使用,须将黄金换取外汇后才能用于兑换支付。

1978 年 4 月 1 日生效的《国际货币基金协定》修正案规定黄金“非币化”,黄金作为货币的作用趋于淡化;但黄金作为一般财富的社会化身,可以较容易地转化为任何所需的支付手段,所以它仍是国际储备的重要形式。

2. 外汇储备

外汇储备(foreign exchange reserve)是指一国货币当局持有的流动性较强的自由外汇资产,它是当今国际储备中的主体。

一国货币能否成为储备货币必须符合以下条件:(1)为可兑换货币,不受任何限制而随时可与其他货币相兑换;(2)在国际货币体系中占有重要的地位,被各国普遍接受,能随时转换成其他国家的购买力或偿付国际债务;(3)其汇率或货币购买力相对稳定,即国际社会对该货币的稳定性有信心,愿意接受与持有该种货币作为国际经济活动的支付媒介和流通手段;(4)供给数量能够与国际贸易、国际投资及世界经济的发展相适应。

第二次世界大战前,英镑曾长期是世界各国主要的储备货币;战后,美元取代英镑成为主要的储备货币;20 世纪 70 年代以来,德国马克、瑞士法郎、法国法郎和日元也成为重要的储备货币;进入 21 世纪,储备货币更加多元化,欧元也成为重要的储备货币。

3. 在国际货币基金组织的储备头寸

国际货币基金组织的成员国必须向国际货币基金组织缴纳份额,该份额的 25% 要用黄金、外汇或特别提款权认购,其余的 75% 用本币认购。

当成员国发生国际收支困难时,可按其所缴纳份额的 125% 申请普通贷款,这一权利被称为“普通提款权”(General Drawing Rights, GDR)。贷款可分 25% 档、50% 档、75% 档、100% 档和 125% 档。其中,25% 档贷款又称“储备档贷款”或“黄金档贷款”,这一档贷款是无条件的,在使用时不须国际货币基金组织批准,成员国随时可以用本国货币购买;而后四档贷款称为“信用档贷款”,贷款是有条件的,档次越高,所要求的贷款条件越严格。

对货币不可兑换的国家来说,在国际货币基金组织的储备头寸(reserve position)是指该国在国际货币基金组织的储备档贷款,即储备档头寸。

对货币可兑换的国家来说,在国际货币基金组织的储备头寸包括两部分:一是指该国在国际货币基金组织的储备档贷款;二是债权头寸,国际货币基金组织对某一成员国的贷款是向其提供另一成员国的可自由兑换货币。这样一来,获得贷款的国家对国际货币基金组织形成了债务,而自由兑换货币的提供国则对国际货币基金组织形成了债权头寸,该国对国际货币基金组织的债权可以无条件提取使用。

4. 特别提款权

特别提款权(special drawing rights)是 1969 年国际货币基金组织为了解决国际储备资产不足的问题而创设的一种新的国际储备资产,它是国际货币基金组织分配给成员国的一种使用资金的权利。成员国可以用特别提款权向国际货币基金组织换取可兑换货币进行国际支付，或直接用于偿还对国际货币基金组织和其他成员国政府的官方债务。

特别提款权与其他储备资产相比具有以下特点：(1)它是一种凭信用发行的账面资产，本身不具有内在价值；(2)它是由国际货币基金组织按比例"无偿"分配给成员国，而其他形式储备资产的获得都是有"条件"的，如黄金与外汇必须通过贸易盈余、投资或贷款等途径获得，而储备头寸是以缴纳的份额为基础才能获得；(3)它和普通提款权也不相同，成员国无条件享有其分配额，无须偿还；(4)特别提款权有严格限定的用途，只能在国际货币基金组织和成员国货币当局之间使用，任何私人企业不得持有和使用，不能直接用于国际贸易支付和结算，也不能兑换成黄金。

（二）国际储备的来源

1. 国际收支顺差

国际收支顺差是一国国际储备最主要的来源，包括经常项目顺差和资本与金融项目顺差。经常项目顺差中，贸易项目的顺差起着重要的作用，但是近年来服务贸易在各国经济交易中的地位不断提高，服务项目顺差在一些国家成为国际储备的主要来源。经常项目主要为自主性交易项目，其顺差相对于资本与金融账户顺差更为稳定。资本与金融账户顺差是国际储备的重要补充来源，但可能是调节性交易而形成的，并会因资本外逃、外资撤资而减少盈余，带有借入储备的性质，顺差形成不是很稳定。

2. 中央银行干预外汇市场所获得的外汇

当一国的货币有升值压力时，中央银行会在外汇市场上进行公开市场业务，抛售本币、购进外汇，以保持本币汇率的稳定，购进的外汇则成为官方外汇储备的一部分；反之，当本币有贬值压力时，中央银行会抛售外汇、买进本币，于是外汇储备会减少。

3. 国际货币基金组织分配的特别提款权

特别提款权是国际货币基金组织无偿分配给成员国使用的，是国际货币基金组织成员国额外的国际储备来源；但由于其分配总额占全球储备资产总额的比重很低，且发达国家和发展中国家分配不平衡，因此并不是成员国国际储备的主要来源。

4. 中央银行持有黄金量的增加

一国中央银行可以从国内和国际黄金市场购进黄金，以增加货币性黄金的储备量。一国中央银行动用本币在国内市场收购黄金，可以直接增加一国的国际储备量；动用外汇储备在国际市场买进黄金不影响本国的国际储备总量，只是改变了国际储备结构。

5. 货币金融当局向外借款

上述渠道形成的国际储备构成了一国的自有储备，一国还可以借入储备。这些借入储备资产主要包括备用信贷、互换货币安排、借款总安排等。

三、国际储备的作用

（一）平衡国际收支逆差

当一个国家在国际经济交易中出现各种原因造成的短期性、临时性的国际收支逆差，而这部分逆差又无法依靠举借外债来平衡时，就可以动用国际储备弥补逆差。这样既可以维护本国的国际信誉，又可以避免事后被迫采取诸如限制进口等措施来平衡逆差而影响本国经济的正常发展，国际储备在此起到了缓冲的作用。

但是,如果一国因政策失误或经济结构不合理而出现长期性、巨额的国际收支逆差,动用国际储备并不能彻底地解决问题;相反,这会导致国际储备的枯竭,此时逆差国政府须运用经济政策进行调节。

(二) 干预外汇市场,维持本币汇率的稳定

当本国货币的汇率在外汇市场上发生变动,尤其是因非稳定性投机因素引起本国货币汇率波动时,政府可动用外汇储备干预外汇市场,以保持本币汇率乃至整个宏观金融和经济秩序的稳定。例如,出售外汇储备购入本国货币,可以使本币汇率上升;反之,购入外汇储备抛出本币,可以使本币汇率下降。由于各国持有的国际储备总是有限的,因此外汇市场干预只能对汇率产生短期的影响。

(三) 维持并增强国际上对本国货币的信心

一国国际储备充足,表明该国弥补国际收支逆差、维持汇率稳定的能力强,国际社会对该国货币的币值与购买力就会充满信心,在国际外汇市场上人们愿意持有该国货币,从而提高该国货币的地位和信誉。

(四) 一国向外举债和偿债能力的保证

国际储备可用于支付进口和偿还到期债务,是衡量一国对外举债和偿债能力的重要指标。国际储备实力雄厚的国家,资信就高,在国际金融市场上举债比较容易,举债条件也比较优惠。国际金融机构和银行在对外贷款时,往往要事先调查借债国偿还债务的能力。一国国际储备充足,意味着该国的偿债能力较强。

四、国际储备体系的演变

国际储备体系是国际货币制度的组成部分,是指在一种国际货币制度下,国际储备货币或资产的构成与集合的法律制度安排。这种安排的根本问题是,中心储备货币或资产的确定及其与其他货币或资产的关系。国际储备体系的演变,实际上就是中心储备货币或资产在国际经济交易中的延伸与扩展,随着国际货币体系的变迁从单一的储备体系逐步向多元化的储备体系发展。

(一) 第一次世界大战前:黄金-英镑储备体系

1816 年,金本位制度率先在英国实行,随后各国纷纷效仿。在典型的金币本位制下,各国流通和使用的都是金币,于是逐渐形成了以英镑为中心、金币或黄金在国际上流通并被广泛储备的现象。因此,这个制度下的储备体系又称黄金-英镑储备体系,其中黄金是国际结算的主要手段,也是最主要的储备资产。

(二) 第二次世界大战后至 20 世纪 70 年初:以美元为中心的储备体系

第二次世界大战后,布雷顿森林货币体系建立起来,美元与黄金挂钩,成为最主要的储备货币,这时的储备体系称为美元-黄金储备体系。在这个体系中,黄金最初仍是重要的国际储备资产,但随着国际经济交易的迅速发展,一方面,世界黄金产量增加缓慢,产生了经济的多样化需求与黄金单方面供不应求的矛盾;另一方面,黄金储备在各国的持有量比重极不均衡,美国持有的黄金储备总量占 75% 以上,其他国家的持有比重则很小。因此,在各国的国际储备中,黄金储备的比重逐渐下降,而美元在国际储备体系中的比重却逐渐超过黄金,

成为最重要的国际储备资产。因此,这时期各国的外汇储备仍是以美元为主导的单一化体系。

（三）20 世纪 70 年代后至今:多元化的储备体系

布雷顿森林货币体系崩溃后,国际储备体系发生了根本性的变化,主要表现在储备体系完成了从长期的国际储备单一化向多元化的过渡,打破了美元一统天下的局面。20 世纪 70 年代以后,随着德国和日本在经济上取得的巨大成功,德国马克和日元在国际储备体系中的地位日益上升。1999 年 1 月 1 日,欧元正式启动,德国马克等货币被欧元取而代之。依托欧元区的经济实力,欧元在国际储备体系中的地位有了较大的提升。目前,国际储备货币主要由美元、欧元、日元和英镑共同充当,尽管美元在国际官方储备中所占的比重较以前有所下降,但仍是全球最主要的支付手段和贸易计价货币。

储备货币多元化对国际货币体系及各国经济发展具有积极的作用,主要表现在以下三方面:

（1）缓解了"特里芬难题"。在单一化储备货币体系下,储备货币存在"信心"与"清偿力"之间难以协调的矛盾。但是,储备货币的多元化减弱了对美元的过度依赖,"信心"与"清偿力"之间的矛盾不再只集中在美元身上,而是在几种储备货币之间进行了分摊。

（2）促进了各国货币政策的协调。在单一化储备货币体系下,容易发生储备货币发行国在操作或控制储备货币供应上的金融霸权主义;而在多元化储备货币体系下,可供各国选择的储备货币币种增加,这推动了各储备货币发行国在相对公平的环境下竞争,促进了各国进行货币政策的协调。

（3）有利于防范汇率风险。在单一化储备货币体系下,当储备货币贬值时,储备货币持有国无法进行币种结构调整,从而遭受损失;但在多元化储备货币体系下,各国可以根据外汇市场的变化对其外汇储备的币种结构进行调整,以防范或降低外汇风险。

但是,多元化的储备货币体系也存在一些消极作用,主要表现在以下三方面:

（1）加大了储备规模管理和结构管理的难度。在多元化储备货币体系下,各储备货币发行国的经济发展不平衡、各储备货币持有国的需求不一致以及各国经贸发展的差异,都会影响储备货币地位的变化和汇率的涨跌,从而加大储备规模管理和结构管理的难度。

（2）加剧外汇市场的动荡。在多元化储备货币体系下,受储备需求、市场需求和各国货币当局外汇储备币种结构调整的影响,外汇市场上各储备货币的汇率会出现较大幅度的波动,为投机活动提供了可乘之机,加剧了外汇市场的动荡。

（3）加剧国际货币制度的不稳定性。目前并没有为储备货币多元化建立起权威的协调机制和约束机制,因此当储备货币发行国中的任何一国的经济发生波动时,都会影响其货币价值的稳定,从而加剧国际货币制度的不稳定性。

边学边练(10－1)

在国际货币基金组织网站上练习查询世界各国的国际储备数据。

第二节 国际储备的规模管理与结构管理

国际储备管理是指一国货币当局根据一定时期内本国经济发展的要求和国际收支状况，对国际储备的规模、结构等进行确定和调整，以实现储备资产规模适度化、结构最优化的整个过程，是一国宏观金融管理的重要组成部分。国际储备管理包括规模管理和结构管理两方面。

一、国际储备的规模管理

(一) 国际储备规模管理的含义

国际储备的规模管理主要是指如何保持最适度的国际储备数量和水平，以适应经济发展和对外经济往来的需要。一国的国际储备规模应与本国经济的需要相适应。国际储备规模过低，不能满足一国对外贸易及其他经济往来的需要，易引起国际支付危机；国际储备规模过高，不但会增加本币投放量，易引起国内通货膨胀，还会增加持有国际储备的机会成本。如何保持适当的储备规模、降低储备管理成本，成为国际储备管理中的首要问题。

(二) 影响一国国际储备需求的主要因素

1. 一国对外贸易和经济开放程度

一国经济对外开放的程度越高，对外贸易的规模越大，该国经济发展受国际市场的影响就越大；若该国又是非储备货币发行国，则对国际储备的需求就较大。反之，一国经济对外开放的程度越低，对外贸易的规模越小，其对国际储备的需求就越小。

2. 国际收支差额及其变动程度

一国国际收支差额及其变动程度对国际储备有较大的影响。一般来说，一国国际储备的需求与其国际收支逆差呈同方向变化，即一国国际收支逆差出现的概率越大、数额越大，则该国对国际储备的需求量也就越大。另外，一国国际收支逆差的持续时间也会影响其国际储备的需求。若一国国际收支出现短期、暂时的逆差，则持有少量国际储备进行缓冲即可；但若一国的国际收支出现长期、持续性的逆差，则官方必须持有较大量的国际储备才能满足对外支付的需要，否则会影响国内经济的发展。相反，若一国的国际收支出现持续性的顺差，则该国对国际储备的需求就相应减少。

3. 外债规模与期限结构

一般来说，一国的外债规模越大、短期外债越多，其还本付息的压力就越大，为了维持清偿力就需要较多的国际储备；反之，若一国的外债规模较小、短期外债的比重不大，则其对国际储备的需求可以少一些。

4. 外汇管制程度与汇率制度安排

一国对外开放程度越高、外汇管制越松，其用于抵消国际资金流动冲击所需的储备就越多，在不能有效、及时地利用国际金融市场借入储备的情境下，对储备的数量需求就大大增加；相反，一国实行严格的外汇管制，一切外汇收支都按计划核准，其所需的国际储备就可以少些。

国际储备需求同汇率制度也有着密切的关系。如果一国采取的是固定汇率制度，并且政府不愿意经常地改变汇率水平，就要持有较多的国际储备，以应对国际收支可能产生的突发性巨额逆差或外汇市场上的大规模投机行为；反之，实行浮动汇率制度的国家，其国际储备的持有量可以相对较少。

5. 对外资信与融资能力

一般来说，若一国的对外资信越高、在国际金融市场上的融资能力越强、可在短时间内通过各种方式筹到各种外汇资金，如借款、发行债券、设立基金、获得国际金融组织优惠贷款等，以抵消可能出现的资金缺口、补充国际清偿力，则该国对国际储备的需求就会小一些；反之，其对国际储备的需求就会大些。

6. 持有储备资产的机会成本

持有储备资产能获得一定的收益（如存放在外国银行获得的利息收入），但与此同时，持有储备是有成本的，这是一种机会成本。如果一国不持有太多的国际储备，那么节约下来的国际储备尤其是外汇可以用于购买国外生产品和消费品，或者用于国内投资以获取收益。因此，持有储备的机会成本就等于这种投资的收益率与持有储备的收益率之差。一国持有储备的机会成本相对较高，则储备的需求量就少些；反之，机会成本相对较低，储备的需求量就多些。也就是说，储备需求与持有储备的机会成本呈负相关关系。

7. 货币的国际地位

如果一国是储备货币发行国，该国可直接用本国货币弥补国际收支逆差、进行国际支付，这样就会降低对储备的需求；相反，非储备货币发行国的国际储备需求可能会相对较大。当今世界最重要的国际储备货币是美元、欧元、日元、英镑等，美国是世界上最重要的储备货币发行国，美元是最重要的储备货币，但其外汇储备并非最多。

8. 金融市场的开放程度

金融市场是储备的重要来源渠道，发达的金融市场使得金融当局既可以通过市场操作获取所需的储备，也可以通过金融机构迅速地“借入储备”，即通过金融市场迅速地把社会资金转换为中央银行直接持有的资金，这称为储备转换机制。因此，金融市场越发达，储备转换机制越完善，货币当局对储备的需求就越少，保有的国际储备越少；反之，对储备的需求就越多，保有的国际储备越多。

9. 国际合作环境

如果一国政府与其他国家政府及国际金融机构拥有良好的合作关系，通过签订双边或多边协议，在该国发生国际收支逆差、贸易支付困难时，就可为其提供资金支持或支持其干预外汇市场，则该国国际储备较少；反之，则国际储备较多。

（三）衡量一国国际储备规模的主要指标

一国确定适度的国际储备规模，可以通过与其相关的主要经济参数来获得相应的参照指标，目前广泛使用的有以下四种指标：

1. 储备额—进口额之比

国际储备管理中最重要的就是满足短期性的贸易逆差支付的需求。如果一国进口额大于出口额，而非贸易账户或资本账户又没有足够的顺差来抵补，就需要动用其储备。因此，国际上普遍采用国际储备额与进口额之比衡量一国储备水平是否适度。

一般认为，一国的国际储备应与其进口额保持一定的比例关系，这一比例关系以20%—

40%为适量区间。据此，一国的国际储备应该满足该国三四个月的进口需要。这一指标简便易行，其局限性是忽略了因资本流动而引起的对外支付及干预市场的储备需求。

2. 储备额—国民生产总值之比

在国际分工条件下，经济规模越大，对国外市场的依赖程度也相应增大，因而需要较多的国际储备作为后盾；反之，则需要的国际储备较少。

3. 储备额—外贸总额之比

一国对外开放程度越高、外贸规模越大、对外贸易依存度越高，就需要越多的国际储备，这也是反映一国对外清偿能力和资信的一个重要指标。

4. 储备额—国际收支差额之比

该指标反映一国国际收支不平衡的调节与国际储备之间的关系。

（四）国际储备适度规模的确定

1. 比例分析法

比例分析法（ratio approach）是根据外汇储备与某种经济变量之间的比例关系判断一国外汇储备量是否适度的一种方法。

19世纪以来，人们就已经运用比例分析法探讨储备需求的若干问题，这其中最为著名的是美国经济学家罗伯特·特里芬于1960年出版的《黄金与美元危机》一书提出的“特里芬法则”。他研究62个国家和地区的历史数据，认为储备需求会随着国际贸易的发展而增加，储备额与进口额的比例（R/M）可作为衡量国际储备充分性的标准；一国的国际储备额对进口额的比例一般以20%—40%为适度区间，其中25%为最适宜比例。据此，一国的国际储备应该满足该国3个月的进口需要，这就是著名的特里芬法则。这一方法简单易行，至今仍是各国判定国际储备适度标准的重要指标。国际货币基金组织和世界银行把能够支付3个月进口额的储备水平视为发展中国家的理想水平。

除此之外，比例分析法常用的指标还有储备额对国民生产总值的比例（R/GNP）、储备额对外债总额的比例（R/D）等。这些方法因简便易行而被许多国家采用，国际货币基金组织也是这一方法的支持者。

比例分析法的最大优点是简便易行，但因为选择的变量有限且为采用静态分析法得出的经验值，所以计算结果的准确性不高。因而，比例分析法可作为一种参考，但不能作为唯一的衡量适度储备规模的标准。

2. 成本—收益分析法

成本—收益分析法又称“机会成本分析法”，产生于20世纪60年代末期西方微观经济学的厂商理论，其主要代表人物有海勒（H. R. Heller）和阿格沃尔（J. P. Agarwal）。他们将微观经济学中的成本—收益分析法运用于外汇储备适度规模的问题中，认为持有储备的边际成本等于边际收益时所持有的储备是适度的。

根据边际分析法得知，国际储备的需求量与持有储备的机会成本成反比，与持有储备的边际收益成正比。他们认为，一国持有外汇储备的收益，就是运用储备弥补国际收支逆差、保持汇率稳定，其中包括运用外汇购买国外有息资产的收益。一国持有外汇储备必然产生成本，如果用这些储备进口商品、服务或进行国内投资，其可能产生的收益就为持有外汇储备的机会成本。持有的外汇储备越多，机会成本越大。根据边际分析法，一国持有的外汇储备增加时，其边际收益递减、边际成本递增，因此当两者相等时，社会福利最大，此时的储备规模就是最适度的储备规模。

成本—收益分析法的引入为储备需求的计量研究开辟了一条新的途径，其测算的准确性往往高于比例分析法。但是，由于宏观经济中很多变量并不像微观经济变量那样有着界限分明的成本和收益，很难对外汇储备的边际收益进行量化，因此该理论在实际应用中存在很多困难。

3. 回归分析法

20 世纪 60 年代后，一些经济学家将计量经济学中的回归模型运用到外汇储备适度规模的测算中，用外汇储备作为因变量，用国际收支变动量、国内货币供应量、国民收入、持有储备的机会成本、进口水平等影响外汇储备的因素作为自变量建立回归模型，测算一国的适度国际储备规模及各因素对储备的影响程度。

然而，回归分析法也存在许多缺陷。首先，储备需求函数是在两个假设的基础上建立起来的。假设一是以前年度的外汇储备就是适度需求量，并且以前的经验数据都是合理的；假设二是储备供给具有弹性，能够随时满足一国对储备的需求。显然，这两个假设不一定能够成立，尤其是在发展中国家。其次，回归分析法将储备作为国际收支调节的唯一手段，因此在对储备需求的影响因素进行分析时，忽略了国际收支调节方式的多样性、互补性和替代性。最后，回归模型涉及多个自变量，本身具有多重共线性，分析结果会有一定的误差。

4.“衣柜效应”分析法

“衣柜效应”(wardrobe effect)是马克卢普(Fritz Machlup)在研究储备需求问题时首先提出来的。他把一个国家货币管理当局增加外汇储备的规模比作自己夫人增加衣柜中的衣服，认为货币管理当局的主观偏好是影响该国外汇储备规模的唯一决定因素，且总是本能地希望增加外汇储备持有规模。根据该理论，外汇储备需求是一个递增的独立变量，并且不存在各国通用的标准。储备决定理论的“衣柜效应”分析法，实际上在一定程度上描述了一些国家在对待储备需求管理问题上的态度，它们追求的管理目标仿佛就是在现有条件下力所能及地尽量持有更多的储备。

实际上，国际储备的获得并不是无偿的，一国在持有国际储备的同时，也要付出相应的代价或成本。持有的国际储备越多，这种成本越高。国际储备需求的形成，既有其客观需要，同时也的确如“衣柜效应”论所述会受到主观因素的影响；但主观因素和客观因素的作用程度对于不同的国家应该是有差异的。就发达国家而言，“衣柜效应”可能较为明显，主观因素所起的作用可能较大；相反，发展中国家由于急需利用实际资源加快经济发展，因此存在尽可能地保留适度国际储备的倾向，其储备需求决定因素中有较多的客观成分。

“衣柜效应”分析法过度地强调主观偏好因素，而忽视了客观经济因素。另外，该分析法分割了外汇储备与各种经济因素之间的紧密联系，因此在实际中不具备广泛的适用性。

二、国际储备的结构管理

一国对国际储备的管理，除了在规模上保持适度水平外，还必须拥有一个适当的国际储备结构。国际储备结构管理是指一国如何最佳地配置黄金储备、外汇储备、在国际货币基金组织的储备头寸和特别提款权四个部分之间的数量构成比例，以及外汇储备构成中储备货币币种结构和储备货币资产形式结构的安排。

（一）结构管理的原则

国际储备结构管理的基本原则是，统筹兼顾各种资产的安全性、流动性与盈利性。安全性是指国际储备资产应尽量保存在政治经济形势相对稳定、外汇管理宽松的国家或信誉良好的国际金融机构，以保证其内在价值的稳定。流动性是指储备资产必须能随时变现、流通，能够在国际市场灵活调拨，用于对外支付。盈利性是指储备资产的保值、增值和获利。

储备资产的安全性、流动性与盈利性往往互相排斥，储备资产的安全性与流动性越高，其盈利性往往越低。一国货币当局持有国际储备资产，应当在充分保证安全性与流动性的前提下，再追求获得足够的盈利性。

（二）结构管理的内容

1. 黄金储备的管理

从安全性来看，一方面，黄金作为国际储备可以不受任何国家的强力干预，具有相对独立性；另一方面，在纸币本位条件下，以黄金作为国际储备可以避免因通货膨胀而遭受贬值风险，黄金的内在价值相对稳定。因此，黄金的安全性较高。从流动性来看，自 20 世纪 70 年代末“黄金非货币化”以来，黄金不能再直接用于国际支付，而只能在黄金市场上出售、换成可兑换货币后才能使用，因而流动性较低。从盈利性来看，由于黄金价格波动较大，持有黄金不但不能获得利息收入，还要支付较高的保管费用，因此盈利性较低。

由此可见，黄金具有较好的安全性，但缺乏流动性和盈利性，因而许多国家对黄金储备的持有大多采取保守的数量控制政策。

相对而言，外汇储备在国际储备中居于绝对优势地位，其本身具备流动性和安全性的优势，同时具备一定的盈利空间。因此，许多国家的货币当局采取了减少或基本稳定黄金储备、增加外汇储备的政策，以保持本国最佳国际储备结构。

2. 外汇储备的管理

（1）外汇储备的币种结构管理。外汇储备的币种结构管理是指要根据软硬通货的变化，调整各种储备货币的占比。一国储备货币币种的选择和安排主要考虑以下因素：第一，本国贸易与金融对外支付所需的币种；第二，本国外债还本付息所需的币种；第三，干预本国外汇市场所需的币种；第四，比较各种储备货币的名义利率和汇率变动率，选择收益较高的储备货币（一种储备货币的收益率 = 汇率变动率 + 名义利率）；第五，一国经济政策的要求。

除了考虑影响储备货币币种的选择和安排的因素外，一国在进行外汇储备货币币种的选择时还应遵循以下原则：第一，及时了解储备货币发行国的经济状况、金融状况、货币供给量、经济发展趋势和国际收支动态等情况；第二，避免单一储备货币结构，实行以坚挺货币为主的多元化储备货币结构；第三，采取积极的外汇风险管理策略，安排预防性储备货币。

（2）外汇储备资产形式的结构管理。一国持有储备的目的之一是用于国际支付，这就要求储备资产具有充分的流动性。外汇储备资产形式结构管理的目标是确保流动性与盈利性的恰当结合。因此，一国根据对外支付的需要，将外汇储备投资于具有不同流动性、盈利性的资产，使外汇储备资产组合能够兼顾流动性与盈利性。一般而言，一国外汇储备的资产可按照流动性的高低，分为三个层级进行管理：

一级储备，流动性高、盈利性低，包括在国外银行的活期存款，3个月内的短期存款，外币商业票据和外国短期政府债券等。这些资产可随时变现后用于对外支付，必须满足一国经常性、临时性的对外支付需要。

二级储备，盈利性高于一级储备、流动性低于一级储备，包括期限在5年以内的各种有价证券。二级储备是在必要时弥补一级储备不足，用于补充性或意外事件的支付。

三级储备，盈利性高、流动性低，包括各种长期有价证券。此类储备资产到期时可转化为一级储备，但到期之前的变现能力差，如果提前动用就会蒙受收益甚至资产上的损失。一般而言，国际收支顺差国保持较大比重的三级储备。

第三节　我国的国际储备管理

一、我国黄金储备的管理

不同历史时期，黄金作为国际储备的优势和不足的程度不同，所以各国持有的黄金储备规模也相应地发生变化。同样，在黄金扮演不同角色的各个阶段，我国黄金储备的规模也有着不同的变化。

（一）我国黄金储备规模的变化

我国黄金储备规模的变化受诸多因素的影响，其中国际经济、金融形势是最重要的。下面选择1976年黄金非货币化条款的施行和1997年亚洲金融危机的爆发两个时间点作为分割点，从1949年中华人民共和国成立至今划分为三个阶段对黄金储备规模进行分析（见表10－1）。

表10－1　1949—2016年中国黄金储备　　单位：吨

年份	黄金储备	年份	黄金储备	年份	黄金储备
1949	—	1963	155.5	1977	398
1950	155.5	1964	155.5	1978	398
1951	155.5	1965	155.5	1979	398
1952	155.5	1966	155.5	1980	398
1953	155.5	1967	155.5	1981	394
1954	155.5	1968	155.5	1982	394
1955	155.5	1969	217.7	1983	394
1956	155.5	1970	217.7	1984	394
1957	155.5	1971	280.0	1985	394
1958	155.5	1972	280	1986	394
1959	155.5	1973	280	1987	394
1960	155.5	1974	398	1988	394
1961	155.5	1975	398	1989	394
1962	155.5	1976	398	1990	394

（续表）

年份	黄金储备	年份	黄金储备	年份	黄金储备
1991	394	2000	395	2009	1 054
1992	394	2001	600	2010	1 054
1993	394	2002	600	2011	1 054
1994	394	2003	600	2012	1 054
1995	394	2004	600	2013	1 054
1996	394	2005	600	2014	1 054
1997	394	2006	600	2015	1 708. 5
1998	394	2007	600	2016	1 762. 3
1999	394	2008	600		

资料来源：周洁卿，《黄金和黄金市场》，学林出版社，2008，第 222—223 页；世界黄金协会网站。

1. 1949—1976 年

1976 年之前，国际货币体系尚处于布雷顿森林体系之下，黄金还没有被非货币化，依然是重要的国际结算工具和储备资产。这是我国经济处于百废待兴的历史时期，外汇储备的积累有限，不能够满足紧缺型物资进口对外汇储备的需求。因此，这一时期国家非常重视黄金储备的积累。但是，由于我国黄金产业落后，新增黄金供给有限，且受到自然灾害和经济建设对黄金储备耗用的影响，这一时期我国黄金储备规模增加有限，且变动次数较少。

2. 1977—1997 年

1959—1961 年"严重困难时期"，国家动用大量黄金储备进口人民生活急需物质，造成我国黄金储备的骤降。之后，国家大力支持黄金产业的发展，黄金产能大幅提高，为我国黄金储备规模的扩大奠定了基础。但这一时期恰逢黄金非货币化，受此影响，部分国家中央银行纷纷减持黄金储备，黄金作为国际储备的重要性受到理论界和职能部门的普遍质疑。由于黄金储备的流动性和盈利性较差，这一时期中央银行对黄金储备规模基本没有进行调整。

3. 1998 年至今

1997 年亚洲金融危机期间，黄金在泰国、韩国等国对抗金融危机中发挥了重要的作用，这使得我国政府重新认识到黄金对一国经济安全的重要性。因此，中央银行在 2000 年和 2001 年对黄金储备规模进行了两次调整。这两次调整的另外一个重要的原因是，这一时期随着我国外汇储备规模的逐年递增和美元等外汇储备货币的走弱，我国巨额外汇储备面临着巨大的缩水风险。出于优化国际储备资产结构的考虑，中央银行决定扩大黄金储备在我国国际储备中的份额。2008 年金融危机爆发以来，量化宽松货币政策导致的流动性泛滥致使美元、欧元、英镑等信用货币持续贬值，我国巨额的外汇储备面临着进一步缩水的风险。为了降低外汇储备资产面临的汇率风险，中央银行于 2008 年适时地增加了 454 吨的黄金储备，使黄金储备的规模 2009—2014 年保持在 1 054 吨的水平。

（二）我国黄金储备规模的现状

据世界黄金协会统计，截至 2016 年 2 月，中国的黄金储备达 1762. 3 吨，黄金储备占国际储备的比重为 1. 8%（见表 10－2），是世界第五大储金国（见表 10－3）。从相对量来说，我国黄金储备占国际储备的比例仍比较低,发达国家黄金储备在国际储备中的占比普遍在60%—70%。相比于外汇资产,黄金不会随着汇率的波动而增值或缩水,不易受外界影响,风险比较小;而且一定规模的黄金储备还是一国国际储备的重要补充,能够优化其国际储备结构,在紧急关头充当最终的支付手段。因此,无论就绝对数量还是相对规模而言,我国的黄金储备规模仍显不足,有必要在现有基础上继续扩大黄金储备规模。

表 10-2　2000—2015 年中国黄金储备

年份	中国黄金储备(吨)	中国黄金储备占国际储备比重(%)
2000	395.0	2.0
2001	500.8	2.0
2002	600.0	2.2
2003	600.0	1.9
2004	600.0	1.3
2005	600.0	1.2
2006	600.0	1.1
2007	600.0	1.0
2008	600.0	0.9
2009	1 054.1	1.5
2010	1 054.1	1.6
2011	1 054.1	1.6
2012	1 054.1	1.7
2013	1 054.1	1.1
2014	1 054.1	1.0
2015	1 708.5	1.7
2016	1 762.3	1.8

注:2015 年为本年度第三季度的数据;2016 年为本年度 2 月的数据。

资料来源:世界黄金协会网站。

表 10-3　黄金储备前十国家或组织的黄金储备(截至 2016 年 2 月)

排序	国家或组织	数量(吨)	黄金储备占国际储备比重(%)
1	美国	8 133.5	72.2
2	德国	3 381.0	66.3
3	国际货币基金组织	2 814.0	—
4	意大利	2 451.8	64.0
5	法国	2 435.6	60.1
6	中国	1 762.3	1.8
7	俄罗斯	1 392.9	13.0
8	瑞士	1 040.0	6.0
9	日本	765.2	2.1
10	荷兰	612.5	54.6

资料来源:世界黄金协会网站。

知识拓展

中国意外公布黄金储备数据再令市场惊讶

作为世界上最大的黄金生产国和消费国，2015 年 8 月 15 日中国表示拥有约 1 677 吨黄金储备。2015 年 7 月，中国公布了一直保密达 6 年之久的黄金储备量。伦敦黄金交易商 Sharps Pixley Ltd. 的 CEO 罗斯·诺曼(Ross Norman)表示，多数分析师预期下一份报告的公布大约需要 5 年的时间；然而，它发生在仅仅 29 天之后。

本周我们已经见证，人民币自 1994 年以来首次出现重大贬值，而中国外汇储备也在这周意外地发布了更新的数据。随着中国提升数据质量，增加其在大宗商品交易中的地位以推动人民币走向国际舞台，来自中国的定期黄金报告越来越多地显示其正在提升透明度。

根据中国中央银行公布的数据，2015 年 7 月中国黄金储备增长 1.1% 或约 19 吨，达到 1 658 吨，比2009 年公布的数据高出约 600 吨。

由于中国致力于将人民币纳入特别提款权篮子，因此当局对其外汇储备和债务数据采取了更严格的国际货币基金组织规则。这带来的变化就包括应每月而不是每季度公布储备数据。荷兰银行(ABN Amro Bank)货币和金属策略师乔吉特·博埃勒(Georgette Boele)称："中国连续两个月公布黄金储备数据显示它们开始变得更加透明，这可能会给它们关于将本国货币纳入特别提款权篮子的期望带来帮助。"

自从各个国家停止使用黄金支持纸币后的几十年，黄金仍然占到许多中央银行储备的大部分。储备黄金帮助中国将其外汇储备多样化。根据世界黄金协会的数据，美国在当今各国中持有最多的黄金储量，达到 8 133.5 吨。

中国中央银行对黄金的储量在过去的几年中得到增长，结束了自 20 世纪 80 年代末开始的长达 20 年的黄金抛售趋势。世界黄金协会的研究表明，许多中央银行使用黄金对冲汇率的剧烈波动。

资料来源："中国意外公布黄金储备数据再令市场惊讶"，腾讯财经，http://news.cnfol.com/guoneicaijing/20150815/21285515.shtml。

(三) 我国黄金储备管理的主要措施

1. 中央银行择机购金，营运黄金资源

中央银行作为一国黄金储备的管理机构，对于本国国际储备结构的调整和黄金储备的增持具有重要责任。因此，通过中央银行增持黄金是我国增加黄金储备最为直接的一种方式。对于黄金储备的增持，中央银行一般有两种选择：一是使用人民币向国内金矿企业和居民购入黄金；二是运用外汇储备在国际黄金市场购入黄金。

为了使我国以有利的条件在国际黄金市场实现黄金增持的目的，一方面，中央银行要把握我国当前外汇储备充裕和部分国家与金融组织有减持黄金储备意愿的有利时机，适时承接发达国家和国际金融组织的官方售金；另一方面，在黄金储备增持的过程中，还应该综合考虑运用外汇储备在国际黄金市场购金的负面影响，制订一个稳健而具有实际可操作性的长远增持规划，以尽可能低的成本实现增持的目的。具体而言，中央银行应该时刻关注国内外黄金市场，分析国际金价的变动趋势，选择在适当的时间、以合理的价格、量少次多地增持黄金，补充我国的黄金储备。

除了上述中央银行通过国际黄金市场择机购金以增加黄金储备外，中央银行还可以择机运营黄金资源，实现黄金储备的有效增长。从国际上看，中央银行主要利用黄金租赁业务和衍生金融工具对黄金储备实施运营。利用部分外汇储备成立专门的黄金储备运营基金，把握国际黄金市场的有利时机，对黄金储备采取高抛低吸一类的波段操作，获取收益；然后，利用获取的收益再购买黄金，增加我国黄金储备。在具体的运营过程中，要合理运用金融衍生工具控制交易风险。

2. 增加民间黄金储备

除了增加官方黄金储备外，还应推行“藏金于民”的黄金储备政策。广义的黄金储备包括官方黄金储备和民间黄金储备两部分。民间黄金储备是指民众持有的、以首饰和金币为主要存在形式的实物黄金。民间黄金不能被一国政府直接用于国际支付，但是在紧急情况下，一国政府可以动员民众将这一部分黄金售卖或捐赠给政府，作为官方黄金储备的有力补充。

在具体实施“藏金于民”的战略时，一般有两种比较可行的途径。其一，中央银行依据一定的标准测算出我国外汇储备的适度规模，对于超出这一标准的外汇储备可以到国际黄金市场上选择合适的时机购入一部分黄金，再将这一部分新增的黄金委托给国内商业银行经营管理；而商业银行可以选择以实物黄金或纸黄金的形式向国内居民销售，并最终将这一部分黄金储备藏于民间。其二，鼓励国内比较大的黄金销售商到国际黄金市场购买黄金，直接将购得的黄金销售给国内消费者，实现“藏金于民”。

3. 增加黄金产量

近年来，尽管我国国内黄金供给逐年增加，但我国消费用金的规模也在持续扩大，国内的黄金供给刚刚能够满足国内用金需求，还不足以保证我国大量增持黄金储备的长期需要。因此，大力发展黄金矿业，增加国内黄金产量，进而为我国黄金储备的增加提供坚实的物质基础是我国政府面临的当务之急。

边学边练(10－2)

在世界黄金协会网站上查询世界各国黄金储备数据。

二、我国外汇储备的管理

(一) 中华人民共和国成立以来我国外汇储备的规模

1. 外汇储备积累的主要阶段

中华人民共和国成立初期，我国外汇储备的规模较小。随着全球资本的增加和经济的发展，加之我国经济体制的转变和外汇管理体制的改革，我国的外汇储备规模实现了由少到多、由慢到快的增长过程。1950—2015 年我国外汇储备规模的变化情况如表 10－4 所示。

表 10－4　1950—2015 年中国外汇储备规模　单位：亿美元

年份	金额	年份	金额	年份	金额
1950	1.57	1972	2.36	1994	516.20
1951	0.45	1973	-0.81	1995	735.97
1952	1.08	1974	0.00	1996	1 050.29
1953	0.90	1975	1.83	1997	1 398.90
1954	0.88	1976	5.81	1998	1 449.59
1955	1.80	1977	9.52	1999	1 546.75
1956	1.17	1978	1.67	2000	1 655.74
1957	1.23	1979	8.40	2001	2 121.65
1958	0.70	1980	-12.96	2002	2 864.07
1959	1.05	1981	27.08	2003	4 032.51
1960	0.46	1982	69.86	2004	6 099.32
1961	0.89	1983	89.01	2005	8 188.72
1962	0.81	1984	82.20	2006	10 663.44
1963	1.19	1985	26.44	2007	15 282.49
1964	1.66	1986	20.72	2008	19 460.30
1965	1.05	1987	29.23	2009	23 991.52
1966	2.11	1988	33.72	2010	28 473.38
1967	2.15	1989	55.50	2011	31 811.48
1968	2.46	1990	110.93	2012	33 115.89
1969	4.83	1991	217.12	2013	38 213.15
1970	0.88	1992	194.43	2014	38 430.18
1971	0.37	1993	211.99	2015	33 303.62

资料来源：国家外汇管理局网站 www.safe.gov.cn。

我国外汇储备的积累大致可以划为以下四个主要阶段：

（1）第一阶段：1950—1978 年，外汇储备规模变化小。中华人民共和国成立初期，我国实行的是计划经济体制，对外贸易在“以收定支，收支平衡”的方针下基本维持平衡。这一阶段，中国人民银行负责集中管理和统一经营外汇储备，国家银行根据银行结存制度集中办理全部外汇交易。这种高度集中的计划经济体制与决策机构封闭的思想，使得我国无法吸引外商直接投资，也基本不向国外借款，严重地制约了出口企业的创汇积极性。因此，在中华人民共和国成立后的前 30 年，外汇储备的水平总体维持在比较低的水平上。

（2）第二阶段：1979—1993 年，外汇储备规模缓慢增加。从 1979 年开始，我国由计划经济体制转向市场经济体制，并且开始实行对外开放政策。由于改革开放急需大量资金用于基础设施建设和进口支付，于是政府开始实行鼓励企业出口创汇的政策，依靠经常项目顺差增加外汇储备。与此同时，我国改革汇率制度，实行人民币汇率双轨制，致使人民币汇率存在官方价格与市场价格。另外，国内物价不断上升造成出口企业成本增加、利润减少，加之人民币汇率双轨制造成外汇市场秩序混乱，使得我国的对外贸易出现较大的波动，外汇储备规模在迅速增加之后又出现明显减少的趋势。1990 年，人民币汇率大幅度贬值，使得我国对外贸易发展迅速，外商直接投资也随之流入，外汇储备规模再次迅速增加。

(3)第三阶段:1994—2001 年,外汇储备规模平稳增加。1994 年的汇率制度改革规范了外汇市场秩序,较低的人民币汇率水平极大地推动了我国对外贸易的发展。另外,随着我国持续扩大对外开放区域和完善对外开放政策,外商直接投资开始大量涌入我国。这一阶段,我国的国际收支开始出现经常项目和资本与金融项目双顺差的局面,外汇储备规模在短时间内迅速增加。

1997 年,东南亚金融危机迅速席卷整个亚洲,许多国家的货币出现大幅度贬值。我国坚持人民币不贬值的政策,对外贸易出现较大的波动。为了减少金融危机对我国造成的不利影响,我国采取鼓励出口和吸引外资等措施,在随后的几年中,外汇储备规模呈现平稳增长态势。

(4)第四阶段:2002 年至今,外汇储备规模快速增加。加入世界贸易组织之后,我国对外贸易迅速扩大,国际收支中的经常项目顺差和资本与金融项目顺差持续增加,使得外汇储备规模快速增加。2006 年年底,我国外汇储备规模达到 10 663. 44 亿美元;2009 年达到 23 991. 52 亿美元;2013 年达到 38 213. 15 亿美元;2014 年达到 38 430. 18 亿美元;2015 年为 33 303. 62 亿美元。

2. 我国外汇储备规模的国际地位

近年来,我国外汇储备规模占世界外汇储备规模的百分比呈现逐年上升趋势。其中,1996 年,我国外汇储备规模为 1 050. 29 亿美元,世界外汇储备规模为 15 660. 54 亿美元,我国外汇储备规模占世界外汇储备规模的百分比为 6. 71%;2014 年,我国外汇储备规模为 38 430. 18 亿美元,世界外汇储备规模为 115 911. 25 亿美元,我国外汇储备规模占世界外汇储备规模的百分比为 33. 15%。这一比例的上升,一方面表明我国对外支付能力和偿债能力增强了,另一方面也表明我国外汇储备规模过于庞大。

(二) 我国高额外汇储备的利与弊

1. 高额外汇储备的有利作用

外汇储备规模的迅速扩大,对我国的经济发展起到了重要的推动作用,有着十分重要的积极意义,具体表现为以下五方面:

(1)雄厚的外汇储备规模是我国国力的具体体现,是我国国际信誉的有力保证。这对吸引外资、提升我国国际清偿力、维护我国的国际信誉起到了重要作用;同时,也有利于我国充分利用外国政府和金融组织贷款,增强我国的国际融资能力。

(2)规模巨大的外汇储备,在满足我国国际贸易需求的同时,还可以用来应对国内及国际的金融风险,极大地提高了我国抗击经济风险的能力,从而为我国的国家经济安全保驾护航。

(3)充足的外汇储备为我国调节国际收支和对外支付起到了保证作用。在我国国际收支出现结构性或临时性失衡需要进行调整时,可以成功地避免因外汇管制等而导致国内生产力的下降,同时降低这些措施对国内供需平衡带来的消极影响,有利于维护国内经济的平稳运行。

(4)充足的外汇储备有利于维持人民币汇率的稳定。在后金融危机时期,各国政府和中央银行纷纷采取措施刺激经济复苏。其中,为增强本国产品在国际上的竞争力,美国和日本先后推出量化宽松的货币政策,促使美元和日元贬值以扩大出口。受此影响,世界各国货币也竞相贬值,货币战争的硝烟在全球弥漫。在世界经济动荡不安的局势下,要想维持人民币汇率的稳定、保证经济的稳定增长,必须拥有强大的外汇储备作为后盾。

(5)充足的外汇储备还可以增强国际市场对我国经济稳定发展的信心,同样也可以增强对人民币的信心,这有利于我国资本项目的进一步开放,为推进人民币国际化奠定良好的基础。

2. 高额外汇储备的不利影响

高额外汇储备是一把双刃剑,在为我国经济带来积极作用的同时也造成了一定的消极影响。

(1)机会成本增加。持有高额的外汇储备不可避免地增加了机会成本,降低了资本的有效使用率。由于外汇储备相当于在某段时间,放弃了对这种实际资源的使用权,即使存放在外国银行有一定的利息收入,其收益也远远低于将外汇储备用于投资的收益。因此,我国的外汇储备规模越大,其机会成本也相应地越高。

(2)增大外汇储备管理的风险。我国的国际储备中,外汇储备占了很大的比重;而我国的外汇储备结构却比较单一,大部分以美元资产存在。据统计,我国外汇储备中美元资产约占 65%,其中超过 70% 的美元资产都是美国的国债和政府机构债券。近年来,随着美元贬值严重,导致我国大量外汇储备资产的价值也相应贬值。

(3)增加人民币升值压力。自人民币浮动汇率机制形成以来,我国的外汇储备不断增加,人民币一直处于升值状态,这直接影响我国出口商品的竞争力。出口贸易和贸易顺差的减少,直接影响到我国国内的经济增速。同时,人民币升值吸引了大量的国际游资和热钱涌入,易形成资产泡沫,引发经济危机。

(4)影响我国货币政策结构。外汇储备增加导致我国基础货币投放量被动地增加,为了避免因外汇储备增加而可能引发的通货膨胀,中央银行不得不对我国的货币投放渠道进行压缩,从而导致我国的货币政策结构发生扭曲。例如,中央银行可能减少或抑制银行对市场的货币投放量,这样会造成市场上的货币流通减少,影响一些企业或经济部门的资金流动性,从而导致我国的经济结构发生一定的变化。

(5)加大我国通货膨胀压力。现阶段,我国在经常项目下实行结售汇制度,而结售汇制度使外汇占款成为我国基础货币供应的主要渠道之一。外汇储备的增加,使得我国基础货币投放量被动地增加,而这些新增的基础货币投放量再经过货币乘数的扩大之后数额倍增,对我国的货币供给产生了巨大的压力,从而导致通货膨胀。

知识拓展

2015 年外汇储备去哪儿了

2016 年 1 月,中国人民银行公布 2015 年年末国家外汇储备余额为 3.33 万亿美元,较 2014 年年末减少 5 126.6 亿美元。

国家外汇管理局新闻发言人王春英指出,2015 年影响外汇储备规模变动的因素既包括中央银行在外汇市场的操作,也包括外汇储备投资资产的价格波动、汇率变化及储备支持

“走出去”的资金运用等，主要为以下四个方面：

一是汇率、价格等非交易价值变动使得外汇储备账面价值减少逾千亿美元，这不同于实际的外汇从外汇储备中流出。国际收支平衡表数据显示，2015 年前三个季度，因外汇市场供求买卖形成的外汇储备资产累计下降 2 272 亿美元；而同期，外汇储备账面余额减少 3 289 亿美元，意味着汇率折算等估值因素导致外汇储备账面价值减少 1 017 亿美元。由于美元作为外汇储备的计量货币，其他各种货币相对于美元的汇率变动将导致外汇储备规模变化。

二是我国企业等主体优化境内本外币资产负债结构，增持外汇存款、偿还外汇贷款。2015 年，我国企业、个人外汇存款分别增加 249 亿美元、184 亿美元，境内银行为满足企业远期保值需求净增持汇头寸 1 024 亿美元。同时，企业借用的境内外汇贷款余额下降 1 006 亿美元。

三是企业、个人等主体境外投资、消费、偿债等外汇净支付。2015 年，境内企业、个人等非银行部门跨境外汇净支付 2 538 亿美元，主要用于对外直接投资、合格境内机构投资者(QDII)项下证券投资、偿还境外融资及境外留学旅游消费等；但外商直接投资、我国企业境外证券筹资等项下依然保持较大规模的外汇净流入。

四是根据国际货币基金组织关于外汇储备的定义，外汇储备在支持“走出去”等方面的资金运用记账时也会从外汇储备规模内调出。

资料来源：“2015 年外汇储备去哪儿了”，人民网金融频道，http://www.rmlt.com.cn/2016/0122/415601.shtml。

（三）我国外汇储备管理的主要措施

1. 构建多层次的外汇储备资产管理模式①

随着我国外汇储备规模的不断扩大，对储备资产的科学管理和优化配置显得越来越重要。根据对外汇资产需求的不同，可将外汇储备资产分为基础性储备资产、战略性储备资产和收益性储备资产三个层次。它们分别由国家外汇管理局、中央汇金投资有限责任公司和中国投资有限责任公司负责管理。

第一是层次的基础性储备资产，涵盖了对外汇储备交易性和预防性的资产需求。其中，交易性储备资产需求是指持有外汇储备用于满足对外经济交往的需要。影响交易性储备资产需求的因素有进口付汇需求、FDI(外商直接投资)利润汇出用汇需求、外债还本付息用汇需求等。预防性储备资产需求是指当本国货币汇率在外汇市场上发生剧烈动荡时，为了缓和汇率的波动或改变其变动方向而持有的储备需求。基础性储备资产注重安全性和流动性，应由中国人民银行负责管理，中央银行再授权国家外汇管理局储备管理司实施具体操作。

第二层次的战略性储备资产，主要用于服务我国经济的长期发展战略，用于储备战略物资、调整国内的经济结构、实现国有资产保值增值、加强国际金融合作等，以此达到实现经济持久、稳定增长的战略目标。这部分储备资产建议由国家财政部进行管理，财政部再通过委

① 孔立平：“中国外汇储备资产多层次管理模式构建研究”，《经济与管理》，2015 年第 1 期。

托代理方式交给中央汇金投资有限责任公司负责具体的投资。

第三层次的收益性储备资产,指在对储备资产进行投资和风险管理时,适当地搭配币种和采取多种投资方式,以获得较高的收益率或较低的风险,即对储备资产的盈利性需求。这部分储备资产注重盈利性,为了减少国内货币市场上这部分外汇储备占款对货币政策的影响,可将这部分储备资产也交由财政部进行管理,财政部再通过委托代理方式交给中国投资有限责任公司负责具体的投资。

这种多层次管理模式的优点在于:一方面,超额储备从中央银行中转出,可以缓解其持有巨额外汇储备的压力,使中央银行货币政策的独立性进一步增强;另一方面,通过多层次管理,可以将外汇储备流动性、收益性及战略性管理区分,发挥不同管理主体的专业化优势,从而实现管理渠道多元化、管理主体专业化、管理目标明确化的目的。

2. 我国外汇储备的规模管理①

(1) 改变外汇储备形成机制。改变过去以创汇为纲的对外经济思路及政策,追求国际收支的基本平衡。除高附加值的产品出口外,调整奖励政策,从而对外汇储备的增量有所控制;统筹资本项目开放的相关安排,继续深化"藏汇于民"的改革,控制热钱冲击造成的外汇储备短期增加。

(2) 动态界定我国外汇储备的适度规模,进而确定富余储备规模。关于适度外汇储备规模,至少要考虑三个因素:①适度储备的基准规模。目前界定基准规模的因素包括5—6个月的进口用汇、全部短期外债偿还用汇、中长期外债偿还用汇、外商在华已实现尚未汇出的利润、中国企业境外直接投资、证券投资的规模等。②考虑我国外汇储备的特性,预留安全规模。③国际收支基本平衡、略有盈余的动态增量规模。

(3) 分别管理适度规模和富余规模。对于最优规模范围内的外汇储备,以流动性为管理目标;对于超过最优规模的外汇储备,应建立积极的管理模式,通过中国投资有限责任公司或者委托市场上的专业投资公司进行运作,追求收益或其他战略性目标。

(4) 对外汇储备的数量进行常规性的监测与预测,防备在管理转型过程中储备数量快速下降的状况,以及由此产生的负面影响。

3. 我国外汇储备的结构管理②

(1) 调整国际储备各组成部分的结构。在黄金、外汇、在国际货币基金组织的储备头寸、特别提款权的构成中,在国际货币基金组织的储备头寸和特别提款权的调整有一系列的条件,因而主要考虑黄金和外汇的结构调整问题。在黄金非货币化之后,黄金的保值功能仍然比较突出,毕竟黄金是信用货币的对立面。对发达国家外汇储备的研究发现,其黄金占外汇储备的比重一般为3%—5%,而2013年年底我国黄金储备仅占外汇储备的1%左右,远低于发达国家的水平。从保证国家金融安全的角度,我国应增加黄金储备的比例。

(2) 调整外汇储备的币种结构。当前,我国的外汇储备币种构成以美元为主,这一原则在短期内不应改变。但是,要考虑美元在国际市场购买力的下降及美元资产的重估,这对我国的巨额外汇储备来说,结果是灾难性的。从世界范围内而言,储备货币多元化的趋势不可

---

① 吴念鲁、杨海平:"中国外汇管理的转型与创新",《银行家》,2014年第8期。

② 同上。

逆转，因此可以根据主要经济体的经济运行状况，适当地增加欧元、英镑、日元等币种在我国外汇储备中的比重，控制我国外汇储备资产对美元资产的整体风险暴露。

（3）优化金融资产与商品资产结构。目前我国一些专家学者主张将部分外汇储备运用于战略性领域，如购买石油、矿产、高科技设备和技术，或者参股相关的国外公司。就必要性而言，从国家发展的战略出发，从国内产业结构调整的目标出发，从企业走出去、人民币国际化的目标出发，可以不断地拓展储备的应用渠道。就可能性而言，应该根据中国外交环境进行审慎探讨，对于外汇储备投资于电网、收费高速公路、机场、页岩气等领域都可以研究。外汇储备投资范围的扩大，能够进一步地优化储备资产的结构。

本章小结

1. 国际储备是指一国货币当局为了平衡国际收支、维持汇率稳定，以及用于其他意外支付而集中持有的一切国际流动资产。国际储备的定义一般有广义和狭义之分，狭义的国际储备是指自有储备；国际清偿能力是广义的国际储备，是指一国政府干预外汇市场的总体能力，包括自有储备和借入储备。国际储备的典型特征包括官方持有性、自由兑换性、充分流动性和普遍接受性。

2. 国际储备的构成包括黄金储备、外汇储备、在国际货币基金组织的储备头寸、特别提款权。其来源包括以下方面：国际收支顺差、中央银行干预外汇市场所获得的外汇、国际货币基金组织分配的特别提款权、中央银行持有黄金量的增加、货币金融当局向外借款。

3. 国际储备规模管理是指如何保持最适度的国际储备数量和水平，以适应经济发展和对外经济往来的需要。影响一国国际储备规模的主要因素有：一国对外贸易和经济开放程度、国际收支差额及其变动程度、外债规模与期限结构、外汇管制程度与汇率制度安排、对外资信与融资能力、持有储备资产的机会成本、货币的国际地位、金融市场的开放程度、国际合作环境等。衡量一国国际储备规模的主要指标包括储备额—进口额之比、储备额—国民生产总值之比、储备额—外贸总额之比、储备额—国际收支差额之比等。确定国际储备适度规模的方法主要有比例分析法、成本—收益分析法、回归分析法等。

4. 国际储备结构管理是指一国如何最佳地配置黄金储备、外汇储备、在国际货币基金组织的储备头寸和特别提款权四个部分之间的数量构成比例，以及外汇储备构成中储备货币币种结构和储备货币资产形式结构的安排。国际储备结构管理的基本原则是统筹兼顾各种资产的安全性、流动性与盈利性。黄金具有较好的安全性，但缺乏流动性和盈利性，因而许多国家对黄金储备的持有大多采取保守的数量控制政策。外汇储备的币种结构管理应考虑下列因素：本国贸易与金融对外支付所需的币种；本国外债还本付息所需的币种；干预本国外汇市场所需的币种；收益率较高的储备货币；一国经济政策的要求等。外汇储备资产形式的结构管理，是指根据对外支付的需要，将外汇储备投资于具有不同流动性、盈利性的资产，使外汇储备资产组合能够兼顾流动性与盈利性。

5. 我国黄金储备管理的主要措施包括：中央银行择机购金，营运黄金资源；增加民间黄金储备；增加黄金产量等。我国外汇储备管理的措施主要从保持适度外汇储备规模和优化外汇储备结构两个方面展开。

思考题

1. 国际储备和国际清偿能力的区别与联系是什么？
2. 请比较普通提款权和特别提款权。
3. 简述国际储备的来源与作用。
4. 简述影响一国国际储备需求的主要因素。
5. 简述确定国际储备适度规模的方法。
6. 简述我国高额外汇储备的利与弊。
7. 简述我国优化外汇储备结构的主要措施。

参考文献

1. 周洁卿:《黄金和黄金市场》,学林出版社,2008。
2. 陈全:我国黄金储备的适度规模及实现路径,华东师范大学硕士学位论文,2011。
3. 李振:我国外汇储备规模管理研究,东北财经大学硕士学位论文,2014。
4. 刘园:《国际金融学》,机械工业出版社,2014。
5. 杨胜刚、姚晓义:《国际金融》,高等教育出版社,2012。
6. 孙睦优:《国际金融学》,机械工业出版社,2014。
7. 王一鸣:"我国高额外汇储备的利弊分析及管理建议",《时代金融》,2014 年第 4 期。
8. 孔立平:"中国外汇储备资产多层次管理模式构建研究",《经济与管理》,2015 年第 1 期。
9. 吴念鲁、杨海平:"中国外汇管理的转型与创新",《银行家》,2014 年第 8 期。

第十一章

国际资本流动管理

本章要点

在经济全球化的背景下，国际资本流动对世界经济产生了巨大的影响。在本章中，我们阐述国际资本流动的含义、种类，介绍国际资本流动的原因、特征和影响，分析国际债务的衡量指标及国际资本流动与国际债务危机的关系，阐述我国外债管理的主要策略，介绍国际游资的概念、来源、特点及影响，梳理金融危机理论的发展脉络。

学习目标

- 熟悉国际资本流动的基本概念，国际游资的概念与来源，金融危机理论的最新发展。
- 理解国际资本流动的原因、特征与影响，国际资本流动与债务危机的关系，我国外债管理的主要策略，国际游资的特点和影响。
- 掌握国际资本流动的基本类型，国际债务的衡量指标，三代货币危机理论。

第一节　国际资本流动概述

随着金融自由化和全球化的发展，各个国家和地区之间的资本流动日益频繁，资本流动对各国和世界经济发展的影响也与日俱增，它在促进国家贸易发展、提高经济效益的同时，也为国际债务危机的产生提供了外部环境。

一、国际资本流动的概念

国际资本流动(international capital flows)是指资本从一个国家或地区转移到另一个国

家或地区,这里的“资本”是广义的资本,既包括货币形态的资本,也包括实物形态的资本(如生产设备、技术、原材料、劳动力等)。

国际资本流动与一国的国际收支有着直接关系,主要反映在一国国际收支平衡表的资本与金融账户中,包括资本流出和资本流入两个方面。

国际资本流出(capital outflows)是指本国资本流出到国外,即本国输出资本,表现为本国对外国负债的减少和本国在外国资产的增加,或者说外国在本国的资产减少和外国对本国负债的增加。国际资本流出既可以使本国资本外流,也可以使原来流入的外国资本流出本国,是本国货币或外汇的付出,属于支付项目,记入一国国际收支平衡表的借方,用“-”表示。

国际资本流入(capital inflows)是指外国资本流入到本国,即本国输入资本,表现为本国对外国负债的增加和本国在外国资产的减少,或者说外国在本国资产的增加和外国对本国负债的减少。国际资本流入既包括外国资本流入本国,也包括本国原来流出资本回流国内,是收入本国货币或外汇,是收入项目,记入一国国际收支平衡表的贷方,用“+”表示。

二、国际资本流动的类型

从不同的角度,国际资本流动可以进行不同的划分。例如,根据资本流向可以分为资本流入和资本流出,根据资本流动的目的可以分为借贷资本流动和生产资本流动。在大多数情况下,我们根据资本的使用期限长短,将其划分为短期资本流动和长期资本流动。

(一) 短期资本流动

短期资本流动是指期限在1年以内的资本,通过一定的信用工具实现国与国之间的转移。这些信用工具包括短期政府债券、商业票据、银行承兑汇票、银行活期存单、大额可转让定期存单等。根据性质,短期资本流动又分为以下四种类型:

1. 贸易资本流动

贸易资本流动是指国际贸易往来的资金融通与资金结算引起的货币资本在国际的转移。世界各国的贸易往来形成了国际债权、债务关系,为了结清这些关系,货币资本必然要从一个国家或地区流往另一个国家或地区,由此形成了贸易资本流动。一般来说,贸易资本流动是资本从商品进口国向商品出口国转移,具有不可逆转的特点,严格地说属于国际资金流动。

2. 银行资本流动

银行资本流动是指各国经营外汇业务的银行金融机构,由于外汇业务和盈利的需要,不断产生国际同业资金的往来(如收付、结算、套汇、套利、掉期、头寸调拨等),从而引起资本在国际的转移。

3. 保值资本流动

保值资本流动是指短期资本持有者,为了避免或防止持有资本的损失,在国际进行资金调拨转移而形成的短期资本流动。这种资本流动亦称资本外逃(capital flight),其动机是资本的安全性和盈利性。引起这类资本流动的原因主要是一国的政局动荡、经济状况恶化、国际收支失衡,以及严格的外汇管制等。

4. 投机性资本流动

投机性资本流动是指投机者为了赚取投机利润,利用国际金融市场上汇率、利率、黄金、证券等价格波动，低进高出或买空卖空等引起的资本在国际的转移。

国际游资亦被称作热钱(hot money)，从广义上包括所有形式的短期资本，但从狭义上来说，主要指短期资本中的投机资本。

(二) 长期资本流动

长期资本流动是指期限在1年以上的资本流入与流出，其基本形式包括直接投资、证券投资和国际贷款。

1. 直接投资

直接投资是指一个国家的企业或个人对另一个国家的企业等经济组织进行投资，并取得投资企业的部分或全部管理控制权，进而取得经营利润的一种活动。

直接投资主要有以下三种类型：

(1)创办新企业，如在国外设立子公司、附属机构，或者与多国资本共同在投资东道国设立合营企业等。这类直接投资大多不限于货币资本投资，尤其是创办合资企业时，机器设备、存货、技术专利、商标权、特许经营权等无形资产都可以折价入股。

(2)收购国外企业的股权达到一定比例以上。依据各国法律不同，比例要求有所不同。按照国际货币基金组织的规定，外国投资者如果拥有当地企业25%的投票权，就可以被视为直接投资。美国相关法律规定，拥有外国企业股权达到10%以上就属于直接投资。

(3)利润再投资。投资者在国外企业投资所获得的利润并不汇回国内，而是作为保留利润对该企业进行再投资，这也是直接投资的一种形式，虽然这种投资实际上并不引起一国资本的流入或流出。

2. 证券投资

证券投资也称间接投资，是指投资者以取得利息或股利等资本增值而在国际证券市场上购买外币有价证券的一种投资方式，具体形式可以分为国际股票投资和国际债券投资。

国际货币基金组织对间接投资的定义是：间接投资是未来获得投资收入或资本收益的一种投资，而不是对企业的经营有直接兴趣。因此，是否经营参与企业、是否以获得管理权和控制权为目的，成为区别国际直接投资和国际间接投资的关键。

3. 国际贷款

国际贷款主要有政府贷款、国际金融机构贷款、国际商业银行贷款和出口信贷。政府贷款往往是由发达国家向发展中国家提供，大多是双边贷款，即两国政府机构之间的资金借贷；同时也存在少数多边贷款，或者政府机构与民间金融机构共同提供的混合贷款。国际金融机构贷款是国际金融机构向其成员国政府提供的贷款。国际商业银行贷款是指一国独家银行或国际贷款银团在国际金融市场上向另一国借款人提供的、不限用途的贷款。出口信贷是与国际贸易直接相关的中长期信贷，是商业银行对本国出口商或外国进口商及其银行提供的贷款。

国际贷款的主要特点是：它是单纯的借贷货币资本在国际的转移，不像直接投资那样，涉及在他国设立企业实体或收购企业股权；也不像证券投资那样，涉及证券的发行与买卖。国际贷款的收益以利息及有关费用来体现，贷款风险主要由借款者承担。

三、国际资本流动的动因

（一）国际资本流动的主要动因

20 世纪 90 年代以来，国际资本流动速度进一步加快，通过促进国际贸易发展和提高国际市场效率两个方面，推动了世界经济的快速增长。国际资本流动的主要动因无外乎追求利润和规避风险。

资本的逐利本性驱使资金从一国流向另一国。如果一国资本的预期收益率高于另一国的，在其他因素相同的情形下，资本就会流入该国；相反，如果一国资本的预期收益率低于另一国的，或者在收益率相同的情形下风险高于另一国，资本就会流出该国。

资本的安全性是另一个重要的动因。对投资者来说，某国或地区的风险超过了投资者的承受范围，就会产生资本外流；反之，风险环境的改善会引起资本流入。

（二）国际资本流动的具体影响因素

在上述两个主要动因之外，国际资本流动还受到许多具体因素的影响，主要有：

1. 利率

利率水平的高低制约着资本的收益率，因而直接影响资本流动的方向。各国经济发展水平与富裕程度的差异导致国与国之间的利率水平不同，利差就会引起资本流动。资本会在利润的驱动下，从利率低的国家或地区向利率高的国家或地区流动，直至利差消失，以此实现资本的利润最大化。

2. 汇率

汇率水平和波动性也会影响资本的流动，尤其是短期资本流动受到汇率的直接影响。若一国的货币持续升值，则会导致国际资本流入；反之，若一国货币的汇率不稳定或持续贬值，则会引起国际资本流出。

3. 通货膨胀与财政赤字

通货膨胀和财政赤字在一定条件下是相互关联的。如果一国出现财政赤字并且通过发行纸币来弥补，就会加大通货膨胀上行的压力。一旦发生严重的通货膨胀，投资者就会把国内资产转换为外国资产，引起资本流出。如果财政赤字是以出售债券或对外借款来弥补的，也会在预期上导致国际资本外流。投资者预期一旦财政赤字突破某种限额，政府同样会印发纸币或征收额外的赋税以偿还债务，其结果仍然是导致资本外流。

4. 政治、经济及战争风险的存在

一国的政治和经济风险会导致该国投资环境恶化，致使投资者蒙受损失，从而引起资本流出该国。而战争风险是指已经发生或可能发生的战争，会使投资环境严重恶化，进而造成资本流动。

5. 国际游资的投机

国际游资的投机包含两种：第一种是投机者根据自己对市场走势的预测，纯粹以追逐利润为目标，有目的性地打压某种货币而抢购另一种货币的行为；第二种是投机者并非以追求利润为目的，而是基于某种政治理念或社会制度的倾向，从而动用大规模的资金对某国货币进行刻意打压，目标是阻碍该国经济的正常运行和发展。两种投机都会导致目标国的资本大量外逃和经济衰退。

四、国际资本流动的特征

20 世纪 80 年代以来,国际资本流动呈现一系列典型的特征:

1. 国际资本流动规模呈现扩大趋势,投资活动趋于活跃

全球资本流动可从相对水平和绝对量两方面来考察。从相对水平(全球国际收支中金融项目余额占全球名义 GDP 的比重)来看,20 世纪 90 年代以来,虽然其间有多次波折,但全球资本流动水平总体趋于更加活跃。金融项目余额占全球名义 GDP 的比重从 1991 年的 0.75% 上升至 2011 年的 2.8%。受到 2008 年全球金融危机的影响,全球资本流动水平大大下降;但近三年来,全球资本流动又趋于活跃。从绝对量来看,近二十年来,全球资本流动规模出现过两次负增长,但总体上保持稳步增长的态势。全球资本流动规模的第一次负增长是 2001 年受美国网络经济泡沫破灭的影响,导致全球资本净流动急剧回落,降幅达 16%;第二次负增长是 2009 年受全球金融危机的打击,规模锐减至 1.1 万亿美元。2011 年,全球资本流动规模为 1.52 万亿美元,增速从 2010 年的 23% 回落至 12%。欧债危机虽然成为抑制资本流动的因素,但欧美国家相继出台的货币宽松政策又成为推动资本流动的巨大动力。①

2. 国际直接投资高速增长

20 世纪 80 年代以来,国际直接投资出现了两个热潮期:一是 80 年代后半期。据统计,1986—1990 年国际投资流出量每年以平均 34% 的速度增长;每年流出的绝对额也猛增,1985 年为 533 亿美元,1990 年高达 2 250 亿美元;国际直接投资累计总额从 1985 年的 6 836 亿美元增至 1990 年的 1.7 万亿美元。二是 1995 年以来。1995 年国际直接投资总量达 3 150 亿美元,增长 40%;1996 年达 3 490 亿美元,增长 11%;1997 年达 4 240 亿美元,增长 25%。1997 年全球国际直接投资并没有因亚洲金融危机而减少,各地区普遍增长。

美国次贷危机后,全球的国际直接投资有所下降。联合国贸易和发展会议于日内瓦时间 2010 年 1 月 19 日发表的"全球投资趋势监测报告"显示,全球对外直接投资从 2008 年的 1.7 万亿美元下降到 2009 年的 1 万亿美元,下降幅度高达 39%。

3. 发达国家继续保持国际直接投资的垄断地位

长期以来,发达国家居于国际资本输出的主导地位,尤其是美、日、德、英、法五大国是国际资金输出的重要来源国。2012 年,全球对外直接投资下降了 18%,但发展中国家对外直接投资在历史上首次超过发达国家,流向发展中经济体的外商直接投资超过 7 000 亿美元。

4. 国际资本流动表现为发达国家之间的互相流动

根据联合国贸易与发展会议的数据,20 世纪 80 年代以来,国际资本更多的是在发达国家之间相互流动。也就是说,发达国家既是国际直接投资的最大提供者,也是最大的接受者。例如,美国仍然是国际直接投资舞台上最主要的参与者,在对外直接投资流入方面,美国是全球第一大外商直接投资目的地,同时也是在对外直接投资流出方面的投资来源国。中国作为新兴经济体中最大的经济体,2011 年以来,吸引海外资金的能力开始减弱,并且出现双向流动。

---

① 傅钧文:"国际资本流动的新特征及其影响",《世界经济研究》,2012 年第 12 期。

5. 跨国公司成为推动国际资本流动的主角

当代国际资本流动尤其是国际直接投资的主角是跨国公司。跨国公司拥有巨额的资本、庞大的生产规模、先进的科学技术、全球化的经营战略、现代化的管理手段及世界性的销售网络,重视推进全球战略,以提高战略协同,加快对全球资源的配置,成为世界经济增长的引擎。全球有约8万家跨国公司,仅规模前100家非金融跨国公司在2010年的全球生产中所带来的增值就达到16万亿美元,占全球GDP的1/4;其海外分支机构的产值占全球GDP的10%以上和世界出口总额的1/3。2011年,这100家跨国公司的对外投资项目价值为3 700亿美元,占全球外商直接投资流入量约1/4;跨国并购额为1 940亿美元,占全球跨国并购额的36%。

五、国际资本流动的影响

(一) 积极影响

国际资本流动可以调剂国际的资金余缺,使资源得到更有效的配置和利用。正常有序的国际资本流动有助于一国调节国际收支的平衡,维持汇率的稳定。国际收支顺差国可以通过资本输出,缓解顺差带来的本币升值和国内通货膨胀压力;而国际收支逆差国可以通过资本输入,缓解国际收支逆差,弥补国内资金的不足。

长期资本流动对经济的长期稳定和持续发展的影响较大。对资本输出国而言,长期资本流动的积极影响有:(1)有利于提高资本的边际收益;(2)有利于占领世界市场,促进商品和服务的输出;(3)有助于克服贸易保护壁垒;(4)有利于提高国际地位。对资本输入国而言,长期资本流动的积极影响有:(1)可以缓和资金短缺的困难;(2)输入资本的同时输入先进技术和管理经验,有利于产业升级和提高工业化水平;(3)扩大产品出口数量,提高产品的国际竞争能力;(4)增加就业机会,缓解就业压力。

在短期资本流动中,贸易性流动和金融性资本流动比较稳定,并且其影响相对有利。

(二) 消极影响

对资本输出国来说,长期资本输出会减少国内就业,影响国内经济增长;而对资本输入国来说,长期资本输入容易形成对外资的依赖,甚至国内经济被外资控制,从而影响本国民族企业和经济的发展。如果债务负担超过清偿能力,一国还易陷入债务危机。

在短期资本流动中,投机性资本在国际间的频繁流动,会对各国利率、汇率的稳定产生影响,使一国的国际收支失衡;同时,短期投机性资本的冲击也是导致国际金融动荡的重要原因。

知识拓展

我国对外直接投资现状

据国家商务部统计,2014年我国境内投资者共直接投资了全球156个国家和地区的6 128家境外企业,全年累计实现非金融类对外直接投资1 028.9亿美元,加上国外利润再投资,投资总额接近1 400亿美元,成为净资本输出国。

我国目前对外投资行业分布广泛，涵盖了国民经济的18个行业大类。根据《2014年度中国对外直接投资统计公报》，按三次产业划分，第一产业、第二产业和第三产业投资流量分别为15.9亿美元、311.11亿美元和904.2亿美元，占比分别为1.3%、25.3%和73.4%；2014年，我国对外直接投资流量超过100亿美元的行业有4个，依次分别为金融业、采矿业、批发和零售业、租赁和商务服务业。

从区域分布状况来看，中国对外直接投资的区域分布高度集中。2014年对外直接投资流量前十位的国家（地区）分别为中国香港、美国、卢森堡、英属维尔京群岛、开曼群岛、澳大利亚、新加坡、英国、德国、印度尼西亚。2014年，我国对亚洲的投资流量占比为69.0%。"一带一路"成为对外直接投资的新引擎，2014年对"一带一路"沿线国家的直接投资流量为136.6亿美元，占中国对外直接投资流量的11.1%。

从对外直接投资的方式来看，国家商务部统计，2002—2015年上半年，中国企业对外投资总案例数为2 018起，其中跨国并购案例数为1 817起，占总案例数的90%，表明跨国并购成为中国企业对外投资的主要方式。2014年，中国企业共实施对外投资并购项目595起，实际交易总额为569亿美元。

从对外直接投资的主体来看，2014年中国民营企业对外投资呈现爆炸式增长，同比增长295%，占当年总投资案例数的69%。截至2014年年末，民营企业存量占比已高达46.4%。2014年，地方企业非金融类对外直接投资流量达547.26亿美元，同比增长50.3%，占全国非金融类流量的51.1%，首次超过中央企业和单位的对外直接投资规模。

资料来源：刘宏，"中国对外直接投资的现状、特征与问题"，《海外投资与出口信贷》，2016年第2期。

第二节　国际资本流动与国际债务危机

20年代70年代以来，越来越多的发展中国家利用外债发展国内经济，推动增长。但20世纪80年代以来，这种借入巨额外债推动国内发展的模式所带来的一系列问题逐渐浮出水面，一个接一个的全球性债务危机阻碍了世界范围内的资本流动，如20世纪80年代的全球债务危机、90年代的拉美债务危机、1998年的俄罗斯债务危机等。而进入21世纪后，债务危机也由发展中国家扩展到发达国家，如2008年的冰岛债务危机、2009年至今的希腊债务危机等。沉重的债务负担给这些国家带来了灾难性的后果。纵观各次债务危机，对债务国来说，积极利用外资的同时，必须对外债进行严格的管理。

一、国际债务及衡量指标

（一）国际债务的概念

国际债务即外债，根据国际货币基金组织、国际清算银行、世界银行及经济合作与发展组织的有关资料，一国的国际债务可以定义为：对非居民用外国货币或本国货币承担的、具有契约性偿还义务的全部债务。

国际货币基金组织和经济合作与发展组织计算国际债务的口径如下：(1)官方发展援助，即经济合作与发展组织成员国提供的政府贷款和其他政府贷款；(2)多边贷款，包括国际金融机构(如世界银行、亚洲开发银行等)的贷款;(3)国际货币基金组织的贷款;(4)债券和其他私人贷款;(5)对方政府担保的非银行贸易信贷(如卖方信贷等);(6)对方政府担保的银行信贷(如买方信贷等);(7)无政府担保的银行信贷(如银行同业拆借等);(8)外国使领馆、外国企业和个人在一国银行的存款;(9)公司、企业等从国外非银行机构借入的贸易性贷款。

由此看出,国际债务与国际资本是既有联系又有区别的。国际资本比国际债务的范畴更广。国际资本包括需要偿还的借贷资本和一般不采取偿还方式的直接投资;而国际债务仅仅是指那些需要还本付息的资本流动。对一个国家来说,利用外资和利用外债也是既有联系又有区别的两个概念。利用外资比利用外债的范畴更广。外资包括直接投资,而外债是外资中需要还本付息的部分。

(二) 国际债务的衡量指标

一国借用外债的规模,受到国际资本供应量、国内资金缺口和经济承受能力等因素的制约。国家利用外债要考虑自身的承受能力,而承受能力包含当前的消化吸收能力和未来的偿还能力两个方面。消化吸收能力是指国内基础设施的完善程度、资金配套程度、技术吸收能力、原材料和能源供应等;未来的偿还能力则受到投资效益、出口增长、国内储蓄水平等因素的制约。总的来说,有效利用外债的关键在于要消化吸收引进的外国技术,从而提高国民收入,增强出口创汇能力。

根据国际惯例,通常使用以下指标衡量一国外债的承受能力和偿还能力。

1. 偿债率

偿债率是指当年应偿还的债务本息额与当年出口收入额之比,是分析、衡量外债规模和一个国家偿债能力大小的主要指标。其公式为:

$$偿债率 = \frac{当年应偿还的债务本金与利息额}{当年出口收入额} \times 100\% \qquad (11-1)$$

国际上一般认为,一般国家偿债率的警戒线为 20%,发展中国家为 25%,危险线为 30%。当偿债率超过 25% 时,说明该国外债还本付息的负担过重,有可能发生债务危机。当然这一界限只能作为参考,超过它并不一定就会发生债务危机,因为一国的偿债能力既取决于所借外债的种类、数量、期限,还取决于该国的经济增长和出口增长速度等,尤其是一国的总体经济实力。

2. 债务率

债务率是指一国当年外债余额与当年出口收入额的比率。在债务国没有外汇储备或不考虑外汇储备时,这是衡量其外债负担和外债风险的主要指标。其公式为:

$$债务率 = \frac{当年年末外债余额}{当年出口收入额} \times 100\% \qquad (11-2)$$

债务率的国际公认安全标准是小于 100%,超过 100% 则被认为外债负担较重。不过,用债务率衡量一国的外债偿付能力存在一些问题,原因是出口收入在对外支付时通常会先解决进口付汇,只有在支付进口付汇后仍有节余(即贸易顺差)时,其盈余才能用于偿还外债。一些国家由于外汇储备短缺,甚至还要利用外债来平衡贸易逆差。

3. 负债率

负债率是指一国的外债余额与经济总规模(GNP 或 GDP)的比率,用于测度一国经济增长对外债的依赖程度或一国外债的整体风险。其公式为：

$$负债率 = \frac{当年年末外债余额}{当年\ GDP} \times 100\% \quad (11-3)$$

$$负债率 = \frac{当年年末外债余额}{当年\ GNP} \times 100\% \quad (11-4)$$

国际公认的安全标准是负债率应该控制在20%以下,20%即所谓的“警戒线水平”。但使用该指标时要注意,GDP(或GNP)是用本币测度的总产出,它不是一国的对外货币性债权,而外债必须用外汇偿还,所以GDP(或GNP)与偿付能力没有直接关系。不过,GDP(或GNP)能够影响一国的国际信誉和外债的国际评级,因此在评价一国偿债能力时负债率指标十分重要。

4. 短期债务比率

短期外债比率是指一国期限在1年或1年以下的短期外债占全部外债的比重,是衡量一国外债期限结构是否合理的指标。其公式为：

$$短期债务比率 = \frac{当年年末外债余额中短期债务余额}{当年年末外债余额} \times 100\% \quad (11-5)$$

国际上通行的短期债务占全部外债比重的警戒线为25%,若超过这一指标,则短期债务的比重就较高,偿债期过于集中,增加了偿付压力。合理的外债期限结构有利于在时间上根据国情对还债资金进行调剂,以降低债务风险。

5. 其他指标

除了上述常用指标外,还有其他一些指标可以辅助参考。例如,外债总额与本国黄金外汇储备额之比,一般控制在3倍以内;一国当年外债还本付息额与GDP(或GNP)之比,根据一般经验,该比率在5%以下被认为是安全的。

上述指标中,偿债率是衡量外债偿还能力的主要指标,是显示未来债务偿还是否出现问题的关键;其余指标是辅助性、补充性的。

但是,利用上述指标进行外债偿还能力评估存在一定的局限性,主要表现在以下三方面：

(1) 上述指标反映的是过去的状况,并不能代表未来形势的发展。出口产品的销路、出口市场的兴衰、出口产品的价格涨落等因素,都会影响未来出口收益的增减,且这些因素往往不能被某国主观地控制。因此,我们应结合对未来形势变化的预见评估偿债能力。

(2) 以出口收入为基础的偿债率仅反映了国际收支的一个方面,并未考虑当年该国的进口和国际储备状况,而这些都会影响该国的国际支付能力。若一国的偿债率超过20%,但外汇储备充足、经济增长速度较快,则外债偿还是不会出现问题的。

(3) 能否持续、有保证地借入外债,也是影响外债偿还的因素之一。

因此,仅仅以外汇收入衡量一国的外债偿还能力是有局限的,我们应该从更多方面、更多角度去衡量一国的外债水平及偿还能力。

二、国际债务危机

(一) 国际债务危机产生的原因

国际债务危机是指一国不能按时偿付其国外债务(包括主权债务和私人债务),其表现为大量的公共部门或私人部门无法清偿到期外债,导致该国不得不要求进行债务重组和国际援助等。

国际债务危机爆发的原因十分复杂,是国内因素和国际因素共同作用的结果。外因通过内因起作用,但外因往往不可控制,主要包括以下原因:

1. 外债规模膨胀

如果将外债视为经济建设资金的一种来源,就要确定一个适当的借入规模。过多地借债如果缺乏相应的国内资金及其他条件的配合,宏观经济效益就得不到应有的提高,而且可能因沉重的债务负担而导致债务危机。经济建设资金的积累主要靠本国的储蓄来实现,外资只能起辅助作用。现在,国际上一般把偿债率作为债务控制的标准。因为外债的偿还归根到底取决于一国的出口创汇能力,所以出口创汇能力制约着举借外债的规模。如果债务增长率持续高于出口增长率,就说明国际资本运动在使用及偿还环节上存在着严重的问题。

2. 外债结构不合理

在其他条件相同的情形下,外债结构对债务的变化起着重要的作用。外债结构不合理的主要表现有:

(1) 商业贷款比重过大。在一国经济走势较好或预期经济发展比较乐观时,国际银行就愿意给该国提供贷款,但这样的商业贷款一般期限较短,需要债务国不断地借新债还旧债来“滚动”地筹集资金。一旦债务国的经济发展出现某些不稳定因素(如政府的财政赤字、巨额贸易逆差或政局不稳等),使市场参与者失去信心、外汇储备不足以偿付到期外债时,该国货币汇率就必然大幅度下跌。在这种情形下,商业贷款到期后,国际银行也就不愿向该国提供新贷款了。为了偿还到期外债借款,本来短缺的外汇资金这时反而大规模地流出,就会导致危机爆发。

(2) 外债币种过于集中。如果一国外债集中于一两种币种,汇率风险就会变大。一旦该外币升值,其外债就会增加,增加偿还困难。

(3) 外债的期限结构不合理。如果短期外债比重过大,超过了国际警戒线,或者未合理安排偿债期限,就会造成偿债时间集中。一旦流动性不足以支付到期外债,就会爆发危机。

3. 外债使用不当

在借债规模与结构一定的情形下,使借入的外债投入适当的部门并最大化使用效益才是偿还债务的最终保证。长期内,偿债能力取决于一国的经济增长率;短期内,偿债能力则取决于它的出口率。所以,从深层次来看,真正需要关注的不是债务的规模,而是债务的生产能力和创汇能力。许多债务国在大量举债后,没有根据投资额、偿债期限、项目创汇率,以及宏观经济发展速度和目标等因素综合考虑,制定外债的使用走向和偿债战略,盲目地从事大工程建设。由于这类大项目耗资金、工期长,短期内很难形成生产能力和足够的外汇能力,造成债务规模不断积累;甚至,相当一部分外债根本没有流入生产领域或用在资本货物的进口方面,而是转而大量进口耐用消费品和奢侈品。如此这般必然导致投资率的降低和偿债能力的减弱。在这种情形下,不合理的消费需求导致储蓄率进一步降低,使得内部积累能力跟不上资金需求的增长,进而导致外债进一步增加。更有甚者,一些国家大量借入短期贷款在国内进行长期投资,而投资方向主要是房地产和股票市场,从而形成泡沫经济。因此,当泡沫破灭时,危机就自然降临了。

4. 外债的宏观管理不当

为了合理利用外债、规避风险、提高使用效益,国家应该对外债和资产实行有效的管理;而这种有效管理往往是避免债务危机的关键所在。其管理的范围包括外债的借入、使用、偿还等各个环节,需要政府各部门进行政策协调。如果外债的宏观管理不当,一旦发现政策偏离计划目标过大时,偿债困难往往就已经存在了。

5. 外贸形势恶化

由于出口创汇能力决定了一国的偿债能力,一旦外贸形势恶化,一国出口收入大幅减少,经常项目逆差就会扩大,从而严重影响其外债的还本付息能力。而经常项目逆差将进一步造成该国对外资的依赖,一旦国际投资者对债务国经济前景的信心发生逆转,停止贷款或拒绝延期,就会导致债务危机。

(二) 国际债务危机的影响

1. 导致国内投资规模大幅缩减

第一,为了偿还外债本息,债务国不得不大幅度地压缩进口以获得一定数额的外贸盈余。这会导致经济发展和结构调整所需的材料、技术和设备等的进口受到严重抑制,从而降低生产企业的投资。

第二,债务危机的爆发将大大降低债务国的国际信用,使该国进入国际资本市场筹资的渠道进一步受阻。借款条件恶化,即便勉强借入资金也要接受资金出借方的苛刻条件,甚至连条件苛刻的贷款也不易借到。同时,国际投资者也会视危机爆发国为高风险国家,从而减少对该国的直接投资。

第三,危机爆发导致国内投资者对本国经济前景变得悲观,纷纷抽回国内投资。这不仅加重了国家的债务负担,也使国内投资资金减少,降低经济发展的投资规模。

2. 导致通货膨胀加剧

第一,债务危机爆发会导致债务国资金流入恶化,流入资金大量减少,而为偿债流出的资金却越来越多。资金的流出,实际上就是货物的流出,因为债务国的偿债资金主要是依靠扩大出口和压缩进口来实现的。投资减少会影响企业的生产能力,导致其生产的产品数量难以同时满足国内需求与出口需要。而为了偿还外债本息,国家会在政策上把出口需要置于国内需求之上;同时,进口商品中的一些基本消费品也大幅减少。当国内市场的货物供应量减少到不能满足国内的基本需求、以致发生供应危机时,通货膨胀就不可避免了。

第二,在资金巨额净流出、资金短缺的情形下,债务国政府往往会采取扩大国债发行规模、提高银行储蓄利率等办法筹集资金。而这些资金的大部分被政府用于从民间购买外币以偿还外债,如此就会增加国内市场的货币流通量。同时,由于这部分资金并非用于投资,资金缺乏保值增值能力,因此在国债到期偿还或储户提款时,国家银行实际上并无能力偿还。于是,政府不得不加大发行利率更高、期限更短的新债券以偿还旧债务,如此就导致货币发行量不断扩大,通货膨胀成为了必然结果。

3. 导致经济增长减缓

为了制止资金外流、控制通货膨胀,政府会大幅提高利率,致使银根收紧,企业资金紧缺、资金成本上升;而为了偿债须兑换大量的外汇,又使得本币大幅贬值,企业的进口成本急剧升高。资金短缺和生产成本上升使企业的正常生产活动受到严重的影响,很多企业因此破产、倒闭。生产的下降势必影响出口的增长,如果出口不能创造足够的外汇以至于偿还外债,国家的外债负担就难以减轻,这些都使国家经济增长放慢,甚至出现较大幅度的倒退,以至于陷入恶性循环。例如,20 世纪 80 年代拉美国家爆发债务危机后,经济就陷于停滞。整个 80 年代,拉丁美洲各国国内生产总值累计增长 12.4%,而人均国内生产总值增长 -9.6%。

4. 产生各种社会后果

经济衰退导致大批工厂和企业停工、停产甚至倒闭,失业人口剧增。与此同时,在通货膨胀高企的情形下,居民的生活必然受到影响,工资购买力不断下降。一方面,失业率的上升和实际工资的下降使得债务国居民的生活日益贫困化,穷人队伍越来越庞大;另一方面,偿债压力导致的紧缩财政政策,使得政府在公共社会事业发展上的投资越来越少,居民的生活水平日趋恶化。此种情形会导致社会不满情绪上升;在极端情形下,民众会用游行示威甚至暴力的方式表达对现状的极度不满,从而导致政局不稳和社会动乱,如 1997 年东南亚金融危机直接导致印度尼西亚和马来西亚政府更迭和社会骚乱。

5. 对国际经济、政治产生负面影响

在国际债务危机的影响下,国际金融体系的运行也会遭受负面效应;第一,债权国与债务国同处于一个金融体系之中,一方出现问题,另一方也不可能独善其身;债权人若不及时向债务国提供援助,就会殃及国际金融体系,从而影响世界经济的整体发展。第二,对于那些将巨额贷款集中在少数债务国的债权银行来说,一旦债务国违约就必然遭受严重损失,甚至破产。第三,债务国国内局势急剧动荡,也会从经济上甚至政治上对债权国产生不利影响,在这种情境下,债权人不得不参与债务危机的解决。

(三) 国际债务危机中可采用的解决措施

如何采取措施防范与化解债务危机是各国极其重视的问题。一般来说,解决债务危机的措施有以下两个方面:

1. 债务重组

当一国发生债务危机而无力偿还外债时,解决方法之一就是与债权人协商,要求进行债务重组。一方面,债务国可以因此而有机会渡过难关,重整经济;另一方面,债权人也有希望在未来收回贷出资金本息,避免全盘损失。

债务重组主要通过以下两个途径进行:

(1) 政府间债务重组,一般是由"巴黎俱乐部"负责安排的。成立于 1961 年的巴黎俱乐部也称"十国集团",是一个非正式的官方机构,其主要作用在于帮助要求债务重组的债务国和各债权政府,一起协商寻求解决的办法。通常,参加巴黎俱乐部的债务国,要先接受国际货币基金组织的经济调整计划,然后才能向会议主席提出召开债务重组会议。获得重组的借款只限于政府的直接借款和由政府担保的各种中长期借款,很少涉及短期借款。典型的重组协议条款包括:将现在所有借款的 80%—100% 延长偿还时间,通常有 4—5 年的宽限期，然后分 8—10 年时间偿付。至于利率方面，会议不做明确规定，而由各债权人与债务国协商。此外，其中一小部分是采用再融资方式解决的，即借新债还旧债。

（2）商业银行债务重组，一般由商业银行特别国际财团（也称为“伦敦俱乐部”）组织。从某种意义上说，商业银行债务重组比政府间债务重组更复杂。因为商业贷款的债权银行数量十分众多，每家银行都从自身出发去争取利益；而且，商业贷款的种类很多。例如，欧洲债券市场的首次外债重组中，债权人就按不同贷款形式被分成三个集团：一是债券的持有人；二是中长期的银团贷款债权；三是短期信贷的债权人。它们经过将近两年的时间才达成初步的协议。商业银行主要对本期或一年内到期的长期债务重组，有时也包括到期未付的本金；但对利息的偿还期不予重组，必须在偿还利息欠款后，重组协议才能生效。债务重组后典型的还款期为 6—9 年，包括 2—4 年的宽限期；利率会高于伦敦银行间同业拆借利率。

通常，银行要求债务国在完成政府官方债务重组后才去达成商业贷款重组。债务重组给了债务国喘息的时间，并使债务国有可能将大量到期债务转为中长期债务。但从根本上说，重组债务仅能解一时之急，却不能从根本上解决债务危机。

2. 债务资本化

债务资本化是指债务国将部分外债转变为对本国企事业的投资，包括债务转换股权、债务回购、债务更新和债务转用于资源保护等，从而达到减少外债的目的。

（1）债务转换股权（debt-for-equity）。债务转换股权是 1983 年以来出现的解决债务国部分债务的办法。其基本步骤为：①由政府进行协调，转换的债务应属于重组协议内的债务。债权方、债务方和政府各方经谈判同意后，委托某中介机构将贷给公共或私人部门的贷款在二级市场上打折出售。有时，外国银行亦把债权直接打折售给债务国中央银行。②投资人向债务国金融当局提出申请，在取得同意后，即以折扣价买下该笔债务；然后到债务国中央银行按官方汇率贴现，兑换成该国货币。③投资人使用这笔货币在该债务国购入股权进行投资。于是这笔债务便从债务国的外国贷款登记机构注销而转入股票投资登记机构。

除由政府进行协调解决的债务交易外，也有不经政府、由债务人与投资者直接交易的。有些到期外债还通过国内证券交易所公开拍卖。

债务转换股权的优点主要有：无须动用外汇就可减少债务；可在一定程度上缓解债务国缺乏资金的矛盾；可吸引外逃资金回国参加建设。

债务转换股权的缺点主要有：若采用过多、引进了过量外资，将导致一些部门的控制权被外国公司掌握，出现经济被外资控制的局面；债务国政府通过全国的银行系统来筹措债务转换所需的资金，将导致国内货币供应量大增、通货膨胀加剧、货币贬值，同时也对汇率造成压力；单纯通过国内资本市场进行融资以满足债务对股权转换的资金需求，会导致国内资金更加短缺；外债庞大的国家往往也缺少良好的投资机会，所以这种方法还是要满足一定的先决条件的，不能广泛实施。

（2）债务回购（buyback）。债务回购是允许债务国用现金、以一定折扣购回其债务。在直接与债务国谈判时，回购活动一般需要债权银行免去贷款的某些条款，或者重新安排债务协议。债务国可以从官方、私人渠道，利用捐赠或借入的外汇回购债务。

（3）债务更新（debt conversion）。债务更新是指通过发行新债券来偿还旧债。具体做法为：一国以债券形式筹措资金以便在二级市场上回购债务，或者直接交换旧债。这种方案的设想是:如果新债券能比现存债务以较小的折现率出售,那么就可以减少债务而不必使债务国动用大量的外汇储备。但这种方法受到债务国信用能力和资本市场发达程度的限制。

(4) 债务转用于资源保护(debt-for-nature)。债务转用于资源保护是指通过债务转换来取得资金用于保护自然资源。这种措施由世界自然基金会的托马斯·勒夫乔埃于1984年提出。具体做法为:世界自然基金会同债务国金融机构、中央银行、政府资源管理机构或私人自然资源保护组织达成原则协议,确定换成当地货币的汇率及管理和使用这笔资金的代理机构;然后以其收到的捐赠资金从私人银行或二级市场以折扣价购进债务,再转售给债务国资源管理机构或私人自然资源保护组织,并向该国中央银行兑换成该国货币;最后交给资源保护机构用于环保项目的投资。

知识拓展

希腊债务危机

2009年10月初,希腊政府突然宣布,2009年政府财政赤字和公共债务占国内生产总值的比例预计将分别达到12.7%和113%,远超欧盟《稳定与增长公约》规定的3%和60%的上限。鉴于希腊政府的财政状况显著恶化,全球三大信用评级机构(惠誉、标准普尔和穆迪)相继调低希腊主权信用评级,希腊债务危机正式拉开序幕。

希腊主权债务危机直接的原因是政府过度举债,以及欧洲式的高福利模式造成私人部门负担过重。在加入欧元区后,希腊政府利用欧元区内宽松的信贷环境,倾向于以四处借贷的方式扩大政府开支。2004年的雅典奥运会大幅度超支,希腊不得不大笔举债以应付需要。但当2008年全球金融危机爆发之后,借贷成本急剧升高,希腊政府筹措资金日益困难。

2010年2月24日,希腊民众举行了该国有史以来规模最大的罢工,抗议政府紧急削减财政支出的措施;随后,标准普尔警告,希腊长期评级面临被继续下调至接近垃圾级的危险。

随着主权信用评级被降低,希腊政府的借贷成本进一步上升。希腊政府不得不采取紧缩财政措施,希腊国内举行了一轮又一轮的罢工活动,经济发展雪上加霜。除希腊外,葡萄牙、爱尔兰和西班牙等国的财政状况也引起投资者的关注,欧洲多国的主权信用评级遭下调。

2012年3月2日,国际评级机构穆迪宣布,将希腊本外币债券评级从“Ca”下调至最低级“C”。这也是希腊第三次遭国际评级机构降级。

希腊债务危机爆发以来,欧盟委员会、欧洲中央银行和国际货币基金组织向其提供了两轮共2 400亿欧元的救助贷款;但希腊非但没能迎来复苏,经济反而萎缩了25%、债务增长了50%,还导致希腊激进左翼联盟(其重要主张就是反对国内的紧缩政策)上台。

2015年,希腊债务危机进一步升级,6月27—28日,希腊总理宣布将解决希腊债务危机问题的协议草案交全民公决,并宣布希腊各银行将根据中央银行的建议停止对外营业并实行资本管制,雅典证券交易所也将关闭。很多希腊民众由于担心希腊退出欧元区、银行遭遇破产,在自动取款机前排起长队挤兑资金。仅6月27日一天,希腊全国超过1/3的自动取款机被取空现金,银行系统大约6亿欧元的现钞被民众提走。

2015年7月,希腊总理在欧洲区特别峰会上要求欧元区国家再减免1 000亿美元债务,遭到大多数欧盟成员国的拒绝和指责。欧盟执委会7月15日指出，希腊所获的资金援助已超过第二次世界战后美国“马歇尔计划”援助欧洲国家的总和。

虽然存在众多分歧，但欧元区领导人最终还是就希腊债务问题达成协议，计划有条件地向希腊提供第三期救助，从而暂时消除了希腊退出欧元区的风险。“希腊退欧风波”暂时平息了，但会不会卷土重来仍未可知。

资料来源：“希腊债务危机大事记：民意反对紧缩谈判一波三折”，http://news.163.com/15/0629/10/AT96LEOE00014JB6.html。

三、我国的外债管理

（一）我国的外债规模与结构

1997年亚洲金融危机后，我国经济开始出现通胀紧缩，政府实施了积极的财政政策和货币政策进行应对，加大了投资力度。在外债方面，政府加强外债结构调整的力度，对商业贷款进行严格控制，从而出现了2000年外债余额下降的局面。但2001年以后，在国内经济发展迅速、对外开放进一步深化、国际利率水平下降的背景下，我国外债余额的增长速度较快，短期外债占比逐年提升（见表11－1）。虽然我国短期外债规模较大、相关偿债指标居新兴经济体和发展中国家前列，但这和我国开放经济大国的地位是相称的。我国经济持续发展和充足的外汇储备，为我国偿付短期外债提供了充足的清偿能力。①

表11－1　2001—2014年我国外债余额和短期外债占比

年份	外债余额（十亿美元）	贸易信贷（十亿美元）	登记外债余额（十亿美元）	短期外债余额（十亿美元）	短期外债占比（%）
2001	203.30	54.8	148.50	83.77	41.21
2002	202.63	57.6	145.03	87.08	42.97
2003	219.36	62.3	157.06	102.77	46.85
2004	262.99	80.9	182.09	138.71	52.74
2005	296.54	106.3	190.25	171.64	57.88
2006	338.59	119.6	218.99	199.23	58.84
2007	389.22	148.7	240.52	235.68	60.55
2008	390.16	129.6	260.56	226.28	58.00
2009	428.65	161.7	266.95	259.26	60.48
2010	548.94	211.2	337.74	375.70	68.44
2011	695.00	249.2	445.80	500.90	72.07
2012	736.99	291.5	445.49	540.93	73.40
2013	863.17	336.5	526.67	676.63	78.39
2014	895.46	334.4	561.06	683.36	76.32

注：2009年贸易信贷抽样调查方法进行了调整，为了保证数据的可比性，2001—2008年贸易信贷余额也进行了相应的调整。2014年外债余额含特别提款权分配101亿美元，短期外债按照剩余期限划分。

资料来源：国家外汇管理局网站（www.safe.gov.cn）。

① 李超、马昀：“中国的外债管理问题”，《金融研究》，2012年第4期。

（二）我国外债管理模式与存在的问题

当前，我国外债管理采取联合监管的模式，实行由国务院统一领导，国家发改委、财政部及国家外汇管理局分工协作的制度，各主体的职责如表 11－2 所示。

表 11－2　我国现行外债管理模式

部门	管理职能
国家发改委	综合考虑我国经济社会发展需要、国际收支状况和外债承受度等多方面因素，共同制订国家借用外债计划，负责审核境内机构在境外发行中长期债券及境内机构中长期外债指标
国家外汇管理局	负责我国主权外债的对外签约，代表国家在境外发债
财政部	具体负责短期外债指标核定和境内机构的外债登记及全口径的外债统计监测

我国外债管理存在的主要问题有以下三方面①：

1. 现行外债管理框架在“防风险”和“便利化”方面均存在不足

一是外债规模管控方式以指标审批和额度管理为主，行政审批色彩明显，与企业实际经营脱节严重。目前银行和中资企业借用外债必须事前申请指标，属于行政审批。普通外资企业借用外债必须在投注差范围内，但由于投资总额及注册资本仅为企业成立时的估算数，与企业后期实际资金需求存在较大的差异，因此这无助于了解企业偿债能力等实际经营状况，以此确定企业的借债规模是不科学的。

二是制度设计以防范个体风险为主，与货币、产业政策配合度较弱，对系统性及结构性风险关注不够。例如，近年来我国产业结构调整及经济转型发展的进程不断加快，针对不同行业区别采取鼓励、限制或禁止的相关行业政策，产业发展方向明晰可循。但外债管理除对房地产行业有特殊规定外，尚未依照行业类别、规模大小、产业属性进行细化区分，政策的产业导向性尚未完全体现。

三是中外资企业在外债借用及资金使用上存在差异。外商投资企业在成立之初由于国内缺乏融资渠道，其从境外投资方借入外债成为现实之选，再加之外汇紧缺等历史原因，我国外债管理模式总体呈现“外松内紧”的特点。外资银行和外资企业在外债借用上一直享受着超国民待遇，这有违市场公平竞争的原则。

2. 事后监管和统计预警有待加强

一是事后监管制度尚有待完善。事后监管制度以提高外债数据采集质量、促进微观主体合规经营为目的，虽然相关机制已初步建立且取得一些成效，但在全面性、及时性及效率上仍有待加强。其中，由于外债数据的采集方式较为分散，债务人登记、银行代客申报和贸易信贷抽样调查等多种方式并存，部分数据质量不高的问题始终存在，影响了后续的监测分析。

二是外债数据的统计口径与国际标准的通行做法存在差异，未能全面评估外债风险。目前，我国的外债数据是按照居民原则进行统计的，即按照债务人的所在国或常驻地编制统计，不包括中国海外机构的对外负债，因而无法全面衡量中国外债的“最终风险”。而 20 世

① 张弛：“宏观审慎监管框架下外债管理改革路径研究”，《西南金融》，2015 年第 1 期。

纪 80 年代初拉美债务危机和 20 世纪 90 年代后期亚洲金融危机爆发的一个重要原因就是私人部门及其海外分支机构的债务规模过大。

三是指标监测风险预警有待完善。近年来，国际上不断推进外债统计监测预警体系的建设，在进行指标监测的基础上，不断探索运用复杂的数理模型开展外债的统计监测预警。随着资本项目信息系统的上线，我国外债宏观监测分析体系初显雏形，但在指标优化和分析方法上还有待提高。

3. 危机处置及政策储备有待完善

从 1998 年亚洲金融危机时我国的应对方面看，主要是禁止购汇提前还本以及加强资金流出审核等行政措施，“头痛医头”的应急色彩浓厚；目前虽然有所改进，但并没有形成长效的资金平衡管理体制。此外，我国虽开始学习国际上先进的危机应对和处置经验，但目前结合中国实际、成熟的、以市场化手段为主的政策储备尚未到位。

（三）我国外债管理完善的方向①

1. 构建科学动态的外债管理政策框架

今后，外债管理改革的重点主要集中在简化流程、便利企业操作；同时，科学设定外债规模，逐步取消银行、中资企业的外债指标审批，减少中外资企业外债差异等方面。在外债规模管理上，考虑企业可借外债额度 = 上年度（或半年度）经审计的净资产额 × 宏观审慎监管系数。企业净资产（所有者权益）包括实收资本或者股本、资本公积、盈余公积和未分配利润等内容，综合体现了企业的生产经营状况及实际偿付能力；引入宏观审慎监管系数，区别借债主体、所处行业赋予不同的数值，使外债规模管理更为灵活高效。在此基础上，可分步考虑外债管理政策与货币、汇率、财政政策的协调配合，搭建更为全面的外债宏观审慎监管制度框架。

2. 构建全面高效的统计监测风险预警体系

一是完善事后监管机制，加强外债数据采集的后续检查和考核力度，提高外债基础数据质量。借鉴国际清算银行从债权人角度测算不同国家债务数额的统计方法，加强国际合作和部门合作，通过数据交叉核对，完善校验机制，提高数据的准确性。

二是完善外债统计监测口径，研究建立涵盖中资机构海外分支机构的国民原则外债统计体系，作为当前居民原则外债统计体系的有益补充，全面衡量我国外债的最终偿还或支付风险。

三是在科学设置债务率、负债率等监测指标体系的基础上，探索研究模型监测体系，准确识别包括总规模及结构性在内的各种风险，及时有效预警。

3. 加强应急措施与手段的研究，完善政策储备

一是健全应急机制，加强对外汇头寸限额、外汇准备金要求和外汇贷款上限等宏观审慎工具的研究并进行工具创新，根据风险等级制订相应预案，加强应急模拟演练，增强风险处置的有效性。

二是加强金融交易税、托宾税、预扣税、资本利得税、无息准备金、外汇交易手续费等市场化、价格型管制措施的研究，并按公开透明、正确引导预期的原则，做好政策储备。

---

① 张弛：“宏观审慎监管框架下外债管理改革路径研究”，《西南金融》，2015 年第 1 期。

三是强化国际合作,做好风险处置经验的交流与培训,加强相关数据和情况的沟通与协调,共同应对系统性风险。

第三节 国际游资与金融危机

一、国际游资的概念与特征

国际游资又称“国际热钱”,是指与实际生产、交换没有直接联系而以货币金融形态存在于国际金融市场、以追逐利润为目的、投机性极强的国际短期流动资本。银行短期存款、短期政府债券、外汇、商业票据、股票及金融衍生产品等都是国际游资的投资对象。20 世纪 90 年代,国际“金融大鳄”索罗斯一手制造的英镑危机、东南亚金融危机,都有国际游资的身影。

国际游资具有以下特征:

第一,高信息化与高敏感性。国际游资是信息化时代的产物,对一国、地区或世界经济金融的现状和趋势,对各个金融市场的汇差、利差和各种价格差,对有关国家的经济政策等高度敏感,并能迅速做出反应。

第二,高流动性与短期性。基于高信息化与高敏感性,只要有钱可赚它们便迅速进入,风险加大则瞬间逃离,表现出极大的短期性甚至超短期性,在一天或一周内迅速地进出。

第三,高收益性与风险性。追求高收益是国际游资在全球金融市场上运动的最终目的。当然高收益往往伴随着高风险,因而国际游资赚取的是高风险利润。它们可能在此市场赚钱而在彼市场亏钱,或者在此时赚钱而在彼时亏钱,这也使其具备承担高风险的意识和能力。

第四,投资的高虚拟性与投机性。国际游资投资于全球的有价证券市场和货币市场,以便从证券和货币的价格波动中获得利润,对金融市场有一定的润滑作用。如果金融市场上没有国际游资这类风险偏好者,风险厌恶者就不可能转移风险;但国际游资的投资既不创造就业也不提供服务,具有极高的虚拟性、投机性和破坏性。

二、国际游资的主要来源

(一) 社会闲散资金

私人和企业自身积累或闲置的资金是社会资本的主要组成部分,一旦这些资金投入国际金融市场中进行投机,就形成国际游资的重要来源。其主要原因是:私人累积或闲置的资本为获得高额回报而投入金融活动中,随着经济金融全球化而延伸到国际金融市场上谋取利润;企业在经营中的一些短期流动资金和闲置资金投机于金融市场,目的是谋取高额回报。在实践中,很多西方的跨国公司和规模比较大的企业本身都会参与证券投资活动,这部分社会资本兼具投资和投机两种特性,其规模也很难把握,但却是国际游资的重要来源。近年来,随着私人理财观念的改变,国际游资正慢慢变得以私人资本为主。

(二) 投资基金

投资基金是所有以投资为形式的基金的统称,投资基金主要是把投资者的资金集中起来,然后委托职业人员进行专门的证券投资活动。相对而言,投资基金的收益比较稳定,投资者投资基金很大的一部分原因还是因为收益的稳定性。除一部分基金用于投机之外,其余的都是为了取得相对稳定的且高于银行利息的利润。但是,由于金融市场的诡异多变,很多投资基金也具有投机的色彩。

投资基金中用于投机的最典型代表就是对冲基金,意为“风险对冲过的基金”,也称避险基金或套利基金,起源于20世纪50年代初的美国。当时的操作宗旨在于:利用期货、期权等金融衍生产品以及对相关联的不同股票实施空买空卖、风险对冲的操作技巧,在一定程度上规避和化解投资风险。经过几十年的演变,对冲基金已失去其初始的风险对冲的内涵,进而成为一种新的投资模式的代名词,即基于最新的投资理论和极其复杂的金融市场操作技巧,充分利用各种金融衍生产品的杠杆效用,承担高风险、追求高收益的投资模式。德意志银行第十三期年度替代性投资调查①发现:截至2015年年底,全球对冲基金行业的资产规模增长7%,突破3万亿美元大关。调查表明,2015年39%的机构投资者计划增投对冲基金,据此判断对冲基金中来自机构的资产规模将出现增长。对冲基金2015年的整体表现令人失望,平均亏损3.49%。很多对冲基金清盘或者退还外部投资转为家族基金。其中,欧洲关闭的对冲基金数量15年来首次多于新开数量。

(三)其他金融机构的短期投资资金

除投资基金外,其他金融机构也同样会利用自有资金、盈余资金或融通资金进入金融市场以获取回报,这构成了国际游资的主要来源。而银行以抵押贷款的方式给投机者的融资则扩大了热钱的规模,这种抵押贷款的操作手法是:投机者存入一定数额的抵押金,银行按照融资比例发放给投机者相应的贷款。比如,若融资比例为1:20,则投机者存入1美元的抵押金就能从银行贷到20美元的资金。银行的这种业务使得银行的贷款成为热钱的资金来源。

(四)保险资金

近年来,随着全球经济的发展,保险行业的发展也是日新月异,保险规模越做越大,而且经营方式也越来越多。保险公司收取保费而聚集的大量资金绝不会简单地存入银行收取利息,而是为了获得更高的收益而流入了金融市场,这部分资金的投机活动使得保险资金成为热钱的重要组成部分。

(五)国际黑钱

黑钱是指通过不正当的经济活动所获得的收益,热钱最初主要来自黑钱,在金融市场的初期发展中,黑钱就开始了它的投机活动。黑钱要想合法地流通,就必须经过清洗,即所谓的洗钱。洗钱是指将各种违法犯罪所获得的收入,通过各种方式进行掩饰,隐瞒其真正来源,使其在形式上能够合法化的行为。可采取的洗钱方式有很多种,但是最简单也是最主要的就是进入金融市场进行投机,经过金融市场清洗后的黑钱可以合法地流通,其中一些资金就会作为热钱长期地存在于投机市场中。黑钱的产生已经有很长一段历史,经过这么多年的累积,其规模已非常庞大。根据国际货币基金组织的统计,全球每年洗钱规模在3万亿—

① 该调查是业内规模最大、历史最久的对冲基金投资者调查。2015年参与调查的对冲基金投资机构达435家,管理的资产逾1.8万亿美元。

8 万亿美元，相当于世界 GDP 的 2%—5%。

三、现代金融危机理论

金融危机是指一个国家或几个国家与地区的全部或大部分金融指标（如短期利率、货币资产、证券、房地产、土地价格、商业破产数和金融机构倒闭数）发生急剧、短暂和超周期的恶化。

金融危机可以分为货币危机、债务危机、银行危机等类型。近年来，金融危机越来越呈现出某种混合的形式，具体表现为市场流动性不足、信用紧缩、市场停滞、交易大量减少、货币大幅贬值、市场恐慌性抛售、信心崩溃，同时还往往伴随着企业大量倒闭、失业率提高、社会普遍的经济萧条，甚至有些时候还伴随着社会动荡或国家政治局面的动荡。

（一）传统三代货币危机理论

货币危机的理论研究开始于 20 世纪 70 年代后期。人们围绕着货币危机的爆发与国际游资的关系进行研究，产生了三代货币危机模型。

1. 第一代货币危机模型

克鲁格曼在 1979 年发表的 A Model of Balance-of-Payments Crises 一文中构建了货币危机的最早的理论模型。

第一代货币危机模型认为，扩张性的宏观经济政策会导致巨额财政赤字，一方面，为了弥补财政赤字，政府不得不增加货币供给量；另一方面，为了维持汇率稳定而不断地抛出外汇储备。而一旦外汇储备减少到某一临界点时，投机者就会对该国货币发起冲击，在短期内将该国的外汇储备消耗殆尽。政府要么让本币贬值，要么让汇率浮动，于是固定汇率制度就会崩溃，导致货币危机发生。

该理论从一国经济的基本面解释了货币危机的根源在于经济的内部均衡和外部均衡的矛盾与冲突。如果一国的外汇储备不足，财政赤字的持续货币化将导致固定汇率制度崩溃并最终引发货币危机。当宏观经济状况不断恶化时，货币危机的发生是必然的且不可避免的。

第一代货币危机理论是以 20 世纪 80 年代中期以前发生的货币危机为考察对象，其理论对发生在墨西哥（1973—1982 年）、阿根廷（1978—1981 年）、智利（1982 年）的货币危机有着较好的解释力，对 1998 年以来俄罗斯与巴西由财政问题引发的货币波动也同样适用。该理论提出，实施紧缩性财政政策、货币政策，保持经济基本面健康是防止此类货币危机的关键。

2. 第二代货币危机模型

1992 年英镑危机爆发，当时英国不仅拥有大量的外汇储备（德国马克），而且其财政赤字也未出现与其稳定汇率不和谐的状况。第一代货币危机理论已无法对其做出合理的解释，经济学家开始从其他方面寻找危机发生的原因，逐渐形成第二代货币危机理论。

1996 年奥波斯菲尔德（Obstfeld）系统地提出了第二代货币危机模型，被称为“自我实现的货币危机理论”，在其分析过程中引入了博弈论，关注政府与市场交易主体之间的行为博弈。这种理论认为，即使宏观经济基础没有进一步恶化，但由于市场预期的突然改变，使人们普遍形成贬值预期，也可能引发货币危机。也就是说，货币危机的发生可能是预期贬值自我实现的结果。

第二代货币危机理论特别强调,货币危机的发生往往是政府与投机者之间相互博弈的过程。一国政府在制定经济政策时存在多重目标,经济政策的多重目标导致了多重均衡,因而政府既有捍卫汇率稳定的动机,也有放弃汇率稳定的动机。假设在汇率政策决策中政府考虑的核心问题是:是否维护固定汇率制度?

政府维护固定汇率制度的主要方法之一是提高利率,但运用利率政策维护固定汇率制度必须符合两个条件:一是应使本国利率水平高于外国,吸引外资流入以补充外汇储备;二是提高利率的成本应低于维持固定汇率的收益。而提高利率会带来的不利有:一是如果政府债务存量较大,提高利率将加重政府的利息负担;二是提高利率将对经济产生紧缩效应,这可能引起经济衰退和失业率上升。

该模型认为,在外汇市场上有中央银行和广大的市场投资者,双方根据对方的行为和所掌握的对方的信息,不断修正自己的行为选择;这种修正又影响着对方的下一次修正,形成了一种自我实现。当公众的预期和信心的偏差不断累积、使得维持稳定汇率的成本大于放弃稳定汇率的成本时,中央银行就会选择放弃,从而导致货币危机的发生。

以奥波斯菲尔德为代表的学者在强调危机的自我促成时,仍然重视经济基本面的状况。如果一国经济基本面的状况比较好,公众的预期就不会发生大的偏差,可以避免危机的发生。与此同时,另一些第二代货币危机模型的支持者则认为,危机与经济基本面的状况无关,可能纯粹由投机者的攻击导致。投机者的攻击使市场上的广大投资者的情绪、预期发生了变化,产生"传染效应"和"羊群效应",推动着危机的爆发。

第二代货币危机理论较好地解释了 1992 年的英镑危机。当时英国政府面临着提高就业与维持稳定汇率的两难选择,结果放弃了有浮动的固定汇率制度。

3. 第三代货币危机模型

1997 年下半年爆发的东南亚金融危机呈现出许多新的特征。东南亚金融危机发生国的宏观经济在总体上是健康的,也并未出现大规模的失业、通货膨胀、经济增长放缓等现象,反之,这些国家大多创造了经济发展的"神话",并实行了金融自由化。东南亚金融危机爆发后,表现出极强的传染效应。例如,泰铢危机爆发后,马来西亚林吉特和印尼盾很快也陷入危机的泥潭,接着韩元、日元和卢布又相继爆发危机,到 1999 年 1 月危机又传染了巴西雷亚尔。更难理解的是,这些国家和地区的经济(尤其是韩国)在危机过后的很短时间内就实现了经济复苏,某些方面甚至好于危机之前。那么,为什么一个国家爆发危机会传染给另一个国家?为什么危机会在全球蔓延?第一、二代模型已经无法较好地解释这场金融危机。于是,有关这一问题的解释和理论便构成第三代货币危机理论的主要内容。

第三代货币危机模型是以克鲁格曼为代表的学者们提出的,该模型强调了第一、二代模型所忽视的一个重要现象:在发展中国家,普遍存在着道德风险问题,而泡沫经济的破裂导致了金融危机的爆发。具体原因如下:

普遍的道德风险归因于政府对企业和金融机构的隐性担保,以及政府与这些企业和金融机构的亲缘关系。金融中介会选择风险过高的项目,从而将过多的风险性资金投向房地产和证券市场,形成了金融过度(financial excess),导致资产泡沫的产生;国外债权人会低估东道国金融中介资产组合的真实风险,而愿意为东道国的金融中介和投资项目提供资金。

一方面,随着金融中介以外币计价资产的风险不断加大,关于金融中介资产未来回报的不利预期就会引发国外投资者对国内金融中介的挤兑,由此导致外汇储备需求的激增,并迫使东道国货币贬值;另一方面,当国内债权人不愿或无法继续为国内企业的损失继续融资时,就会迫使政府介入,而政府就必须采取一定的措施,包括发行货币、扩大赤字等。由此,根据第一代货币危机模型,对于这种扩张性融资的预期就会导致投机者对东道国货币的攻击,从而引发货币危机。这种危机不仅仅是单纯的国际收支危机,国内金融中介部门会面临资产价格剧烈下降而导致的不良贷款激增的压力,进而引发包括银行危机、金融危机、社会危机和政治危机的全面危机;而信息不对称"羊群效应"、警示效应、流动性危机会导致危机的蔓延。紧急资本管制是应付货币危机的手段之一。

第三代货币危机理论出现得较晚,但研究者们普遍认为脆弱的金融体系、内部经济结构和亲缘政治是导致这场危机的关键所在。

上述三代货币危机理论研究的侧重点各有不同,从不同的角度回答了货币危机的发生、传导等问题。第一代货币危机理论着重讨论经济基本面,第二代货币危机理论的重点放在危机本身的性质、信息与公众的信心上,而第三代货币危机理论的焦点则是金融体系与私人部门,特别是企业。

(二) 2007 年次贷危机后金融危机理论的新发展

虽然 20 世纪七八十年代的危机同时影响了发展中国家和发达国家,但从 20 世纪 90 年代中期以来,金融危机几乎只发生在发展中国家。然而,2007 年次贷危机爆发在西方最发达的美国,而且对西方强国的影响更加持久和显著,现有的金融危机理论很难完全而深刻地解释次贷危机,这引发理论界对金融危机理论的深思。

2007 年次贷危机发生的背景环境如下:

第一,证券化被广泛应用于银行体系。2007—2008 年由次贷危机引起的金融市场混乱被看作自大萧条以来最严重的金融危机,是一次系统性的银行挤兑现象,与以往历次不同的是——它不是发生在传统的而是证券化的银行系统。传统银行是以银行存款为主要资金来源,以发放贷款并持有贷款到期为主要业务,传统银行的挤兑是由存款者引起的;证券化银行是以打包和出售贷款为主要的资金来源,证券化银行的挤兑是由回购合约的挤兑引起的。证券化银行业务的大部分都是投资银行(如贝尔斯登、雷曼兄弟、摩根士丹利、美林等)经营的,但是商业银行也会少量涉及这些证券化业务,以作为对传统银行业务的补充。①

第二,资产证券化及其衍生工具被大规模应用。美国的金融创新是以资产证券化为主要特征的。为了降低风险,银行创造出被称为抵押债务凭证的结构化产品,然后把不同等级的资产卖给不同风险偏好的投资者。通过证券化,银行从资本市场获得了大量的短期资金,使负债的期限大大缩短,银行的杠杆率大幅度上升。截至 2007 年年底,美国用于居住的房地产市场规模为 17 万亿美元,其中次级住房抵押贷款占比接近 60%,高达 10 万亿美元;而此时住房抵押贷款的证券化规模已经高达 6 万亿美元;次级住房抵押贷款的占比高达 15%。由次级抵押贷款衍生出来的金融产品名目繁多,在房地产市场繁荣时,整个金融市场也呈现

① 周爱民、高蓉、张萍、季伟杰:"次贷危机后金融危机理论的最新研究进展",《现代管理科学》,2012 年第 5 期。

出虚假的繁荣，掩盖了风险。

第三，金融危机之前，美国经济处于一个低利率的环境。这不仅是因为大量的资本从国外（尤其是亚洲国家）流入美国，而且美国政府本身采取了低利率的货币政策。

2007 年次贷危机发生后，学者们开始重新审视新型金融危机的特征及内在机理。有的学者仍然将其判定为流动性危机；有的学者则认为，危机发生的根源在于解决运行的内在不确定性；有的学者认为，过度依赖量化模型使得一些机构的决策脱离实际是次贷危机的根本诱因；还有学者认为，货币政策和监管体制也是导致次贷危机的根源。

2007 年次贷危机后，全球金融危机理论的研究得到发展，虽然仍未跳出宏观基础和多重均衡这两种分析框架，但日益呈现出"微观化"的趋势。

知识拓展

新兴市场经济体的资本流动管理

2015 年新兴市场经济体面临的一个重要挑战是，如果美联储收紧货币政策的速度和力度明显超出预期，就可能使新兴市场经济体出现资本大量流出、汇率和资本市场大幅波动，并导致这些经济体的经济增长减速。对新兴市场经济体来说，一个有效管理过度资本流动的框架至少应该考虑以下五个方面的内容：

第一，保持本国经济基本面的健康可以降低受到国际游资冲击的概率。从近年的经验来看，在美国退出量化宽松的过程中，一些宏观经济状况稳定，通货膨胀和财政赤字、经常项目赤字不高，外汇储备比较充裕的东亚新兴经济体受到较小的资本外流压力；相反，在过去一年多的时间里，经济基本面较弱的一些新兴市场经济体就经历了较大的资本外流压力和汇率的波动。

第二，宏观政策的灵活应对。比如，在出现较多短期资本流入的情形下，给予汇率足够的弹性、允许汇率升值，有可能降低未来汇率继续大幅升值的预期，从而降低短期资本继续流入的冲动。当然，宏观政策应对的方式和空间大小还值得深入研究。

第三，在面对很大的短期资本流入压力、常规宏观政策的应对也难以奏效之时，可以采用审慎管理资本流入的措施。一些国际上比较典型的控制过度资本流入的审慎管理手段包括托宾税或托宾费、无息存款准备金、对房地产投资实行较高的首付比例和提高交易税税率、对短期外债实行与资本金挂钩的比例管理等。这些做法在韩国、印度尼西亚、巴西、土耳其、以色列等国都实行过，在短期内都起到了抑制过度资本流动的作用。

第四，加强与完善多边和双边流动性救助机制。历史上，面临资本外流和汇率危机的国家，向国际货币基金组织寻求流动性救助是典型做法。欧盟和"清迈协议"等也提供了区域性的流动性救助机制；但是，这些机制面临着条件较为苛刻、谈判困难和耗时过长的问题，往往难以在最紧急的时间段内及时生效。因此，有必要建立和发展新的机制（比如金砖国家应急安排机制以及各种双边的外汇互换协议），以增加流动性支持的资源和救助机制的灵活性。

第五，加强主要国际货币发行国与其他国家之间的政策沟通。由于美元是最主要的国际货币，因此无论美国紧缩或放松其货币政策，都会对全球资本流动及其他国家的经济和金融市场产生很大的影响。通过加强沟通，其他国家可以对美国货币政策的走势有较好的预判，从而帮助这些国家对美国政策变化所造成的影响做好预案准备。

资料来源：马骏，“资本流动管理和金融治理改革”，《中国金融》，2015 年第 1 期。

本章小结

1. 国际资本流动主要是指资本在国际间转移，也就是在不同国家和地区之间进行单向、双向或多向的流动。根据资本流向可以分为资本流入和资本流出；根据资本流动的期限可以分为短期资本流动和长期资本流动。

2. 国际资本流动的作用有积极和消极两个方面。强调其积极作用的国家或政府认为应该保持资本的自由流动；强调其消极作用的国家或政府主张限制资本的流动。

3. 国际债务是指对非居民用外国货币或本国货币承担的、具有契约性偿还义务的全部债务。发展中国家合理利用国际债务，能够促进本国经济更快地发展，但使用不当就容易出现债务危机。20 世纪 80 年代，发展中国家的债务危机不断；进入 21 世纪，债务危机蔓延到发达国家，如欧洲债务危机。债务危机严重地影响了国际经济关系发展的正常秩序，导致国际金融体系紊乱，对危机爆发国的影响尤其巨大。而在国际经济一体化的背景下，债务危机会波及其他国家，威胁整个国际金融体系和世界经济的稳定与发展。

4. 国际游资是国际金融市场里非常活跃的一支力量。国际游资通过其控制的金融资源、凭借复杂的金融模型、利用高杠杆和衍生工具，对国际金融市场产生了较为重大的影响。如果国际游资对一国货币发起攻击，就极易产生货币危机。

5. 三代货币危机理论从不同的角度回答了货币危机的发生、传导等问题。第一代货币危机模型从一国经济的基本面解释，货币危机的根源在于经济内部均衡和外部均衡的矛盾与冲突。如果一国外汇储备不足，财政赤字的持续货币化将导致固定汇率制度崩溃并最终引发货币危机。第二代货币危机模型认为，货币危机的发生不是由经济基本面的恶化，而是由贬值预期的自我实现所导致的。第三代货币危机模型认为，普遍存在的道德风险、脆弱的金融体系、内部经济结构和亲缘政治是货币危机的导火索。2007 年次贷危机后，金融危机理论的研究呈现出“微观化”的趋势，但仍未跳出宏观基础和多重均衡这两种分析框架。

思考题

1. 国际资本流动的原因是什么？
2. 当前国际资本流动有什么特点？
3. 发展中国家债务危机的形成原因及启示是什么？
4. 国际游资有哪些来源？国际游资对经济有什么影响？
5. 三代货币危机理论的区别是什么？
6. 2007 年次贷危机和之前的金融危机有什么区别？

参考文献

1. 刘宏:“中国对外直接投资的现状、特征与问题”,《海外投资与出口信贷》,2016 年第 2 期。

2. 李超、马昀:“中国的外债管理问题”,《金融研究》,2012 年第 4 期。

3. 周爱民、高蓉、张萍、季伟杰:“次贷危机后金融危机理论的最新研究进展”,《现代管理科学》,2012 年第 5 期。

4. 傅钧文:“国际资本流动的新特征及其影响”,《世界经济研究》,2012 年第 12 期。

5. 张弛:“宏观审慎监管框架下外债管理改革路径研究”,《西南金融》,2015 年第 1 期。

6. 马君潞、陈平、范小云:《国际金融》,高等教育出版社,2011。

7. 叶华:“现代西方金融危机理论的演进与发展”,《现代管理科学》,2013 年第 2 期。

8. 杨胜刚、姚晓义:《国际金融》,高等教育出版社,2012。

9. 马骏:“资本流动管理和金融治理改革”,《中国金融》,2015 年第 1 期。

教师反馈及教辅申请表

北京大学出版社本着“教材优先、学术为本”的出版宗旨，竭诚为广大高等院校师生服务。为更有针对性地提供服务，请您认真填写以下表格并经系主任签字盖章后寄回，我们将按照您填写的联系方式免费向您提供相应教辅资料，以及在本书内容更新后及时与您联系邮寄样书等事宜。

书名		书号	978-7-301-	作者	
您的姓名				职称职务	
校/院/系					
您所讲授的课程名称					
每学期学生人数	______人_____年级			学时	
您准备何时用此书授课					
您的联系地址					
邮政编码		联系电话（必填）			
E-mail（必填）		QQ			
您对本书的建议：				系主任签字 盖章	

我们的联系方式：

北京大学出版社经济与管理图书事业部

北京市海淀区成府路 205 号，100871

联系人：徐冰

电话： 010-62767312 / 62757146

传真： 010-62556201

电子邮件：em_pup@126.com　　em@pup.cn

Q Q：5520 63295

新浪微博：@北京大学出版社经管图书

网址： http://www.pup.cn